AF305728

OBSERVATIONS

ET
MAXIMES

SUR LES
MATIERES CRIMINELLES

CONFORMES AUX EDITS ET ORDONNANCES,
Arrêts & Reglemens des Cours Souveraines du Royaume :
Avec des Remarques tirées des Auteurs.

*Ouvrage necessaire à tous Juges, Avocats, Procureurs, Greffiers,
Huissiers, & Praticiens pour bien faire & instruire
un Procés criminel.*

Par M. A. BRUNEAU, *Avocat au Parlement.*

SECONDE PARTIE

A PARIS,

Chez GUILLAUME CAVELIER, Fils, ruë saint Jacques,
au coin de la ruë de la Parcheminerie, à la Fleur de Lys d'or.

M. DCCXV.

Avec Approbation & Privilege du Roy.

PREFACE
AU LECTEUR,
Qu'il faut prendre la peine de lire.

In criminibus ſtat pondus, & æſtus diei.

STudieux Lecteurs, menagez vos forces, puiſque vous n'ê-
tes qu'à moitié de la carriere. Les Auteurs qui ont traité
des Loix en Matieres Criminelles, ſont tous de ſentiment
qu'elles ſont autant difficiles qu'importantes à en écrire, & qu'elles demandent l'application entiere de ceux qui les doivent mettre en pratique. C'eſt la raiſon pourquoi nos Rois ont confirmé
la création des Offices de Lieutenant Criminel, faite par le Grand
Roy François, en chacun Siege du Royaume, & même en ont
érigez de nouveaux, afin que les crimes fuſſent découverts, & les
coupables punis ſelon les Ordonnances. Chenu Reglemens chap.
20. Titre 6. La difficulté de ces Matieres provient du grand
nombre & de la diverſité des crimes & de leurs circonſtances,
delictorum enim multa ſunt genera. La reflexion conſiſte dans
l'impoſition de la peine pour la punition : que ſi ces Matieres
ſont difficiles & importantes, comme perſonne n'en peut douter, elles ne ſont pas moins utiles & neceſſaires dans le cours
de la vie : c'eſt une hiſtoire remplie de nouveaux incidens & de
tous les ſpectacles d'horreur, dont la cataſtrophe ne peut être
que tragique & ſanglante : néanmoins le profit & l'utilité qui
en revient au general, par l'impoſition de la peine, & le retran-
chement d'un coupable de la ſocieté, ne ſçauroit aſſez s'eſtimer.
C'eſt pour cela qu'il eſt vrai de dire qu'il n'y a point de Matiere
plus utile à traiter que celle-ci : & pour la penetrer plus à fond
& y proceder avec ordre, j'ay eſtimé qu'avant que de toucher
au genre & à chaque eſpece des crimes, il falloit définir le genre,
en general connoître les crimes, & enſuite venir à la diviſion, ſans

rien répeter des préliminaires qu'on trouvera **page 430.** du nouveau Traité des Criées, où je renvoye.

Pour établir ma pensée, la Philosophie nous apprend que la définition des choses est une expression naïve de leur nature, qui nous fait comprendre en même tems ce qu'elles sont, leurs causes & leurs effets. Ce qui m'a surpris a été de voir que la plûpart des Auteurs Criminalistes ne donnent aucune définition du crime comme genre, soit qu'ils ayent crû y satisfaire par les divisions, ou que ce mot étant le genre de toutes les especes qu'ils ont définies séparément, ils ayent estimé que cela suffisoit ; mais j'ay un bel exemple à imiter, c'est le Cygne des Atheniens, heritier des sentimens de Socrates : je veux dire Platon, que Denis Tyran de Siracuse, fit venir en Sicile, où il le reprenoit librement de ses vices : ce fut ce qui fut cause qu'il le vendit comme un Esclave cinq mines d'argent. Ce Philosophe dans son *Theetetus*, lorsqu'il veut traiter clairement les matieres sublimes, sa methode est de les diviser par sujets dans tous les membres, donnant son idée à chacune partie & son essence particuliere : c'est ce qui lui fait trouver la véritable notion des sciences dont il traite, & c'est par-là qu'il connoît ce que c'est que l'être dans son sophiste.

C'est par cette belle maniere d'enseigner qu'il nous apprend dans sa Republique, comment il faut séparer la Majesté du Prince dans son Royaume, d'avec les Dignitez de l'Etat. J'ay estimé ne pouvoir mieux réüssir dans les choses que j'entreprend de traiter, que de suivre ce stile, ayant à parler à tout un grand monde, en prenant les raisons dans leurs principes, & les choses par degrez dans toutes leurs parties. Il faut bien entendre le *vanitas vanitatum* du Sage Roy, & le Psalme 4. ℣. 3. Psalm. 25. ℣ 4. sinon la vie ne seroit qu'un songe, les plaisirs que de vains amusemens, les richesses du vent, & la gloire qu'une fausse apparence d'honneur en imagination. Je ne prétend donner les Remarques que j'ay faites, & mes Observations & Maximes, que comme des reflexions sur les principes, d'où dépendent la Jurisprudence des Matieres Criminelles : c'est dont j'avertis mes Lecteurs, afin qu'ils ne m'acusent point d'avoir pris du *Laudanum*. Il peut être aussi que les définitions des Matieres Criminelles ayent les mêmes difficultez que dans les Civiles. *Definitio autem in Jure omnis periculosa est*, suivant André Alciat, *de verborum significat.* liv. 1. Ecclef. 1. ℣ 2.

Agrippa qui a traité *ex Professo* toutes les sciences de vanité,

a bien ofé dire fur celle du droit , que chacun y faifoit des définitions à fa fantaifie , & que perfonne n'y réüffit , je ne puis pas
ici admettre fon opinion dans ce fait : comme il a erré prefque
en tout ce qu'il a dit , foit par ignorance ou par malice , c'eft ce
qui l'a univerfellement fait réprouver & condamner fes œuvres
impies & indignes d'être lûës. Je convient que j'ay dit page 90.
du Nouveau Traité des Criées , imprimé en 1704. que les Jurifconfultes difent que toutes les définitions & regles generales font
dangereufes à foutenir en droit ; mais il faut auffi convenir avec
Aulugelle *lib. 1. cap. 25. nec fuperftitiosè legibus , rationibufque
omnibus definitionum inferviendum eft.* Néanmoins fans me détourner de mon deffein & m'enfoncer trop avant , je fuivrai la définition d'Alciat que j'ay rapportée. Vincent Tagereau a défini les
crimes être une injure faite à un tiers que je trouve défectueux ,
parce que la plûpart fe commettent fans aucune injure à un tiers ,
propter libidinem delinquentis : ainfi j'eftime plus affuré de s'en rapporter au Livre 4. des Inftituts Titre 1. & 4. c'eft le plus certain où
j'apprend , *generaliter injuria dicitur omne quod non jure fit :* que
j'explique à mon fens , que le crime eft une mauvaife action condamnée par les Loix : j'ay dit action , fauf les cas qui en doivent
être exceptez ; ainfi il faut qu'il foit certain exterieurement ; car
pour les penfées , la punition en eft refervée à Dieu feul , ce qui
eft fi vray, que les forciers ufans de malefices cachez , on ne les punit pas à prefent au Parlement de Paris , comme on faifoit du tems
de M. Jean Chenu , ainfi qu'il rapporte Cent. 2. queftion 98. à
moins qu'il n'apparoiffe évidemment un dommage & un tort fait
au prochain par empoifonnement de beftiaux ou autres , ce que le
vulgaire appelle forcellerie ; ainfi que l'on fit à Paris en Avril 1679.
&c. Par l'établiffement d'une Chambre à l'Arfenal , composée de
Meffieurs les Confeillers d'Etat,& Maîtres des Requêtes,pour affu-
rer la vie des hommes contre la fureur des empoifonneurs , qui furent punis par des jugemens formidables & falubres au public , au
nombre de plus de deux cens , de tous païs & conditions , états
& qualitez. M. Sagot Greffier.

J'ay dit commettre une mauvaife action , parce que toutes les
Loix , les Ordonnances , & la Pratique criminelle ne font à autre
fin que pour la punition des crimes dans les perfonnes des coupables . c'eft pour cela qu'il eft dit que c'eft le crime qui condamne,
& non le Juge ; car les bonnes actions meritent des loüanges , &
ne concernent point les Loix , & les mauvaifes le châtiment :

PREFACE.

pour cette raison le Poëte a trés-bien remarqué que le bon se fait justice à lui-même, *judex ipse sui totum se explorat ad unguem.* S. Paul 1. à Timoth. 1. 9. aux Gal. cap. 3. ⋎. 19.

Parlant de l'action prohibée par les Loix, je n'ay besoin d'autre chose pour m'expliquer, que de me servir de ce que l'Apôtre écrivoit de Corinthe aux Romains au chap. 7. qui vaut mieux que tout ce qu'on pourroit dire. Le verbe prohiber est mis à la définition, parce qu'il y a certaines actions qui contiennent en elles-mêmes quelque malice : toutefois les Loix les permettent, cela est si vray qu'il y a pour celles de ce genre-là un Titre exprès au Code *quando liceat sine judice se vindicare,* de quoi il est encore parlé en d'autres endroits : il faut aussi remarquer que ce mot prohibé, *ou* condamné, *ou* deffendu, a un autre effet d'obliger & d'astraindre pour toûjours, ainsi que les Professeurs expliquent aux Ecoles, où je renvoye pour ne rien dire d'inutile.

Pour le mot de Loix, il comprend les Loix divines & humaines : les Divines, il y en a six, les Loix naturelles, la Mosaïque, les Prophêtes, la Loy Evangelique, la Loy Apostolique, & la Canonique, je renvoye aux Conciles & aux Interpretes : & pour les Loix humaines, il n'y a qu'à lire le Titre 2. du livre 1. des Instituts de Justinien, que je divise ici, dans le droit public & privé, naturel & positif, divin & humain, vieux & nouveau Testament : l'Eclesiastique contient avec le Droit Civil ce qui est écrit, les Loix, les Ordonnances Plebifcites, les Senatusconsultes, les Decrets des Princes, les Arrêtez du Senat, les Edits des Préteurs, les réponses des Jurisconsultes : le Droit non écrit contenoit le Droit des gens, les Privileges, les Coutumes. J'aurois pû expliquer cela en détail & dans l'ordre que je l'expose ; mais comme je pourrois plaire aux uns & ennuyer les autres, j'ay lû dans *Petronius, arbiter nemo nostrum non peccat, homines sumus non Dii.* Crainte d'être trop long & de tomber dans des erreurs où je pourrois m'écarter de mon sujet de définir & subdiviser toutes ces parties, je n'ay qu'à remarquer ici que les Ordonnances Royaux, les Arrefts & Reglemens des Cours Souveraines, avec les Coutumes, tiennent lieu en France de Loix dans les choses qui y sont décidées, ainsi que j'espere faire voir cy-aprés, & pour le Droit des gens, & sçavoir ceux qui en joüissent. Voyez l'Ambassadeur de Vvicquefort à la Haye 1680.

Quant aux Edits & Ordonnances Royaux, *Generali nomine constitutio,* je ne fais que renvoyer mes Lecteurs au livre 1. Titre 2. des Instituts §. 6. *sed & quod Principi.* Pour les Arrefts & Regleglemens des Cours Souveraines, il en eſt traité au même lieu. Au regard des Coutumes, elles ſont compriſes dans le même Titre des Inſtituts aux autres paragraphes ; aprés quoi il faut remarquer que toutes ſortes de Loix pour ſortir à l'effet, doivent être conformes à la raiſon : & c'eſt en cela ſeulement que nous ſuivons les Loix Romaines, parce que ceſſant la raiſon il n'y a point de Loy, puiſque la Loy n'a ſa vigueur que de la raiſon, comme a obſervé le Poëte, *ipſe etiam leges cupiunt ut jure regantur*, André Alciat. Voilà quant à la définition.

Il me faut parler preſentement de la diviſion des crimes, ſuivant ce qu'en a dit jean Imbert dans ſes Actions Forenſes, livre 3. chapitre 22. où je renvoyerai mes Lecteurs, lorſqu'il aura parlé d'une eſpece de crime, dont je traiterai dans ce ſecond Livre, afin de ne point ennuyer & repeter ce qu'il a dit ; c'eſt dequoi j'avertis, ne voulant point être plagiaire, dont je parlerai en ſon lieu Titre 29. Domat in-folio tome 2. livre 3. des crimes & délits page 190.

Les crimes ſe diviſent en douze façons, ſuivant *Julius Clarus*, *multa ſunt diviſiones criminum*, & comme l'explication n'en eſt utile que dans les Ecoles, & que cela ſeroit contre mon deſſein : je me contenterai de citer les Auteurs qui en ont traité. Philbert Bugnion en ſes Loix abrogées ; S. Hilaire, les Loix du Code, André Alciat ; *Jacobus de Belloviſu* ; *Julius Clarus* ; Claude Expilly Arreſt chap. 156. &c. Outre que j'apprehende toujours de tomber dans les remarques que j'ay faites, qu'enſeignant à expliquer un crime je n'apprenne à le commettre, ainſi que j'ay dit dans la Maxime 1. du Tit. 11. liv. 1. Domat en ſon *legum delectus liber* 47. *de privatis delictis*.

I. Les crimes publics ſont ceux auſquels chacun étoit autrefois reçu à en faire la pourſuite ; mais à preſent en France cela eſt du ſeul Office du Procureur du Roy ou du Procureur Fiſcal. Les crimes privez, ſont ceux dont la pourſuite n'eſt permiſe qu'aux intereſſez : cela eſt des regles les plus certaines du Royaume, comme j'ay montré dans l'explication du Titre 26. de la premiere Partie *in fine*.

II. Il y a des crimes graves, attroces, & extraordinaires : cette gradation & diviſion des crimes fait aſſez voir qu'il y en a de pluſieurs ſortes de degrez, plus ou moins énormes, ſoit par leurs natures ou par leurs circonſtances qui les amoindriſſent ou aggravent. Les crimes legers, ce ſont ceux qu'on traite ſommairement, que nous appellons *le petit criminel* : comme font les injures & autres délits qui n'emportent point de peines afflictives ny infamantes, & dont les parties peuvent tranfiger fuivant l'Ordonnance. Quant aux crimes atroces, ce font ceux qu'on inftruit extraordinairement, par information, decret, recollement & confrontation, aufquels il échet peine afflictive : tels font l'homicide, le vol, le viol, le rapt, *& hujufmodi.* Au regard des crimes extraordinaires jufqu'au fuperlatif, que le Latin nomme *atrociffima*, c'eft l'affaffin, le duël, Leze-Majefté *& fimilia*, pour lefquels les Loix impofent des peines, comme le feu, la rouë, écarteler, tenailler, &c.

I I I. Les crimes réels, font les délits qui fe commettent fur les chofes ou poffeffions : tels font l'incendie, vols de fruits & autres, battre ou tuer des animaux *& fimilia.* Les crimes perfonnels font l'homicide, le rapt, le viol, & tous les excez & crimes qui fe commettent d'homme à homme, felon les diverfes circonftances.

I V. Les crimes differens qui fe commettent & font définis & dénommez par la Loy, le vol, l'adultere, le concubinage & d'autres noms particuliers que la Loy donne, qui ne font connus que par le fait & les circonftances qui y font attachées.

V. Les crimes ordinaires & extraordinaires : les ordinaires font ceux pour lefquels il y a une peine ftatuée par les Loix, laquelle ne peut-être changée par les Juges : les extraordinaires, font ceux dont la peine eft remife à l'arbitrage des Juges, pour n'y en avoir point de prefcrites par la Loy.

V I. Les crimes qui offenfent Dieu & le public, le blafphême, le jurement, herefie, fimonie, *& fimilia* pour lefquels les Loix ont établi des peines.

V I I. Les crimes commis par l'efprit de la débauche & la corruption des mœurs, le ftupre, la fornication, adultere, le viol, le rapt, la féduction, le concubinage *& omnes coïtus, &c. alia ad vindictam & offenfam alterius.*

V I I I. Les crimes *merè Ecclefiaftica, merè civilia, & quædam communia; merè Ecclefiaftica*, font ceux qui peuvent être réparez fuffifamment par les peines canoniques, & dont la connoiffance appartient aux Juges d'Eglife : *merè civilia*, font les délits privilegiez, dont la connoiffance eft aux Juges Laïques : *& communia*, ce font les délits dont les Juges temporels & Ecclefiaftiques peuvent connoître conjointement ou féparément.

I X. Les crimes propres & délits communs : les propres font de vendre des armes aux ennemis de l'Etat pour lui faire la guerre, former une revolte, & fe mettre à la tête des gens rebelles, la punition eft de mort, tant Nobles que Roturiers. Le délit commun & privé tant au Noble qu'à l'homme Plebeyen, eft le faux témoignage, & d'aider au viol, à l'enlevement par le confeil, aide, ou donner retraite, pourquoi toutes les Loix ont établi la peine de mort, & exclus de pouvoir efperer de rémiffion, dont les Rois fe font déclarez.

X. Les crimes de guerre ou ceux qui ne le font pas : les crimes militaires font ceux que les gens de guerre commettent dans l'Armée, ou dans les Garnifons au fait de leurs Charges, pourquoi il y a des Ordonnances particulieres : les non militaires font ceux qu'ils commettent dans les Garnifons, avec ou contre les habitans qui ne font point dépendans du fait de leur profeffion militaire, dont j'ay parlé liv. 1. Titre 1. Maxime 47.

X I. Les crimes commis de plufieurs façons, frappant, tuant, ne féparant pas, ou n'empêchant pas le mal le pouvant faire, prêtant aide & confort, & empêchant ceux qui veulent féparer ceux qui fe battent.

X I I. Les crimes d'incendie, de bruler un cadavre, afin qu'il ne refte aucun veftige pour prouver un homicide, en forte qu il n'en refte rien : bruler une maifon & des gens enfermez dedans, pour faire croire qu'ils fe font brulez, & que pas un ne fe puiffe plaindre, enforte que la preuve foit difficile & comme impoffible, & autres crimes qu'il n'eft pas befoin d'expliquer.

Aprés cela je ne crois pas avoir d'autres divifions à faire ici, dautant qu'il n'y a point de crimes qui ne foient compris fous quelqu'unes de celles que j'ay rapportées. Il eft vrai qu'il s'en peut faire & trouver d'autres ; mais elles ne feroient que fuperfluës & dangereufes à expliquer, & peut-être non pas fi propres à mon fujet. D'ailleurs j'auray befoin de faire dans le corps du Livre d'autres divifions & fubdivifions, dans des genres & efpeces particulieres de crimes : c'eft pourquoi ce que j'ay dit m'a femblé fuffire pour la définition & divifion du genre en general de ce crime. Je m'en vais à prefent parler de mon deffein & de l'ordre & divifion de ce Livre : quant aux autres genres & efpeces particulieres de crimes, Domat in-folio tome 2. liv. 3. a traité des crimes & délits, fuivant le Droit Romain.

Dans la Preface du premier Livre, j'ay marqué le deffein que j'a-

vois pour ce fecond, qui eſt de traiter chacun crime en particulier, & fur icelui marquer fa nature, la peine qui lui eſt impoſée,
proportionnée, & tout ce qui lui eſt propre & convenable, fuivant le fentiment de la Loy & des meilleurs Auteurs. Pour y arriver je me fuis propoſé d'admettre cinq genres differens de crimes,
dans lefquels je feray entrer toutes fortes d'efpeces & délits,
dont mon efprit fe pourra avifer, à la referve du faux, dont j'ay
traité au Livre premier Titre 11. page 87. parce que j'ay fuivi l'Ordonnance.

Ces cinq genres font la violence ou voye de fait, l'homicide, la
luxure, le larcin & l'herefie. J'expliquerai & diviferai en fon lieu
chacun de fes genres en particulier & en ferai un Titre à part, &
au haut dans un argument, je définirai le genre, en y ajoutant ce
qui lui peut convenir, foit par l'étimologie, la nature & les effets:
enfuite dans le corps du Titre, je remarquerai au fond tout ce qui
le concernera, foit pour la maniere avec laquelle il doit être traité, foit pour les circonſtances qui le diminuë ou l'aggrave, pour
la peine qui lui eſt appliquée & tout ce qui en dépend. J'en ufe-
rai ainfi à l'égard des efpeces particulieres, fuivant l'ordre que j'ay
gardé au livre premier, faifant de chacune efpece un Titre féparé,
pour être plus methodique.

I. Le premier genre de la violence fera compofé de trois efpeces,
des injures, de l'incendie, de la félonie : j'aurois pû y placer l'homicide & la plûpart des autres efpeces que j'ay mifes fous les autres genres ; mais j'ay crû qu'il étoit plus regulier de faire un genre de l'homicide, parce qu'il comprend differentes efpeces. Je puis
dire la même chofe des autres efpeces, qui ont à la verité beaucoup de violence, comme un vol dans un grand chemin, le rapt,
le viol & autres femblables : cependant il m'a femblé qu'elles feroient mieux placées, fous les genres defquels elles dérivent immédiatement : comme le vol, du larcin, le rapt & le viol, de la luxure ; ainfi on pourra les trouver avec plus de facilité.

II. L'homicide dont j'ay fait un autre genre, contient plufieurs
efpeces fuivant fa divifion, comme l'homicide fimple, le déliberé ;
le fimple y fera fubdivifé, le déliberé le fera auffi ; & dans cette
fubdivifion, je tâcherai de renfermer toutes les efpeces d'homicides : tels font le contraint, le cafuel ou accidentel, celui commis par coulpe : l'homicide fait par dol, le déliberé commis par
main propre, par embûche, par trahifon, par affaffin, & le miniftere d'autrui : j'y comprendrai auffi le parricide & le crime de

Leze-

Leze-Majefté , pour les raifons que je propoferay en traitant de chacun en particulier.

III. La luxure eft un autre genre, dont les efpeces font en grand nombre , comme la fimple fornication, le concubinage , la déflo-ration , le ftupre, l'adultere, le viol , le rapt , l'incefte , la fodo-mie, la bygamie, la polygamie , recellement de groffeffe , expofition & fuppofition de part , & divers autres que je ne puis mettre ici crainte de prolixité ; parce qu'il faudroit parcourir les agens & patiens , & toutes les autres particularitez trop longues à déduire , lefquelles les Lecteurs trouveront placées chacune en fon lieu, autant que l'honnêteté & la pudeur dans ces matieres le pourront permetre & fouffrir.

IV. Le larcin a une infinité d'efpeces comprifes fous les divifions, qui font auffi en grand nombre , & telles font l'abigeat, le peculat, concuffion, le plagiaire, le ftellionnat, fpoliation de fucceffion , ufure, facrilege, tranfplantation de bornes, jeux , berlans , filouteries , tours de main, coupeurs de bourfes, & faltinbanques.

V. L'herefie comme genre aura de même fes efpeces ; fçavoir, la pronoftication, le fortilege , la fimonie, les juremens & blafphêmes, devins, forciers, envouteurs & faifeurs d'images de cire , ufurpateurs de Benefices & autres qui en dépendent.

Je ne crois pas avoir rien à ajouter à ce que deffus , qui fuffit ce me femble pour faire connoître mon deffein , & que le tout fe trouvera plus amplement dans le corps du Livre, avec une recherche trés-exacte & curieufe de tous les crimes en particulier, traitez dans les Auteurs , fur lefquels je me fuis propofé de dire quelques chofes de plus remarquables en François pour obliger le public , la plûpart ayant écrit en Latin.

Pour parvenir à la connoiffance du furplus , il faut une occupation férieufe & continuelle , dont l'autentique *de Provinc. Præfid.* *cap.* 1. fait mention en termes exprés : c'eft pourquoi il faut fuppléer à ce qui peut manquer ici par l'étude de la pratique & l'experience : ce qui eft d'autant plus neceffaire , *quod ab initio vitiofum eft , tractu temporis convalefcere non poteft* : non feulement la Juftice ne fçauroit être bien adminiftrée fans cela ; mais auffi le Juge ne fçauroit fe mettre à couvert de la rigueur des Ordonnances du Code Henry Titre 6. de l'inftruction des procés criminels art. 24. François I. à Villers-Coterefts en 1539. en Aouft art. 142. 143. 144. par lefquelles il eft expreffement porté , qu'ayant fait des fautes notables dans l'inftruction & expedition des procés crimi-

nels, il doit être condamné en de groſſes amandes pour la premiere fois ; pour la ſeconde fois il doit être interdit de ſon Office pour un an ; & pour la troiſiéme fois privé totalement, & déclaré incapable d'en pouvoir tenir ny exercer, condamné en tous
les dépens, dommages & interêts des parties. Nôtre Ordonnance
du mois d'Aouſt 1670. Titre 15. article 24. veut que les procés
où les Juges auront manqué, ſoient refaits à leurs frais & dépens,
ainſi que j'ay dit *ſupra* Livre 1. au Titre 17. Maxime 26. ſur la fin.

En Matiere Criminelle, le point le plus difficile eſt l'impoſition de la peine : c'eſt le but & la fin de la procedure, & le ſeul
fruit qui en revient au public, ainſi que j'ay dit ailleurs, par l'e-
xemple & la terreur quand elle eſt bien apliquée ſur un coupable. Il y a peu de crimes dont les peines ne ſoient fixées & limitées
par les Ordonnances Royaux, Arreſts, Loix municipales, Bordeaux, S. Sever, Bretagne, Titre 25. le Maine & autres y ont pourvû ; mais il s'en faut tenir préferablement aux peines qui ſont
établies par les Ordonnances, les Coutumes, & les Arreſts des
Cours Souveraines pour deux raiſons, dont j'ay parlé au nouveau
Traité des Criées pages 437. 527. &c. La premiere que nous n'uſons
point des peines des Romains, dont j'ay dit quelque choſe dans la
Preface & au Titre 21. du premier Livre *ſupra.* La ſeconde, que
les Loix Romaines n'ont aucune vertu en France, qu'autant qu'elles ſont conformes à la raiſon. Les Edits & Ordonnances verifiées
ſont les preceptes & les regles des Juges, & par exprés à ceux qui
jugent à la charge de l'appel, qui ne peuvent s'en départir ſous
peine d'en faire leur propre cauſe. Et comme je n'aime pas à fati-
guer mes Lecteurs par des redites, je les ſupplie de voir la page 438.
du nouveau Traité des Criées, imprimé en 1704. Par la proportion geometrique des peines en Juſtice, le crime eſt plus grand &
agravé par la qualité des coupables : comme ſont le Medecin qui
empoiſonne ; le Tuteur qui viole ſa pupille ; le Juge qui violeroit
les Loix ; le Notaire qui fait un Acte faux ; l'Orfevre qui fait de la
fauſſe monnoye ; le Vaſſal qui trahit ſon Seigneur ; le Citoyen qui
vend ſa patrie ; un Eccleſiaſtique qui ſe mêle de Magie ; un ſujet
qui oſeroit attaquer ſon Prince, & generalement ceux qui man-
quent à leurs devoirs & à leur foy, ſont plus puniſſables que d'autres, ſuivant l'Edit concernant le faux, dont j'ay parlé au Livre 1.
Tit. 11. Maximes 1. & 36. L'Edit du mois de Mars 1680. duquel
je tire mes conſequences : comme l'Apotiquaire qui empoiſon-
neroit, au lieu de donner une bonne medecine ; le Gouverneur

PREFACE.

qui livreroit fa place aux ennemis : toutes ces perfonnes font di-
ftinguées pour les peines par cet Edit. Becan au chapitre 12. *de Le-*
gibus , dit , *Certum eft Principem tam ſecularem quam Eccleſiaſti-*
cum , qui habet poteſtatem ferendi Leges aliquomodo obligatum eſſe ad
ſervandas ſuas Leges. Ce qui a fait dire au plus fidele de nos
Hiftoriens, qu'il feroit à fouhaiter que la grande Ordonnance que
fit S. Louis, à fon retour de la Terre-Sainte, touchant les Juges,
la débauche, le jeu, le cabaret, & les femmes, fut auffi bien mife en pratique qu'elle fe trouve encore dans les livres pour punir
les coupables.

> *Si ce ſont des gens de Juſtice,*
> *Ce ſont ceux qu'il faut qu'on puniſſe*
> *Avec plus de ſeverité,*
> *Pour arrêter l'iniquité.*
> *Sous le nom & ſous l'apparence*
> *De Juſtice & de conſcience,*
> *C'eſt-là que la rigueur des Loix*
> *Doit appuyer de tout ſon poids ;*
> *Puiſqu'abuſer de la Juſtice*
> *Merite un bien plus grand ſupplice*
> *Que de commettre ouvertement*
> *Le crime clair impunement.*
> *Les Officiers de la Juſtice*
> *Qui pêchent dans leur exercice ,*
> *Et par un abus inhumain*
> *Des armes qu'ils ont à la main,*
> *Feignant réprimer la violence*
> *Et de proteger l'innocence ,*
> *S'en ſervent pour des actions*
> *Indignes aux gens ſans paſſions.*
> *Dedans une aveugle créance*
> *D'avoir une entiere licence ,*
> *Et ſur les biens & ſur les corps,*
> *Lorſqu'ils ſe croyent les plus forts ,*
> *Et qu'ils ont quelque couverture*
> *De leur injuſte procedure ,*
> *Diſpoſent de tout à leur gré*
> *Et du prophane & du ſacré.*
> *Si le Medecin empoiſonne,*
> *Quel Juge eſt-ce qui lui pardonne ?*
> *Si le Berger aide aux Loups*
> *Quel ſupplice n'eſt point trop doux ?*
> *Si l'Artiſan gâte un ouvrage*
> *Ne répond-il pas du dommage ?*
> *L'on punit juſqu'au chartier*
> *Qui malverſe dans ſon métier.*

Fin de la Preface.

TABLE

Des Titres contenus en cette Seconde Partie.

Fin de la Table du second Livre.

OBSERVATIONS
ET
MAXIMES
SUR LES
MATIERES CRIMINELLES.
SECONDE PARTIE.

TITRE PREMIER·
De la Violence.

EXPLICATION DU TITRE.

A VIOLENCE, c'eſt lors qu'une perſonne de ſon autorité privée, ſans aucun droit, fait du mal à une autre : la pratique de France rejette toutes vengeances, voyes de fait, & tout ce qui ſe commet d'autorité privée. Bouchel, Imbert, & autres. La force publique ſe commet avec port d'armes & aſſemblées illicites, dont a Traité Imbert liv. 3.chap.22.num.8. La privée ſe commet d'homme à homme, ou par un homme ſeul, & degenere en quatre ſortes de forces, qui toutes ſe pourſuivent aujourd'hui par accuſation & non par action, à la reſerve d'un homme qui ſeroit dépoſſedé de l'heritage dont il joüit, qui peut prendre la voye de l'information

ou la complainte à son choix, comme il sera remarqué dans les Maximes, surquoi
il faut conclure que toute action de violence peut être intentée par la plainte &
information : c'est pour cela que j'en ai fait ici un genre sous lequel j'ay compris les especes qui le suivront immédiatement après ; parce que la violence se
commet en plusieurs manieres, comme je dirai. Lisez les Instituts *lib.* 4. *de Publicis judiciis Tit.* 18 §. 8. *Item Lex Julia de vi publica.* Saavedra, devise 12.
Vviquefort liv. 1. section 27.

I. Max. Suivant le Code Henry au Titre 1. art. 5. de l'instruction des procès
criminels, les Haut-Justiciers qui souffriront être fait des violences en leurs Justices, par port d'armes & forcement & n'en feront point de poursuites, feront
privez de leurs Justices ; & s'ils sont trouvez complices ou fauteurs, seront punis
des peines imposées aux coupables : & quant aux Officiers Royaux ou desdits
Haut-Justiciers, ils feront privez de leurs états pour leur négligence en la pour-
suite & punition desdits crimes, suivant ce que dit Ciceron *pro Cinna. Vide* à la
table au mot crimes, & Domat tome 2. liv. 3.

II. Max. Par le même Code Titre 7. art. 4. des crimes, il est deffendu à
toutes personnes de se mal-faire les uns aux autres pour quelque querelle &
different qu'ils ayent ; mais le doive remettre & faire décider par Justice, à
peine de confiscation de corps & de biens. Ciceron au même endroit cité, *Vis
major.*

I I I. Max. Par le même Code Titre 4. art. 1. & suivans, il est deffendu à
toutes sortes de personnes, à peine de confiscation de corps & de biens, d'u-
surper & faire usurper par force ou violence les Benefices, Maisons, Justices,
Censives, Terres, Dixmes, Champarts, & dépendances d'iceux. Jean Imbert
liv. 3. chap. 22. num. 6. les Edits d'Amboise art. 7. Blois art. 47. Melun art. 30.
y sont très-précis.

I V. Max. Par l'Arrest de 1582. rapporté par Bouchel *in verbo* Grands-jours,
il est enjoint aux Procureurs du Roy de tenir la main, que les sujets ny justicia-
bles ne soient opprimez par les Seigneurs, & d'empêcher la soustraction & enlevement des Titres que ceux-ci pourroient faire sur les autres. Cet Arrest est
tiré des articles des Ordonnances rapportées à la Maxime precedente.

V. Max. Pour la restitution des choses mal-prises, la Rocheflavin lettre R.
Titre 3. & Masuer Titre *de expensis*, si l'on allegue de la violence dans la prise,
il la faut prouver ; car de prendre le serment il s'ensuivroit qu'il faudroit juger
le fond sur le témoignage de la partie interessée, à quoi il faut aviser.

V I. Max. Celui qui aura été dépossedé par violence ou voye de fait, pourra
demander la réintegrande par action civile & ordinaire ou extraordinairement
à son choix par plainte : & s'il a choisi une des deux actions, il ne pourra se
servir de l'autre, si ce n'est qu'en prononçant sur l'extraordinaire on lui ait reservé l'action civile. Annotations sur Liz t chap. 5. liv. 1. des Matieres Civiles.
Ordonnance d'Avril 16 7. Tire 18. art 2. Le Barbier d'Horace étoit si lent dans
ses actions, que pendant qu'il achevoit la barbe d'un côté, l'autre qu'il avoit
rasé étoit revenuë : ce qui prouve qu'il n'usoit d'aucune violence. Diphylus étoit
si lent à finir ses ouvrages d'architecture, que Ciceron en fait un proverbe,
Diphilo tardius, plus lent que Diphilus : bien éloigné de la vîtesse avec laquelle
court l'usure dont j'ai parlé *infra* Tit. 33. Max. 9.

VII. Max. Il y a des circonstances remarquables touchant le fait, qui peuvent adoucir celui de la violence : un debiteur voit son créancier qui lui prend son bien de sa propre autorité par force, cela n'est pas sans exception ; car il y a en cela de la vòye de fait qui n'est pas permise en France, comme j'ay remarqué ci-devant : que si cela doit operer quelque chose, c'est que le créancier doit être moins puni que celui qui n'auroit pas le prétexte d'une créance. Il faut excepter les privileges de clameur du Haro, en usage en Neustrie, & dans les Villes d'Arrêts. Amiens, Orillac, S. Flour, Reims, S. Malo, Vannes, & dans la Châtellenie de Lisle ; le nouveau Traité des Criées page 426. est à voir.

VIII. Max La peine de la force publique c'est la mort, suivant Imbert liv. 3. chap. 22. *num.* 8. comme tenant du crime de Leze-Majesté, & la peine de la force privée est la confiscation de partie de biens ou amende arbitraire avec note, surquoi il faut remarquer la Loy *Julia de vi publica si cum armis, & Lege Julia de vi privata, si sins armis.* J'appelle violence, toute impression illicite qui porte une personne contre son gré & force sa volonté par la crainte de quelque mal considerable à donner son consentement qu'elle ne donneroit point, si la liberté étoit dégagée de cette impression. Ce fut ce que l'ennui fâcheux d'une longue prison, suivi d'un éxil, produisit dans les esprits de *Liberius* & *d'Ozius,* deux grands Evêques, dont j'ay parlé liv. 1. Tit. 17. Maxime 26. qui furent forcez d'abandonner l'innocence de S. Athanase, & de souscrire à sa condamnation, dont ils se repentirent, ayant recouvré la liberté. *Ozius* présida aux Conciles de Nicée & de Sardice. *Vis est majoris rei impetus qui repelli non potest. l. 2.* ff. *quod metu causa, vim accepimus atrocem, & eam quæ adversu, bonos mores, fiat. l. 3. §. 1. eodem, metum accipiendum, labeo dicit, non quemlibet timorem, sed majoris malignitatis. l. 5. eodem, propter necessitatem impositam, contrariam voluntari. l. 1. eodem.* L'histoire Anecdocte du Château de *Noviodunum,* n'oubliera pas les mêches allumées entre les doigts, dont usa un Seigneur, qui s'absenta après, contre son domestique en 1702. pour lui faire dire ce qu'il ne sçavoit pas. *Noviodunum Senonum.*

IX. Max. J'ay parlé liv. 1. Titre 5. Max. 12. & Titre 27. Max. 32. de la peine du Talion qui étoit en vigueur chez les Romains, aux Instituts *lib.* 4. *Titre* 4. *de injuriis.* §. 7. *pœna.* Pour un membre rompu, le coupable souffroit la même peine, tiré de l'Exode 21. ℣. 24. Pour un os cassé, il n'y avoit que la peine pecuniaire à cause de la grande pauvreté des anciens, suivant l'estimation.

Dans les commencemens de l'Empire Romain l'argent étoit si rare, que les peines corporelles sembloient être plus supportables que les pécuniaires, ainsi qu'a remarqué M. Cujas. Nous n'avons point reçû cela parmi nous, non plus que l'égalité des peines pour toutes sortes de crimes, établie par les Loix de Diaco aux Atheniens, sur ce que les deux côtez des plumes d'Autruche sont naturellement égaux. S. Thomas 2. 2. *quæst.* 62. *non enim debet esse Iudex clementior lege.* Mezerai dans l'Histoire de Clotaire II. & de Philippes le Long, parlant de Henry, Traité des Criées page 70. J'ay parlé du Présidial de *Petromantalum.* Julien Peleus liv. 8. action 73. parle du Prévôt de *Vindocinensis.* Jovet en sa Biblioteque *in verbo* Juges *num.* 97. 142. contre les Juges en corps *de Vira in Neustria.* Jean Papon liv. 4. au Tit. 13. rapportent des Arrests qui meritent la lecture des curieux. Peleus en l'action 37. du liv. 4. Frere Jacques du Breul page 614. a parlé

dans fon Teâtre des Antiquitez de Paris, de M. Guillaume de * * * Prevôt , &
de la Juftice qui lui fut renduë , & Mezeray en l'Hiftoire de Philippes le Long ,
parlant de Henry * * ne devoit pas oublier le fage Roy en fes Proverb. 3. ⅍. 34.
ipfe deludet illufores.

TITRE II.

Des Injures & Libelles diffamatoires.

EXPLICATION DU TITRE.

JEan Imbert liv. 3. chap. 21. *num.* 22. 23. Les injures tiennent afsûrément de
la violence ; c'eft pour cela que je les ay mifes fous ce genre, comme efpece ,
dont parle la Coutume de Bretagne art. 672. & fuivans. Il y a de plufieurs fortes de calomnie & de fauffes injures : je ne parleray pas de celles-là , en ayant
affez traité en plufieurs endroits du premier Livre, & par exprès au Titre 5. des
Plaintes & des Sentences, Jugemens & Arrefts Titre 27. ainfi je diray feulement
que le mot Injure , eft défini. Une offenfe faite devant un tiers par paroles im-
properées , ou écrits infâmes, libelles fcandaleux qui noirciffent la réputation ou
la famille de quelqu'un. L'injure fe divife en deux , en verbale , & réelle : la verbale eft celle qui eft ditte de paroles choquantes & injurieufes : c'eft de celle dont
je veux traiter ici. La réelle eft celle qui fe fait autrement que par paroles , mais
par fait , comme lors qu'on frappe & bat : ces deux fortes d'injures fe traitent diverfement ; car l'injure verbale , à moins qu'elle ne foit atroce , comme j'ay dit
page 440. du nouveau Traité des Criées , fe pourfuit par action fimple en réparation , & la réelle fe pourfuit par plainte & information. Jean Papon liv. 8. Tit. 3.
& liv. 9. Tit. 2. Jean Duluc *lib.* 12. *Tit.* 3. *de injuriis & famofis libellis.* Le
Vendredy premier Septembre 1661. Picolo par Arreft du Parlement, fut brûlé
en Gréve , avec deux Livres qu'il avoit fait imprimer , par les * * * qui
furent fuftigez.

I. Max. Il eft deffendu à tous Juges d'informer pour de fimples injures verbales : cela fe doit traiter fommairement à l'Audiance , à moins que l'injure ne fut
attroce , comme de dire , fauffaire, ladre, voleur, & autres femblables qui ré-
jailliffent & déshonorent toute une famille : une femme appellée publiquement
putain , cagne , gouge, garce , maquerelle, &c. furquoi il faut voir au liv. 1. Tit. 5.
Max. 31. & quant aux injures réelles , on n'en doit pas auffi faire un procès extraordinaire ; c'eft après l'interrogatoire de l'accusé, ne point ordonner le récol-
lement & la confrontation : il faut juger, à moins que l'excez ne fût confidéra-
ble & qu'il n'y ait playe ouverte, effufion de fang, & rapport en Chirurgie.
Coutume de Bretagne Titre 25. celle d'Auvergne Titre des injures , crimes &
délits, Mafuer Titre des injures, Chenu en fes Reglemens, Papon liv. 8. Tit. 3.
Arreft 13. Imbert liv. 3. chap. 22. *num.* 23. Arreft de Reglement des Grands-jours
d'Auvergne où j'étois, du 10. Septembre 1665. *Mors & vita in manibus lingua-*

Proverb. 18. ⅄. 21. *nescit vox missa reverti. Horat.* parole dite, ne peut se retenir.

II. Max. Les Injures se doivent estimer suivant leur qualité ; les personnes à qui elles sont faites & qui les font, & le lieu du délit ; parce qu'elles sont fort aggravées par toutes ces circonstances, j'en vais parler en particulier & dire quelque chose sur chacune d'icelles, après avoir renvoyé mes Lecteurs aux Instituts de l'Empereur liv. 4. Tit. 4. §. 9. *Atrox.* & ce que j'ay dit là-dessus page 440. du nouveau Traité des Criées imprimé en 1704. *Instit. lib. 4. Tit. 4. §. 4. Si communi.* Sur quoi Godefroy dit au mot *persona, qualitate, dignitate & conditione, ut pluris æstimetur injuria facta Senatori Domino, quàm Plebeio.*

III. Max. Les injures dites ou faites dans la chaleur de la colere sont fort excusables quand l injuriant s'en repent ; quand le convice est notoire en la personne injuriée, comme putain, yvrogne, elle n'a point d'action d'injure, les personnes viles & infames n'ont point d'action d'injure, suivant *Jacobus de Bellovisu in Rubric. de injuriis. Pone Domine custodiam ori meo & ostium circumstantiæ labiis meis, Psalm.* 140. ⅄. 3.

IV. Max. Les injures sont fort aggravées à raison de la personne qui les reçoit selon sa dignité, celui qui les fait, le lieu & la qualité des injures : de maniere que ceux qui offensent les Officiers ou Magistrats sont condamnez à de plus fortes amendes, ou à des réparations & amendes honorables suivant la qualité de l'injure, & si l'offense est mortelle, la peine est de la mort : surquoi je remarquerai Mosnier *in verbo* Juges & l'exemple que rapporte le Président de la Rocheflavin *in verbo* injures, Tit. 5. d'un Serviteur ayant outragé son Maître, lequel auroit été condamné à faire amende honorable nû tête en chemise & à genoux, ayant la corde au col & une torche ardente en main devant la porte du logis de son Maître, & declarer que malicieusement & témérairement il avoit battu & outragé son Maître, ce fait être mis & attaché au carcan pour y demeurer l'espace de trois heures, ayant un écriteau devant lui, portant : Serviteur ayant outragé son Maître. Jean Duluc liv. 12. Tit. 3. chap. 6. Sentence de Police au Souverain du Châtelet du 27. Avril 1684. qui condamne M. N. à faire amende honorable, ce qu'il executa & aux Galeres, pour libelles diffamatoires.

V. Max. Les injures reciproques d'entre un Curé & un de ses Paroissiens ne peuvent s'excuser, ni compenser l'un avec l'autre à cause de la qualité de Prêtre & la dignité éminente de Curé, *cujus officium est munus Spiritus sancti.* C'est pourquoi la satisfaction du Paroissien de le reconnoître pour homme de bien ne suffit pas, Peleus liv. 8. action 2. l'habitant doit être condamné de lui faire reparation à l'Audience ou en la Chambre du Conseil & en une amende plus ou moins forte selon la qualité & le lieu où l'injure a été faite ; mais il faut bien observer l'étenduë & toutes les significations des injures & de leurs épithetes.

Laurent Jovet en sa Bibliotheque *in verbo* démenti, injures. Arrest à l'Audience de la Tournelle du 21. Mars 1711. pour M. Charles Despagne, Curé de Verly, contre deux de ses Habitans appellans qui furent condamnez à lui faire un e ample réparation; mais les Lecteurs remarqueront, s'il leur plaît, qu'en matiere de réparation elle n'a point lieu *in publicis criminibus & delictis, sed in privatis tantum l. viro ff. solut. matrimonium* & qu'en crime d'adultere le droit de la femme est de beaucoup inferieur à celui du mary. Car par les Loix Civiles il étoit permis au mary de tuer sa femme la surprenant *in actu* en adultere, *uxori maritum adulterantem ne digito quidem contingere permittebatur*. L'on voit en cela qu'on a toûjours donné une plus grande liberté aux hommes, que non pas aux femmes, parce que la nature les a dressées à l'honnesteté & à la pudeur : C'est ce qui faisoit dire à Quintilien au liv. 6. des instructions, que le coucher du Maître avec la Servante n'étoit pas puni, comme étoit celui de la Femme avec un Esclave. De la Vigne étoit Avocat des appellans * * *, du Buha, Avocat du Curé de Verly près Riblemont, Monsieur de la Moignon Avocat General.

Il y eut procès pardevant le Juge de Caucarvilé pour des injures dites au sujet de la vente de deux Cazerets, dont il y eut appel devant le Prevôt de Marseille, & depuis au Bailliage de Beauvais. C'étoit entre les Femmes du Fils d'un Maçon & d'un Chirurgien tous deux Habitans du lieu : l'une avoit dit à l'autre qu'ils étoient bien égaux, puisque leurs deux Beau-peres avoient travaillé aux fondemens du Bourg, ce qui étoit équivoque, l'affaire expliquée & bien examinée. Le premier Juge mit les Parties hors de Cour, appel, à Marseille. Le Juge infirma la Sentence, dont il y eut appel au Bailliage de Beauvais, où la premiere Sentence fût confirmée en infirmant la seconde : ce qui établit la Maxime qu'entre Plébeyens, il y a une compensation d'injures.

Voyez livre 1. Tit. 5. Max. 14. la punition faite à * * * Poëte pour avoir fait des Vers infames & satyriques, ce qui lui en est arrivé pour son libertinage & ses impietez & impudences.

La Loy unique au Code *de famosis libellis* veut que celui qui a trouvé un libelle diffamatoire, si au lieu de le mettre au feu il le rend public, il est présumé en être l'Auteur. *si quis famosum libellum, sive domi, sive in publico vel quocumque loco ignarus repererit, aut corrumpat priusquam alter inveniat, aut nulli confiteatur inventum : si vero non statim easdem Chartulas, vel corruperit, vel igne consumpserit, sed vim earum manifestaverit, sciat se quasi auctorem hujusmodi delicti capitali sententia subjugandum.* Saavedra Faxardo devise 12. de son *Idea* a parlé fort au long des calomniateurs & des libelles diffamatoires.

Le Mensonge & les Vers de tout temps sont amys.

Par une suite de l'Arrest du Curé de Verly. Le Curé de * * * près Paris ayant fait informer de ce que le Procureur Fiscal lui avoit dit par injures *Bigre, Olibrius* de Curé, il y eut appel de la procedure qui fut plaidé à la Tournelle par M. Legent, Avocat de l'Appellant, M. Cappon pour le Curé, intimé. Monsieur Chauvelin, Avocat General, ayant fait récit des informations & suivant ses Conclusions : La Cour a mis les appellations & ce au néant, émendant, évoquant le principal, & y faisant droit, fait deffenses à l'Appellant de plus user de telles paroles à peine de punition exemplaire, le condamne d'aller au Presbytere de * * * & là en presence de quatre personnes au choix du Curé, lui demander pardon, condamne en outre l'Appellant en 3. livres d'aumône, en 30. livres de dommages & interêts envers l'intimé & en tous les dépens : prononcé en l'Audience de la Tournelle, par Monsieur le Président Portail, le Vendredy de relevée 6. Juillet 1714. L'Appellant a nom * * * le Curé intimé, * * *

Le Parlement fut assemblé le premier Septembre 1714. pour juger l'appel d'une Sentence du Châtelet pour des injures dites à D. *Gallus* contre * * * qui fut condamné à donner acte au Greffe en 500. livres de réparation & aux dépens après six mois de prison D. *Gallus* déclara qu'il vouloit que les 500. liv. fussent portez à l'Hôtel-Dieu, ne voulant point de réparation pecuniaire, ce qui fut trouvé bon dans le public. *Vide* liv. 1. Tit. 27. Max. 42. de l'autorité des Arrêts.

VI. Max. L'injure est plus atroce d'avoir été dite en l'absence qu'en la presence de l'injurié ; parce qu'il la pourroit repousser s'il étoit present & justifier sa réputation. Ayrault en son ordre judiciaire &c. Arrests les Chambres assemblées du 16. Juillet 1704. pour M. de * * * contre le sieur de * * *

VII. Max. L'injure devient aussi plus grande par la raison du lieu, faite dans la Justice ou dans un lieu solitaire ; comme aussi l'injure faite ou dite dans les Eglises, dans les Palais des Princes, & la Salle de l'Audience est beaucoup plus punissable, suivant le Code Henry liv. 8. de maniere qu'une injure faite dans le Louvre de parole infamante, font les coupables constituez prisonniers sans information précedente : & si le Roy est au Louvre, l'injure est plus forte, de même ceux qui donnent un démenti, quand ce seroit pour repousser l'injure à eux faite, que s'il étoit donné dans la Chambre du Roy & en sa presence, ou de la Reine, ou des Princes leurs enfans, celui qui le donneroit seroit puni de mort, à moins que de la clémence du Roy. Celui qui frappe dans le Louvre, on lui coupe le poing. Voyez le nouveau Traité des Criées page 464. au sujet d'un Vassal qui donna un démenti à son Seigneur Suzerain. Jean Duluc liv. 12. Tit. 3. chap. 5. & l'Edit du mois de Decembre 1704. des injures des personnes de Robbe.

VIII. Max. Les Libelles diffamatoires, nouveau Traité des Criées page 440. Il est deffendu à toutes sortes de personnes sous peine de punition corporelle de composer, écrire, imprimer, débiter, & afficher, ni vendre aucuns livres, libelles, ny discours injurieux & diffamatoires contre l'honneur & la réputation de personne, sous quelque cause & pretexte que ce soit, ceux qui les distribuent sont punis des mêmes peines, de même les tableaux & portraits infames, sur quoi il faut remarquer que les injures couchées par relief, ou écritures, sont sujettes à être rayées avec amende : quant aux peines établies par les Loix contre les Auteurs des fameux libelles, elles sont capitales : je les ai rapportées dans le nouveau Traité des Criées, où je renvoye les Lecteurs pour ne rien repeter d'ennuyeux. Voyez l'Edit contenant 7. art. du mois de Decembre 1704. regîtré au Parlement le 31. dudit mois, portant établissement de peines contre les Officiers de Robbe & autres qui commettront des voyes de fait ou outrages deffendus par les Ordonnances.

Je ne croy pas qu'on mette au rang des libelles diffamatoires le Poëme *de la Puce de Poitiers*, qui fut fait en 1579. pendant que les Grands-Jours tenoient à Poitiers, par la Dame des Roches, ce qui donna lieu aux Poëtes du tems d'exercer leurs esprits animez de la fureur, Dumont Helicon étant un jeu exercé aux heures du repos. L'on sçait que les Grands-Jours sont tenus par des Commissaires du Parlement que le Roy envoye dans les Provinces éloignées pour y rendre la Justice : j'étois à ceux qui furent tenus à Clermont en Auvergne en 1665.

Du tems de Monsieur le Cardinal Duc de Richelieu, le luxe étoit monté à un degré si haut, que cela donna lieu au R. P. Jean François Senault, Superieur General de l'Oratoire, de faire son livre de Job. C'étoit une Satyre ingenieuse des mœurs de ce tems-là. S'il revenoit aujourd'hui il verroit combien la vanité a enflé les esprits, puisque les femmes Plebeyennes portent tous les jours, ce qu'autrefois les Duchesses n'auroient mis qu'aux fêtes & ceremonies, veu que Henry II. porta en France le premier un bas de soye aux nôces de sa Sœur la Princesse Marguerite, mariée à Emanuel Philibert Duc de Savoye, le 5. Avril 1559.

L'on a veu à l'Opera en 1700. *Lamoglie* d'un M. Thenome porter un colier de diamans de 30000. liv. qui excita le Sieur * * * d'en faire en vers l'histoire Anecdocte, qui fut mise en cantate, & servit de divertissement au public assez de tems.

Les jeux d'esprit sans satyre ne sont pas deffendus, nous voyons dans Homere ces sortes de divertissemens, lorsqu'il composa la guerre des Rats & des Grenoüilles. Virgile composa son *Culex & Moretum,* Ovide sa plainte du Noyer ; Seneque en Philosophe, l'apothéose des Dieux de l'Empereur Claude. Plutarque, le Grillon en Dialogue avec Ulysse. Lucian & Apulée, l'Ane d'or. Polycrates a fait un discours de la loüange du Tyran Busyris : Isocrates qui le corrigeoit le même. Glaucon a loüé l'injustice. Favorinus a loüé Thersites & la fiévre-quarte. Synesius les têtes chauves sans cheveux. Lucien la Mouche & la vie du Parasite, après avoir mis les Philosophes à l'encan. Arystophane a fait la loüange de la Paix. Cornelius Agripa a loüé son Dogue. Erasme la Folie. Juste-Lipse, son Levrier. Saint-Amant a loüé la paume & le cabaret. Passerat le cocu. Gaultier, Pousset & le Vayer Mormon en 1650. sans que personne se soit plaint pour les Sœurs du Parnasse, chacun à sa fantaisie, *sæpè premente Deo fert Deus alter opem. Si quelques Dieux, nous presse, un autre nous délivre.* Au contraire de Grands Saints ont faits un divertissement innocent de leurs études, S. Jean l'Evangeliste de sa Perdrix. S. Grégoire Pape, de son Chat. S. Ambroise de son Pigeon. S. Dominique de son Chien, & S. François de son Agneau, l'on n'y a rien trouvé à redire.

Je puis mettre au même rang, François de Chinon dans ses deux Eloges paradoxes des mangeurs de bled en herbe & des emprunteurs, le 1. est à cause de l'Ordonnance de Louis XI. du mois de Juillet 1482. & des autres Loix que j'ay rapportées *fol. 46.* du Traité des Criées ; le 2. c'étoit à l'occasion des usures de son tems. Catulle a loüé le Moineau. Virgile le Moucheron & l'Abeille. Ovide & Stace, le Perroquet. Lucien, la Mouche, Calcaguinus, la Puce. Pucius le Morp. Celtade le Grillon. Florus le Chat. Vidal, le Ver à soye. Melancton, la Fourmi. Vilichius, la Sauterelle. Scaliger, Medecin,
l'Oye.

l'Oye ; Heinſius, pere, l'Aſne : d'autres exerçant leurs humeurs heteroclites ont loüé les plantes ; Pytagore le chou & l'échalote ; Muſa, la Betoine ; Moſchyon, la Rave *raphanum* ; Phanyas, l'Ortye ; Rabelais, le Chanvre. Chryſippe à loüé Caton ; *Iſocrate, Buſire* ; Cardan, Neron ; de l'Iſle, la fievre-quarte. Un Moine ſous l'Empire de Charles le Chauve, fit l'eloge de la chauveté en vers hexametres, commençant tous les mots par un C, en faveur de ſon Prince. Aleaume d'Orleans fit *obſcura claritas*, une chandelle en une lanterne ; Rouillard de Melun, le Fetu ; Paſſerat, le rien ; Charles Bovillus, Chanoine de Noyon, les éloges de l'Urinal, & nombre d'autres Paradoxes que je paſſe, étans obſcenes & ultramontains, ainſi que Moſchion, qui a compoſé en Grec un livre entier de la vertu des Raves, & du *Satyrion Sylveſtræ*. Pyrkmerus à loüé l'injuſtice ; Heſiodef, la Maluë & l'Aphrodile ; Virgile les Priapées, qu'on ne croit pas de lui ; Merlin Coccaye, en Latin Maccaronique Italien, ſon Tomazo ; c'étoit un Benedictin nommé Théophille Folengio, qui prit ce nom, ainſi que Rabelais ſon Panurge. Ronſard a fait les loüanges de la Fourmi, de la Grenoüille & du Frelon ; Belleau la Ceriſe & la Tortue. Jacques Peletier, du Mans, fit imprimer des Adages & des Contes, ſous le nom de Bonaventure Deſperiers.

Les railleries ſatyriques ſont deffenduës, parce que ce ſont toujours des paroles ou des libelles diffamatoires contre la charité qui bleſſent le prochain. Du tems des Empereurs Arcadius & Honorius, des Hiſtrions prirent la liberté de paroître ſur les Théatres en habits de Religieux, cela obligea ces Princes à faire une Loy, deffendant à ces Comediens de plus tomber en une faute pareille : elle eſt rapportée au Code *lib.* 1. au Tit. *de Epiſcop. audientia. l. mimis.* Juſtinian deffendit ſous peine de banniſſement & de punition corporelle aux Comediens de paroître jamais ſur les Théatres traveſtis en Religieux : ce fut ce qui donna lieu aux articles 24. de l'Ordonnance d'Orleans, & 38. de celle de Blois, & fit deffendre la Comedie du Tartufe il y a 40. ans, & renvoyer les Comediens Italiens en leurs païs il y a 20. ans. Voyez les deux Arreſts rapportez Max. 14. Tit. 27. *infr.* Lucien dans ſon Dialogue de la danſe, a parlé des Pantomimes, des Comediens & Bateleurs.

En 1625. Le Parlement fit brûler par Arreſt, un libelle qui avoit pour Titre, *Quæſtiones quot liberica* : c'étoit des Satyres contre le Gouvernement, qui furent blâmées d'un chacun, qui couroient librement en Flandre & en Lorraine, ceux qui s'en voulurent excuſer, firent croire à pluſieurs que c'étoit leur ouvrage, ſuivant le Mercure François, Tome 11. Antoine du Verdier en ſes Leçons liv. 7. chap. 6.

S. Auguſtin au centiéme traité ſur le chap. 16. de S. Jean, le Canon *non oportet de conſecratione, diſtinct.* 5. le chapitre *cum decorem de vita & honeſtate Clericorum*, condamnent toutes railleries, Satyres & les bouffonneries faites contre le prochain, alterant la paix & bleſſant la charité que Saint Paul recommande.

Il ne faut pas auſſi aller juſques au ſcrupule extraordinaire des Juifs le jour du Sabbat, qu'ils paſſoient dans l'inaction, n'oſant apprêter leur boire & leur manger, allumer du feu, & s'habiller, pas même ſe moucher, ny prendre une puce, peler un ail ou un oïgnon & cüire une rave, *tantum nugarum potui ſuadere clienti vana ſuperſtitio pietatis dira noverca*, ce qui leur eſt reproché

dans S.Matthieu chap.12.℣.11. S.Luc 13. ℣. 15. LeVendredy 15. Novembre 1694.
timpan & manivelle, par Sentence de Police furent executez en Gréve, deux af-
fiftans menez enfuite aux Galeres, pour avoir fait, vendu, & diftribué des libelles infames qui concernoient des perfonnes du premier ordre.

I X. Max. Celui qui dans un procès ou en jugement écrit ou profere des injures contre fa partie, il n'y a point action d'injures, pourvu & non autrement
qu'elles fervent à l'affaire, & qu'il déclare qu'il ne les dit point dans l'efprit de
faire injure, mais par la neceffité de fa caufe ; autrement elles feroient amenda-
bles, quand bien elles feroient veritables ; car l'injure y eft digne de réparation.
Bouchel, le Brun, Papon des Injures, & plufieurs textes formels de droit ; comme par exemple un homme qui demanderoit une fucceffion auquel on diroit qu'il
eft bâtard, pour l'exclure : fi la chofe étoit véritable, ce ne feroit pas une injure,
mais un moyen.

X. Max. L'injuriant ne doit être admis à la preuve de fes convices s'il n'y
a quelque raifon ou circonftance qui doive porter le Juge à le faire, fuivant
Bouchel & le Brun *in voce* Injures, *l. qui injuria cod. de furtis, &c.* Une femme appellée put.... on ne reçoit pas la preuve du fait quant il feroit véritable.
Coutume de Bretagne art. 672. Une concubine legataire d'un teftateur, le fait
étant prouvé, ce n'eft pas une injure que le reproche, c'eft un moyen neceffaire
pour la faire décheoir de fon legs.

X I. Max. Ceux qui donnent charge de battre ou offenfer autrui ou avoüent
t ifiblement ou exprefsément le fait ; & ceux qui ont été loüez pour le faire,
font punis de mort. François I. 1536. chap. 3. art. 9. j'en ay rapporté deux Arrefts précis qui ont eu leur execution, dans le nouveau Traité des Criées
page 535. fous le mot *volonté punie fans éffet* que les Lecteurs feront bien-
aife de voir, ayant fupprimé les noms des condamnez qui ont été fuppliciez.
Coutume de Bretagne art. 625. L'Ordonnance de Blois art. 195. eft très-précife
pour la Maxime.

X I I. Max. Le Juge ne doit fouffrir les injures & rixes qu'il peut empêcher,
fuivant le Préfident Bohier décifion, 83. *num.* 11. Il eft vray que ce qu'il dit regarde le Jugement des procès en cas de trouble, mais il peut être auffi appliqué à nôtre Maxime ; car le Juge fe doit toujours interpofer pour empêcher que
les perfonnes ne fe faffent point d'injure. Ulpien *in l. fi cujus.* 13. §. *æquiffimum.*
ff. *de ufufructu.*

X I I I. Max. Lorfque l'offenfé ne fe reffent pas de l'injure, l'offençant ne peut
être actionné ny pourfuivi par aucun autre : *Nam volenti non fit injuria,*
fuivant *Jacobus de Bellovifu, in rubric. de injuriis num.* 28. Toutesfois je
propofe diverfes efpeces à cela. Un Confeiller de la Cour eft injurié au Palais
par un homme dont il eft le Rapporteur, quoi qu'il lui pardonne ; M. le Procureur General pour l'injure faite à la dignité, fera informer & punir le coupable : un mari qui a la fupriorité fur fa femme qui a été offenfée, quoiqu'elle pardonne, il fera informer & punir l'offençant, puifque *deffendendi enim uxores
à viris, on viros ab uxoribus æquum eft* Je puis dire la même chofe des peres
à l'égard de leurs enfans ; de l'Abbé, au regard de fon Religieux ; le maître,
pour fon ferviteur & autres femblables, pourquoi je renvoye au livre premier,
au Tit. 5. des plaintes, à la Max. 21. S. Paul 1. *ad Timoth.* 5. ℣. 8.

XIV. Max. *Jacobus de Bellovisu in rubric. de injuriis num. 50. l. litem. ff. locati*, veut que la parenté excuse l'injure : *Ratio sanguinis tollit præsumptionem inferendæ injuriæ, quia nemo præsumitur sanguinem suum habere exosum.* Si le degré de parenté est éloigné & l'injure infamante, le coupable est puni selon les Loix.

XV. En matieres d'injures l'accessoire est de même nature que le principal ; de maniere que si quelqu'un a été injurié & appelié traître ou faux monnoyeur, sacrilege, heretique, ou du nom d'une autre injure dérivant & concernant le cas Royal, cette injure se doit traiter & pourfuivre devant le Juge Royal & non ailleurs, dautant que l'accessoire est de même connoissance que le principal, & comme celui-ci est de la connoissance du Juge Royal, privativement au Juge subalterne : il en est de même de tout ce qui depend & dérive d'un cas Royal, *cap. accessorium 42. extr. de regulis Juris in sexto.* Ragueau *in verbo* cas Royal, Bouchel lettre A. *verbo* Accessoire, Imbert livre 3. Arrest des Grands-jours de Poitiers du 17. Octobre 1532. Néanmoins je trouve nôtre Ordonnance au Titre 1. art. 1. qui donne la connoissance d'un crime au Juge dans le ressort duquel il aura été commis. Ordonnance de Moulins art. 35. Roussillon art. 19. ce que je prefererois à l'Arrest rendu à Poitiers, ces Ordonnances étant depuis.

XVI. Max. L'injure est punie suivant les circonstances qui l'aggravent ou diminuent, soit par une réparation à l'offensé à l'Audience, ou lorsque l'offençant se dédit ; on donne acte de sa déclaration à la partie plaignante, quelquefois on le puni par amande, par fois on met hors de Cour & de Procès les Parties. Bref, on ne punit pas l'injure verbale de peine corporelle, qu'aux cas que j'ay excepté en la Maxime 7. Imbert liv. 1. pages 218. 297. liv. 3. chap. 22. num. 23. *Sycophante* est un homme sans honneur, ainsi c'est une injure : vieille gouge, veut dire paillasse de corps de garde ; & goujat, valet de Soldat.

XVII. Max. La réparation des injures doit être demandée dans l'an & jour, autrement elles sont prescrites par ce tems-là, suivant Rigault *de præscript. aru rnorum.* Imbert, *Bellovisu*, Masuer, Bouchel, Mosnier, le Brun, &c. l'action d'injures ne passant pas jusques aux heritiers, s'il n'y avoit action intentée auparavant l'année expirée du jour de l'injure faite. Instituts liv. 4. Tit. 4. *de injuriis :* l'on peut bien reprocher à un témoin de vrayes infamies. *l. Si tamen. c. de accusationibus, quia omnia est honesta ratio expediendis salutis.* Maxime 9.

XVIII. Max. L'action d'injures s'éteint & s'assoupi par la fréquentation de l'offensé, ainsi que le porte la Loy *l. non solum. §. injuriarum. ff. de injuriis.* Elle s'éteint aussi suivant cela par le pardon de l'offensé : ensorte qu'après le pardon il ne peut plus revenir à son action, suivant les Loix aux Instituts *de injuriis, &c.* sous les exceptions de la 12. Maxime du present Titre.

XIX. Max. Les injures verbales se peuvent compenser pour les interêts respectifs des parties suivant la regle vulgaire, *paria delicta mutua compensatione tolluntur*, non seulement pour leurs interêts, mais aussi pour ceux du public, suivant l'Ordonnance Tit. 25. art. 19. car le Procureur du Roy n'a rien à voir aux délits où il n'échet peine afflictive, par conséquent le Public n'y a nul interêt, & encor moins aux injures verbales : cela est pourtant contre l'avis de Balde, Bartole, *Ludovicus Romanus, Joan. de Imola, indicta l. cum mulier.* qui avoient l'efprit litigieux des Ultramontains, qu'ils ont femé dans leurs livres, & en ont infecté les Tribunaux de l'Europe. Il eft vray que des injures refpectives pourroient avoir des circonftances fi fortes & fi fcandaleufes, que le fentiment de ces Docteurs pourroit avoir lieu fans déroger à l'Ordonnance : c'eft le fait qu'il faut bien examiner dans toutes les circonftances avant que de juger, comme font les fingularitez de la Maxime 13. *fuprà.*

XX. Max. Suivant Bouchel, au mot injures : une femme peut agir & être affignée en matiere d'injures fans l'autorité de fon mari, & même le mari en eft tenu civilement par les derniers Arrefts rendus à l'Audience de la Tournelle, contre un Tailleur de pierre, & un autre contre un Maître Conroyeur à Paris, qui furent condamnez à payer les dépens aufquels leurs femmes avoient été condamnez en matieres d'injures, & la réparation, quoique ces maris n'euffent point autorifé leurs femmes, ny été parties en l'inftance : ce qui fembloit être contre l'article 224. de la Coutume de Paris ; parce que par la mauvaife humeur d'une femme, elle pourroit confommer la Communauté en faifant des querelles félon fon caprice : ce qui n'avoit jamais été propofé de vouloir rendre un mari garant des fervices de fa femme, pour lui en faire porter la peine. Cela néanmoins fut jugé au profit de Randon, Compagnon Imprimeur, pour lequel plaidoit M. de Merville, contre un Conroyeur de la ruë S. Julien le pauvre, qui fut condamné de payer un executoire de depens obtenu contre fa femme en affaire criminelle, où il n'avoit jamais été partie, ny oüi, ny appelé pour l'autorifer, par Arreft de la Tournelle du 12. Decembre 1703. ce qui eft conforme aux Arrefts rapportez par Jean Papon liv. 7. Tit. 1. Arrefts 17. & 18. & par Sebaftien Frain Plaidoyer 49. où il eft expliqué, le droit de Communauté appartenant au mari, qui ne peut-être bleffé pour le forfait de la femme : cependant le contraire fut jugé par Arreft de Rennes du 29. Mars 1616. & le mari condamné de payer les dépens adjugez contre fa femme pour des injures par elle dites à M. Nicolas Guibour.

Sur la même queftion concernant les injures, fi une femme ayant infulté une autre femme le mari en eft tenu, & de payer les dépens, qui vont à la charge de fa Communauté : c'eft l'ufage du Châtelet dans ces fortes d'affaires entre plebeyens menuës gens, d'executer les meubles de la Communauté pour payer, fans avoir égard à l'oppofition du mari eft obfervé, quoiqu'il dife je n'ay jamais été partie au procès, ny autorifé ma femme : tous les délits font perfonnels, pourquoi ma Communauté en fouffriroit-elle ? cependant cet ufage fut confirmé par Arreft du 11. Mars 1699. entre Jean * * * Tailleur de pierre, appellant, M. Pajon Avocat, & Louife * * femme de Georges * * * intimée, M. Maréchaux fon Avocat. Du * * étoit appellant de la Sentence, qui le deboutoit de fon oppofition à la faifie & execution faite de fes meubles, qui fut confirmée avec amende & depens.

Il n'y a rien de certain au jugement des hommes, des raifons & des motifs impénétrables font que la Jurifprudence femble avoir varié depuis ces Arrefts, la même chofe s'étant prefentée à la Tournelle entre deux Rubanniers, Jean * * * oppofant à l'execution de fes meubles, faite à la requête de Michel * * pour le payement d'un executoire obtenu contre la femme du demandeur en oppofition, MM. de Merville & Gueau, Avocats plaidans : par Arreft de l'Audiance de la Tournelle, du Mercredy 17. Juillet 1709. Monfieur de Maifons prononçant, la Cour fait main-levée de la faifie & execution de meubles, & condamne la partie de Merville aux dépens ; ainfi le mari eft déchargé contre le jugé des precedens Arrefts : je trouve ce dernier plus conforme à l'article de la Coutume & à l'équité. *fupra* liv. 1. Tit. 5. Max. 22.

XXI. Max. Le dementi eft une grande injure : toutefois il eft permis en des cas, à l'égard de certaines perfonnes : comme fi l'on objectoit à un Avocat qu'il a perdu une caufe par fa faute, ou à un Notaire, qu'il a malverfé dans un Teftament ou par un Contrat, fuivant le commun proverbe, *qui mal dit, mal veut oüir ; Nam paria delicta mutua compenfatione tolluntur. Jacobus de Bellovifu, &c.*

XXII. Max. En execution de l'Arreft du Parlement du 10. Janvier 1699. le 15. du même mois l'on brûla au devant de l'Eglife de Paris, par l'Executeur, un Livret intitulé *Problême :* l'on publia à fon de trompe & l'on afficha toutes les Ordonnances renduës contre les Auteurs, Imprimeurs, & femeurs de libelles diffamatoires, foit en Vers ou en Profe, dont j'ay fait un petit Recüeil. L'Auteur de ce Problême étoit * * * auquel Meffire Humbert Guillaume Precipian, Archevêque de Malines à fait le procès, par Sentence renduë à Bruxelles le 24. Novembre 1703. où le condamné s'étoit réfugié ; & la même Sentence eft auffi par contumace contre Pafcal Velnefq : je doute que cela produife le même effet que fit celui de *Cordus.* Tibere avant que de fe retirer en l'Ifle de Caprées, fit mourir *Cremutius Cordus,* Sénateur à Rome, illuftre par fa fcience & fes vertus ; le crime étoit nouveau, Cordus compofoit l'Hiftoire Romaine, il fut accufé d'avoir appellé Brutus, *le dernier des Romains :* fon livre fut brûlé en la place publique ; ces flâmes fournirent une fi grande lumiere à l'Auteur, que fon efprit & fon jugement ne mourront jamais parmi les perfonnes de lettres.

C'eft être bien ignorant dans l'hiftoire ou médifant, ainfi que Dante Aligeri, Poëte Italien, que décrire en fon livre du Purgatoire, que Hugues * * * étoit fils d'un Boucher : s'il n'a point parlé par Métaphore & par une licence Poëtique, voulant dire, que Hugues, le grand pere de ce Prince, étoit un grand guerrier ; ainfi qu'on dit en parlant d'une celebre bataille, il y a eu une grande boucherie & un furieux carnage ; ainfi qu'on appelloit Olivier de Cliffon, & François Duc de Guife, grands Bouchers & grands carnaffiers. Lifez Agrippa *de vanitate fcientiarum.* François de Villon, Louis Alleman. Recherches de la France liv. 6. chap. 1. & Mezeray fur l'année 1302.

TITRE III.

De l'Incendie.

EXPLICATION DU TITRE.

LEs incendies n'arrivent presque jamais que par négligence, par imprudence ou quelque manque de soin : ceux dont la faute cause l'incendie, si legere qu'elle soit, en sont tenus, *Plerumque incendia culpa fiunt in habitantium*, *l.* 3. §. 1. ff. *de offic. Præfect. vigil. & in l. Aquilia & levissima culpa venit. l.* 27. § 9. *& l.* 44. ff.ad *Legem Aquiliam.* La Coutume de Bretagne au Titre 25. des *crimes* article 645. est précise, que ceux dont les maisons ont été sauvées par l'abatement des maisons prochaines, sont tenus à dédommager ceux à qui les maisons ont été abbatuës, suivant l estimation. Jean Imbert livre 3. chap. 22. *num.* 29. a traité des incendiaires & boutefeux ; ce crime est fort noir & irrémissible comme espece, il tombe sous le genre de la violence étant fait exprès, c'est une des voyes de fait des plus qualifiées, & la plus punissable par toutes les Loix, comme reprouvée & très-condamnable, c'est un crime horrible qui se punit selon la Loy de Gaius, ff. *de incendio. Qui ædes acervum ne frumenti juxta domum positum combusserit, vinctus, verberatus, igni necari jubetur : si modo sciens prudensque id commiserit ex libro 8. Legum Vvisigothorum titulo 2. cap. 1. qui alienæ domui in civitate ignem supposuerit, correptus à Judice ignibus deputetur.*

Erostrate, le jour que n'aquit Alexandre, brûla le Temple de Diane à Ephese, par vanité ; l'on fit deffenses de jamais prononcer son nom sur peine de la vie. Ce crime marque une grande méchanceté, puisque le mot d'incendie a plusieurs significations latines, *urere, comburere, flagrare, cremare, succendere, incendere, unde incendium*, & autres verbes. Il marque souvent la ruine & la destruction des choses qu'il consomme ; même il est pris par Martian. ff. *ad l. Corneliam de siccariis*, pour denoter l'homicide par les mots, *sive incendium fecerit hominis.* Ici il n'est pris que pour marquer le brûlement de feu, qui se met par malice, fraude, dol, faute, coulpe, ou par cas fortuit ; c'est ainsi que l'ont bien distingué tous les Docteurs & Criminalistes citez par Bouchel au mot *incendie*, tels sont les feux du Ciel, & ceux dont je vais parler.

Fraude & dol, c'est la même chose, suivant André Alciat *in l. aliud.* 131. §. 1. cela pourroit convenir dans cette explication : sçavoir quant au dol, au regard de ceux qui mettent le feu, & quant à la fraude pour ceux qui conseillent de le mettre ; ainsi fraude & dol est tout un, & sont fort sinonimes ; la faute & coulpe est aussi la même chose, & en incendie elles sont de trois sortes, qu'explique Alciat *de verborum significatione, in l. magna* 226. Le cas fortuit est lorsque la chose arrive par accident, comme les feux du Ciel, le tonnerre. Une fusée volante qui brûla l'Eglise S. Georges d'Abbeville, les cloches fondirent dans le

clocher ; à tout le moins lorſque cela arrive ſans la faute ny cooperation d'autrui. Cité de Dieu, *Joachnus Fortiu*, regles de droit, &c. Une bombe tirée
pendant le ſiege d'une Ville eſt un cas fortuit & imprévu & une force majeure
dont perſonne n'eſt garant ; des bombes tombant aux magaſins à poudres firent
ſauter Montmelian & Nice. Jovet *in verb* cas fortuit, incendie.

I. Max. L'Incendie eſt un cas Royal, ainſi il n'y a que le Juge Royal qui en
puiſſe connoître, à l'excluſion du Juge des Seigneurs, ſuivant Bacquet des
droits de Juſtice chap. 6. *num.* 9. Ragueau *in voce* cas Royaux, Sebaſtien Rouillard en ſes reliefs Forenſes *verbo* Incendie chap. 22. rapporte un ancien Arreſt
qui dit en termes exprès en Latin, que ſelon l'uſage de la Cour, la Haute Juſtice
ne connoît du meurtre, du rapt, & incendie : ce Latin ne valoit pour Latin,
que ce que vaudroit le bas Normand pour du François. J'ay vû divers Arreſts
rendus à la Tournelle, ſur l'appel des Juges des Seigneurs en matiere d'Incendie, ce qui me feroit croire & mettre pour Maxime que ce crime n'eſt pas un cas
Royal, au liv. 1. Tit. 1. Max. 25. *Caſus fortuitos nemo præſtare tenetur.*

II. Max. Lorſque l'on brûle ſa propre maiſon par crainte de ſon forfait, ou
par un cas qui excuſe l'Incendie ; le premier doit être puni de mort ; le ſecond
ſi le cas n'eſt pas averé, ne connoiſſant point l'auteur, il eſt impoſſible de punir
perſonne n'en pouvant imputer la faute à aucun des habitans. Papon liv. 22.
Tit. 11. J'avertis les Lecteurs d'examiner Charondas lorſque je le cite ; car il étoit
ſuſpect à M. Mainard, ſuivant M. Expilli Arreſt 220.

III. Max. L'incendiaire qui par inimitié entre dans une maiſon & y met le feu,
eſt puni de mort : ſurquoi il faut, ſuivant Bouchel & les Loix qu'il rapporte
au mot Incendiaire, faire diſtinction de la qualité des perſonnes, & de la quantité du feu ; c'eſt-à-dire ſi le feu eſt grand, & la perſonne de qualité, elle
eſt décapitée ; ſi le feu a été petit, elle eſt bannie à jamais du Royaume ; ſi
c'eſt une perſonne de condition vile & le feu grand, cette perſonne eſt condamné au feu ; s'il eſt petit, elle eſt condamnée au banniſſement perpetuel du Royaume. Il ne faut pas obmettre la reſtitution & des dommages & interêts cauſez
par l'incendie, lorſque c'eſt par une faute qui approche & a trait au dol, la punition s'en fait corporellement ; ſi c'eſt par une faute legere ſans mauvais deſſein,
tel que feroit la negligence d'un indolent ſans malice, la punition eſt ſimplement
pecuniaire, *cum emendatione damni.* Perſonne n'eſt tenu du cas fortuit, tout le
mal étant rejeté ſur la mauvaiſe fortune & le mal arrivé par un pur effet du hazard;
à quoi la prudence la plus éclairée n'a pû prévoir, ne ſçachant pas que la choſe
devoit ainſi arriver. Coutume de Bretagne art. 643. & ſuivant Louis de Montalte
lettre 8. page 4. la Coutume de Bretagne eſt préciſe ſur cette Maxime au Tit. 25.
art. 645.

IV. Max. Le feu étant allumé à ne pouvoir en approcher pour l'éteindre, le
Magiſtrat qui a la Police, peut ſur le champ de ſon ordre & autorité faire aba-
tre & démolir la maiſon prochaine, crainte que le feu ne gaigne plus loin ; les
maiſons ſauvées contribuent à payer le dommage, *Ubi incendium viget, poteſt
tertius vicinus, ædes medias propria autoritate decidere, ne incendium ad ipſum deveniat.* C'eſt ce qui fut fait à un chantier de bois près la porte S. Victor,
le Vendredi 24. Octobre 1704. l'on n'oſoit en approcher par la grande ardeur
du feu qui conſomma pluſieurs piles de bois en plein midi, ſans qu'on ait pû

découvrir l'origine de l'accident, qui caufa beaucoup de défordre : c'étoit le chantier de la Providence, M. d'Argenfon, Confeiller d'Etat, Lieutenant de Police, & M. Boucher d'Orçai, Prévôt des Marchands étoient prefens, qui ne purent point y remedier par aucun moyen du monde.

Un femblable accident arriva ruë de la Fontaine, aboutiffant vis-à-vis le Pilori à la Halle, la nuit du Lundy au Mardy 22. Juin 1706. ou demeurent des Fripiers en bois, dont les maifons font fort hautes, remplies de meubles combuftibles ; il y eut quinze maifons brûlées & abbatuës pour arrêter le feu : la ruë étant fort étroite, l'incendie dura trois jours ; M. d'Argençon y étoit jour & nuit à faire travailler & aller les Pompes de la Ville : l'on eftima la perte à cent mille écus, fans le prix des maifons : il y eut plufieurs perfonnes ruinées, & des quêtes faites dans la Paroiffe S. Euftache, quartier le plus peuplé de Paris, les maifons à fept & huit étages. L'on rendit les proprietaires garans, fur le fondement qu'ils doivent loüer à des locataires folvables de pouvoir répondre des pertes qui arrivoient par leurs fautes, de leurs enfans & domeftiques, ce qui fit un grand procès. R. Choppin en a traité fur la Coutume d'Anjou liv.1. art. 44. *num.* 11. & rapporte deux Arrefts dont je vais parler.

J'ay vû punir & brûler dans le grand-Marché à Amiens, deux coquins, *Marche à terre*, & *Courre à pied*, par jugement Préfidial, pour avoir mis le feu à Vinacourt, gros Bourg, où il y a un Chapitre, à quatre lieües d'Amiens : il y eut cent maifons de brulées, étant couvertes de chaulme, qu'on nomme eftenlle. Voyez *fuprà* livre 1. Titre 11. Maxime 18. deux Arrefts très-importans fur la Matiere d'Incendie, & fur le débordement de la riviere à Paris en 1658.

Par l'expreffe difpofition de droit commun *in l. videamus an in fervorum, in princ. ff. locat.* Un principal locataire eft tenu du feu mis par la faute de ceux aufquels il a loüé. Cependant je trouve dans *Joannes Galli quæft.* 123. *an Dominus teneatur ratione combuftionis per fuum familiarem factæ.* Un Arreft de l'an 1387. par lequel M. de Folleville, Confeiller, fut abfous de la demande des Ecoliers de Sorbonne, defquels il tenoit à loyer une maifon à vie, qui fut brûlée par la faute de fon Coufin demeurant chez luy, dépens compenfez. Cet Arreft eft rapporté par Jean Papon liv. 22. Tit. 11. il dit qu'il eft conforme à la décifion de Balde, Confeil 441. *Incip. quidam Magifter Grammatica lib.* 1. & de *Matth. de afflict.* décifion 57. la note de du Molin fur *Galli* tient cet Arreft pour fufpect, fur ce que R. Choppin fur l'article 44. *num.*11. *lib.* 1. de fon Commentaire fur la Coutume d'Anjou rapporte deux Arrefts contraires, au profit des proprietaires, contre les locataires, des 25. Fevrier 1581. & 3. Decembre 1605. que je trouve très-juftes. Bardet liv. 4. chap. 22. tome 2. liv. 6. chap. 25. Jovet en fa Bibliotheque *in verbo* Hôte *num.* 5. Voyez le fieur de la Martiniere, en fon Traité de la Connétablie part. 3. chap. dernier fection 3. fol. 987. des affaffinats préméditez, vols de grands chemins, incendies, féditions, larcius, &c. *fuprà* liv. 1. Tit. 11. Max. 18.

TITRE IV.

TITRE IV.

De la Félonie.

EXPLICATION DU TITRE.

LA Félonie est une autre espece de violence, ainsi qu'il est facile de voir par les differens noms que lui donnent les Auteurs. Le Président de la Roche-flavin au Traité des droits Seigneuriaux chap. 32. art. 1. de la Félonie. Cujas sur les Fiefs. Ragueau au mot Félonie, Foy, Vassal. Lotharius de l'usage des Fiefs & de la prohibition de les aliener, &c. Par la Coutume de S. Paul en Artois, la felonie est ditte de celui qui est felon & en courroux, qui outrage un autre ; ce qui dénote un mauvais courage contre quelqu'un : le nouveau Traité des Criées de 1704. pages 465. 559. est à voir, pour la veritable explication du mot, & de la peine contre un vassal felon à son Seigneur, porté par les Loix, de quoi je vais parler dans les Maximes. Aussi n'y a-t-il rien de plus blâmable dans un Seigneur Suzerain que de maltraiter son vassal ou justiciable, sans fondement ny raison ; puisqu'il est comme le Pasteur qui garde ses brebis, & n'y doit avoir aucune fraude entre le Seigneur & son vassal. Coutume de Bretagne Titre 17. Il y a une sçavante consultation sur la matiere des Fiefs, rapportée par M. R. Choppin en son Commentaire de la Coutume de Paris, liv. 1. Tit. 2. *num.* 53.

I. Max. La peine de la Felonie, suivant le Président de la Rocheflavin & les Auteurs Feudistes, est outre la perte du Fief, tantôt de la mort naturelle, des Galeres, du bannissement, de l'amende-honorable, ou simple amende, suivant & à proportion de la gravité de la Félonie : que si elle étoit énorme jusques à ce point que de tuer & assassiner son Seigneur dans son Château, la peine seroit d'être tenaillé vif, étant un crime noir qui n'a point de nom, d'un client ou vassal qui assassine son patron dans sa maison. Recherches de la France livre 6. chap. 34.

II. Max. Le vassal pour un dementi donné à son Seigneur en jugement, doit être condamné à lui faire réparation nû tête & à genoux ployez, l'Audience tenant, & à la perte des fruits de son Fief, pendant la vie du Seigneur qui en joüira : c'est la moindre chose, suivant les Auteurs rapportez par Louet & Brodeau lettre F. chap. 9. la Rocheflavin *in verbo*, Injures Tit. 5. Bouchel au mot Félonie, Ragueau au même mot, & le nouveau Traité des Criées page 464. où j'ay rapporté nombre d'Auteurs & d'Arrests. Antoine Despeisses tome 3. Frain, Plaidoyer 141. R. Choppin sur la Coutume d'Anjou, & d'Argentré, sur celle de Bretagne, *Dionisius Pontanus* sur celle de Blois, &c.

III. Max. Le Seigneur pour sa Félonie envers son vassal, si elle est notable, il faut voir la Coutume de Bretagne art. 649, 654, 661, 662. il perd son hommage & droit de Suzerain, qui retourne au Seigneur Suzerain de celui qui a commis la Félonie : & le vassal maltraité par son Seigneur, est exempt & ses successeurs pour

Y y

toûjours de la Jurifdiction du Seigneur & de lui payer aucuns Droits Seigneuriaux tels qu'ils foient dûs : il faut voir là-deſſus les Auteurs marquez en la précedente Max. R. Choppin *de Domanio lib.* 1. *Tit.* 8. *lib.* 2. *Tit.* 8. *num.* 10. Duluc *lib.* 12. *Tit.* 3. *cap.* 4. dementi. *Vide* les Livres des Fiefs de *Gerardus Niger & Obertus de Orto* Conſuls, à Milan.

IV. Max. Le Seigneur Haut-Juſticier, qui abuſe de ſa Juſtice, & qui par le moyen d'icelle commet des exactions, concuſſions, cruautez, inhumanitez, ou autres vexations envers ſes habitans & juſticiables, il eſt à toûjours, ou du moins pendant ſa vie, privé de ſon Droit de Juſtice ſur tous ces Juſticiables ; laquelle en ce cas eſt réünie & conſolidée à la Jurifdiction Royale la plus prochaine, ou à celle de ſon Seigneur Suzerain, ſi elle eſt à portée de la commodité des habitans : que ſi le fait ne merite pas qu'il ſoit privé de ſa Juſtice : le Juſticiable envers lequel il en a mal uſé, eſt declaré exempt de ſon obéiſſance & de ſa Juridiction, ſuivant Bacquet des droits de Juſtice chap. 11. & 18. De l'Hommeau des droits Seigneuriaux *liv.* 2. Titre 10. Il ſemble y avoir dans cette alternative quelques choſes contre les anciennes Loix de France marquées dans les Capitulaires de Charlemagne, dont parle de l'Hommeau, *quo ſuprà.* Jean Duluc *lib.* 7. *Tit.* 4. *num.* 3. *lib.* 12. *Tit.* 3. *num.* 5. *Joannes Galli quaſt.* 340. *Hanetonii, de Feudis infra* Tit. 14. Max. 5.

V. Max. La preuve de la Felonie du Seigneur contre ſon Vaſſal doit être compoſée de 5. témoins, perſonnes notables ſans reproches *è contrà*, il faut éviter qu'un Seigneur Féodal ayant envie du Fief de ſon Vaſſal pour ſe l'approprier ne ſe puiſſe aider de témoins achetez nez au Païs, ſuſpects en ce genre : Papon *liv.* 9 *Tit.* 1. Arreſt 16. où il rapporte un Arreſt de Grenoble du 20. Mars 1438. Le Vaſſal eſt excuſé de toute Felonie, s'il vend ſon Fief ou en fait une échange ſans en parler à ſon Seigneur afin de ſe tirer de ſa domination pour éviter les querelles & diſputes qu'il lui fait.

Le Droit de Juſtice renferme eſſentiellement le devoir de la faire rendre & les autres devoirs particuliers qui ſont les ſuites de ce premier. *Per me Principes imperant, & potentes decernunt Juſtitiam.* Proverbe 8. ℣. 16. *infrà* Tit. 14. Max. 5. ce ſont ces Ordonnances plus anciennes que les premiers rudimens de la Langue Latine.

VI. Max. Pline *liv.* 34. chapitre 4. dit que les Villes & Provinces qui étoient ſubjuguées par les Romains, pour en être bien traitez ſe mettoient ſous la protection & ſauvegarde des Principaux de la Republique pour les conſerver & maintenir : ces Patrons & Protecteurs comme Seigneurs, avoient ſoin de les proteger : c'eſt de-là que ſont venus les Droits Féodaux & la vaſſalité. Chez les Grecs c'étoit un manque de reſpect & une marque d'impudence de faire quelque choſe ayant la teſte découverte, ſuivant ce que dit *Karolus Paſchalius lib.* 5. *de Coronis, cap.* 4 *nudo capite aliquid patrare Græcis fuit nullo rubore, nulloque id quidquid eſt ſuſcipere & ſuſceptum peragere ;* ainſi les Vaſſaux de ce Païs-là n'auroient pû faire leur Acte de Foy & hommage comme on les fait en France à genoux, nu teſte & ſuivant les Coûtumes. *Julius Clarus* au §. *ſtuprum num.* 8. dit *Vaſſalus committens ſtuprum cum uxore Vidua Domini ſui defuncti privatur feudo, eſt enim mutua, reciproca & correlativa obligatio inter Patronum & clientem.* Bouchel & Joly Arreſts

livre 1. chap. 40. Coûtume de Bretagne art. 661. 662. *Textus singula-*
riis in C. 1. de feuda. Si culpa non admittatur viri , si Vassalus cum Do-
mini sui uxore , vivente Domino concubuerit , feudo privatur non ita si mor-
tuo Domino ; cum morte Dominus esse desierit §. deinceps , authent. de nupt.
coll. Voyez *folio 465.* du nouveau Traité des Criées l'Arrest notable du Parlement du 29. Mars 1705. au profit de Monsieur de Castagneres de Châteauneuf, Seigneur de Maroles, qui lui adjuge les Fiefs de son Vassal par Droit
de Commise pour l'avoir dénié à Seigneur condamné en 300. liv. de réparation & en tous les dépens du Procès. Monsieur Dreux Conseiller Rapporteur. M. Louis Gondouin Avocat , avoit écrit pour Monsieur de Castagneres.
R. Choppin *lib. 3. de Domanio Tit. 11.* a traitté des Droits appartenans à la
Moyenne Justice. Coûtume d'Anjou Part. 5. art. 193. 194. il a rapporté une
sçavante consultation sur les Matieres Féodales en son Commentaire sur la
Coûtume de Paris , *lib. 1. Tit. 2. num. 5.* depuis jugé contre Monsieur de
Castagneres au profit des Créanciers de Vitar , son Vassal qu'ils seroient payez
avant la confiscation n'ayant pû par la Commise préjudicier à leurs hypoteques
sur ses biens, R. Choppin liv. 2. chap. 2. de la 3. partie Tit. 1. sur la Coût.
d'Anjou & aux privileges des rustiques liv. 3. partie 3. chap. 12. de la Commise & perte de Fief par les crimes du Vassal.

TITRE V.

De l'Homicide simple.

EXPLICATION DU TITRE.

L A Coûtume de Bretagne a fait son Titre 25. des crimes , amendes & con-
fiscations. Jean Imbert liv. 3 chap. 22. *num.* 16. parle du meurtre de
guet-à pend , puni de la roüe. Homicide , c'est tuer un homme justement ou
injustement. S. Thomas en sa question 12. n'approuve pas cette définition ,
& dit qu'elle est impropre : homicide est proprement une occision de l'homme ,
faite par l'homme injustement , & quant à nôtre Titre , je prend la premiere
définition , parce que j'ay à parler de toutes sortes d'homicides; cet Ange
de l'Ecole a voulu distinguer ceux qui sont tuez en guerre.

L'homicide est deffendu par toutes les Loix , naturelle , divine & humaine.
Il n'y a qu'à parcourir la Genese , l'Exode , le Deuteronome ; les Nombres
Josué , l'Ecclesiaste , les Machabées , les 4. Evangelistes , *non occides.* Ces Loix
divines ne deffendent pas seulement l'homicide , mais toute effusion de sang ,
ne consentiam perfundat ullus cruor. Les Loix humaines ne prohibent pas
moins l'homicide par la terreur des peines , il n'y a qu'à voir les Digestes
& le Code , elles vont même plus avant , car elles punissent le moindre effet ,
comme si la mort s'en étoit ensuivie; elles punissent souvent la volonté pour
l'effet , comme nous suivons en France , ainsi que j'ay fait voir par deux Arrests

rapportez page 535. du nouveau Traité des Criées : cela peut avoir quelque exception, que je ferai en son lieu en parlant *ex professo*. Les Loix ne punissent pas l'homicide, s'il n'y a dol, tromperie, fraude, machination, déception & circonvention & non pas lorsqu'il est commis dans une juste & legitime deffense de sa vie, ou en guerre.

Il est certain que l'homicide se commet en diverses manieres, par soy même, par autruy, par conseil, par l'empoisonnement, par des remedes, par assassinat, par faux témoignage, par le venin, *per iniquitatem Judicis*, par l'imperitie des Medecins, par l'avortement procuré & par d'autres voyes dont parle la Loy *Aquiliam* aux Instituts *lib.* 4. *Tit.* 3. §. *injuria, & ibidem Theophilus :* il se commet encore par diverses personnes & sur diverses personnes, suivant Bouchel en sa Bibliotheque au mot homicide, qui en rapporte tant que je ne les reciterai point, crainte de donner mauvais exemple, le grand nombre m'a porté à en faire un genre de l'homicide, puisqu'il comprend tant de differentes especes que j'ay observé, les renfermant sous la division. Jean Papon liv. 22. Titre 5. Louis de Montalte lettre 7. notée par Vvendroxius.

Le simple est commis dans une juste & legitime deffense de sa vie ; mais afin que cette deffense soit legitime, il faut qu'elle soit faite avec circonspection & moderation, & autres circonstances que rapportent Grammaticus Conseil 56. *num.* 16. André Alciat *de verborum significatione lib.* 1. *num.* 17. Jacob. de Bellovisu Tit. *de invasore num.* 6.

L'homicide casuel se commet par celui qui étant à la chasse tirant sur du gibier, par malheur il tuë un homme qui dormoit derriere un buisson qu'il ne voyoit point, joüant à la paulme, ou au mail, la balle sort du jeu & donne dans la teste d'un des regardant. L'homicide par coulpe arrive quand quelqu'un jette une pierre pour rire plûtôt que par malice, ni par aucun mauvais dessein au milieu d'une troupe de personnes, ou qu'un yvrogne ne se pouvant soûtenir, tombe sur un enfant qu'il écrase. Une servante à Etampes joüant avec un garçon dans la ruë, comme il la tenoit, elle lui bailla un coup de poing dans le petit ventre, la colique le saisit, il en mourut.

L'homicide par dol arrive en jettant une pierre contre la personne avec laquelle on se bat, ou qu'on la tient dans sa main, le frapant au visage, ou le frapera avec un bâton sur la teste ; car lui donnant sur les autres parties du corps, cela ne peut au plus que blesser la partie frapée : il est certain que frapant sur la teste c'est un endroit fort dangereux plus qu'en une autre partie du corps. *L. in L.* ff. *de sicariis.*

L'homicide deliberé est de quatre sortes, c'est pourquoi j'en ferai un Titre separé de chacune en particulier, à quoi j'ajoûterai le parricide avec toutes ces especes, & le crime de Leze-Majesté ; c'est pour cela que je n'en dirai rien ici : je me contente seulement de parler dans les Maximes de ce Titre de l'homicide simple, avec toutes ces especes & remarquerai les observations que doivent faire les Juges en jugeant & instruisant ces sortes de crimes. Loüis de Montalte lettre 7. Vvendroxius, Lessius, *de Justitia & Jure lib.* 2. *cap.* 9. *dub.* 12. *num* 72. 77. 78. 79. 81. 82. Il y a de trois sortes d'homicides, par le glaive, par la langue & par les oreilles, c'est-à-dire, par sa medisance & calomnie, & celui qui l'entend. Ecclesiast. 9. ⅴ. 25. M. Cujas a mal dit de

Monsieur le P. Brisson, *duos miserabiles partus edidit, filiam & formulas* & de Monsieur Coras, Conseiller à Toulouse, *mali corvi, malum ovum.*

I. Max. Dans tous les cas de l'homicide simple que je viens de diviser & expliquer, le Juge inferieur ne peut absoudre ni moderer la peine, & à son égard l'homicide est son Juge : il est vrai que tous lesdits cas sont fort remissibles, mais il faut que le coupable ayt recours à la clémence du Prince, autrement il ne peut éviter d'être condamné à mort par le Juge, toutefois cette Maxime ne regarde pas les Cours Souveraines, lesquelles pourroient moderer la peine, & difficilement peuvent-ils absoudre sans Lettres, après avoir veu la Rocheflavin lettre G. Tit. 7. art. 2. la Maxime 13. du Titre 18. du liv. 1. & les Maximes 7. 36. & les deux suivantes du Titre 27. du même livre 1. où je renvoye mes Lecteurs studieux. Observations du nouveau Traité des Criées page 425. J'ay veu à la Tournelle que Messieurs jugeant un procès le cas étant graciable, Monsieur le Président se chargeoit d'obtenir les Lettres de Monseigneur le Chancelier.

I I. Max. En tous jugemens pour meurtres & homicides, on doit toûjours inviolablement appliquer quelque partie des biens du meurtrier pour faire prier Dieu pour l'ame du mort : principalement pour appaiser l'ire du Ciel sur le peuple pour l'effusion du sang. La Rocheflavin liv. 7. lettre H. §. homicide &c. *suprà* liv. 1. Tit. 27. Max. 37.

III. Max. Il est divers cas dans lesquels il est permis de tuer son enhemy & qui excusent un homicide ; j'en trouve plus de douze Loix Romaines que je ne veux pas citer étant un endroit délicat à toucher ; il y en a encore beaucoup d'autres desquels j'ay parlé en plusieurs endroits du premier livre & dont je traiterai en celui-ci en leur lieu, & en toucherai quelqu'autre dans ce Titre en parlant *in utramque partem.* Exod. 21. ℣. 12. Mezerai in-quarto. edit. 1. *fol.* 184.

IV. Max. Toutes sortes d'homicides, même le parricide & autres Actes & forfaits commis par les foux furieux, insensez & melancoliques, ne doivent point être punis, étant excusez par les Loix divines & humaines ; ces personnes n'étant dans leur bon sens, ne pechent par malice, ny déliberation, mais par imprudence, rage & fureur. Max. 4. & 5. Tit. 24. liv. 1. la Rocheflavin lettre F. L'on ordonne contre ceux-ci qu'ils seront visitez par les Medecins & Chirurgiens, lesquels ayant fait leur rapport & reconnû la fureur, on doit charger par Sentence les plus proches parens desdits insensez de la garde d'iceux, & faute de parens, on les met en garde aux personnes qui ont la conduite de la Ville, soit la Police, les Echevins, ou Syndics de la Communauté, avec injonction de les enfermer en quelque lieu, afin qu'il n'arrive aucun malheur par leur folie, dans ces rencontres la charité des Juges sollicite leur compassion pour ces malheureux d'écrire à Monseigneur le Chancelier. Dolive actions *forenses* partie 3. action 15.

V. Max. L'homicide commis par plusieurs, pour en parler sans repeter, voir là-dessus la Max. 13. Titre 18. des Lettres d'abolition au liv. 1. & Mosnier &c. où cela est clairement expliqué.

V I. Max. Sebastien Frain en son Playdoyer 31. est à voir sur ce que les enfans de dix, onze à douze ans, sont quelque fois punis de mort pour avoir tué, quand on connoît qu'il y a dol en leur fait, comme si après avoir tué ils cachoient le cadavre. *L. si quis 6. Cod. ad Legem Corneliam de sicariis.* Jean Bodin en sa Démonomanie liv. 4. &c. néanmoins ce jeune âge merite réflexion ; car par Arrest du Parlement l'on pendit à la Greve par dessous les bras un petit Garçon durant deux heures, le Mercredy 22. Decembre 1683. *suprà* partie 1. Tit. 27. Max. 29. R. Choppin des privileges rustiques liv. 3. part. 3. cap. 11. §. 3.

VII. Max. Belle circonstance d'un homicide. *Boherius* décision 84. Jean Papon liv. 22. Tit. 5. d'homicides. Arrest 5. rendu au Parlement de Bordeaux le 12. Decembre 1530. Jean Dupuis surnommé le Basque, convaincu d'avoir occis un homme pour l'autre, qui s'étoit mis derriere pour l'éviter, fut condamné à être foüetté par deux divers jours : cette matiere est traitée par Angelus, *in L. respiciendum. §. delinquit* ff. *de pœnis.* Il faut convenir & dire qu'un pareil accident arriva à Merope, qui tua son Fils en pensant tuer son ennemy. Celui qui a tué est bien plus coupable que l'autre, lequel en quelque façon est excusable d'avoir voulu sauver sa vie comme il a pû : toutefois il est coupable de la sauver aux dépens de la vie d'un autre duquel il est cause de sa mort, c'est par une cause innocente & très-naturelle, pourquoi on ne lui peut rien dire. Voyez la Max 1. du Titre suivant.

VIII. Max. La Nourrice qui par sa faute suffoque l'enfant qu'elle allaite, doit être condamnée à faire amende honorable devant la maison du Pere de l'enfant, foüettée par les Carrefours & bannie, suivant Mosnier *in §.* homicide *num.* 8. Charondas en ses réponses 116. liv. 7. &c. ç'auroit été un regret que cela fût arrivé à Jean Destemps, que nôtre histoire marque qui vécut 361. ans, il avoit été à la guerre sous Charlemagne & mourut l'an 1128. Monsieur de Perefix page 13. rapporte l'accident dans l'histoire de Henry le Grand qui arriva à deux freres de ce grand Roy, étant encore au berceau, par l'imprudence d'une Gouvernante & d'une Nourrice, étant ses aînez, il parvint par leur mort à la Couronne.

IX. Max. Les Medecins & Chirurgiens sont tenus des accidens qui surviennent à leurs malades, par leur faute & imperitie. *Imperitia enim culpæ adnumeratur*, dautant que celui-là est homicide qui a été cause de la mort d'autruy par son ignorance. Mosnier, *quo suprà L. imperitia* 132. ff. *de divers. de regulis Juris, & L. qua actione §. ultim.* ff. *ad L. Aquiliam. §. imperitia, §. sicut* Instit. *lib. 4. Tit. 3. §. 7. L. ita vulneratus,* ff. *ad L. Aquiliam.* Pline liv. 29. chap. 1. Papon liv. 23. Tit. 8. & la maladie nommée des Grecs *Psora* est très-dangereuse & souvent mortelle.

X. Max. Celui-là n'est reputé homicide qui a donné un coup de poing, même armé à la tête d'un autre, du quel coup de poing le frapé seroit tombé par terre contre une pierre, par le moyen de quoi il se seroit tué, dautant que cette mort seroit arrivée contre la volonté propre & l'intention de celui qui auroit donné le coup de poing. Mosnier *quo supra* bien autorisé. *Cæpola Consil. 2. ut colomn. L. Divus Adrianus* 14. ff. *ad L. Corneliam de sicariis.* Voyez le Sieur de la Martiniere en son Traité de la Connestablie, Partie 3. chap. dernier Section 3. *fol.* 987. des assassinats & vols de grands chemins, &c.

XI. Max. Celui-là n'est tenu de la peine ordinaire de la Loy *Cornelia* des homicides, lequel étant poursuivis par des Algouasils & Archers, ausquels s'est joint son ennemy capital, Partie de celui qu'on veut prendre, qui voyant venir les autres vers lui à main armée, en tuë un de la troupe quel qu'il soit, & bien que le pouvoir de le prendre fut bon, il est honnête & une raison expediente de se sauver, dautant que celui-ci a eu quelque raison de faire ce qu'il a fait voyant son ennemi ; aussi les autres ont eu tort de s'en être accompagnez. Toutesfois quoique cet homicide ne soit pas puni de la Loy Cornelie, *citra debet puniri*, comme du fouet, du bannissement, des Galeres, ou autres ; sauf toujours la restriction de la premiere Maxime de ce Titre. Papon en ses Arrests. *Ciceron pro Milone, &c. l. 1. in fin. cod. ad L. Cornel. de sicariis. Bartol. Julius Clarus, &c. suprà* liv. 1. Tit. 12. Max. 19.

TITRE VI.

De l'Homicide de propos déliberé.

EXPLICATION DU TITRE.

J'Ay expliqué en general ce que c'est qu'homicide, par cette raison je n'ay qu'à expliquer la division ou difference du déliberé, qui est quand on a conçû quelque haine contre quelqu'un, ou qu'on a eu querelle avec lui, & qu'après qu'elle est passée *& intermedio tempore* on l'attaque & le tuë. *Julius Clarus* §. *Homicidium.* Bacquet des droits de Justice chap. 6. *num.* 9. cela s'appelle proprement meurtre à la difference du simple homicide : c'est pourquoi j'ay ajoûté l'adjectif *de déliberé.* Toutefois suivant nôtre division nous avons à faire un Titre du meurtre par embûches, qui sera le suivant. Cette sorte ou espece d'Homicide est bien expliquée par l'Empereur aux Instituts, *lib. 4. Tit. 18.* §. *5. Item Lex Cornelia de sicariis.* L'Abbé de Palerme sur le 2. chapitre du Titre *de Homicidio voluntario.*

I. Max. Celui est coupable de mort, qui en voulant tuër un homme en tuë un autre, suivant la Maxime septiéme du Titre precedent. *Faschinaus lib. 1. controvers. Juris. cap. 37. &c.* L'homicide commis dans une maison de jour ou de nuit, fait un soupçon violent contre les locataires demeurans dedans, & contre les voisins : le maître de la maison & les domestiques qui n'ont rien dit ny fait pour l'empêcher. Cela s'observoit chez les Romains, & n'est pas naturalisé en France.

II. Max. La peine de l'homicide déliberé, c'est la mort naturelle sans esperance de rémission, & le plus souvent le seul attentat est puni de mort : par exemple si on a blessé, bien qu'on n'ait pas tué, cela suffit pour condamner à mort ; parce qu'on a fait son possible pour consommer l'homicide. Voyez la Maxime suivante & l'Exode 21. ℣. 14.

III. Max. La volonté est souvent plus punie que l'effet, comme j'ay montré page 535. du nouveau Traité des Criées. Expilly Plaidoyer 25. Valere Maxime *lib. 6. art. 9. de Pudicit. Cassiodor. lib. 2. variarum 11.* Bugnion Loix abrogées de la France, liv. premier Satyr. 56. 67. 68. 69. de maniere que ce n'est pas le coup qui rend le crime attroce, c'eft la volonté, le deffein, & la machination qui fait la confommation de la malice : & par ces raifons, il eft vrai de dire fuivant nôtre Ordonnance au Titre 16. Maxime 4. qu'il n'y a qu'à prendre la peine de lire, & l'Arreft rendu fur la remontrance de M. Talon, à la Tournelle, le 19. May 1657. au fujet de *** rapporté par le fieur de la Martiniere fol. 588. de fa Connétablie : que non feulement la grandeur de la bleffure rend l'injure plus grande ; mais auffi le lieu & l'endroit du corps où elle eft faite ; comme feroit une playe au vifage, elle eft plus confiderable qu'à la jambe, ou à un bras que l'on ne verroit pas.

I V. Max. Jean Imbert liv. 3. chap. 22. *num.* 15. a traité de ceux qui procurent des avortemens, ainfi je n'en diray rien cela étant délicat à toucher pour les peines extraordinaires qu'ils meritent felon la condition des perfonnes, le fait & la qualité, par breuvages, faignées, & potions. Bouchel *in verbo* Abortif. Lapilli chap. 4. de fes Arrefts. Voyez la feconde Maxime du Titre 11. *infra*, &c. Pour l'homicide commis par plufieurs, voyez la Maxime 5. du precedent Titre, pour ne rien repeter, & la Maxime 3. du Titre 8. *infr*. Exode cap. 21. ℣. 22.

V. Max. Le Préfident de la Rocheflavin livre 7. Titre 72. art. 3. à prefent on ne fe fert plus de cruentation, fçavoir le fang découlant des playes d'un meurtri en la prefence des meurtriers, parce que l'experience à fait connoître qu'il n'y avoit pas la moindre apparence de verité. Toutefois j'eftimerois que quand il n'y auroit point de preuve contre un accufé, ou qu'elle n'eft que confufe & obfcure, qu'en ce cas ce ne feroit pas une faute de prefenter le prétendu meurtrier accufé au corps du meurtri, & en même tems obferver la face de l'accufé, fon gefte & fon maintien. *Vox enim fanguinis clamat ad Deum. Genef.* 4. ℣. 10. *Apoca'pfis cap.* 6. ℣. 2. *Divus Gregorius lib.* 36. *cap.* 20. *num.* 9. *Bohærius decifion* 166. *num.* 1. *Vide* la premiere Partie Titre 27. Maxime 38. *fuprà* folio 272. *Cruentatione cadaverum*, & le Livre *de unguento armario & cruentatione cadaverum. Francofurti* 1593.

V I. Max. Toute perfonne qui peut empêcher un meurtre, une batterie, des excez d'être commis & ne le fait pas, il eft tenu devant *Dieu* pour être participant au malheur qui arrive, & devant les hommes eft blâmable de ne s'y être pas oppofé, fuivant Joachin du Chalard, fur l'Ordonnance d'Orleans art. 65. le Droit Canon *ficut dignum de homicid. extra l.* 2. *de noxalib. action.* Les raifons font que quiconque peut empécher une perfonne d'être offenfée & tuée, fans fe mettre dans un péril évident & ne le fait pas, eft reputé & qualifié meurtrier & homicide de fon frere chrétien. De forte que le ferviteur qui voit tuer fon maître, fans le deffendre ny s'y oppofer, doit être puni comme homicide, fuivant Bartole *in l.* 1. § *fed in eo.* ff. *ad Syllanian*, il le dit en termes exprès. Je ne crois pas que fur le fentiment de Bartolle on put pendre un valet, qui étant dans la plaine de S. Denis avec fon maître qu'on auroit volé, ne l'auroit pas deffendu de fon pouvoir, il pafferoit tout au plus pour un coquin & un lâche fans cœur ; mais n'ayant nulle intelligence avec les voleurs, on ne lui pourroit faire autre chofe que de le chaffer du fervice de fon maître, & fe feroit encore affez. Ephefiens Epift. cap. 6. ℣. 5. chez les Romains un efclave auroit été puni en tel rencontre de mort : du moins je trouve dans le Senatufconfulte *Syllanian. lege excipiuntur ad Sillanianum.* ff. Que les Romains faifoient donner la torture à tous les Serfs impuberes,

beres, quand le maître étoit trouvé tué. Corneille Tacite dit que C. Caffius grand
Jurifconfulte, vouloit perfuader qu'on devoit les faire mourir, afin que les autres
fuffent foigneux de la vie de leur maître, au péril de leur propre vie. J.Bodin liv.4.
ch. 5. de fon Fleau des Sorciers en a parlé *infrà* Titre 9. Max. 4. Tite-Live *lib.* 4.

VII. Max. Celui qui loüe & commande à quelqu'un de battre & exceder un
autre avec une deffenfe expreffe & inhibition de le tuer, & que le mandataire
paffe fon ordre & le tuë ; fçavoir fi le mandant eft coupable de mort, comme eft
fon commiffionnaire : voilà des queftions de Mofnier, de Bugnion, de Bohærius,
qu'ils appuyent de plufieurs autoritez ; comme s'il y avoit ombre de difficulté de
condamner l'un & l'autre à mort, ainfi que j'ay prouvé page 535. du nouveau
Traité des Criées en l'an 1704. puifque ayant commandé & loüé pour battre,
c'eft tout de même que s'il avoit commandé de tuer, le meurtre étant arrivé
à l'occafion de la baterie, & le mandataire ayant fait fes efforts pour remplir les
conditions de fa commiffion. Voyez au furplus, Domat des Loix in-fol. Tome 2.
livre 1.

VIII. Max. André Alciat *Emblem.* 194. *pietas filiorum in parentes.* Ce Jurifconfulte parlant de la pieté des enfans envers les pere & mere, nous veut rapporter l'Hiftoire d'Enée, qui fauva Anchife fon pere des flâmes de Troye le portant
fur fes épaules, pour prouver la foible raifon des enfans ayant vingt-cinq ans, &
des ferviteurs de propofer que la majorité les difpenfe de la Loy, & de la rigueur
des Ordonnances envers les pere & mere, & envers les maîtres : l'on n'a jamais
oüi dire qu'on preferive contre fon propre Titre. La nature par la naiffance nous
foumet à nos pere & mere à tous âges & en tous lieux, nous leur fommes foumis,
jamais nous ne pouvons effacer la qualité d'enfans qui oblige à l'honneur, au refpect & aux devoirs qui y font attachez. *Efficiat aliqua ætas, ut filius is tibi affe*
definat. C'eft ce que les SS. Cahiers fuivis de nos Ordonnances ont voulu pref-
crire par une obligation de rigueur & de neceffité ; enjoignant aux enfans en tous
tems de requerir l'avis & confeil de leur pere & mere, lorfqu'ils voudront leur
marier : ne le faifant pas, ils pourront être exheredez. Il faut imiter l'humilité
de Nôtre Seigneur JESUS-CHRIST, remarquée par S. Luc 2. ℣. 51. quoiqu'il
eut pû s'en difpenfer, *& erat fubditus illis,* c'eft l'exemple qu'il nous a donné
en plufieurs endroits. Exode 20. ℣. 12. cap. 22. ℣. 28. Matth. 23. Rom. 13. 1. Corinth. 7. Ephef. 6. 5. Coloff. 3. 20. Hebr. 13. 17. 1. Petr. 2. 18. &c. Les Loix de la
nature font immuables, elles veulent qu'un enfant foit toujours enfant de fes
pere & mere, quelque changement qu'on croye y apporter par la Loy civile. Les
Loix Divines obligent auffi à être foumis aux Rois, honorer, obeïr & refpecter
leurs ordres, les Juges & les Superieurs, non pas jufques à l'adoration, ainfi que
font les Efclaves Orientaux, qui compofent une troifiéme efpece entre les hommes & les animaux, qui font d'ordinaire des incongruitez par leurs civilitez fans
le connoître, qui font incompatibles avec le fens commun, pour avoir voyagé,
comme fit Jonas, dans le corps d'une bête.

Pour autorifer la Maxime precedente, je trouve dans de bons Memoires, que
** & ** rodant dans un quartier à deffein de trouver l'heure d'executer leur per-
nicieux projet, d'affaffiner M. ** qui avoit accoutumé de fortir le foir : par
bonheur on furprit des lettres qui donnoient de forts indices de leur volonté,
on leur fit leur procès : dans leurs interrogatoires, ils déclarerent ouvertement

II. Part.   Zz leur réfolution d'égorger ce Seigneur, dans le tems qu'il avoit de coutume de fortir : ces deux fcelerats furent condamnez & punis le onze Octobre 1553. à Paris ruë S. Antoine, près la Baftille : ce Seigneur n'oublia rien pour obtenir le pardon par fa bonté naturelle ; mais le cas étoit trop énorme, & il y alloit de l'interêt public qu'on en fit une punition exemplaire, la Juftice ne pouvant par refufer un châtiment d'un crime fi noir, *femel malus femper præfumitur malus in eodem genere mali.* Les traîtres font juftement comparez à Polypheme, lorfqu'il promit à Ulyffe qu'il le mangeroit le dernier par grace, ayant été jetté par la tempête en Sicille, où ce plus fameux des Cyclopes faifoit fa retraite, ayant mangé fix de fes compagnons, qui étoit pour lors appellée la Lucanie.

IX. Max. Nous avons plufieurs Loix *cogitationis pœnam nemo patitur*, qu'elles renferment dans un feul crime, où la feule intention de faire du mal eft punie, de même que s'il étoit fait, *l. 18. ff. de pœnis. l. 225. ff. de verborum fignif. eadem feveritate voluntatem fceleris, quæ effectum (in reis Majeftatis puniri) jura voluerunt. l. 3. cod. ad Legem Juliam Majeftatis.* Nos Ordonnances les ont fuivies en cela dans les crimes & délits ordinaires ; elles n'ont point chargé les Juges de punir les fimples intentions, cela fondé fur la réfolution des Cafuiftes les plus *rigidus* referrez, qui tiennent que la penfée d'un homme telle qu'elle foit, qu'il rejette de tout fon pouvoir auffi-tôt qu'elle lui vient, n'eft point puniffable que par la Loy fuprême des réproches de fa confcience, à laquelle feule il appartient de regler fes defirs non encore exprimez. Diego Saavedra devife 21. de fon Prince Chrétien, parlant de la force & de l'autorité des Loix. Lochon a fait un Traité du fecret de la confeffion en 1708. & un fuppléement en 1710. Un des affaffins de M. * * * Confeiller au Parlement, fut executé à mort, fur la dépofition d'un feul témoin, après trois jours d'opinions : les autres furent pris depuis, qui mirent le calme dans l'efprit des Juges, fuivant M. Lafferé, Confeiller, en fon art de proceder fol. 210. de même les meurtriers qui dans les bois de Marcouci tuerent à la chaffe M. * * * Confeiller, *idem.* Pareil Arreft contre * * * qui tua la nuit d'un couteau Madame * * * dans fon lit, dont il avoit été laquais, pour la voler le 28. Novembre 1689. qui fut puni. La grande queftion étoit comme au liv. 1. Titre 16. Maxime 15. *fuprà*, fi la confeffion d'un accufé écrite de fa main faifoit preuve contre lui, l'on décida pour la négative, par l'Arreft que j'ay rapporté.

Les volumes immenfes fur le Droit Canon, font voir que l'on a voulu dire que les Officiaux connoiffent de toutes fortes de matieres, fuivant le Deuteronome chap. 17. ℣. 8. furquoi Hoftienfis a fait de longs & amples Commentaires inutiles en France, en voyant l'Edit de Melun art. 22. & celui de 1695. art. 38.

Le Traité de M. Lochon a paru très-nouveau, il y a du péril, parce que toutes les nouveautez fingulieres font dangereufes à introduire foit dans la Réligion ou dans la Juftice & dans les Loix. C'eft pour cela qu'à Athenes celui qui propofoit une Loy nouvelle, fe prefentoit ayant une corde au cou, afin que fi elle n'étoit point utile au public, il fût étranglé pour fa témérité. Voyez le Traité du fieur Brueis de Montpellier en 1710. de l'obéïffance duë aux puiffances temporelles, fuivant la Sainte Ecriture. Touchant le meurtre de M. * * * Voyez le fieur de la Martiniere en fa Conneftablie part. 3. chap. dernier, fection 4. fol. 1014. où il explique les faits & l'Arreft.

TITRE VII.

De l'Homicide de Guet-à-pens.

EXPLICATION DU TITRE.

C'Eſt ici une autre ſorte d'Homicide déliberé que l'Ordonnance a qualifié de guet-à-pens à cauſe de ſa noirceur, avec cette qualité & circonſtance plus aggravante : c'eſt pourquoi encore que j'en aye parlé dans l'explication du Titre precedent, je n'ay pas prétendu confondre & comprendre celui-ci l'un avec l'autre; dautant que ſuivant ma diviſion, je me ſuis reſervé de faire un Titre en particulier de celui dont je parle à preſent, que j'appelle *homicidium deliberatum ex inſidiis*, à la difference de l'Homicide déliberé precedent, qui n'a pas cette qualité, ſuivant Bacquet des droits de Juſtice chap. 6. *num* 9. Ragueau des droits Royaux, Indice, *Guet-à pens*. Il eſt certain que ce crime eſt le meurtre appellé de Guet-à-pens : pour cette raiſon, il y a bien de la difference de ce meurtre commis de la ſorte à l'homicide déliberé du Titre precedent. Ce mot de Guet-à-pens, ſuivant la Coutume de Bretagne Titre 25. de Normandie ancienne, chapitre 75. & la nouvelle aux articles 43. & 149. d'Auververgne chap. 29. art. 1. eſt ſincopé, & veut dire Guet-à-penſée, ou Guet pour penſée : quelqu'uns comme Ragüeau en ſon Indice, l'appellent Guet-à-pens, comme s'ils vouloient dire Guet-à-pendre, ou Guet qui merite la corde. Quoiqu'il en ſoit, c'eſt un crime condamné par la Loy Divine au Deuterome chap. 27. ỳ. 26. & par toutes nos Ordonnances, qui ne veulent pas qu'il ſoit donné de rémiſſion. Ordonnances de Villers-Coterefts en 1539. art. 168. 169. Orleans 75. Amboiſe 1. Blois 194. 195. Nôtre Ordonnance Criminelle Titre 16. art. 4. Coutume de Bretagne art. 625. André Alciat Emblem. 173. *Parem delinquentis & ſuaſoris culpam eſſe.* Inſtit. *lib.4.Tit.18. de publicis judiciis.* §.5. *Lex Cornelia de ſicariis.*

Seule Maxime.

Toutes perſonnes indifferemment ſans diſtinction de qualitez, de quelques états & conditions qu'elles ſoient, ayant fait & commis meurtres & homicides de Guet-à-pens, ſeront punis de la peine de la roüe, par les Ordonnances de nos Rois, rapportées par Jean Imbert liv. 3. ch. 22. *num.*16. ſans autre commutation de peine quelle qu'elle ſoit, laquelle peine aura lieu, tant contre les principaux auteurs, que ceux qui les accompagnéront. Voyez le Code Henry des crimes Titre 12. & Ragüeau. La Coutume d'Auvergne c. 29. art. 1. va encore plus avant que les Ordonnances ; car non ſeulément elle veut que le Guet-à-pens ſoit puni de la peine de la roüe, quand l'effet s'en eſt enſuivi, mais encore qu'il n'ait ſorti à effet : c'eſt pourquoi dans le rencontre, il faudra concilier la Coutume avec l'Ordonnance , autant qu'il se pourra faire , suivant les actes & circonstances du Guet-à-pens, ou plus proches , ou plus éloignez. Philbert Bugnion des Loix abrogées liv. 1. Satyr. 56. 67. 68. 69. Recherches de la France livre 8. chap. 32. *supra* Titre 26. Maxime 6. liv. 1.

TITRE VIII.

De l'Homicide déliberé proditoire.

EXPLICATION DU TITRE.

C'Est encore une autre sorte d'Homicide plus grief & énorme que les précédens , suivant la définition des Docteurs criminalistes , & pour marquer que c'est un ami qui feint & caché va devant son ami sous prétexte de l'embrasser & le tuë, dont l'autre ne pouvoit se défier. Je ne puis apporter un meilleur exemple pour le dépeindre au vif, que celui du traître Joab sur Amaza, dans l'Histoire de David , rapportée au second livre des Rois chap. 20. ℣. 9. qui sous prétexte de le saluer , le prit par le menton , & lui donna de son épée dans le ventre. *Similiter ille qui dat alteri potionem venenatam dicitur proditor.* Comme sont aussi ces semeurs de pestes & de querelles , dequoi je parleray dans les Maximes suivantes. Le 12. Mars 1671. * * furent executez, pour avoir assassiné * * leur ami dans son lit.

I. Max. La peine de l'Homicide proditoire ne sçauroit être assez grande , la Loy veut que le coupable soit puni par le feu. En Espagne il est attaché par les pieds à la queuë d'un cheval, traîné par les ruës & ensuite pendu aux fourches patibulaires. *Annotat. Julius Clarus.* §, *homicidium num.* 25. En France la peine de la rouë est la plus ordinaire : autre chose est la peine de la Loy de punir un proditeur ; mais celle-là s'entend des traîtres de la Patrie , ou du Prince ; surquoi il ne sera pas éloigné de propos de remarquer que le traître est pris en trois façons , suivant Balde en son Conseil 361. *num.* 3. vol. 4. 10. *Qui prodit Principem vel Rempub.* 2. *qui prodit eum quem in fide suscepit.* 3. *qui prodit socium vel amicum occidendo vel vulnerando , de quo hic. supra* Titre 27. Maxime 6. livre 1.

II. Max. De tuer par poison est un homicide proditoire. Jean Imbert liv. 3. chap. 22. *num.* 18. *plus est hominem extinguere veneno quam gladio* , aux Instituts de Justinien liv. 4. Tit. 18. §. 5. c'est un action diabolique ; car un ami ne se défie de rien, il prend un boüillon croyant se guerir étant malade , & reçoit la mort de la main qu'il croit le soulager : ils sont brûlez sans misericorde. L'Arrest du 16. Juillet 1676. en fait preuve, & tous les autres rendus en ce temslà par les Commissaires du Roy, servent a établir la Maxime. C'est assez dire , il faut suivre le proverbe Grec qui fut fait après que l'invention du bled eut été trouvée , *c'est assez manger du Glan.* Par la Loy des Perses l'on casloit la tête des empoisonneurs à coups de pierres. Les 22. & 25. May 1677. l'on fit des executions pour des affaſſinats proditoires qui font fremir au feul reſſouvenir des crimes.

I I I. Max. Jean Imbert liv. 3. chap. 22. *num.* 15. a parlé des avortemens & des peines de ceux qui donnent des potions & breuvages aux perſonnes enceintes pour les faire avorter & perdre leur fruit : d'autres pour ſe faire aimer , ſur le dire d'Ovide en ſon art d'aimer , d'ordinaire la mere & ſon fruit viennent à mourir , c'eſt ce qu'ils cherchent : la peine eſt contre ces gens-là le dernier ſupplice , étant comme les empoiſonneurs , comm'auſſi les Apotiquaires qui ont vendu les drogues , ou fait les remedes & les doſes des potions & breuvages , ſont punis de même peine. Il n'y a qu'à voir Moſnier §. homicide *l.* 3. §. *Final. ad l. Corneliam de ſicariis.* Bohier en ſes déciſions queſt. 109. Expilly en ſes Arreſts chap. 4. J'ay mis cette Maxime à l'occaſion de la precedente ; joint que c'eſt une eſpece de prodition de ſe vouloir attirer l'amitié d'une perſonne contre ſon gré & par méchante voye : ce n'eſt pas cela que le Poëte a voulu traiter ; ce ſont des filous , de jeunes gens qui ont voulu leur attirer leur argent ſous pretexte de Philtre d'amour de la ſorciere Circé. Voyez la Maxime 4. du Titre 6. avec la difference de celle-ci , en ce qu'elle dit , que l'avortement ſe peut faire ſans potion , & en celle-ci non. *infrà* Tit. 22. Max. 2. Les 11. & 18. Fevrier 1678. par Arreſt l'on executa * * des malheureux , pour des crimes qui font trembler lorſqu'on les ſçait , étant des aſſaſſinats extraordinaires.

I V. Max. Les ſemeurs de peſtes & poiſons tombent ſous ce Titre , cela étant un artifice & une prodition pour depeupler & faire perir tout un païs ; auſſi comme ce crime eſt plus grand , eu égard au nombre des perſonnes qui en peuvent mourir , & à la qualité du crime : de même il eſt puni plus griévement , & les coupables doivent être condamnez d'être brûlez à petit feu s'il ſe pouvoit. Il eſt permis à toutes ſortes de perſonnes de tuer impunément ceux qui ſont ſurpris en ce forfait. Le Préſident de la Rocheflavin lettre P. Tit. 7. art. 2. Inſtituts *liv.* 4. *Tit.* 18. §. 5. *Eadem lege & venefici capite damnantur , qui artibus odioſis , tam venenis , quam ſuſurris magicis homines occiderint , vel mala medicamenta publice vendiderint.*

En France on excuſe les homicides involontaires & ceux qui ſont commis dans la preſſante neceſſité d'une légitime défenſe de la vie , par nôtre Ordonnance au Tit. 16. art. 2. *ſuprà* liv. 1. Tit. 18. La force eſt neceſſaire pour faire regner la Juſtice ſur ceux qui ne ſe ſoumettent pas volontairement : elle a ſon uſage par tout où la Juſtice a le ſien , & où elle trouveroit quelque obſtacle,ce qui eſt tiré de la Sapience, *cap.* 6. ℣. 4. *Data eſt à Domino poteſtas vobis* , d'où les Juriſconſultes ont tiré cette Maxime , que la force maintient le droit , *vis Juris vindex.* C'eſt pourquoi l'on dépeint la Juſtice tenant une épée d'une main , & une Balance de l'autre.

TITRE IX.

De l'homicide déliberé par assassin.

EXPLICATION DU TITRE.

L'Assassin est une autre espece d'homicide de plus grave en plus grave, suivant *Julius Clarus*, Bouchel, Ragueau, *Angelus*, *Aretinus*, &c. Le mot d'assassin est bien décrit par Gilles Menage dans ses origines de la Langue Françoise, où il dit que c'étoit une sorte de peuple d'entre les Sarrasins d'une Secte particulière de Réligion de Mahomet, lesquels s'appelloient en leur Langue *Heissassim*, d'où dérive proprement le mot d'assassin, & se trouve qu'ils ont été diversement appellez Assassins, ou Assessins, Assinins, Assismes, Assatuts, Hartarsis, Arquassins, Accides, & plus commodement Arsacides, ou Chasiens, Chasisiens, Bedüins & Esséens, gens si felons, traîtres & méchans, qu'ils ne craignoient point de tuer qui que ce fut, & même d'aller égorger quelque Prince que ce fut, jusques dans son Palais par le commandement de leur Souverain, appelé Aloadin, ou le Vieil de la Montagne, craint & redouté pour raison de cela de tous les Grands de la Terre. Si l'on veut en sçavoir davantage sur l'aventure de ces sortes de gens, il n'y a qu'à voir le Sire Jean de Joinville, Raphaël Volaterran en sa Geographie, Paul Æmille en ses Chroniques, Guillaume Nangis, Nicolas Gilles en ses Annales, Estienne Pasquier en ses Recherches de la France livre 8. chap. 20. Bouchel dans sa Biblioteque & autres Auteurs rapportez au nouveau Traité des Criées page 425. aux observations. Ils avoient autant de transmigration que les Tartares : les Planettes n'ont pas plus de divers mouvemens dans leurs Epicicles.

I. Max. Ceux qui loüent, & ceux qui se loüent à prix d'argent ou autrement pour battre, exceder, outrager, ou tuer quelqu'un, récourir des prisonniers & criminels des mains de la Justice, seront punis de mort pour la seule machination & attentat, encore que l'effet ne s'en seroit pas ensuivi & qu'ils n'eussent pas consommé ce pourquoi ils auroient été employez, ainsi qu'il est expressément porté par l'article 195. de l'Ordonnance de Blois, sans esperance de rémission, comme portent précisément toutes les Ordonnances que j'ay rapportées au nouveau Traité des Criées en 1704. page 525. suivies des Arrests qui y sont mentionnez. La Coutume de Bretagne Titre 25. celle d'Auvergne des crimes & delits Titre 1. Code Henry des crimes Titre 13. art.1. & Titre 11. des gueteurs de chemins liv. 8. Ragueau au mot assassins, Imbert liv. 3. ch. 22. La peine de l'assassin quand l'effet n'en est pas ensuivi, est suivant l'Ordonnance, c'est-à-dire du genre de mort le plus doux & ordinaire ; mais lorsque l'effet s'en est ensuivi, la peine est beaucoup plus grande, qui est celle de * * c'est la même peine que celle des voleurs de grands chemins, & gens qui tuent de guet-à-pens, suivant les Ordonnances rapportées fort au long *num.* 16. par Imbert liv. 3. chap. 22. Car quoique je me sois reservé d'en parler ailleurs au Titre du larcin : je ne laisse de remarquer ici que assassiner signifie en vieux patois, brigander, gueteur de chemins, piller, voller, *in res alienas involare, expilare :* ce qui fut executé au bout du Pont-Neuf contre trois assassins qui avoient voulu tuer * * il fut seulement blessé en 1670. *parti gladio vel pixide nummi.*

II. Max. Afin que les meurtriers & assassins, après le mal fait & par eux commis, soit dans une Ville, Bourg, ou Village, Hameau, Maison à l'écart, ou sur les chemins, ne se puissent sauver & évader sans être pris & apprehendez. Les Ordonnances Code Henry livre 7. Titre 5. de l'instruction des procès criminels, permettent aux Communes de leur assembler, faire fermer les portes des Villes, & Bourgs, y mettre guet & garde pour que l'assassin ne puisse sortir : ils peuvent faire sonner le tocsin, se mettre en corps de troupes sur les passages, de Villages en Villages, & de Provinces en Provinces ; & faire perquisition dans tous les lieux saints & dehors, pour prendre & apprehender les coupables, & les livrer entre les mains des Officiers de Justice ; ensorte que la punition en soit faite promptement. Il est aussi enjoint aux Communes de courir sur les assassins & voleurs de chemins par autorité de Justice, en toute voye d'hostilité, & par exprès quand lesdits assassins sont masquez & armez, comme a remarqué Jean Imbert en son liv. 3. chap. 22. *num.* 11. & pour leur prêter main-forte & tenir les chemins nets, & le commerce libre. C'est à ce sujet qu'ont été créez les Prévôts des Maréchaux, les Vis-Baillifs, Vis-Sénéchaux, leurs Lieutenans & Archers, *suprà* liv. 1. Tit. 4. Max. 2. Exode chap. 21. 22. des peines, des crimes.

III. Max. Par le Code Henry liv. 7. art. 8. il est deffendu à toutes personnes de quelque état & qualité & condition qu'elles soient de recevoir ny receler les voleurs, les assassins & autres accusez poursuivis en Justice, suivant les Ordonnances rapportées par Jean Imbert liv. 3. chap. 22. *num.* 9. ains les doivent livrer entre les mains des Officiers de la Justice, à peine d'être punis de la même peine que les coupables ; ce qui est très conforme à la Loy 1. *cod de his qui latron. vel. al. crim. reos occultant,* qui porte en termes exprès que, *par ipsos & reos pœna expectet.* Dans ce crime, suivant *Julius Clarus* §. *assassin. num.* 6. *& ibidem additio.* Il ne faut pas tant de preuves que dans d'autres, il suffit qu'elle soit constante & certaine. Lisez Mezeray in-quarto édition 1. page 184. Alciat Emblême 52. *in receptatores sicariorum.*

IV. Max. Dans le crime d'assassinat, l'assassin perd tout privilege de Clericature, fut-il Prêtre ou Religieux, même constitué en dignité Ecclesiastique étant pris en flagrant délit & travesti. Certains Auteurs ont dit que c'étoit pour être dégradé après la condamnation ; mais aujourd'hui dans tous les crimes des cas privilegiez, on n'use plus de la dégradation parce que le criminel s'est dégradé par son crime, & est déchû des honneurs de l'Eglise ; & l'on a vû qu'anciennement l'on ne pouvoit exercer la Justice si l'Evêque ne vouloit pas le faire : la condamnation restoit illusoire, ainsi qu'a remarqué *Petrus Aurelius* page 89. de son Traité approuvé par le Clergé : c'est ce qui a fait qu'on ne s'arrête pas à present à cette formalité. *Vide num.* 5 de Jean Imbert liv. 3. chap. 22. La preuve de cette Maxime est établie par l'effigie qui fut mise sur le Quai de la Tournelle le Samedy 29. Novembre 1704. en execution de la Sentence de contumace du Châtelet, du 25. Octobre audit an, pour un assassinat fait le 31. Aoust precedent, par un * * qui fut reclamé & revendiqué par le Promoteur , dont il fut débouté par Arrest en vacations , l'accusé étant déguifé & travefti ; ce qui fit grand bruit dans Paris. *fuprà* liv. 1. Titre 1. Max. 45. & Titre 2. Max. 7. *infrà* à l'explication du Titre 31.

Je pourrois avancer fans temerité que l'Eglife s'eft formé cette pratique de ne plus dégrader un condamné , de ce qui eft marqué au chapitre 10. du Levitique, où Nadab & Abiu , deux enfans aimez d'Aaron, ayant peché dans leurs fonctions , un feu les dévora au dedans d'eux-mêmes fans toucher à leurs corps ny à leur habits. Moïfe leur oncle prenant occafion de ce prompt châtiment fi foudain d'avertir les autres Prêtres d'être exacts à leur devoir, fit emporter les corps de Nadab & Abiu hors du Sanctuaire , & on les jetta hors du camp vêtus de leurs Tuniques de lin. Moïfe deffendit à Aaron & à fes enfans de pleurer ces morts , de déchirer leurs habits, ny de rafer leur tête crainte que ne mouriez , & que l'indignation ne vienne fur toute la Congregation : c'eft faire ce que dit Jeremie *cap.* 22. ℣. 29. *Sepultura afini fepelietur , fruftra Ecclefia implorat auxilium qui committit in ipfam.* Lifez Jovet en fa Biblioteque *in verbo* dégradation *num.* 2. & Papon liv. 3. Titre 12. de fes Arrefts. Voyez le fieur de la Martiniere en fon Traité de la Connétablie partie 3. chap. dernier, fection 3. folio 987. des affaffinats prémeditez , vols, incendies , féditions , larcins,&c.

TITRE X.

Du Parricide.

EXPLICATION DU TITRE.

JE n'aurois qu'à renvoyer au livre 3. chap. 22. *num.* 14. de Jean Imbert, mais comme les Lecteurs pourroient ne le point avoir , & celui de Jean Papon Livre 22. Titre 4. & M. Claude Expilli chap. 200. fans rien repeter de ce que j'ay dit page 436. du nouveau Traité des Criées. Le Parricide eft une autre efpece d'homicide plus damnable & deteftable que toutes les precedentes efpeces defquelles j'ay parlé. Il fe commet à l'egard de toutes fortes de parens, afcendans, defcendans & tranfverfaux, jufques au quatriéme degré : quoi qu'il fembleroit que le Parricide s'entend feulement du pere tué par fon fils , ou du fils tué par fon pere , fuivant le texte de la Loy unique au Code *de his qui parentes vel filios occiderunt.* Toutefois il eft certain que non feulement les enfans qui attentent fur la vie de leurs pere & mere , & ceux-ci fur la vie de leurs enfans ; mais auffi les freres & fœurs qui fe tuent l'un & l'autre ; les maris leurs femmes *è converfo* ; les neveux leurs oncles & *è converfo* ; le gendre fon beau-pere ; le tuteur fon pupile ; le parain qui tuë fon *filio* ; les coufins germains ; les remuez de germain qui fe tuent les uns les autres , *& fimilia è converfo* : tous commettent Parricide , plus ou moins grands , fuivant qu'on fe touche de plus près par confanguinité. N'importe qu'on veuille en faire la difference par les mots de Parricide ,

euxoricide ,

euxoricide, filiicide, matricide , fratricide, fororicide, & les autres fuivant leur dénomination qu'on peut compofer de-même, fuivant Alciat *de verbor, fignificat.* dautant que le mot de parricide comprend tous les autres, *nam parricida non folum qui patrem occiderit , fed & qui cæteros conjunctos quorum Lex Pompeia meminit intelligitur.* L'attentat commis fur la perfonne facrée des Roys, eft un parricide dont je ne parlerai pas en cet endroit , parce que j'en ferai un Titre du crime de Leze-Majefté, qui fuivra celui-ci.

Le parricide étoit autrefois inconnu, pourquoi Solon n'en fit aucunes Loix aux Atheniens croyant qu'il n'y avoit perfonne affez pervers pour le commettre; cependant nous l'avons vû arriver & condamner, il n'y avoit point de peines établies pour cela. Après la réponfe de Solon rapportée dans le Plaidoyer de Ciceron *pro Rofcio Amerino*, on ne le connoiffoit point ; mais après qu'il fut connu, on le trouva fi énorme, qu'on établit une nouvelle peine pour le punir, par *L. pœna* ff. *de parricidiis ad L. Pompeiam :* c'étoit de foüetter publiquement le parricide jufques à effufion de fang, enfuite de le renfermer dans un fac ou coffre de cuir, avec un Singe, un Coq, une Vipere & un Chien & puis on le jettoit dans la Mer, c'eft furquoi Ciceron fait une belle exclamation dans fon Plaidoyer *ô fingularem inquit fapientiam*, & Quintilien dans fa déclamation 322. où je renvoye. Laurent Bouchel. *Budeus Annot. in parricidiis* , &c. Jean Bodin au liv. 4. chap. 5. *fol.* 429. *in octavo*, rapporte que le Parlement condamna * * * d'être tenaillé , de tenailles ardentes , puis rompu fur la roüe, & après jetté au feu, ce qui a été fait à * * * Et par un autre Arreft une Demoifelle fût brûlée vive pour avoir fait tuer fon mary , c'eft pour ce crime énorme que la Loy a été faite fuivant S. Paul 1. à Thimoth. 1. ꝟ. 9. Imbert liv. 3. chap. 22. *num.* 14. a rapporté divers autres exemples , à fçavoir.

I. Max. Dans le crime de parricide la volonté eft réputée pour effet ; fuivant Brodeau fur Loüet lettre S. chap. 20. & ceux qui prêtent aide & confort font auffi coupables de parricide. *Additio in* §. *parricidium. Iulii Clari numero primo & ibidem autoritat. multa.* C'eft auffi un parricide que de tuer fon pere fpirituel, ce qui s'entend dans nôtre Langue à caufe de l'équivoque, & la cacophonie des mots, fon Confeffeur, ou fon Parain , qui a porté aux Saints Fonds du Bâtême *Inftit. lib.* 4. *Tit.* 18. *de publicis judiciis* §. *alia, Exod. cap.* 21. ꝟ. 15. & 16.

II. Max. Suivant *Julius Clarus*, Cæpola, Bouchel, Alexander, les Loix & les Ordonnances , la peine du parricide étoit autrefois très-grande & extraordinaire , ainfi que j'ay fait voir dans l'explication du Titre ; mais parmi nous cette peine du fac n'eft point en ufage, chacune Nation punit le parricide diverfement, ainfi que rapportent les Auteurs que je viens de citer, où je renvoye. La peine de la Loy eft le feu. En France on fe fert fort de celle-là ou de la roüe felon l'attrocité du parricide commis plus ou moins grand & cruel par ces circonftances & à proportion & de gré des efpeces que j'en ay faites & que je ferai ci-après ; il eft incroyable comment il étoit puni en Egypte, en Efpagne, en Portugal, en Saxe, & ailleurs, cela paffe l'imagination, je n'en veux pas être crû, il faut lire *Alexander ab Alexanaro . Genialium dierum lib.* 3. *cap.* 5. qui le rapporte, mais auffi dit-il, comme le crime eft

II. Part.   A a a

grand, il faut des peines extraordinaires & des exemples non vulgaires pour expier ce que le Ciel & la Terre & la Nature ne peuvent souffrir.

III. Max. Les enfans sont punis capitallement pour le seul attentat commis sur la personne de leur pere, mere & parens proches; comme aussi de les avoir battus, excedez & outragez. M. Expilly en rapporte un Arrest de Grenoble *num.* 200. pour les injures verballes, ils doivent être condamnez de faire amende honorable en chemise, teste & pieds nus, la corde au col & la torche à la main & à être foüettez & fustigez, ou aux galeres. Le sage Roy en ses Proverbes chap. 19. ℣. 26. prononce l'anathême contre les méchans enfans, la Rocheflavin lettre I. Titre 9. art. 5. 6. Exode 21. ℣. 15. selon l'attrocité des injures.

IV. Max. La peine du pere qui tuë ses enfans, lorsque le parricide est accompagné de circonstances aggravantes, est d'être condamné à être mis en quatre quartiers la teste restant seule. Le President de la Rocheflavin lettre F. Tit. 12. art. 4. en donne un exemple d'un pere qui par jalousie de ce qu'à son insceu sa femme donnoit une feste à des Prêtres, auroit tué deux de ses propres enfans : sur quoi il faut s'écrier avec Lactance Firmian, *lib.* 6. *de vero cultu,* O *sine ulla controversia, scelerati & injusti qui sanguini non parcunt suo & viscera sua in prædam canibus objiciunt.* Ce dernier trait est contre les pere & mere qui tuent ou suffoquent leur part; mais de cela j'en ferai un Titre separé sous celui d'avortement & recellement de grossesse au genre de la luxure, qui sera le Titre 22. Expilly chap. 43. de ses Arrests a traité du pouvoir des peres à corriger & châtier leurs enfans.

V. Max. La femme qui fait tuer son mary, doit être condamné à être brûlée vive, ayant devant ses yeux la chemise sanglante qu'il avoit lors de l'action, è *converso & idem* du mary qui tuë sa femme; surquoi je remarquerai que Bodin en sa Démonomanie liv. 4. Mosnier au mot homicide, *Joannes Faber* §. *alia* 6. *Instit. lib.* 4. Tit. 8. & autres que j'abrege, estiment que tuer son mary ou sa femme, est un plus grand crime que de tuer son pere ou sa mere, cela est tiré des Saints cahiers. S. Mathieu chap. 19. ℣. 5. S. Marc 10. ℣. 7. S. Paul écrivant aux Ephesiens chap. 5. ℣. 31. &c. Toutesfois il semble que de tuer son pere ou sa mere est un plus grand crime, parce qu'il répugne à la nature de tuer ceux dont on a reçu la vie. Caton dans ces preceptes, toûjours est-il constant que ces crimes sont noirs au premier degré du mal. Bardet liv. 1. chap. 49. 63. R. Choppin *de Domanio lib.* 3. *Tit.* 29. privilege 11. les Recherches de la France liv. 6. chap. 14. sont à voir au sujet de cette Maxime.

VI. Max. Le crime de parricide est si grand & énorme, que celui qui a tué ou fait tuer ses pere & mere, ou parens, est non seulement privé de la succession, comme en étant indigne, mais aussi ses enfans qui en sont exclus, comme j'ay observé page 531. du nouveau Traité des Criées, notamment quand le sujet du crime est pour avoir le bien de l'homicidé. Loüet & Brodeau lettre S. chap. 20. regle de Droit. *Cujas in Comment. ord. lib.* 2. *de feudis Tit.* 1. *&c.* Bardet liv. 1. chap. 49. 63. *Joannes Galli quæst.* 166. R. Choppin privil. rustiq. *lib.* 3. *part.* 3. *cap.* 11. §. 6.

VII. Max. Le crime de parricide se prescrit comme les autres, ainsi que

j'ay dit page 440. de mon nouveau Traité des Criées , par vingt & trente ans.
Chenu Centurie 1. queſt. 83. Loüet & Brodeau lettre C. chap. 47. Charondas
Reſponſ. 409. &c. Chenu , Cent. 2. queſtion 38. Bardet liv. 4. chap. 20. tome
1. Imbert liv. 3. chap. 10. *num.* 9. & au mot adultere. Papon liv. 24. Tit. 11.
num. 2. rapporte un Arreſt de Bordeaux du 13. Avril 1530. pris des déciſions de Boyer 26. par lequel il fut jugé le crime d'adultere preſcrit par 5. ans, ſi
ce n'eſt qu'il fut inceſtueux & mixte , alors il dure 20. ans *infra* Tit. 15. En-
chyridion d'Imbert *fol.* 148. J'avertis ceux qui liront M. Cujas ſur *Pomponius* , de ne ſe point tromper ſur le *quæſtores Parricidii.* Parmi les Romains
tout crime capital étoit un parricide : ceux qui ſe trouvent dans le monſtrueux
état du mélange de Venus & de Mercure , c'eſt-à-dire , Hermaphrodites ſont
à plaindre ; parce que les Dieux ne peuvent vaincre la neceſſité ſuivant les
Poëtes. Platon dit qu'autrement , Menetiades ſeroit blâmé de ce que Hector
lui oſta ſes armes , qui étoient deſtinées pour la dot de Thetis : les Ceneus &
Theſſalus ſeroient criminels ayant été changez dans leurs nature de femmes
en hommes par des vertus divines chantées par les Poëtes de leurs Dieux.
Louis Guyon en ſes leçons diverſes tome 3. liv. 1. chap. 14. Julien Peleus
liv. 6. action 14. Le Sieur de la Martiniere en ſon Traité de la Conneſtablie
partie 3. chap. dernier , Section 2. des parricides *fol.* 981.

TITRE XI.

Du Crime de Leze-Majeſté , Pérduellionis.

EXPLICATION DU TITRE.

J Ean Imbert liv. 3. chap. 22. *num.* 7. a parlé de ce crime. On appelle parricide l'attentat fait ſur les perſonnes ſacrées des Roys & des Reines , &
de leurs poſterité : ce grand crime s'appelle auſſi crime de Leze-Majeſté au
premier chef, d'où il eſt aiſé d'inferer qu'il y en a pluſieurs autres , dont ont
parlé Jean Coras Conſeiller à Thoulouſe , Laurent Bouchel en ſa Biblioteque ,
Claude le Brun , Nicolas Bohier Préſident à Bordeaux , & toutes les Loix Romaines , & dans le nouveau Traité des Criées page 534.
Je tacherai de découvrir autant de chefs que je pourrai pour en traiter dans
les Maximes , cependant je dois dire ici , que j'ay été obligé de poſer en ce
lieu ce Titre , à cauſe du premier chef ; par occaſion je me ſuis trouvé neceſſité de traiter des autres , il eſt donc queſtion pour l'explication de ce Titre ,
de ſçavoir ce que c'eſt que dire Leze-Majeſté , *& dicitur major ſtans , aut
major poteſtas.* Chez les Romains la Couronne de Laurier étoit la marque des
triomphes & l'Huiſſier des Empereurs & Pontifs.
*Majeſtas à majore dicta eſt , ut honeſtas ab honore & definitur amplitudo
& dignitas Principis :* or Leze-Majeſté eſt *quam lædere , ſolvere , aut
imminuere Majeſtatem , aut de Majeſtate , & amplitudine Principis*

in quem omne Imperium Populus transtulit aliquid detrahere. Il est vrai que Guillaume Budæé en ses Annotations sur les Pandectes page 32. fait une difference entre les verbes *lædere & imminuere Majestatem*; mais comme cette distinction m'arrêteroit par trop, joint aussi qu'elle n'est pas propre à mon Titre, où il faut les confondre l'un avec l'autre, comme ils sont par tout ailleurs où il en est parlé. Il est traité de ce crime dans le Digeste *L. quisquis ad L. Juliam Majestatis, lib. 48. Tit. 4.* & pour les divers Chefs qu'il comprend, faut voir Laurent Bouchel en sa Biblioteque *voce* Leze-Majesté, page 1396. après quoi il me reste à dire que ce crime est si énorme qu'on le compare au sacrilege, *proximum sacrilegio crimen est quod Majestatis dicitur. L 1. in princ.* ff. *ad Legem Juliam Majest. Baiardus annotator Julii Clari in §. Leza-Majestatis num.* 35. dit que ce crime se commet en quarante-cinq façons, qu'il specifie toutes, où je renvoye pour ne rien dire de moy, c'est parce que la Matiere est la plus delicate de la Jurisprudence à traiter. Voyez l'Arrest du Parlement du 29. Decembre 1594. aux Recherches de la France liv. 3. chap. 4. Papon liv. 22. Tit. 1. & les Instit. *lib. 4. de publicis judiciis Tit.* 18. §. 3. *publica* & le 2. Arrest rendu au Parlement le 7. Janvier 1595. contre plusieurs.

I. Max. Le crime de Leze-Majesté au premier chef, suivant Lebrun, Jurisconsulte Beaujolois, est comme je viens de remarquer, commis par celui qui attente sur la personne sacrée des Rois, de la Reine & de leur posterité. La peine est d'être tenaillé vif, avec tenailles rouges, du plomb fondu dans les playes,& ensuite tiré à quatre chevaux, suivant *Julius Clarus §. Leza-Majestatis num.* 8. Nous en avons huit exemples dans nôtre Histoire, la peine ordinaire *de consuetudine solent hujus criminis rei vim in frustra scindi, & appendi in locis eminentibus Civitatum seu castrorum, in quibus deliquerunt.* Lisez Jean Papon liv. 22. qui rapporte les Arrêts. R. Choppin sur la Coûtume de Paris liv. 3. Tit 3. *num.* 25.

I I. Max. Ceux qui sçavent les traitez, conspirations & machinations contre les personnes sacrées des Rois & de la Reine, de leurs Enfans & contre l'Etat, doivent être punis de semblables peines que les principaux auteurs & les conjurez, s'ils ne révelent au plûtôt qu'il leur sera possible, soit au Roy ou à ses Ministres & Officiers, *particeps vero revelant delictum liberatur, & præmium consequens.* Pour la preuve, il n'y a qu'à lire le Code Henry des crimes Tit. 5. art. 1. *Boherius in tractatu de seditios. annotat. Jul. Clarus sup. quæst.* 27. *num.* 12. Mathieu & Mezeray parlant du * * *. qui auroit obtenu grace & recompense pour avoir révelé les traitez secrets faits contre l'Etat, dont les principaux auteurs furent punis & encore d'autres depuis, desquels l'Histoire n'a pû garder le silence, fondé sur la Loy *quisquis Cod. ad Legem Juliam Majestatis infrà* Max. 14. Ordonnance de Blois art. 183. Recherches de la France liv. 8. chap. 39. touchant les biens des condamnez & executez. Voyez R. Choppin *de Domanio lib.* 1. Tit. 7. *num.* 15. & 17. La Coûtume de Normandie art. 143. & les suivans, ensemble les memoires du tems de l'execution à Paris le 10. May 1616. Ambass. liv. 1. Section 9.

I I I. Max. Il n'est permis à personne de solliciter ni interceder pour des accusez reconnus criminels de Leze-Majesté au premier & au second Chef, comme seroient ceux qui auroient attenté sur les personnes des Ministres,

Confeillers d'Etat , *nifi concedatur licentia prout moris eſt.* Mathieu, Hiſtorien, à l'endroit que je viens de rapporter , Lebrun au crime de Leze-Majefté, femblent comprendre cette follicitation à tous les crimes & chefs concernant Leze-Majefté. *L. 5. quiſquis. Cod. ad L. Juliam Majeſtatis. Annotat. Julius Clarus, Leze-Majeſtatis.* Coutume d'Anjou part. 4. *Joann. Lucius lib.* 12. *Tit.* 8. *num.* 3. *Majeſtatis crimen non femper morte mulctat:* parlant au chap. 5. part. 2. des peines & des recompenfes. Je trouve que du Tillet & *Aufrerius* ont écrit que l'ufage du Royaume eſt que nos Roys affiſtent en perfonne au jugement des Princes & Pairs , les autres y étant appellez , ainfi que marquent les Hiſtoriens. Louis X. affiſta au jugement du Procés de * * * Philippes V I. de Valois préfida au jugement du Procès de * * * en 1331. touchant le Comté d'Artois. Charles V II. fut prefent au jugement du Procés de * * * fuivant Mezeray. Je trouve l'Arreſt rendu à Vendôme fur l'inſtruction qui avoit été faite à Montargis le 10. Octobre 1458. c'eſt le fecond du Recueïl d'Arreſts de Barnabé le Veſt. François I. affiſta au jugement de contumace de * * * où intervint Arreſt à Paris le 16. Janvier 1523. au long circonſtancié & rapporté au liv. 6. chap. 12. & 14. des Recherches de la France de M. Pafquier. Je trouve dans Aimoin *lib.* 3. *cap.* 21. & dans Mezeray qu'en l'année 577. Chilperic I. envoya Pretextat, Archevêque de Roüen , au Concile de Paris pour y être jugé fur une accufation de crime d'Etat qui lui étoit imputée. Louis X I. envoya au Parlement le * * * qui lui fit fon procés par Arreſt du 19. Decembre 1475. Henry le Grand fit la même chofe en 1602. tout cela eſt fuivant ce que dit le fage Roy au chap. 3. de fes Proverbes, *ne quis in fua caufa judicet.* Nous avons une belle Loy des Empereurs Teodofe, Arcadius & Honorius, recommandant à Rufin, Préfet du Prétoire, de ne point châtier les murmures du Peuple , *quoniam fi id ex levitate proceſſerit contemnendum eſt, fi ex infama miferatione digniſſimum , fi ab injuria mittendum.* Si c'étoit par legereté & folie, il faut en avoir pitié , s'il y a de la malice , il faut pardonner genereufement, fi par inconfideration , le meprifer & en rire , *L. unica Cod. fi quis imperat maledixerit.* Cela eſt fuivant S. Paul écrivant aux Rom. chap. 13. ✝. 4. *Dei enim Miniſter , eſt tibi in bonum.* Il faut voir liv. 1. Tit. 12. Max. 7. Chilperic renvoyant Pretextat écrivit au Concile : *Quoique nous en puiſſions bien connoitre étant un crime de Leze-Ma eſté, dont il eſt accufé ; toutesfois parce que nous fommes partie afin qu'on n'eſtime pas que nous y vouluſſions apporter autre chofe que la Juſtice & la raifon , nous vous en laiſſons le jugement.* Les crimes atroces au fuperlatif, font ceux de Leze-Majefté Divine & Humaine , le Duel, le Patricide, l'Empoifonnement , le faux Témoignage , l'Affaffinat de Guet-à-pens & *fimilia pro quibus Lex imponit graviorem pœnam.* L'on fit le procés à Gilles Evêque de * * * à Didier Archevêque de * par les Evêques de France fans envoyer à Rome , le Clergé étant foumis à la Jurifdiction de France, fur tout, lorfqu'il ne s'agit point de faits concernant la Religion , & que c'eſt uniquement pour un crime & cas Royal. Il y en a divers exemples rapportez dans l'hiſtoire des derniers troubles au fiecle pafſé, de Pierre Mathieu, imprimée en 4. liv. en 600. où je renvoye les Studieux Lecteurs. Voyez le fieur Pinfon de la Martiniere en fon Traité de la Conneſtablie partie 3. chap. dernier *fol.* 976. Section 1. du crime de Leze-Majesté. M. le Prêtre Centurie 1. chap. 9. 81. Jovet en sa Biblioteque des Arrests *in verbo* Juge *num.* 5.

IV. Max. Par l'Edit de Cremieu en 1536. art. 10. Jean Chenu Titre 12. chap. 66. de ses Reglemens dans les Notes, où il est parlé des cas Royaux desquels les Lieutenans Criminels, des Baillifs & Sénéchaux connoissent privativement aux Prevôts & aux Juges ordinaires. Jean Imbert liv. 3. chap. 6. Bouchel & Joly liv. 3. chap. 26. de leurs Arrests. La connoissance des crimes de Leze-Majesté appartient aux Baillifs & Senechaux & autres Juges Présidiaux. Néanmoins il en faut excepter le premier chef qui appartient au Parlement, étant seul competant d'en connoître, ainsi que de la Regale dans tout le Royaume. R. Choppin *de Domanio* liv. 2. Tit. 6. & 7. où il rapporte tous les cas Royaux ; le duël est un cas Royal. Sebastien Frain Plaidoyer 48.

V. Max. Laurent Bouchel en sa Biblioteque *in verbo* Confession, convient que le Sacrement de Confession emporte de soi un secret, lequel ne peut être revelé sans qu'on fasse le procès au Confesseur, dont il y a eu un Traité en 1708, étant découvert ne fait aucune preuve, & est sans force ny vertu, si ce n'est dans les crimes de Leze-Majesté divine & humaine, ou dans une conspiration qui va au bouleversement d'un Etat. Pour le crime de Leze-Majesté au premier chef, il n'y a nulle difficulté ni limitation à y apporter nonobstant l'opinion de certains Casuistes singuliers, nouveaux & dangereux. Elien liv. 6. chap. 15. & 23. de l'histoire des animaux, dit que le Cerf aime si fort le lieu de sa naissance, qu'il en prefere la sterilité & la rigueur à l'abondance & à la douceur des païs étrangers. Le continuateur de Guillaume de Nangis, rapporte que Pierre de Palude, Jacobin, & quelques autres Docteurs, furent d'avis qu'un Jacobin qui avoit sçû par la voye de la Confession l'histoire de la fausseté des lettres produites par Robert d'Artois, pour prétendre prouver son droit sur ce Comté, pouvoit la découvrir sans peché, & même qu'il y étoit obligé, parce que cette histoire n'étoit pas un peché qui fit partie de la confession : cet avis fut suivi, ainsi que rapporte Mezeray en son Abregé, édition 1. page 534. *Salus populi suprema lex esto.* Jean Bodin liv. 4. chap. 2. de son Fleau des Sorciers, dit page 391. que M. Gelée, Lieutenant Criminel du Châtelet, obligea un Confesseur de déclarer la confession d'un voleur qui avoit été condamné avec trois autres, qui furent punis pour justifier le bien jugé des Juges Présidiaux du Châtelet de Paris. Les Recherches de la France liv. 6. chap. 12. ont précisément rapporté la question.

VI. Max. La confession d'un accusé en Matiere Criminelle n'est pas une conviction pour la condamnation, *quia non auditur perire volens* ; toutefois en crimes de Leze-Majesté, la confession emporteroit condamnation : il faut voir Julien Peleus en ses Actions Forenses liv. 8. action 13. parlant de la cause de * * * par les Annotations sur *Julius Clarus, in paragraph. Leze-Majestatis, num.* 35. Bayard a fait 45. remarques specifiques sur ce crime : ainsi je trouve inutile de les déduire ici en détail *propter metum*, recours à ce qu'il a écrit. Le duël est sans rémission puni de mort. Pierre Bardet tome 2. liv. 4. chap. 11. *Vide suprà* Titre 10. Max. 4. *Pares aquilas & pila minantia pilis.* Le Roy lors de son Sacre, déclare qu'il ne donnera point de Lettres pour le duël ny le rapt.

VII. Max. Les biens des coupables font confifquez du jour que leur crime a été commis, c'eft-à-dire qu'ils n'en peuvent difpofer en ces efpeces , ainfi que j'ay dit page 534. du nouveau Traité des Criées : c'eft l'avis *de Nicolaus Boharius* en fa décifion 277. *num.* 12. *l. ex judiciorum* 20. ff. *de Accufat.* M. Jean Bougnier, Confeiller au Parlement, qui rapporte l'Arreft d'Anroux du 3. Mars 1597. contre fa mere, lettre S. *num.* 14. Tous les témoignages de toutes fortes de perfonnes font reçus en crimes de Leze-Majefté, foient gens infâmes ou notez , excepté des ennemis, fuivant le Docteur *Grammaticus* Confeil 64. *num.* 7. *l. Fa nofi.* ff. *ad l. Juliam Majeftatis. Annot. Julius Clarus.* Jean Bodin liv. 4. chap. 2. C'eft aux Juges à bien examiner au poids du Sanctuaire les témoins, leurs qualitez & dépofitions fur ce dernier article , à caufe des confequences infinies que de mauvaifes gens pourroient dépofer contre des gers de bien. *L.* 1. *ad probat? cod. de probation.* Voyez le nouveau Traité des Criées page 432. & l'hiftoire des derniers troubles d'Angleterre, traitant d'un faux témoin, parlant du fcelerat * * qui fit périr plufieurs gens de bien d'un Ordre dont il fortit pour apoftafier ; il fut condamné à être foüetté pendant un an , trois fois la femaine, depuis la prifon de ... jufques à ...

VIII. Max. La fureur & la colere qui font des excufes en toutes fortes de forfaits, font punis en crimes de Leze-Majefté divine & humaine ; de maniere que la rage qui fe porte jufques fur les Autels , en volant dans le Tabernacle ce qu'il y a de plus prétieux fur la terre, & fur les perfonnes facrées des Rois , doit être étouffée & éteinte par le feu, & les mêmes tourmens qui font expliquez par les Ordonnances , fans aucune diftinction de fexe. Le Préfident de la Rocheflavin lettre F. Tit. 12. Arrefts 5. & 6. *Joannes Lucius liv.* 12. *Tit.* 11. *infr.* Tit. 30. Max. 1. R. Choppin fur la Coutume de Paris liv. 3. Tit. 3. *num.* 23. 24. 25. Simon Dolive part. 3. Action 15. Le Préfident de Perchambault dans fa note fur l'art. 151. de la Coutume de Bretagne.

IX. Max. Dans le crime dont parle le prefent Titre , les enfans ont été punis pour l'iniquité de leur pere *è converfo* ; même pour le délit d'un , tous les autres de la famille : l'Arreft du ... dont j'ay parlé le prouve. R. Choppin fur la Coutume de Paris liv. 3. Tit. 3. *num.* 25. A l'égard des enfans d'un criminel de Leze-Majefté , voici les termes dont s'explique la Loy *quifquis.* 5. *cod. ad Legem Juliam Majeftatis fint perpetuo è gentes & pauperes, infamia eos paterna femper comitetur fit & mors folatium & vita fupplicium.* Voyez la premiere Maxime de ce Titre & la Maxime 10. du Titre 27. du livre premier. Le crime de Leze-Majefté ne fe prefcrit pas comme les autres crimes , ainfi que j'ay dit page 441. du nouveau Traité des Criées. Chenu Centurie 2. queft. 83. ne veut pas qu'on faffe porter la peine d'un coupable à un innocent : aucune Loy n'oblige à l'impoffible, *nam in crimine Lezæ-Majeftatis non currit præfcriptio.* Il faut lire avec très-grande reflexion le Deuteronome chap. 24. v. 16. le Livre 4. des Rois chap. 14. v. 6. Ezechiel chap. 18. v. 20. Paralipomen. 2. liv. chap. 25. v. 4.

X. Max. Les excès & violences commis contre les Officiers Royaux faifant leurs fonctions, font non feulement des crimes de Leze-Majefté au fecond chef ; mais encore les mauvais traitemens faits aux Huiffiers & Sergens Royaux executant les ordres & mandemens de la Juftice , & dans leur miniftere, font des crimes de Leze-Majeſté au troiſiéme chef ; je le tire du Code Henry des crimes Titre 9. de M. Claude Expilli Arreſt 91. chap. du Digeſte *ad l. Juliam de vi publica, ſupra* liv. 1. Tit. 4. Max. 22. nouveau Traité des Criées page 29. & 436. ſont rapportées toutes les Ordonnances concernant les rebellions. René Choppin *de Domanio* liv. 1. Tit. 7. *num.* 10. Mezeray ſur l'année 1323. rapporte la condamnation rigoureuſe executée contre * quoiqu'il eut épouſé la niéce * * pour avoir maſſacré de ſa propre maſſe un Huiſſier Royal, ce fut par Arreſt du Parlement.

XI. Max. Jean Imbert liv. 3. chap. 22. *num.* 7. 10. 16. a parlé des crimes qui ſont de ce Titre, entr'autres des effracteurs de Sauvegardes, dont les peines ſont écrites dans le Droit *l. qui dolo. D. ad l. Juliam de vi publica l.* 1. §. *& item effractores cum leg. ſed D. de effractor. Boherius deciſio* 173. *num.* 1. *Boſſius tractat. de effractor.* Le coupable qui enfraint une Sauvegarde eſt puni comme criminel de Leze-Majeſté, à proportion de ce qu'il a excedé ; car même pour avoir ſeulement bleſſé celui qui étoit ſous la Sauvegarde, il eſt puni. Bacquet des droits de Juſtice chap. 7. *num.* 35. de l'Homeau liv. 1. Laurent Bouchel en ſa Bibliotheque *in verbo* Aſſurement. Ragueau ſur le même mot en ſon Indice : ſurquoi il faut remarquer que le Juge Royal donne Sauvegarde, & le Juge ſubalterne, *Aſſurement :* enſorte que les Juges des Seigneurs Hauts-Juſticiers, ne peuvent uſer du mot de *Sauvegarde,* mais ſeulement de celui *Aſſurement.* Nota que pour l'ordinaire au lieu d'octroyer à un demandeur Sauvegarde, ou Aſſurement, on a de coutume de faire des deffenſes reſpectives aux parties, de ce meſſaire ny rien dire, à peine d'amende & de punition corporelle lorſque cela eſt prononcé par des Juges ſouverains. Maſuer au Titre 12. des Aſſuremens. La Coutume d'Auvergne Titre 10. des Aſſuremens & Sauvegardes avec les notes, *ſupra* Titre 27. Max. 15. liv. 1. Le tome 11. du Mercure François, à l'addition page 12. rapporte le célebre Edit contre les Duëls de Louis XIII. en Fevrier 1626. Regiſtré en Parlement le 24. Mars enſuivant, c'eſt un crime de Leze-Majeſté d'y contrevenir. Il y en avoit un de Henry le Grand en 1602. dont parle Mezeray.

XII. Max. Le duël eſt un crime de Leze-Majeſté, ſuivant toutes les Ordonnances anciennes. Les Conſtitutions de S. Louis en 1229. de Philippes le Bel ſon petit-fils en 1307. Le Code Henry liv. 8. Titre 12. Le reglement du Parlement ſur les duëls de l'an 1566. Le Plaidoyer 30. de M. Claude Expilli ſur l'Edit des duëls de l'an 1609. où il rapporte divers combats fameux, avec les noms de cent Auteurs célebres, par ordre de l'Alphabet, François, Eſpagnols, Allemans, Anglois, Italiens, qui ont écrit ſur le ſujet des duëls. Arreſts de Jean Papon liv. 22. Anciennement les duëls & combats en camp clos, étoient ordonnez par le Roy & le Parlement, pour tirer la preuve de faits obſcurs, le vaincu ſuccomboit à à la perte : le ſtile Latin du Parlement en fait preuve, *pars* 1. *cap.* 16. *de duëllo. Joannes Galli queſt.* 76. 77. 85. 86. 89. partie 5. de ſon Recüeil d'Arreſts du Parlement, qu'il fit durant 30. ans, depuis 1384. juſqu'en 1414. cet abus a été corrigé par les Edits. Bardet tome 2. liv. 4. chap. 11. du Verdier liv. 8. de ſes leçons. David tua en combat ſingulier le Geant Goliath, bâtard Philiſtin. Mezeray en parle d'un furieux en 1362. au regne du Roy Jean II. Gilles Menager dans ſes origines, dit que le nom du Bourg-la-Reine, à deux lieuës de Paris,

vient

viᴇᴛ d'un duël qui y fut fait au fujet d'une Reine de Frife, à qui l'épouferoit. Louis le Gros offrit le combat à Henry Roy d'Angleterre, qui le refufa. François I. la même chofe à Charles V. Empereur, qui fit un pareil refus. M. Eftienne Pafquier a compofé le liv. 4. de fes curieufes Recherches de la France, des duëls entre perfonnes qualifiées. Mezeray en rapporte un fameux du 16. Juillet 1547. en la prefence du Roy Henry I I. à S. Germain en Laye, entre * * & * * d'où eft venu le Proverbe, *un coup de jarnac*, c'eft un coup de revers d'eftramaçon donné fur le jarret, qui fit tomber le bleffé par terre. Le fujet de la difpute qui donna lieu au Roy d'octroyer le combat, eft trop fingulier pour le cacher aux ftudieux Lecteurs, je fuis affuré qu'ils excuferont facilement cette digreffion.

C'étoit pour le peché écrit au Levitique cap. 18. ℣. 8. cap. 20. ℣. 11. S. Paul le detefte en fa premiere Epître aux Corinthiens cap. 5. ℣. 1. Epift. 2. chap. 2. ℣. 6. * avoit donné un dementi à la * fur ce qu'il lui faifoit la raillerie d'avoir aimé fa belle-mere, feconde femme du fieur * fon pere; ce qui le força de le défier au combat, pour avoir la réparation de cette injure : telle étoit la mode de ce temslà entre des perfonnes de qualité; le fuccez du combat juftifia l'innocence, & prouva la calomnie.

J'ay vû & lû les deux Requeftes que la Dame * prefenta au Roy, pour avoir réparation d'une fi grande injure : l'interrogatoire fubi par l'accufé devant un Préfident de Bourdeaux commis à cet effet;& la confultation en original en François, fignée de douze Avocats celebres du Parlement de Paris, qui eft très-bien raifonnée, entre lefquels étoient MM. Dechappes, du Mefnil, Riants, du Molin, &c. Le Roy ayant voulu avoir leurs avis avant que de rien ordonner, s'il devoit permettre le combat, & s'il n'y avoit rien en cela de contraire aux Loix, c'eft dequoi ils ne parlent pas. Sa Majefté fit dreffer des lices, permit le duël, & en fut le fpectateur & toute fa Cour. Il aimoit fort * & croyoit qu'il remporteroit l'honneur & l'avantage du combat : néanmoins * quoiqu'affoibli de la fievre, d'un coup deftramaçon de revers qu'il donna fur le jarret de fon adverfaire, il le renverfa par terre : à l'inftant on fépara les combattans ; le vaincu ne pouvant foutenir cette honte à la vûë du Roy, ne voulut pas fouffrir que les Chirurgiens bandaffent fa playe ; cela lui caufa la mort peu de jours après. Sa Majefté en fut touché, & fit un ferment folemnel, que jamais il ne permettroit de femblables combats. Louis Guyon s'eft trompé au Tome 1. liv. 3. chap. 9. de fes Leçons, de dire que ce combat fut permis par le Roy François I. il étoit mort dés le mois de Mars precedent, Lifez le 2. Baftion du Fort inexpugnable du fexe feminin, de François de Billon, folio 86.

Les épreuves dont il eft parlé *pour prouver des faits incertains*, dans les Nombres chapitre 5. & au 22. chapitre du Deuteronome. Nous ne les pratiquons pas, non plus que les épreuves du feu & de l'eau, le gage de bataille, ny l'attouchement du fer chaux, qui étoient anciennement en ufage, fuivant Mezeray en la vie de Clotaire I I. & fur l'année 876. & fur l'an 1599. parlant du fameux duël du Seigneur de * qui tua Philipin, frere naturel de * Polidore Virgile livre 8. de l'Hiftoire d'Angleterre, rapporte que Edoüard I I. fur un foupçon de fa mere Emnia, la fit arrêter, elle fe juftifia par l'épreuve du feu.

Sa vertu fut soupçonnée,
Mais elle le fut à tort,
Et sur le point de sa mort
Elle se vit couronnée.

Albert Krantius en ses Annales dit, que Henry le Boiteux, quinziéme Empereur, ayant soupçonné sa femme Cunegonde, fille de Sigefroi, Palatin du Rhin; elle fit rougir au feu six Coutres de Charuë & marcha dessus nus pieds, sans aucun péril. Tout cela a été aboli; parce que la preuve qui en résultoit étoit toujours équivoque & peu certaine, étant un pur effet du hazard, s'il est vrai, que les Grecs ayent la pierre Pantarbe, qui a la vertu d'arrêter l'activité du feu.

J'ay vû à la Foire S. Germain, un Saltimbanque Anglois, nommé Richard, qui se lavoit les mains dans du plomb fondu, & faisoit rotir sur sa langue du foye avec du charbon en feu, & avaloit cela; ce qui prouve qu'il avoit le secret d'arrêter & d'amortir & éteindre l'ardeur de la chaleur du feu. En marge du chapitre 19. du livre 36. de Pline, la note porte que *l'Amiantus* qui tire sur l'Alun, on en fait des toilles, qui se blanchissent & se nettoyent en les jettant dans le feu : il a encore dit au liv. 19. chap. 1. choses plus incroyables, parlant du Lin, qu'il assure d'avoir vû. Lisez le Pausanias Gallicus, composé par M. Antoine Loisel, au sujet de l'Arrest du 31. Juillet 1602. rendu au Parlement. Un Prince qui veut avoir des avis sinceres, doit cacher sa pensée : dés qu'on la connoît on lui donne les avis conformes, *loquimini nobis placentia.* Isaïe 30. ❧. 10. Mezerai Histoire de Charles le Bel. Tucie, vestale Romaine, étant accusée du crime qui imputoit à sa virginité, elle porta de l'eau du Tibre dans un crible. Un Auteur moderne a comparé les Graduez au crible & à la cuve des Danaïdes, qui n'étoient jamais remplies, & M. Laurent Jovet en sa Biblioteque des Arrests *in verbo* Benefices *num.* 1. expliquant S. Vincent Ferrier dans ses sermons, il dit qu'aujourd'hui on arrive aux Benefices par le nominatif, le genitif, le datif, l'accusatif, l'ablatif & le vocatif, qu'il faut lire par curiosité, en faisant au long l'explication.

L'Auteur des vies des SS. Peres des Deserts, rapporte Tome 2. chap. 6. page 90. une épreuve faite par le feu pour prouver la foy, qui a l'air d'une histoire des Grecs, tirée de Ruffin, Prêtre d'Aquilée, qui publia à Rome les principes d'Origene, qu'il avoit traduits du Grec : ce fut ce qui forma une haine irréconciliable entre S. Jerôme & lui. *Periarchon* ou des principes, au même volume fol. 582. chap. 6. Du Pré Spirituel de Jean Mosc, Solitaire Grec, il rapporte une Histoire aussi difficile à croire, de quelle sorte S. Ephrem Patriarche d'Antioche, convertit un heretique, parlant d'une tunique jettée au feu sans brûler, pour prouver la calomnie. Dans l'Histoire de Louis le Gros, il est parlé du duël. Philippes le Bel donna ses Lettres à Paris le Mercredi après la Trinité 1306. par lesquelles il deffend le duël sur des peines rigoureuses. Mezeray rapporte au Regne de Jean II. en l'an 1362. que le Parlement avoit ordonné le combat en 1295. entre Bernard Comte d'Armagnac, & le Comte de Foix, pour être fait en la Ville de Gizors; qu'ils s'y transporterent, & comme ils étoient dans le camp avec les Juges du combat, prêts a entrer en lice, le Roy

Philippes le Bel en ayant été averty, y envoya & les fit mettre dehors du Parc, annulla le duel & prit sur lui les paroles d'honneur. M. Godeau, Evêque de Vence, a fait l'Eloge de Cunegonde dans ses Eloges Historiques des Empereurs. Sertorius étant en Espagne, offrit le combat d'homme à homme à Metellus, qui le refusa. Tite-Live parle du combat des trois Horaces Romains, contre les trois Curiaces Albanois, qui decida la guerre d'entre Tullus, Roy de Rome, & Metius Roy d'Albe, d'où Paradin a tiré sa devise *tu decus omne tuis.* Paul Æmille, dit que *Marcus Servilius,* fit vingt-trois combats en camp clos, & en sortit toujours le vainqueur. Edit rigoureux contre les duels en 1679.

Charles I X. aux Etats de Moulins en 1566. permit un duel où il fut present, entre deux Gentils-hommes pour un fait qui régardoit sa personne. La Chronique de Louis X I. écrite par Jean de Troyes Greffier, imprimée in quarto l'an 1620. au *fol.* 247. il est parlé d'un Chevalier de Lombardie qui se trouva en habit de combat devant l'Hôtel de Ville de Paris en 1475. où il avoit donné le rendez-vous, pour se combattre à outrance en lice de pied à un Chevalier d'Aragon, qui ne s'y trouva pas, dont le Chevalier Lombard étant armé en la maniere qui est écrite, demanda acte au Comte de Dampmartin, Juge ordonné par le Roy. M. Simon Dolive action 13. a rapporté le discours qu'il fit à Touloufe en 1626. sur l'enregistrement de l'Edit des duels deffendu par cet Edit enregistré. Homere liv. 3. de son Iliade, dit qu'Alexandre Paris défia au combat le Sage Menelaus, pour décider des deux à qui posséderoit Helene. La Coutume de Bearn rubrique 52. parle *de Batalha.* René Choppin, chap. 13. & dernier, des Privileges des Rustiques. Traité du gage de bataille, & Ragueau en son Indice. M. Pasquier en ses curieuses Recherches de la France liv. 8. chap. 29. parle de l'ancienne Coutume de Lorrys, que les battus payoient l'amende. La Coutume de S. Sever Tit. 18. art. 15. en parle. Voici un combat singulier, l'on verra au sujet de la representation à succeder page 281. *suprà*, un duel aussi singulier que celui dont *Vasæus in Chronico Hispaniæ anno Christi* 717. parle du Pape Gregoire VII. au Roy Alfonse pour introduire le Breviaire Romain, ce fut à l'occasion d'un nouveau Breviaire au lieu de l'ancien, raporté par *Melchyor Hittorpius,* dans le Diocése de Tolede; l'on convint de deux Chevaliers pour défendre lequel seroit reçû; celui qui soûtenoit le party de l'ancien Breviaire fut le vainqueur; ainsi il est toujours resté à Tolede : voilà une nouvelle découverte pour décider de la destinée d'un Breviaire plus extraordinaire que celui du Cardinal François Quignones, qu'il composa, contenant seulement trois Psalmes & trois Leçons pendant toute l'année, qui fut supprimé à la priere des Reguliers. Il avoit été General des Cordeliers & étoit employé à faire les negoces d'un Envoye entre le Pape Clement V I I. & l'Empereur Charles-Quint pour les accomoder. Il étoit alors qu'il fit ce Breviaire, Evêque de Calagore, & fut au Concile de Trente, il le fit imprimer par Olivier Maillart, sous Paul I I I. Ses allées & venuës entre le Pape & l'Empereur sont rapportées page 217. de l'Ambassadeur de Vuiquefort. Il fut fait Cardinal du Titre de sainte Croix. L'ancien Breviaire de Tolede & celui du Cardinal Quignones sont singuliers : le Pape commit trois Sçavans P. P. pour faire de nouvelles Hymnes au Breviaire Romain. Les Eglises de S. Jean de Latran, de S. Pierre, de Sainte Marie Majeure, &c. ne voulurent point les recevoir, ainfi que le rapporte Teophile Raynaud, tome 2. *in minutal. facris punct.* 2. Voyez Laurent Jovet en fa Biblioteque au mot Breviaire. René Choppin *Monafticon lib. 2. Tit. 3. num. 25.* Si Monfieur Myron lors Evêque d'Angers pouvoit fupprimer le Breviaire d'Angers pour y introduire le Breviaire Romain, & changer l'Office Divin obfervé en fon Diocefe, il fut jugé que non, par Arreft notable du 27. Fevrier 1603. rapporté par Julien Peleus liv. 2. action 42. *vide.* J'ay prédit que les crimes du duel & ceux au premier chef de Leze-Majefté font fi fort en horreur & défendus en France, qu'ils ne fe preferivent point par aucun tems, & font exceptez de la prefcription des autres crimes; c'eft pour cela qu'on fait le procès aux coupables à leur memoire après leur mort, *& memoria rei etiam poft mortem damnatur*, ce que l'on ne fait pas pour d'autres crimes. René Choppin *de Domanio Franciæ lib. 3. Tit. 16. num. 15. 16. 17. 18.* & au chapitre dernier des Privileges des Ruftiques & Gens vivans à la campagne. Le Roy promet lors de fon facre, qu'il n'octroira aucunes Lettres pour le duel, ni le rapt aux coupables.

Plutarque traitant des animaux, quels font les plus avifez de ceux des eaux ou de la terre, a donné occafion à Monfieur Claude Expilly en fon Plaïdoyer 30. de rapporter le combat fans exemple du Chevalier Macaire, contre le Levrier d'Aubry de Mondidier, qui fut fait en prefence du Roy Charles V. dont l'hiftoire eft peinte fur le devant d'une cheminée de la grande fale du Château de Montargis. Le Chevalier fuccomba contre le Levrier & fut convaincu d'avoir affafiné Aubry dans les bois de Bondis en prefence du Levrier, qu'il le fuivit fans le quitter, il en convint malgré lui & fut puni. Les Poëtes difent que le Poëte Hefiode ayant été jetté dans la mer par fes affaffins, les Dauphins le porterent au port; fon chien le fuivoit dans les flots & fit découvrir les meurtriers: c'eft pour cela que dans les emblêmes, le chien eft pris pour fymbole de l'affection & de la fidelité, ce que confirme certainement Pline dans fon hiftoire liv. 8. chapitre 40. par plufieurs exemples qu'il rapporte.

XIII. Max. Un accufé de duel étant prifonnier, lorfqu'il y a un Arreft interlocutoire qui ordonne qu'il en fera plus amplement informé dans un tems fixé de fix mois ou autre délai, & cependant tiendra la prifon après que ce délay eft expiré & qu'il n'eft point venu de nouvelles preuves, l'accufé demande fon abfolution pure & fimple, la Cour ordonne qu'il fera plus amplement informé & cependant par provifion qu'il fera mis en liberté, *quoufque*; car c'eft une Maxime certaine à la Tournelle qu'en matiere d'accufation en crime de duel, on ne pronoce point d'abfolution pure & fimple en faveur de l'accufé, ainfi que l'on fait dans tous les autres crimes ordinaires. Plutarque écrit que les Lacedemoniens obfervoient la même chofe en toutes fortes de crimes.

XIV. Max. Suivant le Code Henry des crimes Titre 5. art. 1. font criminels de Leze-Majefté & font punis comme tels, ceux de quelle qualité & condition qu'ils foient, qui entrent en affociation, intelligence, traitez, ligue, & participation avec aucuns Princes, Etats, Républiques, Societez & Compagnies à l'infceu du Roy: de même ceux qui quittent & abandonnent le Régiment pour fe retirer chez les Ennemis, fans en parler à leurs Chefs & Generaux.

Le premier Concile d'Arles au 5. Siecle excommunie les Soldats qui avoient pris la fuite lors d'un combat. *Qui arma projiciunt in bello, placuit eos absti-nere à communione. Item,* Ceux qui parlementent & ont des entrevûës fe-crettes avec les ennemis pendant la Guerre, ou lors d'un Siége, fans le congé & la permiffion de leur Colonel ou d'un Lieutenant General : les Transfuges & Efpions qui font informez des fecrets & entreprifes d'une Armée, les ré-velent; & communiquent aux Ennemis, font punis fans rémiffion après être con-vaincus & jugez par Juges competans : de même font criminels de Leze-Majefté, les Traîtres felon la noirceur de leurs trahifons, fi elle avoit caufé un très-grand mal à l'Eftat. Philbert Bugnion en fes Loix abrogées liv. 3. *Syntag.* 50. *Secundum quod judicantis Religioni commodum ac neceffarium videtur pro bono pacis ac Reipublicæ, fuprà* Maxime 2. Jovet en fa Biblioteque *in verbo* crimes *num.* 3. & la declaration de 1613. qui excepte le duel de la pref-cription.

Le Grand Roy François I. s'étant égaré à la chaffe dans les Bois de Lévys, entra dans une maifon aux Breviaires, près Ramboüillet, où il trouva quatre hommes faifant les endormis. Le premier fe leva & s'approchant du Roy, lui dit qu'il avoit refvé qu'il avoit un bon feutre, qu'il lui prit. Le fecond qu'il avoit fongé que fa cafaque l'acommoderoit, & lui ofta. Le troifiéme le dépoüilla de fon furcot. Le quatriéme le fouilla,& lui appercevant une chaîne d'or à laquelle étoit attaché un cor de chaffe, il lui voulut ofter : à lors le Roy lui dit avant que de le prendre, permettez que je vous en montre la vertu : en même-tems il fonna du cor. Ses Gens qui le cherchoient vinrent au lieu d'où partoit le fon, qui furent très-furpris de le voir en l'état qu'il étoit ; Sa Majefté dit alors, voici des gens qui ont fongé tout ce qu'ils ont voulu : j'ay fongé à mon tour qu'ils font tous quatre dignes de punition, il envoya querir le Maire, Prevoft des Maréchaux de Montfort la Maury, qui en fit briéve juftice.

Les mémoires du tems marque ce qui arriva à un Charbonnier du Perray, & aux Chaudronniers de Beaumont Sur-Oyfe, au fujet de ce Grand Roy dont la memoire fera toujours en veneration parmy les Peuples, fon Regne ayant fait leurs délices, ayant continué celui du Roy Louis XII. fon Coufin & Beau-Pere, furnommé le Pere du Peuple.

TITRE XII.

De la Luxure en general.

EXPLICATION DU TITRE.

S Uivant la définition des Loix, *luxuria eft rei cujufque abufio* ; mais il faut l'apprendre ici plus étroitement, fçavoir, *pro omni luxuria carnali,* & comme telle c'eft un autre genre de crime qui comprend pluficurs efpeces, defquelles je parlerai immediatement après avoir expliqué ce mot & le genre.

Luxure, de cette luxure charnelle, il en eſt parlé dans la Loy *Gloſſ. in L. non debet ff. de dolo malo.* Comme il faut que j'entre dans un détail difficile à expliquer, parce que pour bien parler d'un crime il faut de neceſſité l'expoſer en toutes les circonſtances & traiter de ce qui y eſt adherant, j'ay penſé paſſer cette matiere ; mais ayant conſideré que mon ouvrage ſeroit imparfait, étant une choſe aſſez ordinaire à la Tournelle & que Jean Imbert en a traité ſuivant l'uſage de ſon tems , il y a plus de 130 ans dans ſes actions forenſes liv. 3. chap. 22. *num.* 19. 20. 21. traitant du crime d'adultere, des proxenettes, & couratiers d'amours , de l'inceſte, du ſtupre, des concubines, de la polygamie, du rapt, de la ſodomie & des peines de ces crimes qui ſont tous adherans à mon Titre. J'ay crû le devoir & pouvoir faire, ainſi qu'il fit de ſon tems , & que l'on ne le trouveroit pas plus mauvais aujourd'huy, puiſque les eſpeces des crimes doivent être connuës des Juges, pour y appliquer la punition, ſuivant les anciens Arreſts rapportez par M. Jean Papon liv. 22. Titre 6. & les ſuivans.

Il y a un Arreſt aſſez curieux & qui concerne les lieux publics du 14. Juillet 1480. & les femmes & filles diſſoluës,.rapporté dans la conference des Ordonnances aux pages 1715. 1716. Frere Jacques du Breul l'a auſſi rapporté en la page 1038. de ſon Théatre des Antiquitez de Paris, imprimé in quarto en 1612. ce qui nous marque qu'il y avoit des ruës & des quartiers deſtinez pour ces ſortes de perſonnes, par conſequent que cela étoit lors tolleré. L'Ordonnance d'Orleans art. 101. Arreſts contre les Ribaux rapportez chap. 6. des appellations comme d'abus de M. Magiſtri P. P. Declaration du mois d'Aouſt 1715. regiſtrée pour faire le procès aux femmes & filles débauchées à Paris, qui ſont des écolieres de l'Elephante de Martial, commentée par Fabellus.

Le mot de luxure a diverſes ſignifications que rapporte Budée ſur ce mot dans ſes annotations des Pandectes ; Ciceron dans ſon *Orator* , Feſtus, André Alciat *de verbor. ſignificatione* , Plutarque, Papon en ſes Arreſts liv. 22. Tit. 7. Coras & autres , ce qui fait que je les paſſe ici ; ce n'eſt rien moins que tout ce qu'ils en ont dit, & la définition generale qu'on lui donne eſt plus convenable pour le regard de ce Titre : c'eſt ſouhaiter ce qui frape l'eſprit & chatoüille les ſens. Je prend ici la luxure encore plus étroitement , en la reſtraignant & renfermant à toutes ſortes de fréquentations & d'habitudes illicites & qui ſont deffenduës : ainſi je puis dire en Latin *luxuria eſt omnis illicitus coïtus & à jure prohibitus.* Plutarque la prend ainſi, *de tuend. bona valetud.* lorſqu'il dit, *veneris finis luxuriæ eſt.* Les Docteurs & Criminaliſtes ne la prennent pas autrement , & la diviſent en luxure ſimple & en abominable. La luxure eſt un peché deteſtable devant Dieu & devant les hommes, ſelon S. Jerôme , *Luxuria eſt Deo & hominibus odioſa , quæ ſui famem habet & numquam poteſt ſatiari.* C'eſt pour cela qu'elle augmente toujours de degré en degré, d'où ſe forment tant d'eſpeces qu'elle renferme, que je vais ſpecifier expreſſément en Latin , afin de les cacher aux gens ignares , en trouvant de vingt eſpeces dans *Julius Clarus.* §. *Fornicatio, & ejus annot. eodem ,* d'où je les ay priſes, & qui ſeront pour les ſtudieux & non pour d'autres. Papon livre 22. Titre 7. a parlé de luxure abominable.

Prima Species, *est coïtus cum meretrice aut concubina*, *& dicitur simplex fornicatio.*

2. *Cum virgine & appellatur stuprum aut defloratio.*

3. *Cum puella nondum viri potente & iste coïtus potest dici, stuprum, raptus, & violatio.*

4. *Masculi cum masculo & dicitur sodomia aut luxuria abominabilis.*

5. *Cum nupta, & est adulterium.*

6. *Cum vidua & est stuprum.*

7. *Cum consanguine, & vocatur incestus.*

8. *Cum Moniali, & dicitur sacrilegium, & stuprum, & incestus.*

9. *Mulieris cum Presbytero, & est simplex fornicatio, sit non sit aliter qualificata per circumstantias.*

10. *Vassali cum domina, aut domina cum servo.*

11. *Domini cum subdita.*

12. *Tutoris cum pupilla.*

13. *Custodis cum carcerata.*

14. *Cum Judæa vel Infideli, aut Judæi cum Christiana.*

15. *Cum animali bruto & dicitur bestialitas.*

16. *Cum mortua & dicitur contrectatio cadaverum.*

17. *Mulieres inter se.*

18. *Per raptum.*

19. *Per poligamiam, aut bigamiam.*

20. *Cum incubis aut succubis.*

. Toutes ces especes sont rangées un peu confusément ; mais pour les traiter avec ordre, je me suis proposé d'en faire dix Titres, desquels le premier sera de la simple fornication ; le second de l'adultere ; le troisiéme, du stupre ; le quatriéme, du viol ; le cinquiéme, du rapt ; le sixiéme, de l'inceste ; le septiéme de la bigamie & poligamie ; le huitiéme de la sodomie ; le neuviéme des incubes & succubes ; le dixiéme qui n'est pas compris dans la division des especes, sera du recellement de grossesse, supposition & exposition de part, dont Jean Imbert a parlé livre 3. chap. 22. *num.* 15. Sous ces dix Titres, je comprendrai & traiteray de toutes les especes de division, suivant que le demanderont & exigeront la qualité des agens ou patiens, & les circonstances du delit.

Sous le premier Titre de la simple fornication, je renfermerai les especes premiere 9. 10. 11. 13. 14. si elles ne se trouvent aggravées d'autres circonstances ; comme l'adultere, l'inceste, le rapt, ou le viol, *& hujusmodi* ; car autrement j'en traiteray dans les Titres qui ont cette circonstance capitale.

Au second Titre, je traiteray parlant de l'adultere, de la cinquiéme espece de la division, comm'aussi de la 9. 10. 11. 12. 13. 14. Si elles se trouvent aggravées de cette qualité, sans parler des Coutumes d'Anjou article 251. Bordeaux 43. le Maine 269. Lodunois chap. 27. art. 28. Tours 286. tirées du dire du Poëte, *Iam pro nuba flamma pudorem sollicitat*, parlant des filles Præcoces. Ecclesiastique chap. 42. *v.* 10. 11. 12. L'authentique *sed si post. c. de inoficioso testamento potest in sinum corpus peccare, vel sine consensu parentum marito se ; libero tamen copulare.* Menochius & Alciat, *de præsumptionibus varium & mutabile femper fæmina.* Une veſtale fut enterrée vive pour avoir dit ces vers d'Ovide ;

Fœlices nuptæ, moriar niſi nubere dulce eſt.

Le troiſiéme Titre ſera du ſtupre, contiendra la ſeconde eſpece, & la ſixiéme de la diviſion, & toutes les autres cy-deſſus qui ſeront circonſtanciées de la qualité du ſtupre.

Le quatriéme Titre parlant du viol, comprendra par exprès la troiſiéme eſpece de la diviſion, & incidemment les autres qui auront cette circonſtance.

Le cinquiéme Titre traitant du rapt, regarde la dix-huitiéme eſpece de la diviſion, & les autres qui auront donné dans cette qualité.

Le ſixiéme Titre de l'inceſte, renferme les 7. 8. & 12. eſpeces, & la plûpart des autres qui peuvent tomber ſous ce Titre, ainſi qu'il eſt aiſé d'inferer.

Le ſeptiéme Titre de la bigamie & poligamie, il ne peut pas comprendre d'autres eſpeces que la dix-neuviéme de la diviſion.

Le huitiéme Titre de la ſodomie, je comprendray les 4. 15. 16. & 17. eſpeces de la diviſion. Papon livre 22. Titres 7. 8.

Le neuviéme Titre ſera des incubes & ſuccubes, qui comprend la vingtiéme eſpece.

Le dixiéme Titre ne comprendra pas d'autres eſpeces que celles de l'intitulé.

TITRE XIII.

De la ſimple luxure ou fornication.

EXPLICATION DU TITRE.

L A ſimple luxure ou fornication, eſt l'habitude avec une femme débauchée, ou une concubine & autres de cette qualité : le Droit Civil né punit pas cela ; mais le Droit Canon les punit, & les Loix Divines le deffendent ſous peine de peché mortel. Seneque dans une déclamation l'a très bien remarqué. Caton 49. *Precepto parres proſaicæ* en a fait deux preceptes prohibitifs ; l'un dans la partie proſaïcale *meretrice fuge* ; l'autre dans la metricale, *luxuriam fugito ſimul & vitare memento.* Bref, il n'y a point de vices contre lequel tous les Saints Peres, & les Docteurs Payens & Chrétiens ayent plus invectivé, que contre celui-ci, comme le plus grand : auſſi les Loix du Royaume très-juſtes & très-équitables le deffendent expreſſément & le puniſſent, comme je le montreray dans les Maximes. Cependant il faut auſſi remarquer que la ſimple fornication à proprement parler eſt, *ſoluti cum ſoluta* entre perſonnes libres. *Inſtit. lib.4. Tit. 18. de publicis judiciis. §. 4. item Lex Julia.*

I. Max. La peine de la ſimple fornication eſt arbitraire, & ſe reſout en amendes pecuniaires, avec deffenſes de recidiver, *Julius Clarus.* Bugnion des Loix abrogées livre 1. Satyre 58. &c. la peine eſt de la moitié des biens, ou de peines

nes

nes afflictives de corps avec le bannissement selon les qualitez, aux Instituts, à l'endroit que j'ay marqué.

II. Max. Par le Code Henry livre 8. des crimes Titre 19. art. 1. 2. Jean Imbert liv. 3. chap. 22. *num.* 24. il est enjoint à tous Juges de punir extraordinairement ceux qui tiennent les B. & jeux publics : & la Coutume de Bretagne art. 624. à peine de privation de leurs offices. *Item*, les proprietaires des maisons ne peuvent les loüer qu'à gens bien famez, & n'y souffrir aucun B. public ny secret, sur peine de soixante livres *Parisis* d'amende pour la premiere fois, c'est soixante-quinze livres, & du double à la seconde fois ; pour la troisiéme fois l'on fait murer les portes de la maison pour deux ou trois ans afin qu'elle ne puisse être loüée : les couratiers seront punis des peines portées par les Ordonnances rapportées au nombre 19. du chap. 22. du liv. 3. de Jean Imbert, où je renvoye pour ne rien repeter. M. le President de Perchambault sur l'art. 624. de la Coutume de Bretagne est à voir : eela étoit de la Jurisdiction du Roy des Ribaux, suivant les Recherches de la France liv. 8. chap. 44.

III. Max. J'ay parlé au Traité des Criées page 23. de la veuve qui se remarie & épouse son valet après avoir eu des habitudes criminelles avec lui, qu'elle est privée de plusieurs droits, comme de la tutelle de ses enfans, avec la perte de son doüaire, & gains nuptiaux, interdite de la joüissance des biens de ses enfans, de tous dons & avantages qu'elle pourroit faire en faveur de son second mariage, qui sont déclarez nuls & de nul effet, comme étant ce mariage fait contre les bonnes mœurs, l'honnêteté publique & la Loy de Dieu. L'Ordonnance de Blois en 1579. art. 182. Chenu question 16. Le Président de la Rocheflavin lettre M. au mot Mariage, & des femmes remariées, &c. S. Augustin parlant du mariage, dit, *Nuptiæ sunt infirmitatis remedium & humanitatis solatium.* Certains heretiques preferoient le mariage à la virginité, comparant l'un à un arbre chargé de fruits, dont on veut conserver l'espece, & l'autre à un arbre sterile, comme le Figuier qui fut maudit, coupé & jetté au feu comme indigne d'être sur la terre. Par les Loix des 12. Tables, celui qui coupoit un arbre dans le fond d'autrui, payoit vingt-cinq marc d'airain pour chaque pied d'arbre. R. Choppin *de Domanio Franc. lib.* 3. *Tit.* 17. *num.* 4.

IV. Max. La mere qui épouse celui qui est fiancé à sa fille, doit être condamnée au foüet & à l'amende honorable, suivant la Rocheflavin lettre M. Mariage *lib.* 1. Tit. 27. *supra* Max. 42. *ob violatam publicam honestatem.* Lisez le labyrinthe d'amour de Jean Bocace, Florentin, & le miroir des urines de Davach, dit la Riviere.

V. Max. Le Juge Seculier a la Jurisdiction sur des Prêtres qui entretiennent un concubinage, suivant Nicolas Bohier décision 72. Les Canons *cap. Clerico de cohabitatione Clericorum.* Guy Pape quæst. 558. deffendent seulement aux Prêtres d'avoir des concubines sur peine d'irregularité, & de la perte de leurs Benefices ; mais les Loix Civiles, *Bouchel au mot concubinage,* vont plus avant & leur prohibitent generalement toutes sortes d'habitudes & d'accointances avec quelques femmes que ce soient. *Canon sed si forte Can. cum cib. & Can. fœminas distinct.* 13. *nisi matres sint Aviæ, matertera, amita, sorores, filiæ, fratrum aut sororum &c.* Diodati dit que les Envoyez des Cantons Catholiques Suisses, demanderent au Concile de Trente que les Prêtres fussent mariez : cet Ecrivain est suspect étant Huguenot.   C c c

V I. Max. Suivant Imbert liv. 3. chap. 22. *num.* 19. le Juge Royal peut chaſſer hors des maiſons des Eccleſiaſtiques, les concubines & le Clerc dans les cas auſquels il doit être renvoyé pardevant ſon Juge, doit être conndamné par le Juge Lay avant le renvoy en proviſion d'alimens ou medicamens, pour la nourriture de la fille & du fruit dont elle feroit enceinte de ſes œuvres ; mais pour une telle proviſion, il ne peut être conſtitué ni retenu priſonnier que dans les priſons de l'Officialité. Un Florentin ſe plaignant que ſa femme accouchoit quoiqu'abſent depuis douze mois, la ſage-femme lui dit, que ſi une femme voyoit une mule le jour qu'elle avoit conçû, elle portoit une année comme cette beſte.

V I I. Max. La Servante étoit cruë par le paſſé à la ſeule inculpation qu'elle étoit enceinte des œuvres de ſon maître, ſuivant Julien Peleus en ſes queſtions, queſtion 91. Leurent Bouchel en ſa Bibliotèque au mot groſſeſſe, Pierre Ayrault Plaidoyer 60. *ancilla prægnans præſumitur eſſe à Domino.* De maniere qu'une ſervante domeſtique étoit reçûë en accuſant ſon maître être le pere de ſon fruit, s'il ne prouvoit le contraire, & pendant le procès le maître qui dénioit, la devoit nourrir. Bardet tome 2. liv. 1. Arreſt chap. 25. Papon liv. 22. Titre 9. Arreſts. 13.

Mais depuis on a reconnu tant d'abus & de corruptions dans ces ſortes de perſonnes, pour couvrir leurs débauches d'accuſer le maître où les enfans du logis, que cette Juriſprudence eſt changée, parce qu'elle étoit d'une dangereuſe conſequence : les derniers Arreſts de la Tournelle n'ont adjugé aucune choſe à une ſervante majeure lorſque le fils de famille eſt mineur, l'on ne l'a pas même chargé de l'enfant, préſumant qu'elle l'avoit ſeduit & avoit fait toutes les avances.

V I I I. Max. Un geolier puni de mort pour avoir abuſé & engroſſé une priſonniere, ſuivant *Jacobus de Bellloviſu, in rubric. de quæſtionibus num.* 132. *Julius Clarus in §. fornic. num.* 24. *ex Joanne Faber in §. Item Lex Julia num.* 6. Inſtitut. *de publiciis judiciis & ibi multæ autoritatis.* J'eſtime pourtant que ſi cette femme étoit empriſonnée pour ſa débauche, la peine devroit être beaucoup moindre, *infrà* Tit. 17. du viol. Max. troiſiéme *ſuprà* à l'explication du Titre précedent 13. eſpece. Ce geolier ſe nommoit Goulifard.

IX. Max. Le pere naturel ne peut ſucceder à ſon fils batard, non plus que le batard ſucceder aux biens de ſon pere naturel, excepté dans les Coutumes dont j'ay parlé dans le nouveau Traité des Criées page 556. le Préſident de la Rocheflavin liv. 7. lettre B. Tit. 2. art. 2. *Authentiq. ex complet. Cod. de inceſtis nuptiis.* Expilly en ſes plaidoyers 8. 17. 23. Coutumes S. Omer art. 1. Artois art. 144. R. Choppin *de Domanio lib.* 1. *Tit.* 10. Les Recherches de la France liv. 10. chap. 13. il eſt dit que les batards n'avoient pas moins de part au gateau que les legitimes : cela pourroit être pris des ſentimens des Docteurs *in Lege poſt mortem* ff. *adoptionibus,* où ils ſoutiennent *cum qui ſemel ſtatum defuncti cum viveret agnovit, poſt mortem impugnare non poſſe,* en France aujourd'huy il faut des Lettres au Grand Sceau de légitimation enregiſtrées, obtenuës à la requiſition du pere, ſinon l'enfant ne lui pourroit ſucceder, de Hev ſur l'art. 249. de la Coutume d'Amiens. La femme dont je parlai au précedent article, priſonniere pour ſes mœurs, ſa conduite eſt équivoque & ſa vertu ambiguë & problegmatique. Louis Guyon en ſes diverſes leçons tome 1. liv. 5. chap. 2.

X. Max. Femme débauchée qui par ses blandices, ruses, artifices & allechemens, attire un fils de famille mineur à l'époufer au desceu & contre la volonté de son pere, doit être bannie, Chenu queftion 13. Le fils par le même Arreft fut condamné à faire une Déclaration à son Pere nu tefte & à genoux en la Chambre du Confeil, qu'il avoit comme mal-avisé & au desceu de son pere, contracté & executé le mariage, lequel fut declaré nul par l'Arreft de la Cour du 31. Aouft 1601. Julien Peleus liv. 7. action 2. le Curé qui avoit celebré le mariage envoyé prifonnier aux prifons de l'Officialité : ceux qui avoient aidé & favorisé pour tromper le mineur à contracter ce mariage bannis, le Notaire qui avoit reçû le Contrat, interdit & autres caufes portées par l'Arreft. Chenu feconde Centurie queft. 51. Papon liv. 22. au Tit. 6. Barnabé le Veft Arreft 195. Sebaftien Frain Plaidoyer 93. Je puis rendre deux raifons fur cette Maxime, la premiere tirée de l'impudicité de la femme, la feconde de ce que le dernier Concile general deffend les mariages des mineurs au desceu des parens. L'Empereur *in L. uxor. Cod. de Republ.* appelle ces fortes de Mariages *furtivas nuptias ideo dixerim bona fide factum quod palam mala vero quod clam*, dit Quintilien, & à caufe de cette derniere circonftance ce mariage approche fort du rapt ; c'eft pourquoi vous verrez Imbert liv. 3 chap. 22. *num.* 20. & les Maximes 3. 4. du Titre 16. *infrà* où il fera traité de ce crime. Chenu Reglement Tit. 25.

La corruption de la jeuneffe arrivoit fouvent par la lecture des mechans Livres, qui étoient familiers aux fiecles paffez & fur tous les Romans. * * avant que d'être * * de * * avoit fait les erreurs amoureufes en fon jeune âge : ce fut à l'imitation d'Héliodore Evêque de Tricca en Theffalie, lequel fous Theodofe au 4. fiecle compofa le Roman de Theagene & Decariclée : ne l'ayant pas voulu defavoüer, ni fupprimer, les Evêques de Thrace le dépoferent dans un Concile, ainfi que dit Nicephore *lib.* 12. cap. 34. Il y a un Roman fpirituel des voyages de * * condamné par un Concile tenu dans l'Afie Mineure. Monfieur de * * en a fait plufieurs M. * * a fait un Traité de l'origine des Romans, qui dans leur commencement étoient des amufemens innocens, & par la fuite dégenererent à feduire & corrompre la jeuneffe, auffi bien que les Balets & la Comedie qui ne font que des avortons du luxe, dont le fouvenir ne doit pas durer plus longtems que le fon des violons qui entraînent dans la débauche. Je ne parle point des Poëfies de * * nôtre Hiftorien, Chanoine de Canay de Valanciennes en Hainaut, contenant le Paradis d'Amour, le Temple d'Honneur, la Prifon Amoureufe, le Plaidoyer de la Roze & de la Viollette, où l'on voit comment on jugeoit en ce tems-là le crime de nôtre Titre. Il vivoit au Regne de Charles VI. de Valois, les Arrefts en font rapportez en langage du tems & apoftillez en latin par *Bendicti Curcii Symphoriani, cum notis*. Martial de Paris dit d'Auvergne, Procureur au Parlement, Auteur des Vigiles du Roy Charles VII. & la Foreft, du mariage en latin, *Sylva nuptiarum* par Jean de Navizane, Jurifconfulte de Ats en Piémont, imprimé en Gotique à Paris chez Chaudiere en 1521. qui appelle les Balets, le Feftin, le Jeu & le Luxe, les avortons de la débauche.

TITRE XIV.

Du Stupre.

EXPLICATION DU TITRE.

JEan Imbert livre 3. chap. 21. *num.* 19. & plusieurs autres Docteurs confondent le stupre avec l'adultere ou la fornication; c'est sans doute par la raison qu'en rend Alciat *de verborum significatione lib.* 4. surquoi *Valla elegantiar. lib. 6. cap.* 45. expliquant la Loy *Julia de adulteriis* qui use indistinctement de ces deux mots, approuve que le stupre & l'adultere sont confondus & mêlez l'un avec l'autre : l'on peut voir dans les annotations de Budée sur les Pandectes, Saluste, Ciceron, Quintilien & Suetone qu'ils prennent le stupre pour l'adultere sans en faire de difference : cependant les Jurisconsultes & Criminalistes font difference entre l'adultere & le stupre. Pour le premier je ferai voir ce que c'est au Titre suivant selon le sentiment des Docteurs , & quant au stupre voicy à mon sens ce que c'est & ce que j'en croi.

Laurent Valla , la définition & division qu'il fait du stupre , ne convient pas à ce Titre pour être trop generalle; car il veut que le stupre soit toutes sortes d'habitudes illicites ; ce que les Docteurs & Criminalistes approprient seulement à la luxure ou fornication prise pour genre , & tous ne prennent le stupre que pour une espece , & par sa division le même Valla , confondant , comprend par le stupre , l'adultere , la sodomie , l'inceste , le viol. *Cato moralisatus in pracept.* 49. *partis profaical. Stuprum vero est illicita virginum defloratio* , d'autres y adjoûtent *sub parentum custodia existentium* : pour cela il faut voir l'Ecclesiastiq. chap. 24. il y en a d'autres qui définissent aussi le stupre , un concubinage singulier , & la corruption de l'integrité d'une fille : ces deux définitions lui conviennent ici tres-proprement ; mais il ne les faut pas seulment appliquer aux filles vierges , mais aussi aux veuves sages , tous les Docteurs le suivent en cela ; c'est pourquoy dans les Maximes je traiterai des stupres , des filles & des veuves; mais pour celui qui se commet avec les mâles , il en sera parlé en son lieu au Titre de la sodomie qui est le vrai endroit Tit. 19.

L'on peut dire après les Grecs & les Latins , & Philibert Bugnion en ses Loix abrogées liv. 4. §. 6. que ce crime qui étoit puni autrefois grievement comme il est porté aux Instituts de l'Empereur , *lib.* 4. *Tit.* 18. *de publicis judiciis,* §. 4. *Item Lex Julia* , il passe aujourd'hui parmi les jeunes gens , pour une galanterie & l'action d'un * * enjoüé personnage , *inter virtutum insignia numeratur* par * * & l'indulgence des premiers Juges , qui pour la plus grande partie devroient avoir plus de severité pour punir les fauteurs de ce crime qui deshonore les familles ; & si cela étoit , il deviendroit moins frequent. Lisez l'Exode 22. ⅴ 16. La débauche est l'arriereban de tous les vices.

I. Max. La peine du stupre est fort diverse , & pour en faire l'application , il eſt beſoin, comme dans la plûpart des crimes, de conſiderer ſept circonſtances, la cauſe premiere, la perſonne, le lieu, le tems, qualité, quantité & la fin; ainſi quelquefois la peine ſe trouvera ordinaire, par fois extraordinaire: quant à l'extraordinaire, la qualité des parties y contribuë beaucoup ſuivant les Docteurs que je nommerai à la fin de la Maxime, comme ſi le ſerviteur a débauché la fille de ſon maître il eſt puni. *Idem,* le ſerviteur qui a débauché ſa maîtreſſe qui eſt veuve, le tuteur ſa pupille, *& ſimilia,* je marquerai dans les Maximes ſuivantes certains autres cas ſur le ſtupre qui ſont punis : pour le ſtupre d'égal à égal, *aut nubat, aut moriatur,* diſoit Sebaſtien Roüillard au mot rapt. Au regard de la peine ordinaire le *ſtuprator* eſt tenu de doter la fille, & prendre & faire élever l'enfant à la Religion Catholique, comme portent les Arreſts journellement rendus à la Tournelle : il eſt auſſi tenu de payer les frais des couches, de lui donner proviſion pour cela ; & par fois le Juge augmen- te & joint à cela d'autres peines, comme des aumônes, amendes & banniſſe- mens, ſelon les circonſtances du délit, & les qualitez des parties. Au regard des filles & des veuves, il n'y a point de peines. La Coutume de Bourdeaux chap. 10. art. 106. 107. punit de mort un domeſtique qui a ſuborné la femme, la fille, ou la niéce du logis où il ſert. Jean Papon liv. 22. Tit. 9. Alciat, la Rocheflavin *in ver- bo* Rapt, Tit. 2. art. 2. Code Henry des Mariages clandeſtins Titre 11. *Iulius Cla- rus,* Laurent Bouchel *in verbo* defloration, Bugnion liv. 4. chap. 56. la Roche- flavin lettre T. art. 12. Tit. 9. & autres Areſtiſtes que l'on ſçait. Loüet, Brodeau, & Coutumes d'Anjou art. 251. Bourdeaux 43. le Maine 269. Lodun chap. 27. art. 28. Tours 286. favorables aux filles précoces.

Philbert Bugnion ſe plaint qu'on ne fait rien aux hommes, & c'eſt parce qu'ils ont fait les Loix qu'on garde le ſilence. Ce Docteur Lyonnois ignoroit la Loy *quamvis cod. de adulteriis,* qui punit l'homme convaincu d'adultere, auſſi bien que l'Arreſt rendu à la Tournelle le 12. Juillet 1600. au Rapport de M. Deſlandes Conſeiller, contre Hector * qui eſt rapporté par R. Choppin *Monaſticon. lib. 1. Tit. 3. num. 26.* il ignoroit encore le fait ſingulier & ſans exemple rapporté : s'il avoit lû la 26. Rubrique de Pierre Rebuffe *de publicis concubinariis,* il y auroit trouvé l'Arreſt de la Cour de 1543. rendu ſur la pourſuite d'une femme en crime d'adultere, contre ſon mari ; il fut aſſigné à trois briefs jours, & par proviſion ſes biens ſaiſis & annotez : au Deuteronome cap. 22. ẏ. 13. André Tiraqueau *de Legibus connubialibus,* M. Briſſon Préſident en a fait un Traité. L'Arreſt du 12. Juillet 1600. eſt encore rapporté par Peleus queſtion 2. * l'appellant du Lieu- tenant Criminel de Chartres, fut condamné a être renfermé le reſte de ſes jours dans l'Abbaïe S. Victor afin d'y faire penitence, pour avoir outrageuſement batu & excedé Marie * ſa femme, à cauſe des vices qu'il commettoit, qu'elle lui reprochoit. Il lui faut joindre l'Arreſt de la Tournelle du 27. Juin 1698. *Vide* le livre *Moſaicarum & Romanorum Regum Collatio* page 102. *Tit. de adulterio.* S. Auguſtin dit, *ad publicolam lib. 2. ſi quod verius dicitur non licet homini chriſtia- no adulteram conjugem occidere, ſed tantum dimittere.* Le grand Maître de la verité ne condamna pas la femme adultere. *Joan. 8. ẏ. 6.*

Par Arreſt rendu à l'Audience de la Tournelle en Vacations le 8. Octobre 1711. plaidans M. Ambroiſe Guerin, pour Pierre * Bateur d'or, & Controlleur de la volaille, contre Catherine * ſa femme, pour laquelle plaidoit M. le Normand ;

M. Barin de la Galiſſonniere portant la parole, qui fit recit des informations; M. Portail préſident à l'Arreſt. La Chambre condamne Catherine * à comparoir en la maiſon dudit * & en la preſence de quatre perſonnes, telles qu'il les voudra choiſir, lui dire & déclarer que temerairement & indiſcretement, comme mal-aviſée, elle a commis les voyes de fait, & proferé les injures mentionnées dans les plaintes & informations, dont elle ſe repent & en demande pardon audit * ſon mari: lui enjoint de lui porter honneur & reſpect; lui fait deffenſes de recidiver ſous plus grandes peines, & la condamne en outre aux depens à ſon égard envers ledit * ſon mari. *Le Senatuſconſultus Claudian porte, ſi libera mulier ſervili amore Baccatha fuerat, libertatem amittebat, & cum libertate ſubſtantiam. §. de ſucc.*

I I. Max. Le Préſident de la Rocheflavin aux endroits que je viens de rapporter, dit qu'un Tuteur pour avoir été trouvé couché en chemiſe avec ſa pupille de même dans le lit, icelle vûë & viſitée par les Obſtetrices, trouvée vierge & pucelle, le Tuteur fut condamné à faire amande honorable en chemiſe à l'Audience, tête nuë, la corde au cou, avec une torche ardente à la main, & aux Galeres pour dix années: d'où il faut inferer que ſi la pupille ſe fut trouvée ébrechée & non entiere, le Tuteur auroit été condamné plus fort à la ** La raiſon en eſt dans les Annotations ſur Maſuer, que le Tuteur tient lieu de pere à la pupille, tant qu'elle eſt ſous ſa puiſſance, étant obligé de la deffendre contre tous, & non d'abuſer de ſon âge & corrompre ſes mœurs. Il faut dire la même choſe des Curateurs des jeunes filles: néanmoins les mêmes Notes ſur Maſuer & *Julius Clarus ſup. §. ſtuprum num.* 18. ne ſont pas de ſentiment que le Tuteur ou Curateur ſoit puni de mort pour le ſtupre de la pupille, mais d'un banniſſement perpetuel, & confiſcation de biens, fondez ſur la Loy premiere du Code *ſi quis eam, cujus tutor fuerit, corruperit.* J'eſtime nonobſtant cela qu'il faut ſuivre la premiere opinion touchant la peine de mort à laquelle je me tiens, du moins au regard des premiers Juges. Valere Maxime dit *lib. 6. cap.1. Quoniam cujus magiſter eſſe debuerat, ſanctitatis corruptor tentabat exiſtere.* M. Dolive liv. 3. chap. 2. de ſes queſtions & liv. 5. chap. 20. les ſignes de la foibleſſe ſuivie de la fécondité décident.

I I I. Max. Les perſonnes viles qui ont commis pluſieurs fois le crime pour leur frequente réiteration, doivent être punis de *, pour deux ou trois fois cela ſeroit trop dur; quant à moi pour rendre la choſe paſſable, je croi qu'il faudroit qu'il eut été fait des deffenſes à cette perſonne, étant entrepris de plus recidiver, & de hanter & frequenter à peine de punition corporelle: & quand même cela auroit été fait, je ne ſerois pas d'avis de condamner cette perſonne à mort, lorſque la fille ſe pouvant deffendre ne faiſoit rien, *ſed citra* à quelqu'autre peine afflictive, du moins pour la ſeconde fois: ſi le ſtupre n'étoit a une fille qualifiée & accompagné de circonſtances notables. Exode 21. ẙ. 10. à Paris on foüettc les ** & on envoyc les filles peupler aux Iſles de l'Amerique, à S. Domingue, à la Martinique, Marigalande, ou la Gardeloupe.

I V. Max. Dans Anne Robert, *Rerum judicaturum lib.* 1. *cap.* 13. 14. il rapporte deux beaux & ſçavans Plaidoyers, & les Arreſts rendus, dont il y en a un de la troiſiéme Chambre des Enquêtes du 11. Avril 1571. au profit des heritiers du nommé * par lequel après la preuve faite que la veuve * avoit vécu dans l'année du düeil impudiquement, elle fut déboutée de sa demande en délivrance de doüaire. *Instit. lib. 3. Tit. 13.* suivant Louet & Brodeau lettre D. Arrest 4. & autres, la veuve qui a forligné de son corps l'année de son düeil, *dicitur peccare in cineres defuncti* : les heritiers du deffunt mari sont recevables à lui opposer par forme d'exception cette injure faite à sa memoire, pour la faire priver de son doüaire, suivant toutes les Loix & les Docteurs, ainsi que les Arrests ont jugé, rapportez au folio 23. du nouveau Traité des Criées, imprimé en 1704. Je lis au livre 3. des Annales de Tacite, l'ancienneté de l'artifice des femmes & des filles, voyant que l'Empereur Tibere se plaignoit de l'excès des Dames Romaines à se parer de perles & de diamans. *Quis lapidem causa pecuniæ nostræ, ad externas, aut hostiles gentes transferuntur, circulus aureus in naribus suis, mulier pulchra & fatua. Proverb.* 11. ℣. 22. Peleus question 125. très-curieuse. Bouchel & Joly liv. 1. chap. 40. *An vidua stuprum committens privetur dote, & cujus commoda.* Le luxe porte à l'oisiveté, elle est la ruine de l'ame & des biens.

V. Max. Le vassal qui commet *stuprum* avec la veuve de son Seigneur, est privé de son Fief *è contra*, Coutume de Bretagne articles 661. 662. A l'égard de la maniere de faire la preuve de la débauche pour & contre, *Julius Clarus* §. *Stuprum num.* 27. *Alciat regul.* 1. *præsumptio* 39. *de præsumptionibus*, enseignent assez cela, il n'y a qu'à lire. La prescription du stupre est de cinq années, ainsi que de l'adultere & du * * * après quoi l'action n'en est pas reçüe ny admise. Pour l'inceste & le viol, il ne se prescrivent que par l'espace de vingt-années, suivant Nicolas Bohier en sa décision 26. *num.* 12. page 62. & autres. Imbert livre 3. chapitre 22. *num.* 19. à sçavoir *suprà* Titre 4. Maxime 4.

Caton le Censeur, suivant Pline liv. 7. chap. 14. étant âgé de plus de 80. ans, engrossa la fille de *Salonius* son client, d'ou sortit Caton Dutique, pere de Percie, femme de Brutus. R. Choppin *de Domanio* liv. 2. Tit. 8. *num.* 10. & dans ses privileges des Rustiques liv. 3. part. 3. cap. 12.

TITRE XV.

De l'*Adultere*.

EXPLICATION DU MOT ADULTERE.

LA femme adultere ne fut pas condamnée à mort, *Joannes* cap. 8. ℣. 6. pardonnée. Jean Papon liv. 22. Tit. 9. & Jean Imbert liv. 3. chapitre 22. *num.* 19. prouvent que très-souvent l'adultere est confondu avec le stupre, ainsi que j'ay fait voir par l'explication du Titre precedent ; mais comme ces deux mots ont diverses significations, j'en ay donné le discernement en partie par l'explication du stupre ; il me reste ici d'en faire la difference entiere, du moins en ce qui regarde le sujet à traiter. Jean Duluc livre 12. Titre 6. Julien Peleus livre 6. action 1.

Adulterium, c'est-à-dire, *Alterius-thorum*, comme parle le Canon *Uniq.*

lex illa 2. num. 36. quæst. 1. & Alciat, *est accessio ad alterius thorum, & proprie in nupta committitur* ; néanmoins Aristote *lib. 2. ethic.* ne veut pas que l'adultere vienne de là ; mais de ce que l'adultere gâte, corrompt, & altere l'amitié de la femme envers son mari, ou celle que l'adultere, s'il est marié, devoit à sa femme. Bugnion en ses Loix abrogées livre 4. le Mem. 24. suit le sentiment de Xenophon, lequel fait descendre l'adultere d'un autre part : que l'adultere est ainsi nommé, à cause de la corruption de l'amour d'une femme pour son mari, par l'adulation & les caresses & autres actions. J'estime néanmoins que ma premiere définition vaut mieux selon mon sujet, quoique l'adultere en l'un & en l'autre sens ne s'en éloigne pas.

L'adultere est aussi appellé *Mœchia* : il en est parlé dans les Digestes & dans le Code en divers endroits : il est deffendu & condamné par toutes sortes de Loix & de païs, en plusieurs endroits de la Sainte Ecriture, Genese, Exode, Levitique, Deuteronome & en divers passages du Nouveau Testament : c'est le crime pour lequel toutes les nations ont eu le plus d'horreur ; chacune en particulier a inventé quelque peine extraordinaire pour l'abolir, & la plûpart l'ont puni de mort, ainsi que dit *Alexander ab Alexandro genialium dierum liv. 4. cap. 1.* où il remarque qu'entre les Loix constituées, celles de l'adultere & du crime de Majesté sont également punies. Bartolle dit la même chose sur la Loy *Julia de adulteriis.* S. Chrisostome passe encore plus avant en son Homelie 62. sur saint Jean & S. Ambroise *lib. 1. de Abraham,* dit qu'il ne faut pas s'étonner si les nations policées abhorrent ce crime qui tend à l'idolatrie, & est contre la nature de l'amitié promise à Dieu au Mariage, que c'est une barbarie detestable. Il faloit bien que dans la Loy ancienne ce crime fut reputé pour grand, puisqu'il n'est point de personnes qui ne sçache qu'il étoit puni de la lapidation, qui étoit la plus grande peine & le supplice le plus cruel. L'on peut voir dans la Biblioteque de Laurent Bouchel, au mot adultere, comme ce peché a été puni par toutes sortes de Loix griévement dans tous les païs du monde, ce qu'il a très-bien remarqué ; ainsi il seroit inutile & surperflus, & je craindrois d'être trop long & ennuyeux de rapporter ici ce qu'il a dit.

Il me reste seulement à inferer ici deux choses fort notables que j'ay remarquées touchant ce Titre & le precedent, tirées de *Julius Clarus,* & André Alciat : sçavoir que pour le stupre, le Droit civil ne punit pas la fille ny la veuve qui ont manqué ; mais seulement le corrupteur, quoique l'une & l'autre ne fassent pas moins de mal que le stuprateur : & partant au lieu de leur adjuger aucune réparation, ny dot, provision, ny frais de gesimes ny autrement, sauf pour la conservation de leur part. Il faudroit suivre le sentiment, de Seneque de la clemence, & de Ciceron *pro Milone* : ce seroit de les punir de la peine de l'adultere, c'est-à-dire de les faire enfermer dans un lieu bien sûr pour y faire penitence sans avoir de commerce dans le monde : ce qui seroit d'un merveilleux exemple pour les autres, & empêchetoit ce mal qui pulule tous les jours, au lieu de diminuer, & cause des maux incroyables dans le cours de la vie.

J'observe aussi avec *Julius Clarus* §. *adulterium num. 7. lib. c.* qu'il n'y a que les femmes en France de punies pour le crime d'adultere : les hommes ne le sont presque point ; néanmoins l'un n'est pas moins coupable que l'autre, comme

de

dit Lactance Firmian livre 6. du vrai culte , & aux Institutions divines , Epito-
me chap. 8. Pour cette même raison le Canon *non machaberis* 32. *quæst.* 6.
deffend tout commerce aux femmes avec les hommes. Philbert Bugnion livre 4.
Lemm. 24. de ses Loix abrogées dit merveilles là-dessus , où je renvoye les
Lecteurs crainte d'être long. Je dirai pourtant ici avec lui , que la femme n'est
point reçûë à poursuivre son mari en crime d'adultere , pour deux raisons qu'il
rapporte page 399. qui regardent l'homme adultere qui est marié ; mais que di-
rons nous de celui qui ne l'est pas : car comme il commet aussi bien que l'autre
adultere quand il habite avec une femme mariée , comme je remarquerai pour
l'impunité de celui-ci , je n'ay qu'à me plaindre avec *Julius Clarus* à l'endroit
que j'ay cité , de la corruption des mœurs , & du malheur des tems , qui font
tout à la mode , méprisant les Ordonnances & les Coutumes en violant les Loix
les plus saintes de la Religion. Ozée chap. 7. ⅋. 4. Apocal. 21. ⅋. 8. *Vide* 1. Corinth. cap. 6. 7.

Pour l'intelligence de ce que dessus & des Maximes de ce Titre , il faut sçavoir
que l'adultere est un crime privé , qu'il se commet en trois façons. 1°. Entre un
homme & une femme mariez , ce qui s'appelle adultere double. 2°. Entre un
homme marié & une femme qui est libre. 3. Entre un homme libre & une femme mariée. Pour conclusion de l'explication de ce Titre , il faut remarquer avec
Caton en ses Preceptes Moraux 49. que l'adultere est beaucoup plus grand que
le stupre , ainsi qu'il finit. *O infelix domus in qua adulterium est argumenti.*
Ciceron répudia sa femme , par la seule raison d'avoir manqué quelquefois de lui
écrire pendant son exil. Jean Duluc liv. 12. Tit. 6. *de adulteriis , suprà* Titre 10.
Maxime 7.

I. Max. La peine de l'adultere étoit autrefois très-grande par les Constitutions
des Empereurs Romains , *Non numquam en msigne , aliquando gladio peribat
adulter.* Il s'est trouvé des Empereurs qui faisoient attacher ensemble les deux
corps de l'homme & de la femme adulteres , & les faisoient brûler tous vifs : la
peine ordinaire étoit des convaincus , le dernier supplice ; aujourd'hui ces peines
ne sont plus en usage. Tout le Titre du Droit Romain *ad Legem Juliam de adulteriis* est aboli , ainsi qu'a remarqué Bugnion en ses Loix abrogées liv. 1. Satyr.
162. lequel apprend la peine dont on punit maintenant une femme adultere , qui
est de la renfermer dans un Monastere & être razée , c'est peu de chose , Alciat ,
le Président de la Rocheflavin , Guy Pape , le Code Henry , & tous nos Docteurs
anciens & modernes conviennent en cela : les derniers ajoutent que la femme doit
être condamnée à être recluse le tems de deux ans , en habit seculier , pendant
lesquels il est permis à son mari de la reprendre ; sinon le tems passé , sera tonduë
& enfermée pour y finir ses jours. Bugnion se plaint qu'on ne fait rien aux hommes , on garde le silence ; possible est-ce parce qu'ils ont fait les Loix. Bugnion
ignoroit la Loy *quamvis, Cod. de adulteriis* , qui punit l'homme convaincu d'a-
dultere : il ne sçavoit pas l'Arrest qui fut rendu à la Tournelle le 12. Juillet 1600.
au Rapport de M. Deslandes , contre Hector Laîné , rapporté par René Choppin
Monasticon lib. 1. *Tit.* 3. *num.* 26. non plus que le fait singulier rapporté dans les
nouvelles Novelles. Outre que j'ay remarqué page 537. du nouveau Traité des
Criées , au mot *Calomniateur* , les peines contre les maris qui accusent fausse-
ment leurs femmes d'adultere établies par les Loix ; les hommes adulteres sont

II. Part.   Ddd

punis arbitrairement suivant l'exigence des cas , & les qualitez des personnes; & sont par fois punis de mort lorsque l'adultere est qualifié & aggravé de circonstances , partie desquelles j'ay touchées dans l'explication de ce Titre , & que j'amplificray dans les autres Maximes : mais pour l'ordinaire ils sont punis plus legerement *citra mortem* , comme le foüet , les Galeres , le bannissement , qui degenerent le plus souvent en peines pecuniaires modiques : de sorte que le mari étant assez simple pour se plaindre de sa femme en gaignant son procez , lorsque malheureusement pour lui il réüssit , il le perd ne remportant par un Arrest que la honte & la ruine de sa fortune & perte de son bien qu'il a consommé . pour obtenir un Jugement qui lui imprime l'injure sur le front , & un reproche à ses enfans , & le scandale de sa famille.

I I. Max. Suivant Jean Papon liv. 22. Tit. 9. Arrest 4. & le Président de la Rocheflavin au mot adulteres articles 5. 6. 8. & dans tout le Titre , si l'adultere est qualifié & aggravé de quelques circonstances , il est puni du dernier supplice : comme s'il est accompagné du vol fait au mari ; d'un valet avec sa maîtresse ; de la grande inégalité des conditions des adulteres , dont ils ont rapportez divers exemples : entr'autres de la femme d'un premier Magistrat , convaincuë d'adultere avec son Métayer ; d'un autre avec le Clerc du mari : tous lesquels *& adulteri & adultera* auroient été condamnez & executez du dernier supplice , *quia hæc res mali & pessimi exempli.* Quand l'adultere est accompagné de dol , d'un valet de cabaret ayant yvré sa maîtresse lui donnant du vin blanc de Loury pour de l'eau dans son vin rouge , étant endormie , en abusa , il fut pendu. Il y en a nombre d'autres rapportez par Jean Duluc & Papon à l'endroit cité , avec les noms que je supprime ici. *Item* pour la circonstance des tems , comme de deux adulteres surpris sur le fait : le Vendredy Saint furent tous deux condamnez à mourir à la potence. *Non offeres mercedem prostibuli , nec pretium canis , in domo Domini Dei.* Deuteronome 23. ℣. 18. Lisez le Livre qui a pour titre *Mosaicarum & Romanorum Legum collatio* , page 102. au Titre *de adulterio.*

III. Max. *Jul. Clar. Jacob. de Bellov.* André Alciat , Philbert Bugnion & plusieurs autres Docteurs ont fait de belles & sçavantes remarques sur le crime d'adultere , sur ce qu'on se contente de séparer des personnes , qui souvent ne demandent pas mieux , & ne font mauvais ménage que pour parvenir à une séparation afin de vivre dans le libertinage & la débauche chacun de son côté : car il faut remarquer que la séparation est respective , & que la femme la peut demander à cause de l'adultere du mari , toujours accompagnée de ses quatre circonstances necessaires : les mauvais traitemens , la jalousie , le scandale , & la dissipation ; par consequent , on peut ajoûter les mêmes raisons pour elle comme pour le mari ; sauf quelque difference qu'il faut voir dans ces Auteurs , & que je vais toucher legerement. Lisez la Sapience chap. 3. ℣. 16. chap. 4. ℣. 3. S. Paul aux Galates chap. 4. ℣. 30.

I V. Max. La peine d'une femme lorsqu'elle est condamnée d'être mise dans un Convent & d'être razée , c'est lorsqu'elle est convaincuë d'adultere ; mais se faisant séparer pour les sevices & mauvais traitemens de son mari , elle n'est point obligée de s'encloîtrer ; il lui est libre de demeurer où il lui plaît , pourvû que ce soit un lieu honnête : c'est la distinction qu'il faut faire ; car si elle se comportoit mal, le mari ne perd jamais l'autorité sur ses mœurs, quelque séparation qui soit prononcée en Justice, & la pourroit poursuivre par la condamnation en crime d'adultere : la femme perd sa dot, son doüaire & ses conventions & autres avantages a elle faits par son contrat de Mariage, dont le mari joüi des revenus, & le fond est reservé aux enfans : s'il n'y en a point, il lui est aussi adjugé, ensemble ses biens paraphernaux & la communauté. Que si c'est une séparation de la femme pour les sevices du mari, il lui rend tout ce qu'elle lui a apporté en Mariage, même ce qui entroit en communauté, à laquelle elle renonce, acquitée de toutes les dettes où elle s'est obligée, s'il est porté par le contrat, & un demi doüaire ou pension, en attendant qu'il soit ouvert par la mort du mari : voilà ce qui est le plus ordinaire, suivant Robert, Bohier, Brodeau, Mosnier & autres Docteurs où je renvoye, & à la neuviéme Maxime suivante de ce Titre. Dans tous les crimes les parties ne concluent jamais qu'aux interêts civils, mais en accusation d'adultere le mari conclut contre sa femme aux peines des Ordonnances.

V. Max. Les peines des adulteres commis par les Prêtres & Religieux sont marquées par le Président de la Rocheflavin *in verbo* adultere, par le Droit Civil & Canon & les Docteurs ; aucuns veulent qu'ils soient excusez de l'adultere, mais ils n'ont écrit favorablement que parce qu'ils y étoient interessez, comme j'ay remarqué page 555. du nouveau Traité des Criées, qui merite la curiosité des lecteurs. Ils doivent être punis…. suivant le Code *l. quamvis. 2. de adulteriis,* & de la déportation suivant le Digeste §. *Item Lex Julia* & suivant le Droit Canon. *Gloss. in c. latior. in Gloss.* 1 2. *quæst.* 7. Le Clerc pour crime d'adultere, doit être enfermé pour le reste de ses jours dans le Monastere le plus rude, à manger le pain de douleur & boire les eaux ameres : mais aujourd'hui par nos mœurs la peine de l'adultere des Prêtres & des Clercs est arbitraire, pour leur être imposée, selon la qualité de l'adultere, & la condition des personnes. Instituts *lib.* 4. *Tit.*18. §. 4. *item Lex Julia.* Il faut craindre la maladie que les Grecs ont nommée *Psora.*

V I. Max. M. Claude Expilly chapitre 64. de ses Arrests, tient que le Juge d'Eglise ne connoît pas du crime d'adultere ; le Juge seculier est preferé sur l'Official dans la connoissance de cette accusation, par les raisons qu'il rapporte, suivies de l'Arrest *quia maior pœna infligitur Jure Civili quam Canonico.* Tybule dit que de son tems il y avoit des femmes qui pour attirer les hommes se rendant la peau plus douce, le tein plus vermeil & uni, se faisoient peler & écorcher le visage, & arracher le poil qui y étoit.

> *Vellere queis curæ, albos e stirpe capillos,*
> *Et faciem dempta, pelle referre novam.*

C'étoit à cause de la Loy des douze Tables, *Mulieres genas ne radunto.*

V I I. Max. L'accusation en crime d'adultere n'appartient qu'au mary seul, après la mort duquel ses parens ne sont point recevables à l'intenter, s'il ne s'est plaint de son vivant, suivant Charondas, Mosnier, Loüet, Brodeau, &c. Il est vrai que les heritiers du deffunt mary peuvent opposer par forme d'exception à la veuve, si elle s'est mal gouvernée depuis sa viduité, où si elle avoit été adultere, lorsqu'elle leur fait demande des donations & des liberalitez à elle faites par son mary pour l'en faire priver; mais il est certain aussi que par la reconciliation du Mary avec sa femme, l'adultere est effacé & mis à couvert, en cela que les heritiers du mary ne sont recevables à en former l'accusation : & consequemment la donation faite depuis par le mary à sa femme est bonne & valable, suivant *Julius Clarus, & ejus annot. in* §. *adulter. supra* liv. 1. Tit. 5. Max. 27. & en ce second liv. Tit. 14. Max. 4.

VIII. Max. Quoique le mary seul puisse accuser sa femme d'adultere, toutefois quand il y a un fort soupçon de . . . . de sa part, l'accusation d'un crime public peut être formée par le Procureur du Roy, ou Fiscal, suivant Iubert liv. 3. chap. 22. *num.* 19. La Rocheflavin Tit. 1. art. 5. 6. 10. *in verbo* adultere. Toutes les Loix qui disent que le mary qui sçait & connoit l'adultere de sa femme, & qui feint de l'ignorer, est un . . . . . . & partant en ce cas-là les adulteres ont été punis de mort, comme aussi le mary ne doit point échaper sans peine, *lenocinium igitur mariti ipsum onerat, non mulierem excusat.* Papon liv. 24. Tit. 2. Arrest 6. *Julia ob impudicitiam à patre Augusto Pandatharia Insula clausa* : étant enceinte elle disoit qu'elle ne faisoit point de tort à son mary de faire passer dans la barque étant chargée pour son compte.

IX. Max. Autrefois la femme & le mary ne pouvoient être accusez conjointement, il faloit regler le premier qui s'étoit plaint & prononcer sur l'accusation : aujourd'hui le contraire se pratique, l'on voit qui a tort, & si la seconde plainte est une récrimination, ou la premiere une calomnie, l'on regle qui demeurera accusé & accusateur les deux plaintes étant d'un même jour : la femme ne peut point accuser son mary d'adultere afin de le faire punir criminellement : mais afin de pouvoir obtenir une separation de corps & de biens & la restitution de ses biens, comme j'ay dit aux Max. 3. & 4. de ce Titre ; & les raisons pour lesquelles le mary ne peut être accusé d'adultere par sa femme, outre celles que j'ay renduës dans l'explication de ce Titre, il y en a encore d'autres que je n'ay pas trouvé à propos d'expliquer ici, à cause des esprits mal faits & mal timbrez, je me contenterai de les indiquer aux studieux qui les trouveront dans *Jacobus de Bellovisu, in rubric. de lenonibus, num.* 26. 38. 40. 41. 42. 43. Bugnion Loix abrogées liv. 4. le même 25. & le Président de la Rocheflavin. Voyez le Titre suivant.

X. Max. Celui auquel le mary a donné avis par trois differentes fois qu'il ne voye plus ni ne frequente sa femme ; si le mary après cela les trouve ensemble en quelque lieu écarté, il peut les tuer sans crime & sans forme ni authorité de Justice ; le Président de la Rocheflavin au mot adultere. Bodin en sa démonomanie, liv. 4. chap. 5. au milieu, qui cite l'autorité de Nicolas Abbé de Palerme, ce que l'on n'approuve pas, *Panorme in c. accidens vers. nonobstat. Bellovisu Authent. si quis ei cod. de adulter.* restraignent cette Max. si elle est trouvée dans l'action avec une personne vile, comme seroit un valet, en presence de personnes digne de foi : pour moi je fais quelque doute sur tout cela, parce que la sainte Ecriture deffend de tuer un homme, sinon à son corps deffendant : en cet état ils ne veullent tuer personne, & cherchent plûtôt leurs plaisirs, & la propagation de l'espece, il n'est pas permis de se

faire Juftice à foy-même, & les voyes de faits font deffenduës. Les Loix du
Code qui permettent de tuer les adulteres au pere de la fille adultere, font
tirées de la Loy de Solon dans *Plutarque* qu'il avoit étenduë jufques aux
maris & aux enfans, n'ont aucun lieu & font abrogées en France. Papon liv.
22. Tit. 9. Arreft 19. aux Nombres chap. 25. outre que ces Loix entendoient
qu'il faloit que ce fut en flagrant délit.

XI. Max. Bien que les témoins foient finguliers, s'ils font trois dépofans
fur divers faits de l'adultere ils font préfumer, puifque c'eft un crime qui fe
commet le plus fecret & couvert qu'on peut, fuivant *Bodin* en fa démonomanie liv. 4. *& hoc procedit fi unus teftis deponat de una re inhonefta, &*
alius de alia diverfa. Annotat. Julius Clarus num. 33. Tous les Docteurs
demeurent d'accord que le crime d'adultere prefcrit par cinq ans, *fuprà liv.*
1. Tit. 17. Max. 20. 21. font à voir en cet endroit, & la Chronique de Louis
XI. imprimée in quarto en 1620. *fol.* 97. parlant d'ifabeau de Cambray.
J'ay parlé liv. 1. à la fin du Tit. 26. de la preuve teftimonialle, quelle foy
fait un feul témoin. Voyez le Titre 10. Max. 7. pour la prefcription des cinq
ans du crime d'adultere, *L. mariti §. hoc quinque ad L. Juliam de adul-*
teriis. Idem omnes, qui & quo, annotat. Jul. Clarii fup. §. adulter. num.
126. Chenu Centurie 1. *quaft.* 83. mais la femme demeure notée toute fa vie
par la feule accufation, quand bien elle auroit été abfoute, parce que l'honneur d'une femme ne doit pas feulement être foupçonnée, c'eft une playe où
la cicatrice refte toûjours. *Che le meretrici lafciavano il fuo alla chiefa, per*
farfi chriftiane.

TITRE XVI.

Du Rapt.

EXPLICATION DU MOT RAPT.

LE Rapt en Latin, *raptus*, vient du verbe *rapio & accipitur.* Jean Imbert
liv. 3. chap. 22. *num.* 20. La difference s'en fait en deux façons, par le
mot rapt & viol. Du premier, j'en traiterai ici, & du viol au Titre fuivant;
j'aurois pû dans la verité les comprendre l'un avec l'autre, fuivant tous les
Docteurs & Criminaliftes, puifque le mot de rapt les comprend tous deux;
mais j'ay été porté à les traiter féparément, veu qu'ils peuvent être commis
l'un fans l'autre : on peut enlever une fille & en demeurer là. Elle peut être
forcée & violée fans l'enlever, ainfi nulle connexité.

Rapt, proprement, eft l'enlevement d'une fille ou femme de violence pour en
abufer contre fa volonté & celle de fes parens, & la mener de lieu en lieu
pour en joüir à volonté. Je ne m'attache pas fortement à cette tranflation d'un
lieu à un autre, que *Julius Clarus* veut neceffairement pour y trouver le crime
de rapt confommé, car je le prend ici plus largement, fuivant la pratique de

France expliquée par Alciat, *nam & qui verbis puellam seducit, eam rapuisse dicitur*, toutefois par ce que j'ay traité de cette espece au Titre du stupre, j'ajoûterai la restriction de *Julius Clarus modo illa deceptio puellarum, fiat ad effectum illas abducendi.* Le rapt se peut commettre envers plusieurs, comme une jeune personne, une vierge, une veuve, une religieuse, une femme, même une femme débauchée. Il n'y a point de Loix qui ne défendent le rapt qui se trouvent rapportées au mot rapt, dans la Bibliotheque de Laurent Bouchel qui les a très-bien remarquées. Il en est exprès parlé au Livre 9. du Code *de raptu virginum*, par le Deuteronome *cap.* 22. il est puni de mort, & je marquerai dans les Maximes la peine qui lui est aujourd'huy proportionnée : j'ay montré dans l'explication du Titre précedent, que l'adultere est un plus grand délit que le stupre : j'ay ici à observer que le rapt de violence est plus grave que le stupre ; & le rapt d'une femme plus criminel que l'adultere, & que le rapt de seduction *raptum in parentes &c.* Jean Papon liv. 22. Tit. 6. Jean Duluc liv. 12. Tit. 7. *de raptu, quem in parentes appellant.* Aux Instituts *lib.* 4. Tit. 18. §. 4. Ordonnance de Janvier 1629. art. 169.

    I. Max. Le rapt est un cas Royal, & n'est point compris dans le pouvoir des Hauts-Justiciers suivant un ancien Arrest rapporté par Bacquet des Droits de Justice chap. 6. sur la fin *num.* 6. 7. 8. 9. Sebastien Roüillard, au mot incendie chap. 23. *hujus curia qua secundum usum data alta Justitia non censeri comprehensum, murtrum, raptus & incendium, &c.* Papon dit qu'il n'est pas Royal, & Jean Duluc aussi liv. 12. Tit. 7. chap. 4.

    II. Max. La peine du rapt est la mort naturelle suivant les Ordonnances rapportées par Imbert liv. 3. chap. 22. *num.* 20. & Papon liv. 22. Titre 6. mais le genre ne peut être défini qne suivant les circonstances qui l'aggravent, par la qualité des personnes ravies & ravisseurs, Bouchel au mot Rapt. Deuteronome chap. 22. de maniere que si des personnes viles enlevoient sur un grand chemin des filles de condition, la peine de la roüe est indubitable, car c'est un vol plagiaire, *& sic de similibus.* Cette peine a lieu nonobstant le consentement unanime de la personne ravie & du ravisseur & de ces complices & adherans qui y ont cooperé. Voyez la Maxime suivante & la 6. de ce Titre & la 38. du Tit. 1. du liv. 1. *Instit. lib.* 4. Tit. 18. §. 8. *Lex Julia,* Coûtume de Bretagne art. 497. 623. 632. *seles virginaria.* Plaute appelle ainsi les ravisseurs de filles.

    III. Max. Il faut voir au mot mariage, le nouveau Traité des Criées qui est très-curieux en parlant de ceux qui se trouverout avoir suborné fils ou fille mineure, sous pretexte de faire un mariage ou autre couleur, ou au dessous de 25. ans, sans le sceu, le gré, le vouloir & consentement exprès des pere & mere ou tuteurs, seront punis de mort sans aucune esperance de grace ni de pardon suivant les Ordonnances rapportées page 436. du nouveau Traité des Criées, nonobstant tous consentemens que les mineurs pourroient alleguer dans la suite avoir donné au rapt, lors d'icelui & auparavant. Code Henry liv. 8. des crimes, Tit. 16. du rapt des filles art. 1. & des mariages clandestins Tit. 11. art. 8. Louet & Brodeau lettre M. surquoi tous les Docteurs demeurent aussi d'accord que *nullus est deprecationi locus, si clam nuptia facta sunt &*

sancitum esse pœnam affectatæ ignorantiæ : & pareillement ceux qui ont participé au rapt & qui y auront prêté conseil, aide & confort, doivent être punis extraordinairement. Les enfans sont punis à l'arbitrage du Juge, suivant l'exigence du cas. Lisez la Maxime 10. au Titre 13. de la fornication page 378. & l'Ordonnance d'Orleans art. 111. de Blois art. 281. contre ceux qui font marier des filles de force par leur credit & autorité. Genes. cap. 34. Juges 21. ỿ. 21. Plutarque en la vie de Romulus §. 6. Filles des Sabins 683. en nombres, furent ravies & enlevées. Bardet tome 2. livre 1. chap. 6. Coutume de Bretagne article 678. 1. Cor. ỿ. 7.

IV. Max. Bouchel & Brodeau sur Loüet, au mot Rapt, & le proverbe que j'ay dit au liv. 1. Titre premier de la competence des Juges, Maxime 58. qu'il n'y a si bon mariage qu'une corde ne rompe, est assez significatif, pour marquer que si un Official prend connoissance *super fœdere matrimonii*, il ne le peut pendant que l'accusation en crime de rapt est pendante devant le Juge seculier : celui-ci ne délaisse de faire punir & pendre le ravisseur, pendant que l'Official auroit déclaré le mariage bon & valable ; ainsi cela marque que le Juge d'Eglise n'en peut connoître. Le Roy promet lors de son Sacre, qu'il n'octroyera aucunes lettres aux coupables des crimes de rapt & du duël, qui sont exceptez.

V. Max. La veuve qui se marie clandestinement à une personne qui n'est pas agréable à son pere, le mari sera puni de la peine du rapt, encore qu'il soit avoüé par la femme. Chenu Centurie 1. quest. 13. 14. 15. suivant que l'écrivoit autrefois *Evaristus, Epistol. prim. ad Episcopos Affricanos*, où je renvoye les Lecteurs studieux, *omnia vincit amor*, cela est du tems passé, lorsqu'une fille prevenoit son Valentin, & s'en alloit avec lui aux champs Elizées.

VI. Max. Il est permis à un pere dans l'action du rapt, de tuer le ravisseur de sa fille, s'il ne peut autrement le prendre pour le mener au Juge, ny empêcher l'enlevement : que si le ravisseur est pris en vie sans avoir néanmoins executé son dessein, il n'est pas pour cela moins punissable. Mosnier au mot adultere, & *Ferrerius* sur la question 355. en ses Annotations. Bugnion en ses Loix Abrogées liv. 1. Satyre 71. & 218. La Rocheflavin *in verbo* Rapt art. 2. *Canon placuit* 36. question derniere. Voyez la Maxime 2. du Titre suivant. Ferrieres, Rauchin, Pisard, Rabot & Rambaud, sont rapportez par Guy Pape, François Marc dans ses décisions de Grenoble.

VII. Max. Les ravisseurs des courtisannes & femmes publiques débauchées, lesquelles néanmoins ont leurs maris & demeurent avec eux, sont punis de mort. Duret sur l'Ordonnance de Blois. Décisions de le Maître, Mosnier, Masuer, sont tous de même avis. Que si ces sortes de créatures ainsi enlevées n'étoient pas mariées, le Juge a la liberté de les faire tenir à tout ce qu'il voudra, *citra mortem*, selon l'exigence des cas, en faisant la difference d'entre une honnête femme & une débauchée.

VIII. Max. Jean Bodin est à sçavoir en son Fleau des Sorciers liv. 4. chap. 5. Le ravisseur qui se fait d'Eglise, crainte d'épouser celle qu'il a ravie à laquelle il auroit promis mariage, est puni sans misericorde du dernier supplice. Julien Peleus questions 124. & 125. en rapporte la preuve par un exemple arrivé à Angers en 1594. d'un Ecolier Normand & d'une Demoiselle, qui merite d'être sçû, &

je ne le puis pardonner à ceux que j'avertis de le lire, s'il ne le font pas, *nam hæc promotio facta est malo animo fraudandi & decipiendi.* Quoique la récrimination n'ait point de lieu en France : toutefois elle a lieu entre deux peres , pour raifon d'un rapt commis d'un fils & d'une fille ; ce qui fe trouve jugé par Arreft , & *de novo.* Cela eft arrivé au Préfidial du Châtelet , entre &c. La Biblioteque des Arrefts au mot Rapt. Inftit. liv. 4. Tit. 18. §. 8. Bardet tom. 1. liv. 2. chap. 88. liv. 3. chap. 9.

IX. Max. Auffi-tôt que l'Ordonnance de 1639. dreffée par M^{re}. Jerôme Bignon, par ordre du Roy , fut Regiftrée au Parlement : il parut un libelle féditieux anonime en Latin , *Optatus Gallus de cavendo Schifmate* , comme fi elle eut caufé Schifme avec Rome. M. Habert , lors Théologal de Paris , & depuis Evêque de Vabres y répondit par fon Traité *de confenfu Hierárchiæ & Monarchiæ.* Le neveu du R, P. Sirmond donna auffi un Traité de la chimere défaite. Le R. P. Rabardeau Jefuite, fit une troifiéme réponfe, *Optatus Gallus de cavendo Schifmate, & à Benigna manu fectus.* La matiere des Mariages donna lieu d'écrire lors du Concile de Trente à Pierre Soto , Jacobin , qui y mourut en 1563. à Antoine le Comte, de Bourges ; à Gentien Hervet , qui mourut à Trente l'année de Soto ; à Jean Coras , Confeiller à Touloufe ; à Adrien Pulvé , Avocat ; à Claude Defpenfe , & depuis à Gerbais , tous deux Docteurs de la Maifon de Sorbonne.

X. Max. C'eft une efpece de crime de rapt & plagiaire que les Mariages clandeftins des enfans de famille mineurs : ce qui avoit donné lieu à l'Ordonnance de 1639. à caufe du Mariage contracté à vingt-deux ans de * Auparavant Henry II. avoit fait un Edit au mois de Février 1556. Regiftré le premier Mars. M. de Thou liv. 19. *circa finem* , & Mezeray année 1557. ont rapporté l'Hiftoire qui donna lieu à cet Edit , qui fut apoftillé par Nicolas Melier ; Avocat. Jean Coras, Confeiller à Touloufe ; Antoine le Conte , Docteur à Bourges , & Jean Papon au liv. 15. de fes Arrefts. M. le Prêtre , Confeiller , a fait un Traité des Mariages clandeftins , & Bardet en rapporte divers Arrefts , au mot *Mariages.* L'on apprend aux Inftituts *lib.* 1. *Tit.* 10 que le mot de Mariage vient de *nubere* , parce qu'anciennement les nouvelles mariées fe voiloient comme fous une nuée , pour marquer leur pudeur. Nous voyons dans la Genefe chap. 24. ⅴ. 65. que Rebecca fiancée à Ifaac , parut devant lui cachée & couverte de fon manteau : Jacob fut trompé de même par Lia , cachée au lieu de Rachel , qu'il avoit crû avoir pour femme , en punition d'avoir fupplanté fon frere ainé Efaü , en lui dérobant la benediction de leur pere Ifaac devenu aveugle , par l'artifice de leur mere Rebecca , qui lui mit des peaux de chevreau , le poil en dehors fur le col & les mains , ainfi que porte la Genefe chap. 27. Ne confondez pas les termes des Loix , *Lenocinii enim crimen Lege Julia de adulterii præfcriptum eft* l. 2. Juftin *lib.* 2. de fon Hiftoire , parlant des Ambaffadeurs que Vexoris, Roy d'Egypte, envoya aux Scytes , les appelle *Lenones* , le Gloffaire dit , *Leno, id eft medi. tor qui apud Italos dicitur* , Ambafciator. Voyez le fieur de la Martiniere en fon Traité de la Connétablie partie 3. chap. dernier fection 4. fol. 1001. Rapt , viol, fodomie , beftialité , incefte , adultere , bigamie qui rapporte divers exemples , & la Maxime 2. du Titre 29. *infrà* , où je cite les Colloques d'Erafme , du Mariage , & des mal affortis.

T I T. X V I I.

TITRE XVII.

Du Viol.

EXPLICATION DU MOT VIOL.

CE Titre & le precedent font fort connexes, & la plûpart des Docteurs ainſi que je l'ay remarqué, font ſynonimes le viol & le rapt, ſuivant Bouchel au mot rapt ; néanmoins parce que j'ay touché quelque difference de l'un à l'autre, & qu'ils ont diverſes ſignifications, & mêmes divers effets, c'eſt afin de les traiter ſéparément que je les ay détachez : cependant l'explication du Titre precedent eſt afferente en partie à celui-ci ; ainſi il faut y avoir recours : & quant au ſurplus, je m'en vais expliquer plus amplement ce mot de viol, qui vient du verbe *violo violare autem, Joachinus Fortius in Synonimes* page 324. de maniere que ſuivant ce qu'il en a dit, le viol ne regarderoit que les Vierges ; mais je le prend ici plus largement pour toute conjonction illicite commiſe par force & contre la volonté des filles, femmes, veuves, & débauchées, conformement aux Loix *l. qui coïtu,* ff. *ad Legem Juliam de vi public. & l. 1. cod. de raptu virginum. Authent. de raptu mulierum l. 1. §. perſuadere. Julius Clarus, §. fornicatio, num. ultim.* Je pourrois auſſi y comprendre le viol des jeunes hommes ; mais cela eſt plus juſte de le reſerver pour en parler au Titre de la Sodomie, c'eſt ſon veritable endroit.

Il eſt parlé de viol aux Loix ci-deſſus cottées *Canon. apoſtol. 66.* & aux endroits marquez au Titre du rapt. Ce Canon en parle dans les termes qu'on y pourra lire : les Loix humaines le puniſſent davantage, comme je ferai voir dans les Maximes & avec grande raiſon ; car je ne crois pas qu'un homme puiſſe commettre une plus grande brutalité que celle-ci, (à moins que celle qui n'eſt point naturelle, dont je parlerai en ſon lieu,) eu égard à l'oppoſition des volontez de l'agent & patient, dans un acte qui demande du concours d'eſprit volontaire, ou du moins point de reſiſtance. Liſez S. Chryſoſtome *ſuper Matthaum Homel.* 33. Seneque Epiſt. 13. La virginité eſt l'ornement des mœurs, la ſainteté des ſexes, le bien de la pudeur, la paix des familles, & la ſource des plus ſaintes amitiez. Methodius, Evêque d'Olympe, a fort élevé la virginité en ſon Banquet des Vierges.

I. Max. La punition du viol eſt toujours la mort naturelle, & ne peut pas être moindre, ſuivant les Auteurs citez à la peine du rapt. Bodin en ſa Demonomanie liv. 4. *l. ſi quis non dice rapere. Cod. de Epiſcopi & Clerici, l. unic. Cod. de raptu virgin. Inſtituts lib. 4. Tit. 18 §. Item Lex Julia.* Le *conatus* eſt autant puni en ce crime, comme ſi l'effet s'en étoit enſuivi. Les circonſtances peuvent auſſi aggraver la peine, de même qu'au crime de rapt, qui fraterniſe avec lui. Le viol eſt difficile à connoître, ſuivant le Sage Roy aux Proverbes 30. v.19. *Inſpectio partium naturalium delibata pudicitia probanda cauſa.*

II. Max. Le Préſident de la Rocheflavin, au mot lettres de graces, a eu

II. Part.   Eee jufte raifon de dire que la fille ou femme qui tuë fon raviffeur pour conferver fa pudicité, eft plutôt digne de recompenfe que de blâme & de punition : comm'auffi les pere ou mere deffendant leurs enfans ; il faut pourtant des lettres de graces, faciles à obtenir en ces cas, fuivant le bel exemple que rapporte cet Auteur page 148. & la Maxime 6. du Titre precedent, *fupra* liv. 1. Titre 5. Maxime 29. Le mari ne peut accufer fa femme d'adultere lorfqu'elle a été violée, *fupra* liv. 1. Tit. 5. Max. 27. S. Auguftin excufe fort les homicides commis en ces rencontres.

Pline dit au liv. 34. chap. 6. que les Romains firent faire une ftatuë à cheval de Clælia, c'étoit une Damoifelle qui avoit été donnée par les Romains en ôtage avec plufieurs autres filles de condition à Porfenna, Roy des.Hetrufque, *la Tofcane* : ces prifonnieres étant dans le camp mal obfervées, elles tromperent leurs gardes en paffant le Tibre, elles fe fauverent dans Rome ; auffi-tôt les Romains pour garder la foy du traité, les renvoyerent, fuivant leur Hiftorie Tite-Live *lib. 2. decade 1.* R. Choppin *de Domanio Franc. lib. 2. Tit. 1. num. 7.* Porfenna voyant un fi grand aéte de generofité, les renvoya, & fit la paix.

L'an 791. Alfonfe de Leon défit les Maures, & leur prit Lifbonne, Capitale du Royaume de Portugal : le fujet de la guerre fut ce qui lui fit donner le nom *de chafte*, n'ayant pû fouffrir que les Chrétiens payaffent tribut tous les ans à ces Maranes, d'un nombre de filles qu'on leur donnoit, ce qu'il trouvoit infâme. Dom Ramire qui fucceda à fon pere Alfonfe, defit les Maures dans un grand combat, & en coucha, dit l'hiftorien Mariana, 70000. morts fur la place.

Tous les Hiftoriens Grecs & Latins font mention des grands genies & des forces d'efprit & de la prudence de plufieurs femmes, aufquelles le Ciel leur donnant le genie & la vertu, auffi bien qu'aux hommes pour les grandes affaires, ont gouverné les Etats des Empires & des Royaumes, au contentement de leurs voifins & de leurs fujets. Ils tiennent que du tems des Celtes les femmes rendoient la Juftice : l'Empereur Eliogabale érigea un Senat en faveur des femmes, où elles pourroient traiter de leurs befoins, & ordonna que fa mere y auroit la premiere place. Penthefillée, Reyne des Amazones, commandant au fiege de Troye, y fut mife à mort par Achile, la Reine Hecube & fa fœur Polixene. Athalie femme imperieufe, voulant regner, fit cruellement tuer la Race Royalle, 4. *Reg. cap.* 11. ⍑. 2. Joas fut fauvé de la mort donnée par Athalie & regna. Debora & Judith, firent voir au contraire que l'efprit de Dieu les conduifant, elles fçavoient gouverner mieux que les hommes. Cléopatre Reine d'Egypte : Zenobie Reyne des Palmiriens : Amalazonte, Reyne des Gots : les Reynes du païs des Amazones : Tomiris Reyne des Maffagettes, qui prit Cyrus en bataille, où il perdit la vie : Artemife, Reyne de Carie : Elifabeth d'Angleterre, fille du Roy Henry VIII. qui gouverna le Royaume 45. ans, avec toute la prudence du monde, qui furpaffoit le foible de fon fexe & qui pourroit fervir d'exemple dans le gouvernement d'un Etat & plufieurs autres, dont le Manzini dans fes harangues, & de Scuderi dans fes femmes Illuftres, ont fait les éloges en expliquant leurs vertus. Les femmes alloient à la guerre chez les Scythes, & dans la Republique de Platon, elles ne font que pour le luxe & la moleffe. Nôtre Hiftoire remarque que la Comteffe de Flandres affifta au jugement des Pairs du Royaume, lorfqu'ils adjugerent au Roy S. Louis le Comté de

Clermont en Beauvoisis : & que Mahaut, Comtesse d'Artois , Pair de France, assista & opina lors du jugement rendu par Arrest contre Robert Comte de Flandres l'an 1315. & d'autres femmes qui ont été honorées & décorées de cette haute dignité de Pairs de France.

Dans la verité, l'on pourroit dire qu'une partie de ses anciennes Amazones ne firent de telles actions pour prouver leurs entreprises que par audace & par une ambitieuse vanité ; leur temerité ne leur servit que de sujet d'ornement aux triomphes des Romains ; puisque nous voyons que l'Empereur Aurelian fit servir à son triomphe Zenobie & ses deux fils attachez à son chariot avec des chaînes d'or : la plûpart, suivant les Ecrivains, n'ayant pas remporté la palme de l'honneur, ainsi que firent Clælia & ses compagnes. R. Choppin *de Domanio Francia lib. 3. Tit. 5.*

L'on pourroit conjecturer que Heliogabale ne fut porté à faire ce qu'il fit en créant le Senat des femmes , qu'après avoir vû un Edit tout extraordinaire & surprenant, que rapporte Suétone de l'Empereur Claudius , portant qu'au Senat, dans les banquets, & dans quelque assemblée que ce fut , il seroit permis de se soulager par flatuositez & décrépitemens . sans honte ny infamie , ayant été averti que d'illustres personnages étoient morts pour s'en être retenus, cela leur ayant causé des vapeurs, qui avoient monté au cerveau & attaqué le cœur. Ciceron Epist. 22. du Verdier liv. 7. chap. 8. de ses diverses Leçons. *Aresta amorum*, 12. Arrest. La note *de Benedicti Curtii*, porte *mulieres judices esse non possunt , l. 2. ff. de regul Juris. 1. c. 3. quæst. 7. c. mulierem 33. quæst. 5. & hoc moribus prohibitum est , non quæ illæ judicio careant , sed nec officiis civilibus fungantur.* Tous ces désordres n'arrivoient que par le relachement des Loix , si l'on en croit Saavedra Faxardo en son *Idea* devise 21. où il a fort exageré.

Valere Maxime rapporte que les Romains pour marquer leur veneration pour la virginité , & afin de n'y faire aucune honte ny des-honneur , observerent que la fille de Sejan, qui n'avoit pas encore atteint l'âge de la puberté , fut déflorée par le *mortis exaltor* . avant que d'être exposée au supplice. Arrest du 7. May 1676, contre * * qui avoit violé une fille de sept ans qua re mois. Didier Erasme, au livre qu'il a fait de la comparaison du martire & de la virginité , dit que celle qui garde le celibat volontairement , est autant à priser , se sacrifiant tous les jours de bonne volonté , comme celle qui a offert sa vie une fois par la violence des tourmens qu'on lui auroit fait souffrir.

Reprenant le texte de la Maxime , les pere & mere deffandans leurs enfans, sont à estimer dans le public ; que s'ils tuënt le ravisseur , il faut des Lettres de grace, qui sont de justice faciles à obtenir & à les faire enteriner , comme favorables en un pareil rencontre, suivant le bel exemple que rapporte le Président de la Rocheflavin page 148. ainsi que j'ay dit à la Max. 6. du Tit. precedent. *Vide supra* au liv. 1. Titre 5. Max. 29. Un mari ne peut point accuser sa femme d'adultere lorsqu'elle a été violée. S. Augustin a fort excusé les homicides commis dans d'aussi malheureux rencontres , il parle de Lucrece pour exemple dans ses livres de la Cité de Dieu. Le chapitre 19. du livre des Juges, rapporte l'horrible accident qui arriva à Gabaa, de la mort de la femme d'un Levite , qui fut violée & des guerres affreuses qui s'ensuivirent pour le punir. Voyez le sieur de la Martiniere en son Traité de la Connestablie par. 3. chap. dernier, section 4. fol. 1001. rapt.

viol, fodomie, beftialité, incefte, adultere, bigamie, où il rapporte divers exemples.

I I I. Max. Les Geoliers qui forçent la prifonniere qui eft en leur garde, font coupables de mort, foit que la prifonniere fut réputée auparavant femme d'honneur ou qu'elle eut été proftituée ; car une fois il abufe & viole le dépôt confié à fa garde par necefité : j'en ay parlé au Titre 13. 8. Maxime, comm'auffi ils font punis de même pour le feul *conatus*, au regard de la femme fage & au regard de la proftituée *citra mortem*, fouet, banniffement, ou les Galeres. *Julius Clarus*, §. *fornicatio num.* 24. *Boharii quæft.* 317. *num.* 9. la Rocheflavin *in voce* rapt, Mofnier, des Geoliers, Concierges, &c. *num.* 4. le nouveau Traité des Criées page 4. eft à voir, des beaux reglemens qui y font rapportez. Papon liv. 22. Tit. 8. Les Romains firent bâtir un Temple à la virginité, où il y avoit une ftatuë nommée *Bucca veritatis.*

I V. Max. Ariftote dit qu'une action ne peut être imputée à blâme lorfqu'elle eft involontaire. Il ne faut pas conclure qu'une fille ou femme n'a pas été violée ou prife par force de ce qu'elle a conçuë & fe trouve enceinte, fuivant la Rocheflavin lettre R. Tit. 2. art. 1. *Annot. Julius Clarus, fup.* §. *ftuprum, num.* 10. car fuivant la Medecine, la nature agit quoique la volonté ny confente pas, elle s'irrite par la volupté & par d'autres raifons fur lefquelles en pareil cas il faut voir le fentiment des Medecins, & Nicolas Venette, Doyen des Medecins de la Rochelle, en fon Tableau de l'amour dans le Mariage. Lifez l'Apologie du Mariage dans les Harangues de Manzini. Voyez le Titre precedent.

V. Max. La peine de ceux qui pofent des échelles aux fenêtres d'une maifon pour y entrer, *erigi fcalas* & forcer une honnête femme, doivent être punis de mort : fi c'eft dans une maifon de joïe & de débauche, dont parle l'art. 624. de la Coutume de Bretagne, ils doivent être punis extraordinairement en l'un & l'autre cas : il faut prouver la veritable caufe, & voir fi ce n'étoit point pour voler ; car il n'eft pas permis d'efcalader une maifon de jour ny de nuit, de faire des outrages, enfoncer des portes, rompre des fenêtres. Inftituts *lib.* 4. *Tit.* 1. §. 11. *furtum*, & après être entré, commettre des violences, foit fur les perfonnes, foit fur les biens : toutes les circonftances font de confequence en de pareils rencontres. Les Poëtes & les Auteurs font de belles reflexions, fur ce qu'ils fuppofent fi une femme a appellé au fecours, ou fi elle n'a rien dit, fi elle a ry de ces actions, ou fi elle y a refifté de tout fon pouvoir, fi elle s'eft plainte ou non ; car tout cela marque fi l'on peut préfumer du mal, du dol, de la calomnie, de l'innocence, de la violence, ou un tacite confentement. Les Romains refpectoient les Veftales. L'on fçait le fameux Edit de l'Empereur Liberius, & le Proverbe Efpagnol, *mirar non tocar.*

V I. Max. Le crime du viol ne fe prefcrit pas par le tems de cinq ans, quand il eft commis par force, comme le mot le dénote : il n'eft non plus permis que l'adultere, le ftupre, l'incefte, *& fimilia quæ à Lege Julia de adulterio puniuntur, quinquennio præfcribantur : hoc autem non procedit, quando per vim committuntur. Boharius decif.* 26. *num.* 14. *Annot. Julius Clarus fuprà* §. *adulter. num.* 127. 161. *multa authoritates.* Catulle dit qu'une fille eft cherie par tout ayant fa virginité ; mais elle ne l'a pas fi-tôt perduë, qu'elle eft exilée & bannie de toutes les compagnies.

TITRE XVIII.

De l'Incefte.

EXPLICATION DU MOT INCESTE.

L'Incefte eft condamné par le droit Civil & les Bulles du Pape Sixte, rapportez par Jean Imbert liv. 3. chap. 22. *num.* 19. En Latin, *Inceftus, ex hoc dicitur, quod in illo minime adfit ceftus ; Annotator Julii Clari fup.* §. *inceftus.
num.* 2. *Aulugell. lib.* 13. *cap.* 19. *Laurent Valla elegant. lib.* 6. *cap.* 15. *& fic
omnes.* Il y en a de fix efpeces, & pour connoître jufques à quel degré de parenté il va & le mieux comprendre, il faut voir Laurent Bouchel en fa Biblioteu-
que, au mot incefte. *Clarus num.* 3. §. *Inceftus.* Bugnion des Loix abrogées
liv. 4. *cap. non debet, extra de confanguin. & affinitat.* Papon liv. 23. Titre 4.
Il fe commet auffi outre les degrez de parenté, avec les perfonnes liées par cognation fpirituelle, comme je ferai voir dans les Maximes, le parain avec fa filio-
le, & la maraine avec fon filiol ; le compere avec fa commere ; le Confeffeur & la
penitente.

Il eft parlé de l'incefte en plufieurs endroits, & par exprès dans le Code *lib.* 5.
Tit. 5 *de inceftis & inutilibus nuptiis,* en la Novelle 12. *de nefariis nuptiis.* Au
Levitique *cap.* 18. v. 7. Levitiq. 21. Deuteron. 22. 30. aux Corinth. 5. v. 1. 2. Les
Loix divines & humaines le puniffent par tout de mort & d'un genre plus rigoureux & extraordinaire, fuivant que le degré de parenté eft plus proche ou plus
éloigné. L'incefte eft le plus grand crime qu'aucun de ceux dont j'ay encore parlé
jufqu'ici : il eft contre la reverence naturelle quand des perfonnes font conjoin-
tes par le fang. S. Auguftin le dit en termes exprès *in tractat. de adulteriis con-
jugator.* C'eft ainfi qu'en parle le Canon *adulterii* 2. *caufa* 32. *quaft.* 7. & Caton
dans fes *Moralis* aux Nombres chap. 25. Certains Docteurs tiennent que fi Adam
vivoit, il ne pourroit fe marier, à caufe de la directe ligne afcendente de la pa-
ternité, de quoi Harmenopule rend cette raifon au *lib.* 4. *Tit.* 6. *ne confundantur
cognationis nomina, & idem fit pater ac maritus.* Du Verdier en fes leçons liv. 4.
chap. 33.

I. Max. La peine de l'incefte eft ordinairement du dernier fupplice, & par
exprès lorfqu'il fe trouve mêlé avec l'adultere ou le ftupre, le genre de mort eft
aggravé, d'autant plus extraordinaire qu'on fe touche de plus près par confanguinité : de maniere que le fils qui auroit copulation avec fa mere, en ce cas l'un
& l'autre feroient condamnez au feu vifs : que fi l'un des deux étoit décedé avant
la condamnation, l'on fait deterrer les offemens du mort pour être brû'ez avec
l'incefte vivant. S. Paul en fa premiere Epître aux Corinthiens chapitre 5. v. 5. excommunia l'inceftueux Corinthien qui avoit habitude avec la femme de fon pere & livra fon ame au démon. *Incefte* vient de *inceftus* ; car *ceftus* étoit la ceinture de Venus qu'on donnoit aux mariez, & s'il y avoit à reprendre au mariage,

on la refuſoit , & le mariage appellé inceſtueux , c'eſt-à dire ſans ceinture.

II. Max. L'excuſe d'être yvre & pris de vin peut adoucir & amoindrir la peine dans d'autres crimes ; mais dans l'inceſte cette excuſe n'eſt pas reçûë , *nulla vini culpa eſt , ſed culpa bibentis, Gloſſ. in l. ſi adulterium cum inceſtu in princip. in Gloſſ.* 1. ff. *de adulter.* Papon liv. 22. Tit. 9. Arreſt 7. Jul. Peleus queſt. 135. la Rocheflavin lettre I. Tit. 3, art. 1. pag. 132. Papon liv. 22. Tit. 7. Arreſt 3. Charlemagne fit la Loy *ut nullus ebrius ſuam cauſam in malo poſſit conquirere, nec teſtimonium dicere, nec placitum Comes habeat niſi jejunus.*

III. Max. Le crime d'inceſte eſt ſi énorme , qu'on peut le rechercher & punir long-tems après qu'il a été commis. Charondas liv. 13. réponſe 54. en rapporte un exemple après douze ans paſſez , & j'eſtime qu'on peut la rechercher juſques à vingt-ans , qui eſt la preſcription ordinaire des crimes. L'inceſte ſuivant le même Auteur livre 2. réponſe 37. ſe commet à cauſe de l'affinité ou cognation ſpirituelle. Toutefois ſi lors du mariage contracté , les conjoints n'ont eu connoiſſance de l'affinité , les enfans qui en ſont provenus ſont tenus & reputez pour legitimes ; mais le mariage ne reſte pas d'être invalide , & les conjoints ſéparez , juſques à ce que leur Evêque y ait pourvû par la réhabilitation & la penitence qu'il ordonne. Celui qui corrompt une Réligieuſe , ou Moniale , commet inceſte , ſtupre & ſacrilege , & partant doit être puni de mort , & la Religieuſe renvoyée à l'Evêque pour lui être fait ſon procès, *Julius Clarus & ejus anno. in §. inceſtus. Jacob. de Bellovifu in rubric. de pœnis. num.* 8. *ſuprà folio* 379. *num.* 8. *cum Moniali.*

IV. Max. Quand j'ay parlé dans l'explication de l'inceſte des parains & maraines , il faut entendre le parain avec ſa filleule ; la maraine avec ſon filiol ; le compere avec ſa comere , ſoit qu'il lui ait porté ſon enfant ſur les fonts de Baptême , ou qu'elle ait tenu un des ſiens à lui , &c. Inſtituts. *lib.* 1, *Tit.* 10. *de nuptiis.* Liſez les leçons d'Antoine du Verdier liv. 4. chap. 11. liv. 7. chap. 2. & obſerver que de tenir ſur les fonts un enfant qui auroit été ondoyé , ce n'eſt qu'une ſimple ceremonie , qui ne produit pas un empêchement diriment : ainſi de même on peut épouſer la veuve du frere de ſa deffunte femme , parce que l'affinité ne produit point d'affinité. *Vide* Bardet tom. 2. liv. 7. chap. 20. qui rapporte un Arreſt du 27. Avril 1638. qui jugea que l'alliance ou affinité ſpirituelle ne rendoit point un mariage nul : au liv. 8. chap. 12. il rapporte un Arreſt celebre d'appointé au Conſeil du 10. Mais 1639. touchant la validité d'un mariage de M. * *

V. Max. Les Textes ſacrez n'admettent l'inceſte qu'au premier degré lorſque la parenté n'eſt que par alliance & par affinité , & d'avec les autres degrez éloignez , ce n'eſt point un inceſte : c'eſt auſſi l'opinion du fameux Ecrivain Criminaliſte *Julius Clarus* , qui tient que pour qu'il y ait un inceſte , il faut que les deux perſonnes ſoient parentes par le droit du ſang : que ſi la parenté n'eſt que par alliance & affinité , il ſoutient & aſſure qu'il n'y en a point. Cela eſt fortement montré par l'Arreſt de M. * * que j'ay cité en la Maxime precedente, Voyez le Titre du rapt fol. 393. *ſupra.*

TITRE XIX.

De la Sodomie.

EXPLICATION DE CE MOT.

LA sodomie est une espece de luxure abominable, suivant les Loix rapportées par Jean Imbert livre 3. chap. 22. *num.* 21. Lactance Firmian *de vero cultu lib.* 6. *cap.* 23. invective fortement contre ce vice. La sodomie suivant la Novelle 51. *l. cum vir. cod. ad l. Juliam de adulteriis*, est une luxure abominable contre nature, qui se commet par un mâle avec un mâle, ou avec un animal, & une personne avec une femelle animal brute. *Julius Clarus & ejus annotat.* §. *sodomia num.* 1. Mosnier *in verbo homicid. num. ultim.* Il n'est point de personnes tant soit peu versées dans l'Histoire Sainte, qui ne sçache d'où vient ce mot sodomie, qui est le nom d'une des deux Villes dont parle la Genese chap. 19. subverties & reduites en cendres par le feu du Ciel, à cause des vices execrables, prostitutions, & luxures énormes des habitans de cette Ville, qui s'attirerent sur eux la Justice de Dieu. En France on l'appelle aussi *masculorum concubitores*, & le peché abominable contre nature : les Loix n'en parlent qu'avec horreur & avec des menaces de punition terrible. *L. cum vir.* 32. *cod. ad l. Juliam de adulteriis.* Les menaces n'en sont pas moindres dans les Loix Divines. Levit. *cap.* 18. & *cap.* 20. ℣. 13. Exode 22. Deuter. *cap.* 17. Rom. 1. ℣. 27. 1. aux Corinth. *cap.* 6. ℣. 10. 1. à Thimoth. *cap.* 1. ℣. 10. je finis là, *nam hæc nimia in re nefanda.* L'Empereur n'a pas voulu donner de nom à ce crime aux Instituts, *lib.* 4. *Tit.* 18. §. 4. *Lex Julia*, étant un crime qu'on ne peut nommer, *supra* Tit. 12. Latin *num.* 15. fol. 379.

I. Max La peine de la sodomie ne sçauroit être assez forte pour expier un crime qui fait rougir la nature, *l. cum vir. cod. de adulter. Julius Clarus,* §. *sodomia num.* 1. de faire mourir l'agent & le patient par le feu qui les consomme, & les cendres jettées au vent. J'en ay vû un mémorable exemple à Paris, par Arrest du Parlement, de deux qui furent brûlez à la Gréve : néanmoins *annot. de Julius Clarus,* §. *sodom. num.* 7. il ne veut pas qu'ils soient brûlez vifs, *ne lenta morte in desesperationem salutis æterna inducatur.* Les Cours Souveraines peuvent ordonner un *retentum* ; mais que les Juges ordinaires doivent passer le mot contre le sodomite, d'être brûlé vif. Papon liv. 22. Tit. 7. en rapporte divers Arrests, qu'il n'y a qu'à voir. Coutume de Bretagne art. 633. punit ce crime par le feu, *& coitus contra naturam.*

II. Max. Un sodomite, dès le moment qu'il est pris & accusé, dans la suite étant convaincu, ne peut faire de testament valable : il est proscrit & ne peut tester ; le Clerc est privé de ses benefices, s'il en a quelqu'un. *Clericus privatur beneficio, ipso facto.* André Alciat *de verborum significatione, in l. inter stuprum* 101. *Coras* chap. 73. page 302. &c. Un sodomite âgé de soixante ans fut brulé au Marché neuf à fix heures du foir le Mercredy 31. Mars 1677. Voyez le livre de la Conneftablie du fieur de la Martiniere part. 3. chap. dernier, fection 4. fol. 1001. Sodomie.

III. Max. Jean Papon liv. 22. Titre 7. de luxure abominable. L'accouplement avec une bête brute eft appellé peché muet ou de beftialité ; les coupables qui le commettent doivent être brûlez avec la bête : c'étoit auffi la peine des Loix Divines, Levitiq. 20. 18. Exod. 22. Deuteron. 17. mais les Loix humaines ont été plus avant & puniffent ce crime du feu, *etiam* non accompli. Bodin en fa Demonomanie liv. 3. la Rocheflavin Lettre P. Tit. 2. Arreft 1. Mofnier *in verbo* homicide §. *ultim.* Celui qui a accointance avec une femme morte, *dicitur corporis alterius violator*, eft puni de mort extraordinaire *l. finali cod. de fepulchro violat. & l. fepulchri. ff. eodem.* Les femmes qui fe corrompent l'une l'autre, font appellées *fiētrices & triballes :* c'eft une efpece de fodomie, pour raifon de quoi elles font punies : les Canoniftes ordonnent une peine plus douce en les condamnant à deux ans de penitence *l. fœdiffima cod. ad L. Juliam de adulteriis.* Bohier en fes décifions *quæft.* 316. *part.* 2. *Yvo Carnot. lib.* 9. *Decretales cap.* 85. *ex pœnitentiali Diodori.* L'on ne peut point contraćter de mariage entre alliez par affinite de perfonnes qui ont commis ce crime horrible. *Julius Clarus in §. fodomia, ejus annot. fup. eundem §. num.* 19. *Inftituts Juftin. lib.* 4. *Tit.* 18. §. 4. *Lex Julia fuprà* Tit. 12. *num.* 15. *cum animali num.* 16. *cum mortua num.* 17. *mulieres inter fe.* Exod. 22. ₰. 19.

TITRE XX.

Des incubes & fuccubes.

EXPLICATION DU TITRE.

CE Titre peut fe mettre au rang des forciers, fuivant Imbert liv. 3. chap. 22. num. 3. C'eft ici une autre efpece de luxure plus deteftable & abominable que la precedente, & par confequent plus que toutes les autres, fuivant Jean Chenu, cent. feconde queftion 98. *malleum maleficarum. Traēt. Jacobus Sprenger,* part. 1. queft. 4. Paul Grilland, Martin de Lrio, Algazel, Bodin de Monoma, Jean Vvier, Defpagnet, de Lancre, *Petrus Mamor. de Lamiis,* Agrippa *de vanitate fcientiarum,&c.* Levitique *cap.* 20. parle de ce crime avec execration, & en plufieurs autres endroits des Saints Cahiers, d'où il faut inferer qu'il n'y a point de plus grand peché au Tribunal de la Juftice pour être condamné, & partant on ne fçauroit affez l'exagerer. *Vincit enim officium lingua fceleris magnitudo.* infrà au Titre 35. du fortilege, Maxime premiere. *Laētance Firmianus lib.* 6. *cap.* 23. *fratris Joann. Niger, cap.* 9. Le Prophete Ezechiel 25. ₰. 16. *Ecce ego extendam manum meam fuper Palæftinos.* Tous les Auteurs que j'ay nommez entendent par *Palæftinos* les demons fuccubes, *qui & hyplialtes, id eft fuccubus ad virum, ficut incubus qui & ephialtes fit incubus ad mulierem, fuprà*

Titre

Titre 12. au Latin *num. 20. cum incubis aut succubis.* Bernard de Luxembourg. cité souvent par Martin Delrio, Auteur celebre dans ses questions. Les Medecins disent que c'est une maladie qui est naturelle. Eustachius sur Homere, dit que *lamia* signifie un demon déguisé en femme.

A suivre les Auteurs que je viens de citer, on ne peut point donnner d'autre définition de l'incubat & succubat, qu'une accointance & habitude & copulation avec le démon déguisé sous la forme d'un homme ou d'une femme, ou de la figure d'un animal ; du moins il paroît tel aux yeux fascinez, car il est pere du mensonge ; on donne dans ces Auteurs divers noms grotesques, empruntez des Poëtes qui parlent de tout selon leur caprice & leur imagination, des Gamahez, des Faunes, des Sylfes, des Cochemars, des Pharphadets, suivant le Comte de Gabalis, des Fées, des Satyres & autres incubes : pour les succubes, on les peut faire dériver de *succubando*, dont il est parlé dans le Prophéte Ezechiel, chap. 25. ℣. 16. Hyplialtes sont succubes aux hommes, Ephialtes sont incubes au sexe feminin. Sur cette matiere où il y a plus d'imagination que de certitude étant des rêveries des Grecs pour écrire : on peut voir les Ecrivains que j'ay rapportez. Chenu Cent. 2. *quæst.* 98. a rapporté les interrogatoires faits dans les procès où il a assisté à plusieurs sorciers de son pays de Berry. Duloyer, le Président Despagnet, de Bordeaux ; Michel de Lancre, Conseiller au même Parlement ; Martin del Rio, Inquisiteur en Flandres, & autres : je ne voudrois qu'obliger les studieux à lire ce qu'ils ont rapporté là-dessus, pou voir les rêveries & railleries qu'ils ont faites, pour prétendre établir ce qu'ils ont voulu persuader, dans un tems ou la crédulité étoit jointe à la crainte : c'est pourquoi je n'approfondirai pas cette matiere plus avant, & n'en ferai point de Maximes, par la raison qu'on ne punit plus cette sorte de luxure imaginaire, ni le sortilege, s'il ne paroît du malefice, comme il sera dit au Tit. 35. du sortilege, soit au regard du present Titre que l'on croit le crime improbable, sinon que par la confession des accusez, laquelle seule ne suffit pas pour asseoir un jugement de condamnation, puisqu'elle peut être fallacieuse & phantastique, soit par les illusions du démon, qui peut ravir & extasier la fantaisie, dont a traité Alexandre Ross. en ses Religions du monde, division 2. soit par la rate enflée qui fait des choses surprenantes, & des possessions, qui ont surpris les Medecins ; soit opilation du foye, soit par quelque humeur hypocondre, melancolique, & enfin soit que les Cours Souveraines se sont fondées sur d'autres raisons dans lesquelles il ne m'appartient pas d'entrer, ni discerner & en faire un plus grand raisonnement. Lisez Nicolas Venette, Doyen des Medecins de la Rochelle, en son tableau de l'amour dans l'état du mariage, Partie 4. chap. 5. Bardet liv. 4. chap. 38.

TITRE XXI.

De la Bygamie & Polygamie.

EXPLICATION DU TITRE.

JEan Imbert liv. 3. chap. 22. *num.* 19. parlant du crime de polygamie, dit qu'il étoit puni de mort ; à prefent on le punit du carcan avec un nombre de quenoüilles, *autant qu'on a de femmes* attachées au patient, d'autres du foüet, du pillory aux Halles trois jours de marché, du baniſſement & des galeres, ſelon la qualité des perſonnes. Depuis 1690. il y en a eu une douzaine d'Arreſts à la Tournelle. Pour les Docteurs & Philoſophes Moraux tels que Caton *moraliſatus præcept.* 49. *part. metric. fortius Rhingentbergius, lib.* 10. *de homine*, François Petrarque &c. ils ne font que ſix eſpeces de conjonctions illicites. 1°. La ſimple fornication. 2°. Le ſtupre. 3°. L'adultere. 4°. Le rapt. 5°. L'inceſte 6°. La ſodomie. La plûpart des criminaliſtes ajoûtent l'eſpece du Titre précedent des incubes & ſuccubes, & par exprès *Julius Clarus* & les autres que j'ay cité en ce même Titre : quant à l'eſpece de ce Titre, la plûpart le confondent avec la fornication ou adultere, pour moi j'en ay fait un Titre à part & l'ai poſé ici, non pas par gradation, car il ſurpaſſe les autres en honte, dautant que les trois précedens ſont encore plus déteſtables ; mais pour les traiter ſeparement, après avoir néanmoins ſuivi la diviſion des Docteurs Moraux & Criminaliſtes, pour les autres eſpeces précedentes. Voyons donc ce que ſignifie ce Titre, ſuivant les Docteurs, *ſuprà* Tit. 12. au Latin *num.* 19.

Bygamie & polygamie ſont mots Grecs, ſuivant *Hyeronymo, interprete Lexicon Græco-Latinum ; gamia autem ſignificat nubium, & bygamia eſt binum nubium.* Budæus. Moſnier, *Julius Clarus, fornicatio*, de maniere que la bygamie & polygamie regarde non ſeulement l'homme qui epouſe effrontement deux ou pluſieurs femmes, mais auſſi la femme qui épouſe deux ou pluſieurs maris, les unes & les autres vivans. Il eſt parlé de la bygamie & polygamie *ex profeſſo* dans les Decretales de l'Egliſe Anglicane, dans le Code, & dans le Digeſte, de l'inceſte ; des nôces inutiles ; de la fornication, de l'adultere, &c. Par Arreſt du Parlement le Jeudy 12. Aouſt 1694. Mathadore fut mis au Pillory de la Halle avec deux quenoüilles & banni trois ans, pour avoir deux femmes, ſa figure faiſoit le ridicule de l'objet, il étoit petit, boſſu, borgne, boiteux, & manchot, ſans cheveux. Il fut deux heures à ce dévidoir.

Ce crime eſt ſi grand qu'il en entraîne pluſieurs autres avec lui. *Primo* Il viole le Sacrement de mariage, & cette ſocieté indiviſible, *quæ unius corporis faciat eſſe duos*, dautant que par l'effet de ce Sacrement *duo ſunt in carne una*, Suivant les Evangeliſtes & S. Paul ; en ſecond lieu, par ce double mariage le bygame commet un perpetuel adultere. *Tertio*, On viole la foy pro-

mife devant les Autels à fon premier époux ou époufe pour en tromper &
abufer un autre qui ne fçait rien du premier mariage ; furquoi il faut dire avec
Euripide , *Res mala eft , unicum virum binos habere lectos* , & conclure avec
Virgile *lib.* 4. de l'Æneide , que cette conjonction faite par bygamie ou polygamie n'eft rien moins qu'un mariage , mais un grand crime.

Conjugium vocat , hoc prætexit nomine culpam.

Penelope femme d'Ulyffe , mere de Thelemaque , attendit vingt ans fon
mary abfent , quoique recherchée des Seigneurs de l'Ifle d'Itaque.

I. Max. La peine des bygames & polygames étoit anciennement d'être condamnez à mort , enfuite on fe contenta de les foüetter aux carrefours leur
mettant des quenoüilles à la ceinture , enfuite attachez au pillory , avec une
mitre ou écriteau au front ; mais maintenant on les condamne felon l'ufage
des Cours de Parlemens aux peines que j'ay dites par l'explication du Titre.
Mofnier *in verbo* adultere *num. ultim.* Budæus *annot. prioribus in pand. Et.*
Claude Lebrun Procès Civil & Criminel liv. 2. Arrefts du 27. Aouft 1585. &c.
Bernard Occhin & Theophile Aletus , ont fait des Traitez fur la polygamie
permife pour couvrir leurs vices & cacher leurs débauches.

II. Max. La Femme ne fe peut point remarier pour la longue abfence de
fon mary , quelles raifons qu'elles puiffent alleguer de ne pouvoir fe conte-
nir de fragilité , *aut pro juvenili ætate , aut fragilitate carnis.* Juftinien Novelle 117. chap. 11. §. *nuptiæ* , Bouchel *in verbo* abfens , Mofnier *in verbo* mariage. Anne Robert liv. 4. chap 10. finguliere raifon & expreffe fur la Maxime.
Julien Peleus , liv. 4. action 1. font à voir. Chenu Centurie 1. chap 14.
Centur 2. *quæft.* 44. de Cambolas liv. 4. chapitre 37. *fupra* liv. 1. Tit. 26.
Max. 11. *in fine.*

TITRE XXII.

Du Recellement de Groffeffe , fuppofition & expofition de part.

EXPLICATION DU TITRE.

Nous trouvons dans les Plaidoyers de M. Antoine le Maître , mort il y a
cinquante ans , l'Arreft de Cognot en 1632. où il plaida ; un autre dans
les Arrefts de M. Pierre Bardet ; un autre dans les Arrefts de M. Lucien Soëfve ;
d'autres rendus en divers tems , rapportez par M. Laurent Jovet en fa Biblioteque au mot *Enfans , num.* 27. 36. 40. 45. 51. un autre rendu en la
Chambre de la Tournelle au rapport de Monfieur Brayer , Confeiller , le 15.
Fevrier 1712. entre Florent Coulon & Marie Mofny , fa femme , de Saumur ,
par lequel entr'autres chofes , Coulon accufoit fa femme d'adultere & de lui

fuppofer un enfant qu'elle avoit eu d'un autre que de lui, nonobftant quoi par l'Arreft, on enjoint à Coulon & fa femme d'élever & nourrir l'enfant dont cette femme étoit accouchée comme en étant les pere & mere, parce qu'il étoit né depuis leur mariage, ainfi *pater eft quem nuptiæ demonftrant*, ce qui fit la décifion. *Vide* Pierre Bardet liv. 1. chap. 82. tome 2. chap. 1:

Le Lundy 15. Fevrier 1712. Monfieur de Mefme, fût reçu & inftallé Premier Prefident du Parlement, enfuite l'on fit l'ouverture des plaidoyries du Rôle de Paris, la premiere caufe fût plaidée par M. Pilon, Avocat des appellans d'une Sentence du Châtelet, qui avoit declaré Marie Magdelaine Derigny, fille legitime & heritiere de défunt Jean Derigny de la Piffonniere, Ingenieur, tué au dernier Siege de Namur, & d'Elifabet Roüillon fes pere & mere; fon état lui étoit contefté par des collateraux, c'étoient les appellans. M. Gilles Macé, plaidoit pour cette fille intimée, qui fit d'abord un beau compliment à Monfieur le P. Préfident fur fon avenement, qui fera ci-deffous. Monfieur Joly de Fleury, Avocat General porta la parole en cette Caufe, qui dura plufieurs Audiences, & la Sentence fut confirmée par l'Arreft du 29. Fevrier 1712.

Dans cette affaire, il y avoit des circonftances fingulieres, foit dans la naiffance, dans le Baptême, foit dans l'éducation de cette fille dont l'état étoit contefté par des collateraux. M. Macé fe fit admirer par fon éloquence & fes Recherches dans le Droit Romain & la Jurifprudence des Arrefts, d'où il tiroit fes confequences. Cette mere avoit été mariée à Derigny en 1677. elle avoit mis cette fille au monde en l'an 1683. elle étoit devenuë veuve en 1703. eft décedée en 1711.

Cette veuve avoit fait divers actes & pafsé des tranfactions avec les parens collateraux de fon mary fans parler de cette fille, non plus que fi elle n'avoit point été au monde ayant parlé de deux autres enfans qui étoient morts : cette fille étoit baptifé fous le nom d'Elifabet Roüillon & de Jacques de la Cour & non point au nom Derigny : que cette fille ayant été maraine elle avoit figné dans deux actes baptiftaires, *Marie Magdelaine de la Cour* ; qu'elle avoit été élevée dans la maifon en qualité de penfionnaire, & non point d'enfant de Derigny & fa femme, que felon toutes les apparences elle étoit fille de la Roüillon & de la Cour, étant née en l'abfence de Derigny qu étoit à l'armée & que la mere n'avoit ofé la faire baptifer fous fon nom : c'étoient autant de moyens concluans contre cette fille. M. Macé repliquoit à cela, qu'il étoit difficile de répondre à toutes ces bifareries ; mais que la partie étant née fix ans après la celebration du mariage fuivant tous les Arrefts, elle étoit fille legitime de Derigny : que s'il vivoit il ne poutroit la défavoüier par cette grande regle de Droit, *pater eft quem nuptiæ demonftrant*, qui décide que les pere & mere ne pouvoient faire de préjudice à leurs enfans par aucune declaration, ainfi qu'on avoit jugé par la Sentence dont eft appel, conforme aux Arrefts fuivant les conclufions. L a C o u r confirma la Sentence avec amende & depens, par Arreft prononcé par Monfieur le Premier Préfident, affifté de Monfieur de Menars, Préfident & vingt-un Confeillers à l'Audience, le 29. Fevrier 1712. en Carême à onze heures fonnées. Peleus liv. 4. action 52. Bardet livre 1. chap. 67. livre 3. chap. 20. 36.

Compliment fait par M. Gilles Macé, dont j'ay parlé.

Heureufe eft celle pour qui je parle dans fon malheur , d'avoir à combattre pour la veritéde fa naiffance legitime dans ce lieu faint , toûjours l'afile de la Juftice & de la verité même, parlant à des Magiftrats ennemis de l'impofture, amis de l'innocence & devant ce digne Chef, proclamé Prince du Senat , & par le choix du Souverain & par le vœu commmun de tous les Peuples : fi fa pre-fence & fa modeftie m'impofent un refpectueux filence ; qu'il me foit permis au moins de m'addreffer aux Grands Hommes de fon Nom , que nôtre Hif-toire & la Republique des Lettres ont rendus celebres & fi recommandables parmi nous. Illustres Ayeux vous trouvez dans l'éclat qui l'environne un jufte retour de toute la gloire que vous lui avez tranfmife : vos cendres ne font pas infenfibles à la joye de voir après tant de fiecles vos fervices & fes vertus fi noblement recompenfées.

Au Rôle de Paris du Parlement 1712. l'on plaida plufieurs Audiences, l'appel d'une Sentence du Châtelet , entre Marie Adam , veuve de Guillaume Haroüard, Mouleur de bois, qui défavoüoit fon fils pour être fon enfant , MM. Huart & Tribolet Avocats de Jacques de Lonchamp , Tuteur de l'enfant, défavoüé & des parens appellans. M. Gin Avocat de la Mere. Monfieur Chauvelin , Avocat Ge-neral, fuivant fes Conclufions. La Cour a declaré l'enfant être legitime & l'a maintenu & gardé en la fucceffion de fon pere, nonobftant que la mere foûtenoit que c'étoit un enfant qu'elle même avoit fuppofé, étant batard de Tartarin, Rotiffeur de la ruë de la Huchette , à quoi on n'eut aucun égard par l'Arreft prononcé à l'Audience de la Grand' Chambre par Monfieur le Prefident de Novion , le Mardy matin 20. Juin 1713.

Menochius *de præfumptionibus tome 2. lib. 5. cap. 24. num. 23. non eft enim præfumendum quod mater contra fe ipfam è contra proprium filium fi talis fuiffet mentita fuerit.* Mafcardus eft de même fentiment en fa conclufion 1147. *num.* 21.

Jean Imbert liv. 3. chap. 22. *num.* 15. & les chofes contenuës au prefent Titre , font plûtôt des fuites & des effets de la luxure que des efpeces : auffi n'ay-je mis ici ce Titre qu'incidemment , & pour ne pas échaper l'occafion de traiter ces matieres que je ne pouvois pas placer ailleurs plus à propos. Quant à l'explication, le Titre feul donne affez à comprendre ; mais pour en faciliter encore mieux la connoiffance , je m'en vais le toucher le plus briévement qu'il me fera poffible , après avoir remarqué que par l'Edit du Roy Henry II. de l'an 1556. le recellement de groffeffe eft puni de mort en cas que l'enfant fut trouvé mort , les meres feront reputées & tenuës avoir ho-micidé leur enfant. *A. Carranza , de partu naturali & legitimo* 1629. Boffius Jurifconf. Milanois en fa Pratique Criminelle.

Pour connoître ce que c'eft que le recellement de groffeffe , il faut au préa-lable fçavoir ce que c'eft que groffeffe, il n'y a gueres d'agnés à prefent ni d'idiots qui l'ignorent : après cela il eft aifé de découvrir ce que c'eft que recellement de groffeffe : c'eft une enflure vifible au ventre , qu'il eft impoffible de cacher, quelques larges habillemens que les Couturieres puissent inventer, avec des volans & falbalas. *Nulla reparabilis arte, lesa pudicitia est, deperit illa semel,* ou comme a très-bien dit Sebastien Rouillard *in verbo* Rapt, 2. part. chap. 48. *probrum illud celari velle quod propinqua partitudo appetret.* Or comme ce recellement ne se fait d'ordinaire qu'à une mauvaise fin pour suffoquer ou perdre son fruit, *& perimunt fœtus impia matres suos :* aussi est-il deffendu sous de griéves peines par les Loix divines & humaines, comme l'on verra par les Maximes & avec raison, puisque ce crime est un parricide, ainsi que le remarque *Minutius Fœlix, in Octavio :* & pour cette même raison les Loix permettoient autrefois aux maris de repudier leurs femmes qui leur avoient caché leur grossesse. *Constit. Leon. 31. l. Jubemus 11. cod. de repud. Justinien, in Novel. 22. cap. si vero 16. §. itaque si mulier.*

Au regard de la supposition de part, *est falsificatio in fœtibus filiorum, Summa Antonin. Tit. 2. part. 2. cap. 18. l. 1. §. sed etsi 1, ff. de inspici ventre.* C'est supposer un enfant pour & en la place d'un autre, ou en supposer un à des pere & mere qui ne fut jamais ; ou quand un homme & une femme se disent pere & mere d'un enfant qui n'est pas à eux ; or ce crime est d'autant plus grand qu'il trouble l'ordre des familles entieres, partant *publice interest partus non subjici, ut ordinum dignitas familiarumque salva sit,* surquoi il est peu de personnes à Paris qui ne sçachent le grand procès qui a duré du tems au Parlement, de la Maison de * * dans lequel par une malice & imposture, Marie * * veuve Henry de * * fille d'un Marchand * * se disoit mere du Comte de * * fut condamnée & executée en effigie en 1658. dont je pourrois parler mieux que qui que ce soit. *Instructione juvenum in practica & modo practicandi.*

L'exposition de part se commet quand après l'enfantement les pere & mere mettent ou font exposer leurs enfans devant la porte d'un logis, dans une Eglise, à la porte d'un Hôpital, ou d'un Officier de Justice, sur une boutique, ou dans une rüe pour se liberer du soin & de la honte que leur pourroit causer cet enfant, ou pour ne le pouvoir nourrir attendu leur pauvreté, comme il arriva en l'an 1693. que l'Hôpital des enfans trouvez de Paris en étoit extraordinairement chargé, ou pour quelqu'autre cause. Il est parlé de cette exposition dans le Code. *Gloss. in verbo animadversion. Cod. de infantibus expositis,* & dans Ciceron 1. *Offic.* Je remarquerai quelque chose de plus dans les Maximes : cependant je diray que l'exposition est un mal que les bêtes ne commettent point. Il faut lire le troisiéme livre des Rois au chap. 3. ⱴ. 16. & l'exposition de Moïse qu'il rapporte parlant de lui, Exode chap. 2. ⱴ. 3. ayant été tiré du Fleuve du Nil, par l'ordre de Thermutis, fille de Pharaon, Roy d'Egypte, qu'elle fit nourrir, & l'adopta pour son fils.

I. Max. Par le Code Henry livre 8. des crimes Titre 2. toute femme qui se trouve atteinte & dûëment convaincuë d'avoir cellé, couvert & caché sa grossesse, & même son accouchement, sans avoir déclaré au Juge l'un ou l'autre, & avoir pris un témoignage suffisant, même de la vie ou de la mort de son enfant lors de l'issuë de la naissance, & par après que l'enfant se trouve avoir été privé du Baptême & de la sepulture publique, telle femme est tenuë & reputée être homicide de son enfant. C'étoit aussi le sentiment de Tertullien, dans le chap. 9. de son Apologetique, *semel interdicto nobis homicidio.* Aussi l'Ordonnance citée de 1556.de Henry II.porte que pour réparation publique:telle femme doit être punie de mort & dernier suplice,& de telle rigueur que la qualité particuliere du cas le meritera,icelle femme n'étant pas reçûë à dire que son enfant est venu mort né : la Cour ne le croit pas. Aussi est-il ordonné que cette Ordonnance sera publiée au Prône, une fois le mois. Voyez Jean Bodin en sa Demonomanie liv. 4. ce qu'il en a dit , renouvellé par le Reglement du Parlement du 19. Mars 1698. & Arrest du 10. Juillet 1704. Declaration de Fevrier 1708. semblable.

I I. Max. Selon Campagne,quest. 81. & Decius conseil 538. l'avortement se procure en trois manieres. 1 .Empêchant la conception *post concubitum.* 2°. *Procurans ut fœtus jam conceptus , sed nondum animatus objiciatur.* 3°. Quand on force l'accouchement avant le tems qu'il est conçû & animé par des potions & medicamens deffendus aux Instituts, lib. 4. Tit. 18. §. 5. & *supra* Tit. 8 Max. 3. & Titre 10. Max. 4. Ces trois crimes sont deffendus & punis de mort selon la rigueur de la Maxime precedente , fondée sur la *Loy* 1. ff. *de parricidiis l. penultim. cod. de sicarus.* Cependant il s'en trouve qui disent qu'aux deux premiers cas , *si partus non sit animatus* , la peine est extraordinaire , rapportez par Claude Expilli en ses Arrests chap. 4. appuyé des Auteurs modernes, & Laurent Bouchel *in verbo* Abortif §. *que.* Pour moi je suivrois l'Ordonnance & le sentiment des Docteurs en ce cas , il y a de la raison. La Coutume d'Anjou art. 44. celle du Maine art. 51. Imbert liv. 3. chap. 22. *num.* 15. rapporte une Histoire miraculeuse arrivée en la Ville de Reims en 1588.

I I I. Max. L'exposition de part est punie de mort , suivant l'Edit de Henry I I. qui fut verifié au Parlement le 4. Mars 1556. pour empêcher d'être commis. *Julius Clarus , & ejus annot. quæst.* 83. *num.* 7. *page* 270. *partum exponens punitur pœna extraordinaria,* l'on se contente de foüeter & flétrir les exposeurs , crainte de pis , il vaut mieux de deux maux éviter le pire. Le crime de supposition de part , se peut prouver autrement que les autres , suivant Decius , Conseil 342. *Julius Clarus in* §. *falsum. quæst.* 21. *num.* 47. il est vrai qu'il convient qu'il se peut prouver par ceux qui ont participé au crime ; mais il restraint cette preuve , au cas qu'on agisse par action civile ; *secus si criminaliter agatur ,* la peine de ce crime est celle du faux ,comme y participant. En France il est puni extraordinairement , selon l'exigence du cas , ainsi que j'ay prouvé dans l'explication de ce Titre. En Italie , il y a des colonnes laitieres dans les Villes ; c'est un tour où on met les enfans , & une cloche que l'on sonne pour avertir qu'il y est , pour éviter de faire perir ses petites créatures innocentes, qui sont les fruits du loisir d'une fille qui aura cassé son sabot. Lisez *Bossius ,* Jurisconsulte Milanois , *praxis criminalium , titulo de partu supposito num.* 15. Les Harangues 14. & 15. de Manzini , & le second entretien de Petrarque , d'un enfant supposé. M. Bouguier lettre E. Arrests 4. Expilly Plaidoyer 8. Mezeray année 1595. page 1293. Godefroy sur la Novelle 39. cap. 2. §. *Unde sancimus* fait une raillerie à sçavoir.

La femme du nommé * * * * Obstetrice de son emploi, honnête femme , ayant accouché une fille, rüe Judas, elle fut exposer l'enfant sur une porte rüe S. Victor , son procès lui fut fait au Châtelet , par Sentence elle fut condamnée au bolus , bannie de Paris cinq ans, & son nom rayé du Catalogue des Obstetrices : appel au Parlement , distribué à M. de Romanet , Conseiller. Par Arrest à la Tournelle du Lundy 4. Janvier 1712. l'appellation & ce au neant , en ce que l'ap-

pellante a été condamnée au bolus ; au surplus la Sentence sortira effet. *Vide*
Louis Guyon en ses leçons diverses tome 1, liv. 2. chap. 16. où il parle des Hôpi-
taux & des enfans exposez.

Les Obstetrices doivent la fidelité & le secret dans leur emploi : nous le voyons
au chapitre premier de l'Exode par la réponse de Sephora & Phua, qui aime-
rent mieux faire un mensonge que d'obeir à l'ordre de Pharaon , plutôt que
d'offenser & déplaire à Dieu en faisant perir les enfans des Hebreux : Dieu les
benit , & leur édifia des maisons, dit le Texte, c'est-à-dire, augmenta leurs familles.

Un grand miracle , c'est que Pharaon qui vouloit exterminer les enfans mâles
des Hebreux , souffrit qu'on élevât dans son Palais Moïse, tiré du Fleuve du Nil ,
par ordre de la Princesse Termutis sa fille, qui l'avoit adopté : & dans la suite ce
même enfant fit submerger le fils de ce Roy avec son Armée au passage de la
Mer rouge , comme marque le chapitre 14. de l'Exode : ce qui fait bien voir l'extravagance & l'impieté des hommes de vouloir penetrer dans les decrets du
Ciel.

IV. Max. M. Jean Chenu en ses Reglemens au Titre premier chap. 19. qui a
écrit long-tems depuis M. Louis Charondas le Caron en ses réponses liv. 9. réponse 16. & Jean Bacquet des droits de Justice chap. 33. *num.* 14. disent que tout
ainsi que les épaves , qui sont choses sans aveu ny maître , appartiennent au Seigneur Haut-Justicier : aussi les enfans trouvez exposez, appartiennent & sont éle-
vez & nourris par le Seigneur Haut-Justicier dans la Justice duquel ils sont trouvez. Ils rapportent un Arrest contraire , par lequel il fut ordonné par provision
que le Seigneur feroit donner au rabais pardevant son Juge, à la diligence de
son Procureur Fiscal , la nourriture d'un enfant exposé : & que pour satisfaire au
payement , il seroit fait une queste dans l'Eglise & Paroisse du lieu, à quoi le Sei-
neur contribuëroit. Voyant ces deux Auteurs qui rapportent des Arrests differens , j'estime que le second doit être suivi en jugeant au fond, & qu'on pourroit
suivre le premier par provision en cas de contestation. Le Parlement l'a ainsi juge
en 1695. contre M. * Seigneur de * il y en avoit quelque chose dans l'Edit de
création du nouveau Châtelet de Paris en 1674. Bardet tome 1.liv. premier chap.
83. liv. 3. chap. 36. Papon liv. 18. Tit. 1. Arrest 45. *Bonav. Urbinatis de partu oc-*
tomestri natura. Francofurt. 1612. du Breul, antiq. fol. 52.

V. Max. Il est certain quant à l'exposition de part, que les enfans venant a
être reconnus long-tems après, & leur pere ou mere découverts ; les nourritures ,
alimens & entretiens sont repetez contr'eux ; ils ne peuvent éviter de les rendre ,
payer , & restituer à ceux qui les ont fournis & par corps , étant une dette qui
procede d'un délit , suivant *Faschinæus controvers. Juris lib.* 1. *cap.* 54. *l.* 1.
Codic. de infant. expositis , & les Arrests de la Cour y sont précis & formels : un
du 6. Aoust 1611. presidant M. Molé , rapporté au Journal de M. N. Catherinot.
Il en est autrement des enfans volez & derobez , dont je parleray à la Maxime 4.
du Titre 29. du crime de plage cy-après ; c'est le vrai endroit d'en parler. Le crime de supposition de part , ne prescrit que par trente ans , suivant Charondas
liv. 10. réponse 76. page 419. qu'il faut voir. Expilli Plaidoyer 8. L'an 1276. la
Comtesse Marguerite d'Hollande , accoucha de trois cens soixante-quatre enfans
vivans, *le croira qui voudra.*

Voici

Voici ce que rapporte R. Choppin *de Domanio Francia lib. 3. Tit. 6. num. 38.* en parlant des Comtes de Hollande. Il y a un tombeau & infcription dans une Abbaye de S. Bernard à Lofdun, proche la Ville de la Haye, qui porte une chofe incroyable & digne d'admiration. Marguerite, fille de Florent, Comte de Hollande, laquelle étant âgée de quarante deux ans, accoucha d'une feule portée de trois cens foixante quatre enfans tous vivans, de l'un & l'autre fexe ; lefquels après avoir reçû le Baptême, à l'inftant moururent foudainement avec leur mere, l'an 1276. Guicciardin le rapporte dans la defcription qu'il a faite de la Gaule Belgique : cette Hiftoire a tout l'air des fables des Grecs ; ainfi je demanderois caution à cet Ecrivain Italien, auffi bien qu'à Jean Bocace, fon compatriote, & fon collegue en Contes faits à plaifir : mais il eft plus naturel & vraifemblable de croire ce que j'ay dit *fupr.* à liv. 1. & ce que rapporte Frere Jacques du Breul, en fon Théatre des Antiquitez de Paris, liv. 3. page 832. & M. Pafquier en fes recherches de la France liv. 8. chap. 1. parce que ces naiffances font poffibles & felon la nature : c'eft l'Epitaphe qui eft fous le Charnier du Cimetiere des SS. Innocens à Paris, de Yolande Bailly, veuve de Denis Capel, Procureur au Châtelet, qui deceda le 17. Avril 1514. âgée de quatre-vingt huit ans, étant lors veuve depuis quarante-deux ans, laquelle avoit vû ou pû voir avant fa mort, deux cent quatre-vingt quinze enfans iffus d'elle, & de fes enfans, & petits-enfans. Strada liv. 1. a écrit que la Princeffe Juliane, mere de Guillaume, Prince d'Orange, a vû une pofterité de cent cinquante petits-fils, fortis principalement des femmes dont elle avoit été la mere : ces perfonnes auroient pû, *fi elles vivoient,* emporter hautement tous les privileges attribuez par l'Edit du Roy de l'année 1666. à la Polipaidie.

J'ay parlé dans cette Maxime de la prefcription du crime ; fi l'on veut le comparer à la prefcription civille, peu de perfonnes de Juftice ignorent jufques où s'étend le pouvoir d'une poffeffion paifible fans trouble, puifqu'elle anéantit toutes fortes de titres les plus authentiques, qui fait le repos des familles, & eft appellé la patrone du genre humain : ce qu'on peut appliquer à un accufateur qui ne pourfuit pas fa plainte, que les Loix regardent comme la peine d'un négligent qui merite de perdre ce que fa pareffe & fon indolence a laiffé perir, ou comme la preuve de fa volonté d'avoir abandonné ce qu'il avoit commencé qu'il n'a pas voulu pourfuivre dans le tems fatal introduit par les Loix, lequel étant expiré, il eft déchû de tous fes droits fans efperance d'aucun retour, fuivant Caffiodore, *lib. 5. variar. Epift. 37. præfcriptionem patronam generis humani.*

TITRE XXIII.

Du larcin en general.

EXPLICATION DU TITRE.

LE larcin eft un autre genre de vol qui comprend plufieurs efpeces , fuivant *Jacobus de Bellovifu , in rubric. de furtis & latrociniis* , le Brun au mot larcin , *& idem omnes* en fon procès civil & criminel , Bugnion en fes Loix abrogées liv. 3. Syntagm. 71. page 309. comme l'abigeat ou vol de beftiaux , la concuffion , l'expilation d'une fucceffion , peculat , plagiaire , facrilege , ftellionnat , terme ôté ou tranfplantement de bornes , ufure , & autres dont ont parlé Jean Papon , Jean Imbert liv. 3. chap. 22. &c. de même qu'il y a plufieurs efpeces de larrons , dont eft parlé Titre 25. de la Coutume de Bretagne chap. 10. de celle de Bordeaux en traitant des vols. Les uns peuvent être appellez facrileges , les autres font des voleurs, des crocheteurs de ferrures , de portes , de boutiques , de coffres & armoires : d'autres des larrons domeftiques , abateurs de bois , pêcheurs de poiffons dans les étangs , voleurs de poules & de pigeons , & autres volatilles dans les cours & colombiers , qui tirent deffus en campagne ; voleurs de chevaux au pâturage , vaches & autres qui paiffent ; des charuës & herfes qui font dans la campagne & femblables , dont il eft parlé au liv. 4. Tit. 18. des Inftituts de Juftinien , *de Publicis Iudiciis.* Jean Duluc *lib.* 12. *Tit.* 4. *de Furtis.*

Laurent Bouchel en fa Biblioteque au mot larcin , tient pareillement coupable ceux qui participent en quelque façon que ce foit au mal commis par autrui , ils ne feront pas tenus pour innocens devant Dieu , quoiqu'eux mêmes n'ayent pas commis le peché , non plus que devant les hommes , fuivant les regles de droit : furquoi je remarqueray qu'il y a plufieurs efpeces de confentement ; mais par exprès il fe donne & fait de neuf manieres. 1°. Par cooperation en conduifant , gardant , efpiant , ou forgeant les inftrumens defquels on fe fert pour dérober. 2°. Par commandement de faire le vol *iuffio.* P. Rebuffe en fon Traité *de Hofpitibus , num.* 10. dit que les Hôteliers ont d'ordinaire deux clefs des chambres , l'une pour donner aux hôtes , l'autre pour les voler en leur abfence , & que dè telles gens meritent de mourir. Laurent Bouchel liv. 4 chap. 82. rapporte l'Arreft de vérification d'un Edit du mois de Janvier 1627. portant création à titre d'heredité d'Hôteliers , Taverniers , Cabaretiers & Marchands de vin en gros , dans les Villes , Bourgs & Villages , Paroiffes , Ports & Havres de Mer , & Rivieres du Royaume. Il y a un Edit portant permiffion de tenir Auberge , verifié en 1694. 3 . Par confeil ou perfuafion. 4°. Par complaifance à l'aéte , devant , lors , ou depuis qu'il eft commis. 5 . Par applaudiffement du larcin. 6 . Le recellement du vol fait. 7 . Quand on y prend part , mangeant , beuvant , ou s'en accommodant. 8°. Par une permiffion ou tolerance du larcin , lorfqu'on ne l'empêche pas & qu'on peut le faire. 9°. Quand on ne revele pas le fçachant ; mais toutes ces manieres de participation se réduisent mieux à ces quatres actes. Le premier lorsqu'on reçoit du larron une partie de la chose dérobée : le second en achetant à bon marché la chose qu'on sçait être dérobée : le troisiéme, volant le larron, non point pour restituer, mais pour se l'approprier : le quatriém, lorsqu'un Juge prend des presens pour absoudre le larron. Instituts Justinien *lib.* 4. *Tit.* 1. *de obligat. quæ ex aelictis nascuntur.* §. *interdum*, *& ibi Theophil.* Exode 22.

Le mot de larcin, ou celui de larron, est un homonime, qui renferme & comprend trois mots latins qui font presque la différence de toutes sortes de larcins, à proportion de leur gravité, *Latro*, *fur*, *grassator.* On fait cette diff.rence entre ces deux premiers mots : le premier se commet de jour ; le second de nuit : en François on appelle, voleur, brigand, filoux, coupeur de bourse ; d'où l'on peut croire que vient le mot fourbe, suivant l'explication d'Horace : mais proprement *fur*, est celui que nous appellons larron, d'où vient furrivement faire une chose en cachette & comme à la dérobée. Lisez je vous prie pour la preuve de mon raisonnement *Jacobus de Bellovisu*, *in rubric. de furtis & latrociniis*, *num.* 7. *fol.* 18. *L.* 1. *de Furt. L. divus Adrianus.* ff. *de custodia reor. Grammaticus consil.* 59. *num.* 4. Ragueau des droits Royaux, au mot brigand & voleur. Guy Coquille, sieur de Romenay, en ses questions chap. 8. qui en ont tous parlé. Lisez Sorel dans son Histoire des larrons livre 2. chap. 7.

Chez les Grecs, *Varron in poster. lib. de ratione vocabul.* 14. 6. Aulugelle *lib.* 1. *cap.* 18. n'approuvent pas cette dérivaison & étimologie, suivant Gilles Menage en ses origines des langues Françoise & Italienne ; mais parce qu'elle convient fort au sujet, suivant l'explication de Guillaume Budée *Annotat. reliquis in pandect. verbo fur. Jacob. Curtrie, sup. Instit. Theophil. lib.* 4. *Tit.* 1. *de obligat. quæ ex delicto nascuntur.*

Quant au mot *grassator*, Budée & Ragueau aux endroits citez, la Coutume d'Anjou art. 44. celle du Maine art. 51. *l. capitalium* §. *grassator.* ff. *de pœnis*, il est quasi synonime de celui de *latro* ; mais il est plus emphatique, & emporte quelque chose au dessus ; comme de dire en François, brigand, pandard, vaurien, grand voleur, filoux, gueteur de chemin, & dans quelques Coutumes écherpilleur, suivant François Ragueau en son Indice des droits Royaux *in verbo* écherpillerie.

Par toutes les dénominations cy-devant, on peut connoître en partie ce que c'est que larcin, la gravité & énormité de toutes ces diverses sortes : mais pour plus d'éclaircissement, je vais définir le larcin comme genre, & le diviser & separer en especes, dont je me suis proposé de faire des Titres separez cy-après, avec la maniere & l'ordre que j'ay à tenir pour les traiter en bref : j'approfondirai cette matiere le plus que je pourrai, & commencerai par la définition.

Suivant le droit Civil aux Instituts *lib.* 4. *Tit.* 1. *furtum*, c'est prendre par fraude une chose à celui auquel elle appartient, *lucrandi gratia.* Il faut remarquer sur cela que le droit Canon *quæst.* 14. 5. *c. dixit dominus* §. 2. & le droit Divin vont plus avant que nôtre définition ; car le larcin y est pris largement pour toute usurpation, & que par la seule volonté on le peut commettre, suivant *Annot. Julius Clarus, sup.* §. *furtum num.* 1. *Summa Sylvester, in Tit. de furt. in princip. l.* 1. ff. *de furtis, versic. soli cogitatio.* Le Brun en son procès civil & criminel, &c. partant le crime *furtum* ne tombe point entre les cas

fortuits ; car il ne peut être commis sans une precedente délibération, & une meu-
re reflexion meditée.

<table>
<tr><td>

Virgile 3. Æneid.
Elian liv. 6. chap. 13.
Horace a dit.

</td><td>

Le detestable amour du plus beau des métaux,
Combien inspire-t-il de crimes & de maux.
O cives cives quærenda pecunia primum est ,
          Virtus post nummos.

</td></tr>
</table>

Le larcin se peut diviser en plusieurs & differentes manieres , que je diviserai
en cinq. 1. Le fur manifeste, & le non manifeste. 2. *Le furtum dicitur ma-*
gnum , vel mediocre; pour le regard de l'un ou de l'autre , la peine doit être imposée selon la qualité du fait & des personnes. 3. Le *fur* simple & le composé ;
le simple est sans mélange d'autre crime ; le composé est celui qui est joint avec
un autre crime , comme seroit le vol avec le meurtre ; le sacrilege joint à l'homicide. 4. Celui qui se commet dans toutes les especes expliquées par les dix-neuf
paragraphes *du liv.* 4. Titre 1. des Instituts , où je renvoye , afin de ne point fa-
tiguer mes Lecteurs en repetitions ennuyeuses. J'observe néanmoins sur cette
division, que toutes ces actions ne sont point des genres de larcin , ny des choses
qui lui soient inherentes ; mais ce sont plutôt certaines especes , *quæ furto jam*
commisso accidunt. Il faut aussi remarquer que ces actions se peuvent convertir
en accusation , si le préteur a autorisé cette recherche , ce qui se verra bien mieux
dans les Maximes. . maniere, Il y a des larcins mechans , & d'autres plus que
méchans & cruels , laquelle gradation fait assez voir qu'il y en a plusieurs & divers qui sont plus ou moins noirs & énormes , & par consequent la peine doit
être proportionnée plus ou moins grande selon l'exigence du cas , du vol , des
personnes qui le font , & à qui il est fait , du lieu , dans une maison privée , dans
une Eglise , au Louvre , ou chez un Prince , de jour ou de nuit , & autres circonstances , & non pas suivant les sentimens des Stoïciens , rapportez par M. Jean
Coras dans ses résolutions de droit chap. 20. qui font tous les pechez égaux ; &
selon les Loix de Draco , qui condamnoit à mort pour toutes sortes de crimes ;
de maniere que celui qui avoit pris un oignon , ou une botte de raves par lui dé-
robez , étoit de même puni que s'il eut volé sur le grand chemin , & commis un
sacrilege ou un homicide : ce qui a fait qu'Horace s'en railloit par ses beaux vers.
1. *sermo Satyr.* 3. suivant Theophile aux Instituts au §. 6. *lib.* 4. *Tit.* 1. L'on
commet un vol, non seulement lors qu'on emporte une chose pour se l'approprier ;
mais generalement lors qu'elle est prise malgré celui qui en est le maître ; qu'un
dépositaire se sert d'un dépôt , & un créancier qui se sert du gage qu'il a en nan-
tissement de son dû ; se servir d'une chose à autre usage qu'elle étoit destinée ,
comme si l'on a emprunté un cheval pour se promener de Paris à S. Denis , on
va jusques à Bruxelles , *quod veteres scripserunt de eo qui in aciem equum per-*
duxisset , & autres especes expliquées dans le Titre des Instituts , où je renvoye.
Le larcin est si connu qu'il en est parlé par tous les Docteurs sacrez & les prophanes , & par exprès dans l'ancien & le nouveau Testament *lib.* 6. *cod. Tit.* 2.
lib. 9 *Tit.* 39. *lib.* 47. *Tit.* 2 ff. *Instituts lib.* 4. *Tit.* 1. *&* 18. toutes sortes de
nations l'ont puni , les uns plus , les autres moins , comme l'a très-bien remarqué *Alexander ab Alexandro Genialium dier. lib.* 6. *cap.* 10. *Aristot. Rhetor.*

lib. 2. *Ciceron pro Milone divi Augufti contra Epiftol. parm. cap.* 7. *Ange-*
lus Aretin. in materia furti & rapin. fol. 120. *column.* 3. Partant comme c'eſt
un crime entouré de tous côtez de mechancetez & de malices *omnis enim fur*
malignus eſt, pour cette raiſon on ne ſçauroit le punir injuſtement ou pour
mieux dire avec le grand Evêque d'Afrique, on ne pourroit le punir aſſez
& la peine de la Loy ſemble même être trop douce, ſuivant les Auteurs que
j'ay raportez. *Lex tua meditatio mea eſt.* Pſalm. 118. ⅴ. 77.

Après cela il me reſte à écrire l'ordre que je me ſuis proposé pour en traiter,
pour cet effet dans le corps de ce Titre, j'y mettrai toutes les Maximes dont
mon eſprit pourra être capable de s'aviſer ſur le ſujet du larcin en general, ou
plûtôt comme genre, ſoit pour la peine qui lui eſt proportionnée, ſoit enfin
pour tout ce qui peut être afferant. S. Auguſtin ne croit pas qu'on puiſſe tuer
un Voleur défendant ſon bien. S. Jerôme ſur le premier chapitre du Prophere
Sophonias, dit qu'on obligeoit les voleurs de les battre & de les eſtropier.

Enſuite je ferai des Titres à part des eſpeces ſuivantes, que j'ay choiſies &
trayées parmy le grand nombre qui ſe preſentoient en foule à mon imagination, faiſant réflexion ſur la foibleſſe humaine & la malice dont l'eſprit
de l'homme eſt capable. Je les traiterai par ordre alphabetique, par la lettre
qui commence par le mot, & non pas par gradation en remontant des moindres
aux plus énormes, comme j'ay ci-devant fait des eſpeces des autres genres,
par la raiſon que l'énormité des eſpeces de ce genre ici, n'eſt pas plus confiderable les uns que les autres, joint que par leur ſon & leur prononciation,
elles ſemblent demander devoir être traitées de la ſorte, & la ſuite & la liaiſon
en ſera trouvée plus belle & plus facile & commode. Ces eſpeces dont je ferai
Titre à part de chacunes d'icelles, ſont, l'abigeat ou vol de beſtiaux, la concuſſion, l'expilation d'une ſucceſſion : les jeux & berlans par les raiſons que
je dirai chacune en ſon lieu, le peculat, le plagiaire, le ſacrilege, ſtellionnat,
terme ôté ou tranſplantation de bornes, l'uſure, c'eſt une queſtion jugée diffe-
remment par pluſieurs Arreſts, de ſçavoir ſi un hoſtelier eſt tenu du vol fait
à ſes hoſtes en ſa maiſon. Papon liv. 23. Tit. 6. Arreſt 4. liv. 24. Tit. 8. Arreſt
7. Chenu Centurie 1. *quæſt.* 100. Barnabé le Veſt, Arreſt 172. Demontholon
Arreſt 15. Bardet tome 2. liv. 8. chap. 21. Joyet en ſa Biblioteque, *in verbo*,
dépoſt, hoſte. Arreſt du Conſeil Privé en 1696. au profit de du Sauſoy, Maître
des Caroſſes d'Auvergne, & de Satin, Hoſtelier du Dauphin à Eſſonne, qui
débouta le ſieur Viau de la Garde, Procureur du Roy à S. Pierre le Moutier,
de ſa demande de 6000. liv. à lui pris dans ſa valiſe, la nuit étant couché dans
l'Hôtellerie de Satin à Eſſonne : l'on condamna par corps la Verdure, Cocher,
à payer ; l'on déchargea du Sauloy ſon Maître, garant civilement de ſon
Cocher de les rendre ſur ce que ſon Regiſtre n'en étoit point chargé : ce fût
la ſeule conſideration qui détermina le Conſeil : ainſi Viau perdit ſon argent
& ſon procès à quelque choſe près que l'on trouva dans la paille ſous l'auge
des chevaux. Voyez Bardet tome 2. liv. 6. chap. 3. & 25. Domat liv. 1. des
Loix Civiles Tit. 16. ſection 1. des engagemens des Hoſteliers.

La Juſtice & les Loix gardent le ſilence dans les troubles. L'Empereur dit
au Titre 1. §. 3. de ſes Inſtituts, que la fin de la Juſtice eſt de rendre & de
conſerver à chacun ce qui lui appartient. *Juſtitia in ſe virtutes continet em-*

Ggg iij

nes, difent les Philofophes. Le Juge ne donne point le droit en une chofe, il eclare fimplement à qui elle appartient, parce que celui qui a le droit en la chofe qu'on lui refufe, ne peut la retirer fans jugement : les Jurifconfultes difent qu'un Arreft ou une Sentence ne font point attributifs d'un droit, mais feulement déclaratifs de celui à qui il appartient, ainfi ils ne font que le confirmer dans la chofe fans lui donner rien de nouveau. Je puis dire que le 3. §. des Inftituts duquel je parle *fuum cuique tribuere*, eft pris de l'Epitre Saint Paul aux Romains 13. ⅴ. 7. ce qui en prouve la juftice & l'équité, furquoi les Loix font fondées fuivant Domat en fon Traité des Loix Civiles.

Au livre 1. Titre 11. Max. 18. au milieu j'ay fait voir qu'il ne fe fait point de Loy pour un particulier *& Legibus non exemplis udicandum eft. L. nemo Judex Cod. 13. de fententiis & interlocutoriis.* La Jufticeprife largement eft une vertu qui renferme toutes les actions humaines d'équité & toutes les vertus fuivant le dire des Philofophes que je reporte, *Juftitia in fe virtutes continet omnes.*

I. Max. La peine du larcin eft fouvent diverfe, à caufe des differentes efpeces d'icelui, c'eft pour cela qu'on ne la fçauroit précifement établir, & qu'il eft vrai de dire qu'elle eft ordinaire & extraordinaire, cette derniere peine pour les fimples & mediocres larcins fans aucuns mélanges de circonftances aggravantes, pour raifon defquels on condamne les larrons ou en fimples amendes, ou au pillory, tantôt au foüet & le délinquant marqué & flétry d'une fleur de lys à l'épaule ou au front, comme on marquoit les déferteurs, leur coupant le bout du nez & des oreilles ; anciennement on coupoit les oreilles, fuivant Expilly Plaidoyer 25. *num.* 29. & 30. tantôt on les condamne au banniffement, d'autres aux galeres felon l'âge, l'état du coupable, le pays ; quant aux grands, doubles, fameux, domeftiques & reïterez larcins, la peine eft ordinaire de la mort, établie non feulement par les Loix, mais par exprès dans nos Ordonnances Royaux, Coûtumes & Arrefts des Cours Souveraines, comme l'on verra dans les Maximes fuivantes, pour le regard de quelques crimes que je particulariferai à cet effet : cependant je conclurai avec les Auteurs que je vais citer, que tous larrons ne doivent pas être punis également. Bugnion aux Loix abrogées liv. 3. *Syntag.* 31. liv. 2. fect. 226. *Julius Clarus, & ejus annot. in §. furt. Bellovifu in rubric. de furtis & alii Autores,* Code des décifions Forenfes liv. 9. Tit. 17. decifion 5. *L. capitalium §. formofis ff. de pœnis & ibi multa authorit,* Bordeaux Coutume art. 107. & autres rapportez à la Maxime fuivante. Tours, rapporte par R. Choppin, avant propos de la Coûtume d'Anjou, *fol.* 9

I I. Max. Ceux-là qui feront deuëment atteints & convaincus par Juges competans d'avoir par aggreffions & infidiations, pillé, vollé, attaqué, & détrouffé de nuit les allans & venans, foit dans Paris, foit à la campagne ou dans les chemins, bois & autres endroits : comme auffi ceux qui feront le femblable dans les Villes, guettans & épians de nuit les paffans, allans, & venans par les ruës d'icelles, & qui entreront au dedans des maifons, icelles forceront, crocheteront, efcaladeront les fenêtres, & voleront, feront punis, ainfi que portent les Ordonnances rapportées par Papon livre 23. Arrefts Titre fixiéme Imbert livre 3. chapitre 22. *num.* 16. d'avoir les bras & cuiffes rompus & brifez en deux divers endroits, tant en haut qu'en bas, avec les reins &

les jambes & mis fur une rouë le vifage tourné vers le Ciel, où ils feront & demeureront vivant tant qu'il plaira à Dieu, & étans morts, y refteront le tems porté par l'Arreft ou jugement de condamnation. Cette derniere rigneur ne s'ordonne que dans les crimes attroces, parce qu'on en a vûë fur la rouë de défefperez & perdre leur ame, l'on ordonne d'ordinaire qu'ils feront étranglez. Les Ordonnances font de François I. à Paris en 1534. en Janvier. Le Code Henry Tit. 11. des crimes : les Coûtumes de Bretagne Tit. 25. Nivernois ch. 1. art. 8. Labourt, Tit. 9. art. 1. Sole, Tit. 35. art. 3. Lodunois chap. 39. art. 6. & autres. Papon liv. 24. Tit. 10. eft à voir. Par le droit les voleurs & larrons pouvoient dépofer ce qu'ils avoient volé ou dérobé pour être confervé & rendu au maître *fi prado, vel fur depofuerint, & hos Marcellus libro fexto digeftorum, putat reclè depofiti aëturos, nam intereft eorum eo quod teneantur lib. 1. §. 39. ff. de pœnis.*

III. Max. Il eft deffendu à toutes fortes de perfonnes de quelque état, qualité & condition qu'elles foient d'aller par les Villes, Bourgs, Citez, Villages & Hameaux, Chemins, Bois & autres Lieux, foient feuls ou en compagnie étans armez, mafquez & déguifez, fous quelque caufe & prétexte que ce foit, fur peine de confifcation de corps & de biens : il eft aufli deffendu à toutes perfonnes de recevoir, loger, ni receler, telles manieres de gens fur les mêmes peines, comme étans complices, fauteurs & adherans. Les Ordonnances font rapportées par Jean Imbert liv. 3. chap. 22. *num.* 9. & 11. Code Henry Tit. 14. des crimes. Mofnier *num.* 2. au mots, furt. & larron, qui traite pareillement de larcin commis feul, & lorfqu'il eft multiplié les coupables font fouettez ; l'oreille coupée & la mort felon les cas : & diftinguer ceux qui ont été déja repris de Juftice ayant la fleur de lys à l'épaule ou ont été aux galeres, qui font des monitions & avertiffemens que la recidive au premier crime, auroit trait à la guerifon de tous maux de la main, *de mortis exactor.* Lifez l'Hiftoire des larrons de Sorel imprimée en 1636.

IV. Max. Le vol de nuit, il eft permis de tuer le voleur, fi l'on ne peut faire autrement, en ce cas après avoir crié plufieurs fois au guet, au voleur, un Maître trouvant le voleur rompant la porte de fon logis, perçant le mur, ou en efcaladant les fenêtres, ou étant dedans caflant les ferrures, ou en autre état de voleur, le Maître fans aucune crainte, ni courir le danger d'être repris en Juftice, peut tuer le larron : le voleur domeftique eft ordinairement condamné à être pendu pour le premier vol fait étant confiderable avec rupture & effraction. La Coûtume de Bordeaux & autres y font précifes : à Paris fi le domeftique eft jeune, le vol modique & commis fans effraction, l'on a de coutume de condamner au foüet & à la fleur de lys & quelquefois aux galeres, ainfi que j'ay veu juger plufieurs fois. Les larrons & coupeurs de bourfes dans le Louvre, font pendus : il y en a une Déclaration expreffe verifiée : fi c'eft dans le Palais où fe rend la Juftice, anciennement ils étoient pendus, *locus enim Sacer eft*, à prefent on fe contente de leur faire donner le foüet, la fleur de lys & bannis, c'eft la plus commune & ordinaire punition que j'aye veu faire : *L. itaque* ff. *ad L. Aquiliam Cod. cap.* 22. Bohier eu fa queftion 173. & 316. *Menochius lib.* 1. *Cent.* 3. *cap.* 399. *num.* 5. Mofnier, *Julius Clarus & ejus Annotat. l.* 4. *& lib.* 5. *Cod. ad l. Corneliam de ficariis.* Bugnion des Loix abre.

Syntag. 31. liv. 3. Bouchel *in voce* larcin, Moſnier, *Joannnes Faber* §. *alia autem Inſtitut.* 4. *lib. Tit.* 18. *de publicis judiciis.* Arreſt du 13. Septembre 1532. la Rocheflavin *lit. l. idem in voce* larron, Tit. 2. art. 1. 2. *Inſt. lib.* 1. *de Juſtitia & Jure.* Papon en ſes Arreſts liv. 23. Tit. 6. Maſuer Tit. 37. des peines, & tout le Titre 25. de la Coutume de Bretagne *ſupr.* liv. 1. Tit. 8. Maxime 32. Pierre Peckius, Conſeiller au Conſeil de Malines. Exode chap. 22.

V. Max. Celui qui prend les biens & uſtanciles délaiſſez aux champs par les laboureurs, ſuivant l'art. 630. de la Coûtume de Bretagne, eſt puni comme Larron, Pour poſer ici une peine équitable, il eſt plus certain, ſuivant la Coûtume de Lodunois, chap. 39. §. 13. & Duret en ſes Alliances des Coûtumes de France, §. 42. d'aſſeoir une peine corporelle, dautant que toutes les choſes priſes aux champs, comme, charuë, ſoc, coûtre, harnois, herſe, draps au lavoir, linge au ſoleil pour ſécher, & autres choſes étant hors des maiſons, comme ſont les toiles ſur les prez au blanchiſſage aux Gobelins, à Laval, à Troyes, à Senlis, à Garges, &c. ils ſont à la verité ſous la garde publique & protection de la Juſtice; & c'eſt par cette raiſon que la peine doit être corporelle, mais non pas juſques à la mort, attendu la modicité du vol; cependant j'ay veu une * * plantée à Pas en Artois, par jugement du Conſeil qui y eſt Souverain en Matiere Criminelle, & au Civil, eſt comme les Préſidiaux, dont l'appel reſſorty au Parlement de Paris, au ſujet d'un homme qui avoit pris un cheval qui étoit au pâturage dans un pré étant ſous la foy publique, il fut élargi des priſons à la caution de * * qui ne les garde d'ordinaire qu'un après diné, *mortis exactor, dolus an virtus quis in hoſte requirat.* Louis Guyon, tome 3. liv. 3. chap. 26. Nicolas Everard de Middelbourg en Zelandes, Préſident au Conſeil de Malines, en ſes réponſes de Droit. Lucien fait Mercure le patron des larrons, & Horace fait Laverna, leur Déeſſe.

V I. Max. Celui qui fait de fauſſes clefs pour entrer & ouvrir une maiſon, une chambre, un cabinet, un coffre, une armoire, commet fauſſeté, larcin & violence, c'eſt de ces clefs dont parle Ovide *lib.* 3. *de arte amandi.* Expilli Plaidoyer 26. pour cette raiſon d'Ovide, tels voleurs & malfaiteurs, *capite puniendi ſunt.* M. Expilli apprendra plus au long de belles choſes, & Ovide *nomine cum doceat quid agatur adultera clavis.* Le Serrurier qui les fabrique eſt auſſi criminel que le voleur, & eſt plus rudement puni, *ſuprà* liv. 1. Tit. 11. Maxime 23.

V I I. Max. J'ay fait voir dans l'explication du Titre que ceux qui conſentent ou participent au larcin, ſont punis de la même peine que les larrons; il en eſt de même de ceux qui les retirent & logent, ſçachant qu'ils ſont larrons. Imbert liv. 3. chap. 22. *num.* 9. que ſi l'hôte Tavernier, ou Cabaretier ne fait ſortir de chez lui le larron qu'il connoît pour tel, & que tacitement il le reçoit & aquieſce, il doit être pendu comme larron, encore qu'il n'ait aucune part au larcin déja fait, ny qu'il n'eſpere pas de participer à celui qui ſe doit faire, mais comme étant receleur; cela n'eſt pas toujours ſuivi à la rigueur. *Non enim par eſt eorum delictum, & eorum qui nihil ad ſe pertinentes latrones recipiunt l.* 1. *& 2. cod. de receptatoribus.* Moſnier *in voce furt,* ou larron *num.* 3. *l.* 3. §. *non tantum.* ff. *incend. ruin. naufra. l.* 1. *cod. qui latron. occultan.* Joachin du Chalard, ſur l'article 102. de l'Ordonnance d'Orleans *l. ultim.* ff. *de receptatoribus.* En 1700. * * * qui recevoient des voleurs qui voloient les Curez de campagne, les partages ſe faiſant chez eux, furent punis.   VIII. Max.

VIII. Max. La banqueroute eſt une autre eſpece de vol, dont j'ay parlé page 529. du nouveau Traité des Criées. Imbert liv. 3. chap. 22. *num.* 26. auſſi eſt-il ordonné par les Edits, & le dernier du mois de Mars 1673. qu'il ſera procedé extraordinairement contre les banqueroutiers, ſur les abus & fraudes par eux commis, leurs facteurs, proxenetes & entremeteurs, leur maniere de vivre & actes precedens & ſubſequens, leur faillite, & ſeront punis exemplairement par la mort, amande honorable, punition corporelle, pilori, au carcan, banniſſement, Galeres ou autrement, ſelon les circonſtances à l'arbitrage des Juges. Leſſius lib. 2. *de juſtitia* cap. 12. dub. 12. *num.* 71. liv. 1. Titre 22. Max. 5. *infrà* Tit. 28. Max. 3. d'ordinaire ce ſont des vols de *nicticorax*, qu'ils font pendant la nuit.

IX. Max. En complicité de vol, la fuite de quelqu'uns des complices fait indice contre les autres qui reſtent, ſuivant Alexandre, Conſeil 65. tome 1. *Grammatic. conſil.* 14. *num.* 4. *l. Sancim.* ff. *de teſtament.* En matiere de vol, fauſſe monnoye, ſuivant Jean Imbert liv. 3. chap. 22. *num.* 12. *Grammat. Conſil.* 38. *num.* 4. Aymon ſur la Coutume d'Auvergne chap. 8. art. 5. & autres crimes ſemblables. Un complice qui convient du fait, c'eſt indice contre ſon coaccuſé, quand on voit leur aſſociation pour commettre le crime. Il eſt deffendu, ſuivant le Preſident de la Rocheflavin lettre C. Tit. 33. art. 1. à toutes ſortes de perſonnes de retenir & reſſerrer aucun coffre ny caſſette à un ſerviteur ny ſervante, ſans le ſçû & la participation des maîtres, Imbert liv. 3. chap. 22. *num.* 9. car c'eſt receler les vols qu'ils feroient, & les exciter à en faire voyant qu'ils peuvent les cacher hors de leur demeure ayant un lieu de ſureté.

X. Max. Suivant les Inſtituts *lib.* 4. *Tit.* 2. *de vi bonorum rapt.* & *Grammat. Conſil.* 50. *num.* 5. il y a de belles circonſtances à obſerver ſur les vols domeſtiques, & ſuivant *Jacobus de Belloviſu in rubric. de furtis num.* 24. il ne faut pas interpreter ſi largement cela. En France, les voyes de fait ſont reprouvées, joint que cela donneroit ſouvent lieu à pluſieurs domeſtiques de leur couvrir du prétexte de leurs bons ſervices pour voler leur maître, comme fit le pauvre * * * * dont l'hiſtoire eſt ſi bien rapportée. J'eſtime toutefois que le ſerviteur en doit être moins puni, & par exprès s'il a cette précaution d'avertir ſur le champ ſon maître de ce qu'il a pris; car pour lors il ne peut être puni de vol, mais de la voye de fait. *Alias ſi inſcio domino reticuit res ſubtractas temporis quodam ſpatio.*

XI. Max. Le Juge peut permettre de faire recherche en la maiſon du ſoupçonné d'avoir dérobé la choſe demandée, où il peut ſe tranſporter lui-même, pourveu qu'il en ſoit requis par la partie : mais il ne le doit permettre, ny ordonner qu'avec prudence, & faire une information precedente s'il ſe peut & doit faire. Arreſt de Reglement à l'Audience de la Tournelle, du Samedi 9. Juillet 1712. qui fait des deffenſes aux Commiſſaires du Châtelet, d'aller dans les maiſons ſans en être requis, ou porteurs d'une ordonnance du Juge qui le permet, que l'Arreſt ſera publié intervenu entre * *. Monſieur Chauvelin, Avocat General, prononcé par Monſieur le Preſident d'Aligre, aſſiſté de Meſſieurs de la Moignon, Portail & Amelot Preſidens, & dix-ſept Conſeillers, à cauſe des accidens qui s'en peuvent ſuivre : auſſi ne pratique-t-on pas aujourd'hui cette ancienne formule & uſage preſcrit dans les Inſtituts de Juſtinien *lib.* 4. *Tit.* 1. §. 4. *conceptum*, ſuivant Theophile ſur ce paragraphe. *Julius Clarus* §. *furtum.* Papon liv. 23. Tit. 6. Boherius, deciſion 174. *num.* 5. Bugnion liv 3. Syntag. 11. &c.

II. Part. H h h

XII. Max. Si les Lecteurs veulent voir de belles circonstances touchant la restitution du larcin, il faut lire *Annot. Julius Clarus, sup. §. furtum num. 31. Angelus in Mater. malefic. Baldus in l. quod evitandi in fin. cod. de cond. ob turpem causam. Bossius in Tit. de furt. Craveta, consil. 53. num. 3. Baldus & Salycet. in l. furtum. cod. de furtis*, & sur le tout voir le premier livre *supr*, les regles du Titre 27. des Sentences, Jugemens & Arrests, Maxime 40. Il est de plus remarquable sur cette restitution. *Grammat. consil. 17. num. 2. Cas. 32.* si le larcin est constant des biens, qui ne paroît point de la quantité ny de la qualité de la chose volée, il en faut croire le volé à son serment ou *arbitrio boni viri.* Le larcin & le dol empêchent le privilege du benefice de la cession de biens, dont parle la Coutume de Bretagne art. 116. 681. & autres Coutumes, & le nouveau Traité des Criées page 527. Carondas en ses réponses liv. 4. réponse 6. *l. non fraudantur 134. §. nemo. ff. de regulis Juris. l. 2. & 3. cod. si num. & major dixer. dolus nemini debet patrocinari, suprà* Max. 2. & R. Choppin *de Domanio Franciæ lib. 3. Tit. 14. num. 3.*

XIII. Max. Jean Papon livre 23. Titre 6. a traité des larcins domestiques & des autres cas. Anciennement on marquoit au front les larrons d'un fer chaux, où étoit gravé le mot *fur*, ce qui causoit qu'on nommoit celui qui étoit puni en Justice pour larcin, *homo trium litterarum*, parce que le mot de *fur* a trois lettres.

Dans le droit, les larrons & voleurs pouvoient déposer ce qu'ils avoient volé, afin d'être conservé & rendu à celui qui en étoit le maître. *Si prædo vel fur depo-suerint, & hos Marcellus, libro sexto digestorum, putat recte depositi acturos, nam interest eorum eo quod teneantur l. 1. §. 39. ff. de pœnis, suprà* Max. 2.

En France le voleur n'est pas quitte pour rendre ce qu'il a volé, il est puni.

Laurent Bouchel liv. 4. chap. 82. rapporte un Arrest de la Cour des Aydes, du 8. May 1627. qui enregistre l'Edit attributif à titre hereditaire de la faculté de tenir Hôtelleries, Tavernes, Cabarets, & Marchands de vin en gros. Il y a aussi eu un Edit en 1694. portant permission & le pouvoir de tenir Auberges, moyennant les taxes arrêtées au Conseil; ce que je remarque à cause de ce que j'ay dit au commencement de l'argument de ce Titre 23. *suprà.*

René Choppin dans son Commentaire sur la Coutume de Paris *lib. 2. Tit. 8. num. 12. & lib. 3. Tit. 3. num. 11.* a traité des privileges des Hôteliers, sur les chevaux & marchandises pour la dépense faite en leurs Hôtelleries: l'action est déniée aux Taverniers & Cabaretiers pour la dépense faite en leur maison, par les Ordonnances, à quoi est conforme la Coutume de Paris art. 128.*

Le même Choppin dans sa Preface sur la Coutume d'Anjou, à l'endroit où il traite des principales regles des autres Coutumes, part. 1. *quæst. 4. num. 4.* rapporte un Arrest, par lequel fut aboli à Tours une Coutume introduite contre un domestique qui étoit convaincu d'avoir pris un coq, ou une poule, ou un pot de vin, qui le condamnoit à perdre un membre, ce qui étoit trop cruel. Il fut deffendu par le Roy par Arrest donné au Parlement, de l'Octave de la Chandeleur 1265. regnant S. Louis.

Je ne parle pas des vols domestiques de ces sortes de gens qui s'introduisent dans les grandes maisons en qualité de Maitres d'Hôtel, rencontrant des Apicius pour dépenser ou sous le nom d'Intendans, étant aussi gueux que Codrus, lorsqu'ils y entrent, & qui étant chargez des dépoüilles, ils n'en fortent que par les brèches & les ruines qu'ils y ont faites pour s'enrichir, ce qui faifoit dire à Juvenal en fa Satyre 3. ⅟. 72.

Vifcera magnarum domuum, dominique futuri,
Ingenium velox, audacia perdita.

Voici un échantillon de nouvelle efpece d'un qui avoit eu le fecret en vingt-ans de ramaffer cent mille écus enfemble, avec un caroffe, une maifon & les meubles des plus propres de Paris, qu'on alloit voir par curiofité & qu'il montroit par oftentation. *Vias pecunia norunt . & omnia pecunia caufa faciunt,* Ciceron. & par fa conduite eft retombé dans fon premier état.

Le nommé Jean Lavor, qui s'honoroit de titres * * par fon imprudence & fes intrigues, parvint à la qualité d'être Agent, Solliciteur, ou Intendant des maifons & affaires de la Dame Comteffe de * * de la Demoifelle * * fœur de Madame * *, & auffi de la Demoifelle * *, vers l'année 1678. Il fit de merveilleux progrez par les défordres & la confufion qu'il mit dans les affaires de fes perfonnes, qui allerent très-mal, en faifant bien les fiennes : ce qui fit ouvrir les yeux de l'efprit à fes Dames & à leurs amis, qui les porterent à faire affigner * * au Châtelet de Paris, pour leur rendre compte de leurs biens & revenus. Ce fut une action civile, qui fut bien-tôt après changée en action criminelle, ayant découvert les dépredations qu'il faifoit de leurs biens, s'en rendant le maître, leur extorquant des actes par la confiance aveuglée qu'elles avoient en lui, pour mieux réüffir en fes deffeins de s'approprier tous les biens de ces Dames, dont il les avoit dépoüillées.

Elles rendirent plainte contre * * * * de fes malverfations, qui fut fuivie d'une information & d'un decret. L'affaire dura trois années entieres au Châtelet ; il y eut infcription en faux, & des Lettres de refcifion obtenuës contre divers actes furpris. * * par fes fuites & fubterfuges, ayant creufé dans tous les replis de la chicanne, mit tout en ufage ; enfin il falut finir, intervint Sentence diffinitive au Rapport de M. de Brilleux, Confeiller, le 12. Mars 1706. dont voici l'extrait : par laquelle * * eft déclaré duëment atteint & convaincu, d'avoir abufé par dol & fraude de la confiance de fa fonction . . . . avoit fait prendre en lui, les actes, les contrats, & les quitances dont il s'étoit fervi pour fe dire Seigneur de. . . . ont été déclarez nuls, comme frauduleufement furpris & extorquez : on le condamne à remettre à la Demoifelle * * fon teftament, & tous fes titres & papiers : on fait rentrer les créanciers de la Demoifelle * * dans leurs droits fur les biens de fa fucceffion, fans avoir égard aux tranfports mis par * fous des noms interpofez : * eft auffi déclaré duëment atteint & convaincu d'avoir furpris & exigé du Greffier de la Juftice de. . . . deux mains de papier marqué de la Generalité de. . . . en blanc, avec la fignature de ce Greffier Notaire, au bas des feüilles & pages : on le condamne au banniffement pour neuf années de la Ville, Prévôté & Vicomté de Paris, en fix mil livres de réparation civille, aux dommages & interêts, & en tous les dépens.

* * qui étoit à la porte de la Chambre lorfqu'on jugeoit * s'évada, il fe cache quelque tems, interjette appel de la Sentence, trois Arrefts contre lui, faute de fe

mettre en état ; forcé par les regles , il se rend dans la Conciergeiie du Palais, écroüé le lendemain de la Trinité 31. May 1706. & le procès diftribué à M. * Confeiller. Pendant deux années * a mis en ufage tout ce qu'il fçavoit de tours de Palais , a fait naître nombre d'incidens , & fait plus de trente productions nouvelles de pieces fort inutiles pour fe juftifier. La Demoifelle * âgée de qua-tre-vingt quatre ans eft décédée, Meffire * repiit le procès en qualité de lega-taire univerfel, & executeur du teftament de la Demoifelle *, & M. Aucar étant devenu malade, l'accufé en chargea un autre pour le deffendre. M. le Procureur General interjeta appel *à minima* de la Sentence, concluant outre ce qu'elle portoit à ce que * feroit amande honorable feche: c'eft-à-dire, àdemander pardon nuë tête & à genoux à la Chambre. Meffieurs * s'abftinrent d'en connoître, étant pa-rens du legataire univerfel M. de la Moignon préfidoit, affifté de M. Portail, Préfi-dent, & de dix-fept Confeillers. Tout vû & examiné l'affaire pendant douze séan-ces, enfuite * ayant un manteau noir, & un rabat, monta & fut interrogé fur la fcellette, depuis huit heures du matin jufques à midi & demi , le Mercredy 28. Mars 1708. qu'il fut oüi.

Le lendemain Jeudi 29. Mars 1708. Meffieurs ayant été quatre heures aux opinions : Arreft intervint, par lequel la Cour déclare les ventes, tous les con-trats, actes, quittances, obligations , & tranfports faits & paffez au profit de * & fous noms interpofez, nuls & de nul effet , le condamne en trois mil li-vres de réparation civile, aux dommages, interêts & en tous les dépens du pro-cès. Ayant égard à l'appel *à minima* de M. le Procureur General : ordonne que * comparoîtra à la Chambre nuë tête & à genoux , & demandera pardon: ce fait, eft banni pour neuf années de la Ville, Prévôté & Vicomté de Paris : à lui enjoint de garder fon ban fur les peines portées par l'Ordonnance du 31. May 1682. qui ordonne la peine des Galeres contre ceux qui ne garderont pas leur ban.

Le Jeudy 19. Avril 1708. à huit heures du matin * comparu en la Chambre de la Tournelle, ou étant nuë tête & à genoux , demanda pardon au defir de l'Ar-reft , & reftant prifonnier à la Conciergerie pour les dommages & interêts , il y mourut fubitement , en tombant de fon haut roide mort en Decembre 1708.

Le larcin & le menfonge font proches parens ; la nature en produit les femen-ces & l'art leur donne la perfection. Horace fait *Laverna* la Déeffe des larrons, & Mercure leur Dieu: c'étoient les deux Divinitez que les larrons adoroient à Ro-me. Il y a un proverbe en l'Ifle de.... que fi un * n'a rien pris pendant fa vie , il doit venir après fa mort pour le faire ; c'eft pour marquer l'inclination & le pen-chant à ce vice...... eft la Ville capitale de cette Ifle , où * né à Cordoüë, fut banni par l'Empereur Claudius ; ce fut où il compofa la plûpart de fes œuvres, pendant fon exil : il eut de grandes conferences avec * à la Cour de Neron, qui les fit tous deux mourir. *Vide* la Cour Sainte du Pere Talon , parlant des hom-mes de Dieu , volume dernier. La raifon pourquoi il fe trouve plufieurs filoux & coupeurs de bourfes qui fuivent les Foires & Marchez, c'eft qu'en plufieurs Villes & Bourgs les Halles couvertes fervent à garantir de la pluye & du Soleil, au deffus eft le Siege de la Juftice. Jean Imbert liv. 3. chap. 21. *num. 9. Ibi fas, ubi ma-xima merces , qui numerat vincit , quæfitum jus dives habet , quod volo justi-tia eft.* Plaute, nomme *furinum forum,* le lieu d'affemblée des filoux & des cou-peurs de bourfes & des bâteleurs , qui étoient de fon tems. Voyez le fieur de la Martiniere, en son Traité de laConnétablie partie 3. chapitre dernier fol. 987. des assassinats préméditez, vols de grands chemins, incendies, séditions, larcins, &c.

TITRE XXIV.

De l'Abigeat.

EXPLICATION DE CE MOT.

LAurentius Valla, Elegantiar. lib. 6. cap. 16. Jean Imbert liv. 3. chap. 22. tour à la fin. Molnier *in voce* Abigeat, le Brun en son procès civil & criminel. Bellovisu, Alciat & autres Auteurs, disent que l'abigeat est une des especes du Latin, appellé *abigeatus*, & ceux qui le commettent *ab actores aut abigei.* Le mot abigeat vient du verbe *abigo*, lequel a une double signification, *namque abigere, est à loco fugare, atque expellere* : ainsi l'abigeat ne dénote autre chose sinon que c'est chasser les bêtes qui nous font dommage dans nos prez, nos champs, nos vignes, & autres possessions ; mais cette signification ne convient pas à nôtre Titre, ainsi je n'en parleray pas. Il est vray qu'on appelle improprement abigeats, ou abacteurs, ceux qui dérobent bœufs, vaches, brebis, cochons, chevres, chevaux, ânes & autres sans troupe, & dans des lieux séparez & écartez à paître. Il y en a quelqu'uns qui distinguent l'abigeat du larcin, par le lieu ; les autres par le nombre. Ulpien, dit que si on a dérobé une bête dans une étable, c'est abigeat ; mais je m'arrête à l'opinion de *Bellovisu, in rubric. de furt. num. 45.* fondée sur les Loix, qui dit, que l'abigeat proprement c'est, *qui totum gregem vel partem cum ferro vel panno rubeo furantur.*

L'abigeat *in l. 2. ff. abigeat. Bellovisu, & Valla*, est appellé par les Loix & ces deux Docteurs, un art ; c'est que par des ferremens faits exprès, & ces justaucorps ou manteaux rouges, on ouvre les écuries, on fait fuir les troupeaux, pour ensuite les faire enlever plus subtilement & facilement, en quoi il y a de l'adresse & de l'artifice joints à l'art. Après cela il est necessaire de sçavoir & arbitrer combien il faut de bêtes ensemble pour composer un troupeau, puisqu'à proprement parler, il faut enlever un troupeau entier pour commettre le crime d'abigeat. Alciat *de verborum significatione in l. detestatio. §. unicus. l. oves. ff. de abigeat & ibidem. Bartol. Instit. de legatis. lib. 2. Tit. 20. §. 18. si grex. l. fin. ff. quibus modis.* Quinze brebis font un troupeau, & de plus petits animaux, comme dindons, oisons, canars, poules, pigeons, cinq porcs, quatre poulains, & ainsi des autres, où les Loix & ces Docteurs ont entré, ce qui ne le meritoit pas ; mais puisqu'ils se font souvent arrêtez à faire des livres sur des minucies, au lieu de traiter de belles questions, j'ay été necessité pour les suivre d'entrer dans un détail aussi puerile: possible qu'ils ont écrit après avoir vû ce qui est marqué dans l'Exode 22. ⅴ. 10. R. Choppin *de Domanio lib. 3. Tit.* 22. *num.* 5. 6. & dans ses privileges rustiques liv. 2. partie 2. chap. 4. *Antonius* à *Costa* à fait un Traité *de columbis & columbariis.* Lisez les Instituts *lib.* 4. *Tit.* 1. §. 11. *furtum. Tit.* 3. §. 1.   Hhh iij

Maxime unique.

La peine de l'abigeat eſt diverſe , ſuivant les circonſtances de ce crime , tirées de la maniere qu'il a été fait , & de la valeur du vol ; s'il a été fait dans l'étable ou dans les bois , étant les beſtiaux aux pâturages , s'il y a violence , fracture de portes ou artifice , & tant de circonſtances que les Loix & les Docteurs ont marquées , que je croirois me moquer des Lecteurs de les rapporter tant il y a de niaiſeries , que je ferai prêt de les expliquer. Si quelqu'un étoit ſi ſimple de les demander , s'ils ont été pris dans les écuries , dans les bois , combien il y avoit de poules, ſans compter les coqs ; de qu'elle valeur étoit le prix , ſi en hiver ou en été , &c. parce qu'elles pondent moins l'hiver que l'été ; ainſi le vol ſeroit plus ou moins conſiderable. Titre precedent Maxime 5. Exode cap. 22. *Nugatoris.*

TITRE XXV·

De la concuſſion.

EXPLICATION DU TITRE.

J'Ay aſſez expliqué page 540. du nouveau Traité des Criées , ce que c'eſt que la concuſſion , par les Saints Cahiers , par les Loix civilles , & nos Ordonnannanees : mais pour en parler plus au long en ce Titre qui eſt ſuivant tout le Titre *ad L. Juliam repetund. & ff. de concuſſionibus , & ibidem Doctor.* La concuſſion eſt une eſpece de larcin , appellé des Latins *concuſſio, corruptis, corruptela, exactio, extorſio* ; mais après elle eſt dénommée par les Docteurs & ſpecialement les Ultramontains *Barrataria.* J'expliqueray ce mot dans la ſuite ; cependant je remarqueray que tous ces mots & noms ne ſonnent point , & ne ſignifient pas la même choſe & ont diverſes ſignifications:& par ainſi l'on en pourroit faire autant d'eſpeces de concuſſion ; mais comme celle-ci les emporte & comprend preſque tous comme genre, ainſi qu'il ſe verra cy-après par la définition de la concuſſion, c'eſt pour cette raiſon que je ne parcoureray pas en particulier chacun de ces mots : joint que je traiteray dans les Maximes de la concuſſion , ſuivant la diverſe ſignification de ces mots qui la dénotent : ſçavoir lorſqu'un Juge ou autre Officier & Miniſtre de Juſtice ſe laiſſe gagner ou corrompre par argent ; qu'il exige ce qui ne lui eſt pas dû , ou plus qu'il ne lui appartient ; qu'il extorque par force des choſes outre ſa taxe & ſon ſalaire ; qu'il rend la juſtice venalle , ou plutôt qu'il la vend, Bref , quand il fait quelque choſe *per ſordes aut avaritiam ,* comme parlent les Docteurs ; ce qui eſt un grand crime dans un Juge , qui le rend fort coupable. Le Juge & l'homme de Guerre ſe doivent contenter de leurs droits & de leur ſolde , & rendre la juſtice purement & nettemeht , comme dit l'Ordonnance de Moulins art. 14. & Pardoux Duprat ſur cet article , qui a très-bien expliqué ces mots ; à quoi il faut ajouter ce qu'a dit Valere Maxime , liv. 4.

& S. Luc chap. 3. ℣. 13. qui eſt très-précis. Ciceron dit, *Juris nundinatio.*

Le mot de concuſſion dérive du verbe concuter, *concutere diligenter, inquirere*, comme font certaines gens au regard des pauvres parties & ruſtres païſans, deſquels ils tirent juſqu'au dernier denier, par menaces ou autorité, ſous prétextes de leurs emplois. A l'égard du mot *Barataria*, je ſçai bien que François Ragueau dans ſon Indice des Droits Royaux, dit que Barat, chap. 41. de la Coûtume ancienne de Normandie, c'eſt un menſonge corruptele ou calomnie. *Barataria in ſtatutis Romæ, libro primo, capite* 16. 44. 46. 97. *lib.* 2. *cap.* 87. Gilles Menage, dans les Origines de la Langue Françoiſe, dit qu'il veut dire tromperie, & autres choſes ſur le même ton. Je n'ay point trouvé d'où peut venir ce mot, qui d'ailleurs n'eſt pas ſi fort de conſéquence qu'il merite une recherche plus exacte que celle de ces deux Auteurs. Les Origines de S. Iſidore, de Goropius, de Pontanus, & Ducarge : il ſe commet en pluſieurs manieres, partie deſquelles l'on verra dans la définition de la concuſſion ci-après, & l'autre partie dans l'expoſé des Maximes.

La concuſſion, ſuivant Angelus ſur le Tit. 18. du liv. 4. des Inſtituts, *de publicis Judiciis.* §. *ultima ſunt præterea, & omnes*, eſt auſſi par fois compriſe ſous les mots *de roboaria & ſimonia*, ſuivant André Alciat *de verborum ſignificatione lib.* 1. mais je ne m'attacherai pas à creuſer l'étymologie de ces mots pour n'être pas long, joint que la concuſſion eſt aſſez indiquée par les autres, & qu'elle les comprend tous, ainſi que l'on va voir, ſi l'on ſe donne le loiſir & la peine de lire ſa définition. Suivant tout le Titre *ad L. Juliam repetundarum & ff. de concuſſionibus* 6. les Inſtituts *lib.* 4. *Tit.* 18. *de publicis Judiciis* §. 11. *ſunt præterea publica Judicia.*

Marcus Lollius fit tant de concuſſions & de vols, qu'ayant perdu l'amitié de Caïus Cæſar fils d'Auguſte, il fut contraint de s'empoiſonner ſoy-même pour laiſſer un milion d'or à Lollia Paulina, ſa niéce, qu'il maria à l'Empereur Caligula, qui la répudia voyant la diffamation & l'infamie de ſon oncle.

Le Code Henry Tit. 5. du devoir des Juges. Nicolas Bohier *quæſt. & deciſion.* 153. *& idem omnes.* La concuſſion eſt lorſqu'un Officier, ſoit de Judicature ou de Finance, ou autres Perſonnes conſtituées en Dignitez & Offices, Greffiers, Notaires, Procureurs, Sergens commis, &c. à l'occaſion de leurs Charges & Emplois & ſous le voile de la Juſtice, exigent ſur autrui plus qu'il ne leur appartient, ſoit en compoſant avec les parties, ou leur laiſſant ſéduire & corrompre par argent, ou par preſens pour condamner ou abſoudre contre la Juſtice & le Droit, ou procurant que les ventes, loüages, donations & autres achats, ou actes ſoient faits à leur avantage : la concuſſion ſe commet auſſi par les Greffiers, Notaires, Procureurs, Commis, Sergens & autres perſonnes Miniſtres de Juſtice, en falſifiant ou prévariquant par argent dans leurs fonctions, ou prenant de plus grands droits que ce qui leur appartient. Je pourrois bien alonger cette définition par d'autres eſpeces de concuſſion ; mais ce ſeroit outrepaſſer les bornes, & poſſible en dire trop ſur la matiere, joint que j'en traiterai en faiſant la différence dans les Maximes, étant parlé de la concuſſion en pluſieurs endroits dans le Code, dans les Digeſtes, aux Inſtituts & aux autres endroits que j'ay marquez ci-deſſus. Ciceron a dit *teneri repetundarum.* Tacite *de pecuniis repetundis ad recuperatores itum eſt.*

I. Max. La peine de la concuſſion eſt fort diverſe & ne peut être fixée certainement à cauſe de ces differentes eſpeces. Quelquefois on punit le coupable
par ſuſpenſion & privation de ſon Office, d'autrefois de l'exil & du banniſſement, de l'amende-honorable, par reſtitution du quatruple, ſi l'action
eſt formée Civile, ſi elle s'intente par la voye de la plainte, & de l'information au Criminel, la peine eſt plus grande, l'on pourroit punir s'il y avoit une
condamnation injuſte prononcée contre un innocent, dequoi Mezeray rapporte
un exemple fameux en 13:0. mais le plus ſouvent la peine eſt extraordinaire,
comme l'amende-honorable, le banniſſement, les galeres, l'interdiction &
l'incapacité de pouvoir jamais poſſeder aucun Office à l'avenir. Bugnion des
Loix abrogées liv. 2. ſection 47. dit que cette peine eſt arbitraire ſelon les circonſtances du tems, des affaires & la qualité des perſonnes; les peines de celui
qui eſt corrompu, & du corrupteur, ſont égales, puiſque le crime eſt core-
latif, ſuivant le Code Henry Tit 5. parlant du devoir des Juges, & *Simone*
Agroenevuegen, de Legibus abrogatis & in uſitatis, in Holandia in quarto
Amſterlodami, 1624. il étoit né à Bruges : ainſi que Joſſe Damhouders, K.
Froiſſart, Hiſtorien, & R. Gaguin.

I I. Max. Par le même Code il eſt défendu à tous Juges, ſous peine de concuſſion, de prendre tranſport & ceſſion, ſoit par donation, ny autrement des
biens & droits, étant en procès en leurs Juriſdictons, directement, ny in-
directement ; comme auſſi de recevoir preſens, ny dons, que ceux permis par
les Ordonnnances, pour le jugement & expedition, ni retardation des procès.
Les Juges ne peuvent point être Fermiers, ni Aſſociez aux Fermes & Terres
des Seigneurs, dont ils ſont Juges ni faire aucun trafic, ni marchandiſes, d'être
les Juges des Seigneurs étant Officiers Royaux, accepter de Benefices pour
eux, ni pour leurs enfans, d'aucuns Evêques & Abbez, dont ils ſeront les
Juges, ainſi que j'ay au long expliqué, fait voir ſuivant les Edits & Ordonnances, Arreſt & Reglemens de la Cour, par le nouveau Traité des Criées,
où tout cela eſt établi, recours à la Table du liv. *fol.* 452. qui eſt fort exacte
au mot Juges, Ordonnances d'Orleans, art. 44. Blois 112. & Ordonnances d'Orleans, art. 79. de Moulins, art. 20. *L.* 14. *de aſſeſſoribus* & *ſuprà* liv. 1.
Tit. 1. Max. 7. 26.

Comme les Lecteurs pourroient ne pas avoir le nouveau Traité des Criées,
je croi être obligé de repeter ici ce qui regarde les dons faits aux Juges, parce
qu'ils ſont très-défendus par les Loix divines & ſuivant que voici.

L'Ordonnance d'Orleans art. 43. permet aux Juges, Avocats & Procureurs
de recevoir de la venaiſon ou gibier pris dans les Forêts & Terres des Princes
& Seigneurs qui les donneront : l'Ordonnance de Blois poſterieure de 28. ans,
dit tout le contraire art. 14. l'on pourroit trouver le fondement de l'Ordonnance d'Orleans, dans la Loy Plebiſcite ff. *de Officio Praſidis* & ſur le fondement du chapitre *ſtatutum* §. *inſuper de reſcript. in ſexto.* Par la Loy *ſolent*
§. *finali de officio Proconſuli.* S. Auguſtin en ſon Epître 54. *ad Macedonium*
parlant des preſens que les Juges recoivent, dit que la Coûtume les excuſe : cette
queſtion eſt traitée curieuſement dans les Criées, où je renvoye les Lecteurs.

Par deſſus tout cela voici la Loy divine qui décide, défendant expreſſément
aux Juges de prendre & recevoir des preſens, marquée en divers endroits
des SS.

des SS. Cahiers. Exode *cap.* 23. ℣. 8. Deuteronome *cap.* 16. ℣. 19. *cap.* 27. ℣. 26. Job. *cap.* 15. ℣. 34. Proverb. *cap.* 17. ℣. 23. *cap.* 28. ℣. 11. Eccleſiaſt. *cap.* 7. ℣. 6. *cap.* 20. ℣. 30. Iſaïe 1. ℣. 23. *cap.* 5. ℣. 23. *cap.* 33. ℣. 15. Amos *cap.* 5. ℣. 11. Micheas *cap.* 3. ℣. 11. le Quatrain du Sieur de Pibrac.

> *Si en jugeant la faveur te commande ;*
> *Si corrompu par or ou par preſens*
> *Tu fais juſtice au gré des Courtiſans,*
> *Ne doute point que Dieu ne te le rende.*

III. Max. Perſonne ne doit rien exiger ny extorquer par menaces, & ſur tout les Juges, ſuivant *Grammaticus Conſil.* 51. *num.* 13. & 14. & autres Auteurs : c'eſt pour cela qu'il eſt dit dans l'Eccleſiaſtiq. chap. 7. ℣. 6. ne demande point d'être élevé à la dignité de Juge, ſi tu ne peux par vertu totallement rompre les iniquitez.

> *Si de peur du ſupplice, & non crainte du crime,*
> *Tu t'abſtiens des tréſors à ta garde commis,*
> *Ta Juſtice apparente eſt indigne d'eſtime,*
> *Le larcin n'eſt pas fait, mais le crime eſt commis.*

IV. Max. Un Juge qui s'eſt fait donner par un priſonnier ſon bien afin d'être élargi, ſi cela eſt prouvé, la donation ſera caſſé ſur le champ, & le Juge condamné à rendre & reſtituer les fruits perçûs, & en l'amende de 300 livres & aux dépens, ſuivant le Préſident de la Rocheflavin lettre D. Titre 7. Arreſt 2. *Nota* que ſon éſpece eſt infailliblement d'un priſonnier pour dettes civiles : car s'il l'eut été pour crimes, le Juge n'en auroit pas ſorti à ſi bon marché & il lui en auroit coûté au moins ſa Charge & une condamnation de mort civile, & même la vie, ſi le priſonnier eut été détenu pour crime capital, ſuivant *Grammaticus Conſil.* 54. *num.* 11. *Officiales enim ſemper ſyndicantur de furtis, pecunia accepta, male ablatis & cæteris Barattariis.* Je veux dire par-là que comme le Syndicat n'a point de lieu en France, au moins les Juges y ſont punis & pourſuïvis extraordinairement pour ces ſortes de crimes ; ce qui a fait dire à Seneque le Tragique, *quod quiſque fecit, autorem ſcelus repetit, ſuoque premitur exemplo nocens.*

V. Max. Suivant l'Arreſt de Reglement des Grands Jours d'Auvergne du 10. Decembre 1665. le Juge qui neglige de punir par condamnation, qu'il differe un criminel dans ſes priſons dont la preuve eſt conſtante, & de lui impoſer les peines dûës à ſon crime par les Ordonnances, en ſorte qu'il y a dol de ſa part : les Loix veulent qu'il ſoit puni. Elles ſont rapportées par *Jacobus de Belloviſu, in rubric. de fuge reor. num.* 61. & par Jean Papon liv. 6. de ſes Arreſts Tit 2. &c. Le nouveau Traité des Criées *folio* 70. convient ici par ſon expoſé.

VI. Max. Le Juge qui prend de l'argent pour juger mal, ſi après la Sentence renduë, il s'en repent & rend ce qu'il a mal exigé, il faut le recevoit à miſericorde. Il y a pourtant quelques reſtrictions à obſerver qu'il faut voir dans

II. Part.   Iii

Nicolas Bohier, décifion 152. *num.* 22. 33. & 34. *annotat. Julius Clarus, in quæſt.* 73. *num.* 22. *Baldus, in L. generaliter.* §. 1. ff. *de calumniator* ; mais il eſt certain que les Actes faits par des Juges corrompus , font nuls , & ils peuvent être pris à partie en ce cas de corruption , dol , fraude ; bref quand ils ont mal jugé *per gratiam aut fordes.* Ordonnance d'Avril 1667. Tit. 25. Loüet & Bro-deau lettre I. chap. 14. *annot. Julius Clarus quo fuprà num.* 20 *L. Venal. quando provoc. non eſt neceſſe* , Bohier *quo fuprà* , *Leſſius lib.* 2. *de Inſtit. cap.* 14. *dub.* 8. *num.* 55. Lifez les pages 431. du nouveau Traité des Criées & 592.

V I I. Max. Ce que le Juge a reçû pour juger contre l'équité , peut être re-peté contre fes heritiers lefquels ne peuvent s'empêcher de reſtituer le tout , fuivant *L. Caius Seïus, ad Senatufconfultum Syllanianum.* Angelus Aretinus, *de malefic. per Judicem* & autres Auteurs. Guy Coquille en fes queſtions chap. 8. page 33. Arreſt notable à l'Audience de la Tournelle , du Samedy 30. Janvier 1683. après trois Audiences , Monfieur Talon , Avocat General , plaidant Maitres Jobert , Baille , Baudoyn , Pageau , Robert.

V I I I. Max. Tous Juges doivent inſtruire les Procès criminels gratuite-ment quand il n'y a point de partie civile , fuivant les Arreſts & Reglemens fondez fur les Ordonnances , fans rien prendre du prifonnier ; ce qui fe doit pareillement garder en cas que la partie civile foit pauvre , & ne puiſſe fournir aux frais ; *néanmoins* à la fin de l'Arreſt de Reglement des Grands Jours d'Auvergne , du 10. Decembre 1665. il eſt dit qu'ils fe peuvent faire payer des frais du procès fur les amendes : de plus le procès fera fait & parfait aux Juges & Seigneurs qui auroient compofé avec les accufez , & feront punis fuivant la rigueur des Ordonnances. Les Lecteurs remarqueront que fuivant les annotations *de Julius Clarus fuprà quæſt.* 73. *num.* 14. ceux qui font ces compofitions font proprement appellez *venditores fumi* ; car les Juges ne peuvent en aucunes manieres rien prendre des accufez. Ordonnances de Moulins art. 36. Ordonnance 1670. Tit. 14. art. 16. qui eſt précis *fuprà* liv. 1. Tit. 27. Max. 19. Expilly Plaidoyer 34. *num.* 38.

I X. Max. Par l'Arreſt de Reglement du 3. Septembre 1667. les Juges ne peuvent prendre aucunes chofes pour leur Ordonnance au bas d'une Requeſte de quelque qualité & condition qu'elle foit , en Matiere Civile ou Criminelle, ny les Avocats & Procureur du Roy & Fifcaux , pour les caufes qu'ils plai-deront à l'Audience , foit que le Roy ou le public y ayent interêt ou non , l'Eglife ni les mineurs , à peine de concuſſion. Cet Arreſt de Reglement eſt page 410. du Traité des Criées. Les Efpagnols ont un Proverbe , que c eſt fagement fait de rendre toûjours le bien pour le mal , *gratias por agravios dan los ombres faevios , fuprà* liv. 1. Tit. 26. Max. 3. Il me fouvient de l'Agent du Roy Antigonus , qui voulut mettre un impot fur une fource d'eau qui gué-riſſoit les maladies. Auſſi-tôt la taxe impofée , la fource tarit.

X. Max. Le crime de concuſſion eſt un crime public , la preuve en doit être claire & fans équivoque , *debent eſſe luce meridiana clariores probatur* , fuffit de trois témoins de bonne fâme & renommée & fans reproches. L'Officier qui s'enfuit donne lieu de croire qu'il eſt convaincu par fon abfence , fuivant Pierre de Ravenne , lettre A. de fon Alphabet *fol.* 9. & toutes les Loix & les Docteurs qui ont traité fes queſtions *ex profeſſo* , qui conviennent que ce crime ne fe prescrit point par dix , ny vingt années , *sed perpetua est persecutio.* Philbert Bugnion en ses Loix abrogées , liv. 2. section 147. page 203. *& ibi multæ Authores* , comme j'ay dit page 540. du nouveau Traité des Criées. Laurent Bouchel liv. 4. chap. 64.

XI. Max. Par l'Ordonnance de Decembre 1355. du Roy Jean II. art. 1. Charles VIII. art. 44. à Orleans 1494. l'Ordonnance d'Orleans en 1560. art. 90. Bugnion liv. 3. Syntag. 40. les Sergens sont punis du quatruple qui exigent des salaires exorbitans, par prison, privation de leur état & amendes ; mais les autres Ordonnances depuis survenuës se sont contentées de la restitution & de la seule privation , quoique plusieurs de cette qualité soient peu favorables par leur conduite.

La concussion des Fils de Samuël , Juges sur Israël , fut la cause de la Royauté de Saül. 1. Reg. *cap.* 8. Ceux qui promettent ce qu'ils ne peuvent octroyer en Justice , sont nommez *vinditores sumi.* M. Cujas , écrit *lib.* 7. *cap.* 4. de ses observations *qui vectigalia Populi Romani , aut Principis veluti portoria conducta habebant.* Ciceron remarque que les Receveurs des droits publics des Romains vouloient par leurs avarices & concussions rendre toutes choses tributaires , mêmes celles qui en étoient exemptes de tous tems : qu'ils étoient montez jusques à un tel excès d'imprudence que de vouloir exiger le Tribut sur les terres des Dieux , pour cela ils nioient qu'il y en eût , *nostri publicani cum essent in Boetia agri Deorum excepti , Lege censoria negabant immortales esse ullos, qui aliquando homines fuissent.* Le Prophète Habacuc s'écrie, *Usquequo Domine clamabo , & non exaudiat ?* Voyez Mezeray à la fin de l'Histoire de Clolaïde II. & l'explication du Tit. 38. *infrà* où je parle des Athées.

TITRE XXVI.

De l'Expilation *&* vol des biens *&* effets d'une succession.

EXPLICATION DU TITRE.

LA raison pourquoi l'expillation & vol des biens & effets d'une succession sont compris dans les especes du larcin , est expliquée par *Angelus Aretinus de maleficiis , in verbis vestem celestrem vos , & prædicta* , page 123. & dans les additions qu'il y a faites. *Expillatio hereditatis proprie non dicitur furtum , sed largo modo.* Pour cette raison , j'ay fait de l'expillation d'une succession une espece differente de larcin, que j'ay néanmoins mise sous celui ci , comme son genre, nonobstant que généralement parlant suivant la **Loy** , *L.* 1. ff. *de crimine expilatio hæredit. rei hæreditariæ non fiat furtum* , & que la veuve qui commet l'expillation & détourne les biens & effets d'une succession ne puisse être poursuivie pour l'ordinaire criminellement , mais civilement : l'on informe des recellez & divertiſſemens contre la veuve, les informations ſont converties en enquêtes, & elle eſt privée de la portion qui lui reviendroit de ce qu'elle a diverty ; & à l'égard des Etrangers la procedure criminelle a lieu contre eux, d'où s'enſuivent les condamnations de reſtituer avec amendes & dépens ; voilà l'uſage d'aujourd'hui, à quoi ils ſont condamnez par corps parce que cela procede d'un délit.

Cependant la veuve peut être pourſuivie bien ſouvent criminellement & en pluſieurs cas, *tenetur furti*, comme il ſera remarqué dans les Maximes ; d'ailleurs les Etrangers qui aident à détourner & voler les biens & effets d'une ſucceſſion *tenentur ſemper furti*, ils ſont pourſuivis extraordinairement, ainſi que j'ay dit & qu'il ſe verra dans le corps du Titre. Pour cet effet j'ay placé ici cette eſpece de maniere, qu'il s'agît de ſçavoir ce que c'eſt que dépouiller & expiller une ſucceſſion.

Pour l'explication de ce Titre, il faut ſçavoir que le Droit ſe ſert d'expillation d'hoirie, & nous diſons, *divertiſſemens des biens & effets d'une ſucceſſion*, la définition du mot *hoirie* & voir ce qu'elle eſt pour ſçavoir enſuite ce qui eſt l'expillation d'icelle. Le mot d'*hoirie*, Ciceron en parle en ſes Topiques, & Alciat *de verborum ſignificatione*, *in L. nihil* 24. Ragueau en ſon Indice au mot hoirie. Monſtrelet liv. 1. chap. 96. de ſon hiſtoire. La Coûtume d'Auvergne chap. 12. art. 3. & en pluſieurs autres Coûtumes. Monſtrelet, dit *heritange* ; mais cette hoirie ne ſe prend pas ſeulement ici, *pro ipſo jure ſuccedendi*, mais bien plus proprement, *pro bonis defuncti*, l'hoirie donc ne s'entend autrement ici que pour les biens & autres droits délaiſſez par un défunt le jour de ſon décès.

A l'égard du mot expillation, il ne ſignifie autre choſe que dérober, enlever, ou bien plus proprement ſouſtraire, détourner, & ſpolier. Ce mot vient du verbe *expilo*, *expilare autem ſignificat*, ſuivant Budæus, *ne pilum quidem relinquere*, en quoi ce mot n'a pas ici tant de force & d'emphaſe que dans la Loy, *Si te expilaſſe*, **Cod.** *ex quibus cauſis*, car il ſe prend-là *pro furto improbiore & attrociore*.

A l'égard de ceux qui ſe diſent heritiers pour dépoüiller une ſucceſſion, cela tombe dans la queſtion purement civile que j'ay traitée page 518. du Traité des Criées : ſi l'heritier ſimple plus éloigné exclut le beneficiaire plus proche. Pluſieurs ſont revenus de cette erreur après avoir veu ce que j'en ay écri. Liſez Domat in-folio tome 1. 2. part. page 301. où il a traité des ſucceſſions. Le mot d'expillation ne s'entend pas en rigueur, mais ſeulement par hyperbole, ou bien par metaphore, tellement que ſuivant Claude Lebrun en ſon procès civil & criminel, Tit. de l'expillation d'hoirie, Lazare du Croc, & Vincent Tagereau dans le Stile du Parlement, expillation d'une hoirie, n'eſt proprement qu'une ſouſtraction, & un divertiſſement, vol ou ſpoliation faits dans la maiſon d'un défunt après ſon decès, de partie de ſes biens, meubles, argent, titres & effets, par la veuve & par des étrangers, ſoit par ſon ordre ou de leur chef pour en profiter au préjudice des heritiers legitimes, ce qui leur donne lieu d'en faire informer.

Il eſt parlé du crime de l'expillation d'hoirie dans le Digeſte *lib.* 47. Tit. 18. & 19. dans le Cod. liv. 9. Tit. 32. & en pluſieurs endroits & Loix *L.*

Marcellus & L. si mulier, ff. *rerum amotarum* : outre celles que j'ay cottées
ci-dessus, ce crime est d'autant plus odieux en la femme, ou veuve, qu'elle
viole en quelque façon les Loix de la Nature, aussi bien que les Loix Civiles.
Turpe lucrum accusatio natura est, dit Aristote, à plus forte raison ici que la
femme au lieu de pleurer, s'amuse à dérober dans une maison pleine de deüil,
duquel elle n'a que les apparences au dehors ; c'est pourquoi je puis bien appliquer ici ce que disoit Caton, *dum fœmina plorat, instruit insidias*. A l'égard
des Etrangers, ils sont pour ces mêmes raisons d'autant plus coupables, que
c'est un vol qu'ils commettent, dont ils doivent être punis. Papon liv. 21. Tit.
7. Alciat Emblême 173 *parem delinquentis & suasoris culpam esse.*

I. Max. L'on peut agir criminellement contre les veuves qui ont expillé l'hoirie
des marys & par action civile qu'on appelle *rerum amotarum*, partant elles
ne peuvent être condamnées en aucunes peines, sinon à la restitution des choses
mal prises, & par elles soustraites & enlevées, & la part & portion qu'elles
avoient sur lesdites choses, est perduë pour elles. Louet & Brodeau lettre C.
Mosnier, *in verbo furt. num.* 7. de l'Homeau liv. 3. des Droits des particuliers
chapitre 60. Bacquet des Droits de Justice chap. 21. *num.* 63. Cette regle n'est
pourtant pas sans exception, *& fallit in multis casibus*, comme l'on verra
dans les Maximes suivantes & Brodeau lettre C. parce qu'il faut remarquer
que la Maxime s'entend non seulement de l'expillation d'hoirie, & de ce qu'elle
feroit constant le mariage, le mary a action contre sa femme ; mais encore de
son recellé & divertissement lors du décès du mary. Suivant la Jurisprudence
des Arrests, les heritiers peuvent informer, *supra* Partie premiere Titre 8.
Max. 28.

I I. Max. Si la femme fait divorce & emporte quelque chose, c'est une faute
de *furt. per Legem* 3. ff. *rerum amotarum*, & comme le divorce est abrogé
par la Loy Canonique *nam hodie matrimonium non potest separari*, partant
cette action cesse ; mais que dire s'il y a une separation de biens, & que pendant icelle la femme soustrait, détourne & diverti les effets du mary : en ce
cas, il semble que la femme pourroit être poursuivie extraordinairement :
toutefois j'estime qu'il faut s'en tenir à la Maxime précedente, *propter pudorem matrimonii*, lequel mariage subsiste toûjours nonobstant la separation
L. fin. §. ult. Cod. de furtis. Les Loix permettoient aux marys de répudier
leurs femmes qui leur avoit caché leur grossesse, *constit. Leon* 31. *L. jubemus*
11. *Cod. de repudiis.* Justinien *in novel.* 22. *cap.* 16. *si vero §. itaque si mulier.*
Ciceron repudia sa femme par la seule raison qu'elle ne lui avoit pas écrit durant son exil. Louis Roy de Germanie, ayant voulu répudier sa femme, l'accu-
sa d'adultere ; mais le Pape condamna cette procedure rapportée dans Bardet
tome 2. page 374. Parmi les Chrêtiens le divorce n'a pas lieu volontairement,
suivant S. Mathieu chap. 5. ꝟ. 32. & S. Paul en sa 1. Epître aux Corinthiens
chap 7. ꝟ. 10. Chez les Juifs la Loy de répudiation & du divorce leur fut
donnée par Moyse à cause de la dureté de leur cœur, ainsi qu'elle est marquée
au chap. 24. du Deuteronome : ils l'ont toûjours conservée, suivant le libelle
de répudiation que j'ay tiré de Rabbimosche de Cotsi, que j'ay mis ici comme
une piece curieuse, *nuncium remittere uxori.* Lévitiq. 21. ꝟ. 7. & 13.

Le Troisiéme jour de la semaine le 29. de la Lune d'Adar l'an 1570. de la création du monde je Z. Pharisien Citadin à présent à Venise, Ville située au fond du Golfe Adriatique, proteste & déclare en Présence de N. N, témoins qui ont signez en cet endroit avec moi, que de mon libre mouvement & sans contrainte je délaisse & répudie vous R.... ., ma femme ci-nommée...... fille de Q....... fils de Q. afin que soyez désormais libre, & que vous puissiez chercher un autre mary par vôtre condition, sans que personne s'entremette de vous y former aucun empêchement d'aujourd'hui à l'éternité des siécles, & c'est ici le cartel de divorce, le libelle de démission & l'instrument de désertion que je vous envoye selon les Ordonnances de Moïse & d'Israël, promettant de ne veus inquiéter, ni reprendre jamais.

Le mary & les témoins signent au milieu & au bas de cet Acte. S. Mathieu chap. 5. ℣. 32. ne veut pas qu'on puisse épouser cette femme. Levitiq. 21. ℣, 7. & 15. cela donna lieu au Comte * * de faire deux Livres enlangage Italien, le premier intitulé *Divorso celeste*, le second *Il corriero Sualigiaro*; mais comme ils sont remplis de railleries & impietez contre la Religion, il paya la peine de sa faute, à Avignon, suivant A. Baillet dans ses Auteurs déguisez 1. Partie chap. 4. *fol.* 126.

Il faut voir Antoine du Verdier au liv. 2. chap. 7. de ses Leçons de la répudiation. Marcus Lepidus, Romain, aimoit tant Apuleïa, sa femme, qu'après l'avoir répudiée il en mourut de regret. C'est à peu près comme un que j'ay connu qui reprit sa femme après l'avoir fait authentiquer & renfermer pendant quatre ans par Arrest : ce n'étoit pas la peine de faire tant de bruit pour si peu de chose. Caligula, Empereur, répudia Lollia Paulina, & l'abandonna à sa destinée. *Sulpitius Gallus*, délaissa sa femme, parce qu'elle avoit sorti du logis le visage découvert. Publius Sempronius Sophus, répudia sa femme, parce qu'elle avoit été voir les jeux publiques sans lui demander, suivant ce que dit Plutarque chap. 13. des Problêmes, & Valere Max. liv. 6. chap. 3.

I I I. Max. Celui qui a enlevé, détourné, caché, ou latité quelques meubles titres & effets d'une succession, il est tenu du crime de l'expillation & comme tel il sera poursuivi à l'extraordinaire. *L.* 2. ff. *de crimin. expillat. hæredit.* & *l.* 1. *Cod. eodem* Angelus, Bacquet, de Bellovisu & autres, se font pour l'ordinaire des vols de *nicticorax*, c'est-à-dire, qu'ils se font pendant l'obscurité de la nuit.

I V. Max. Suivant Bacquet, de l'Homeau, Cujas, Loüet, Brodeau & par diverses Loix, lorsque le mary, la femme, ou l'heritier pur & simple, ainsi que j'ay remarqué, ont soustrait & diverti, caché & recellé, les biens de la succession du défunt, en ce cas, on a accoûtumé de les priver du droit, part & portion qui leur appartenoit dans les biens & choses détournées; & de les adjuger pour le total au demandeur & poursuivant; non pas qu'on prive de la communauté celui qui a commis & participé au divertissement des biens dans les autres effets qui se sont trouvez; aussi n'est-il point condamné en aucune amende envers le Roy pour le recele, ou pour le parjure qu'il n'avoit rien détourné & l'action *rerum amotarum*, intentée contre la veuve n'empêhe pas la repetition de sa dot & conventions matrimonialles, ni le payement de son doüaire & des autres conventions portées par son contrat.

Au regard de l'heritier par benefice d'inventaire, le semblable est aussi obfervé, lequel fous ombre des biens de l'heredité par lui cachez & latitez, il n'est pas pour cela declaré heritier pur & fimple, ni privé du benefice d'inventaire. Coûtume de Paris, art. 317. néanmoins il est condamné à rendre le recellé, & de plus en l'amende envers le Roy, fuivant les Loix *L. referiptum ff. de his quibus ut indignis. L. Paulus. ff. ad falcidiam. L. fin. §. licentia in fin. Cod. de jure deliberandi.* Loüet, Brodeau, Cujas. Il y a d'autres Loix & des avis contraires & des Arrests qui ont condamné à la restitution du double : dans le droit il étoit privé du droit de la falcidie : Loüet & Brodeau vont encore plus avant, s'étant appuyez fur plufieurs autoritez & tiennent que celui qui après la fucceffion ouverte, commet le divertiffement des effets à fon profit, *quod is qui postquam fe abstinuit, amovit, quia non tanquam heres, fed ut extraneus fecit, furti actione creditoribus tenent.* Un heritier ne peut pas accufer fon coheritier d'avoir volé la fucceffion *quando communis arcæ, rebus infpectis claves ei tradidit. l. 1. Cod. de crimine expilata hereditatis.* Expilly Plaidoyer 26. *num.* 25. cela fe peut entendre de celui qui ne veut prendre la fucceffion, ni comme heritier fimple, ni comme beneficiaire; que fi cela s'entend du beneficiaire, j'eftime qu'il faut s'en tenir au fentiment de Bacquet Auteur de la Maxime; parce qu'il eft eft fondé en Arreft de la Cour. Je crois aux termes de l'art. de la Coûtume, c'eft être heritier que de prendre les biens d'un défunt de fon autorité privée fans permiffion du Juge.

V. Max. L'heritier préfomptif qui a dérobé & fpolié les biens du vivant de celui de la fucceffion duquel il s'agît en ce cas, n'y ayant eu aucune plainte renduë par le défunt, il a confondu l'action de *furt.* en fa perfonne, Brodeau fur Loüet : *Angelus de malefic. & ibidem.* Le privilege de la femme de ne pouvoir être pourfuivie criminellement, pourraifon de l'expillation d'une fucceffion eft fi confiderable, que la queftion du mariage fait préjudice à la pourfuite criminelle pour raifon du larcin prétendu commis, & doit être traitée & vuidée la premiere; & fi le mariage eft declaré valable la femme ne peut être pourfuivie criminellement. *Anna Robert rerum judicatarum lib.* 2. *cap.* 12. Arreft du 12. Fevrier 1583. C'eft faire action d'heritier lorfqu'on détourne & difpofe des biens avant l'inventaire fait. Coûtume de Paris art. 317.

V I. Les Etrangers qui volent l'hoirie, *tenentur femper furti* & font pourfuivis extraordinairement, la peine contre eux peut être afflictive *citra mortem,* comme les galeres & le banniffement perpetuel, le foüet ou autre à l'arbitrage du Juge : cette peine pourroit être auffi de la mort naturelle, fi le larcin de cette fucceffion étoit fait par des domeftiques, fuivant tout le Titre ff. *de crim. expillat. hared. & Cod. eodem. de furtis. Annot. Julius Clarus fup. §. furtum num.* 81.

TITRE XXVII.

Des Jeux & Berlans.

EXPLICATION DU TITRE.

J'A mis ce Titre parmi les efpeces du larcin, à caufe de l'article 624. de la Coutume de Bretagne, & Imbert liv. 3. chap. 22. *num.* 24. excepté des jeux permis, dont j'ay parlé page 83. du nouveau Traité des Criées tiré de Chenu Centurie 2. queft. 41. 42. la Paulme & le Mail, qui font exrcices Royaux permis par les Ordonnances Le jeu fuivant M. Expilly, Plaidoyers 4. & 16. eft mis au rang des chofes indifferentes , & en lui-même il n'y a ni bien, ni mal, toutefois il ne marche prefque point fans dol , fraude , vol & filouterie, *Cato moralifatus in pracept.* 34. *partis profaica*, *Aleas fuge.* Liſez le Plaidoyer 8. d'Expilly,

Je ne prends pas ici ce mot jeu , dans toute l'étenduë de fa fignification, j'en exclus tous les exercices honnêtes , fçavoir ceux de l'efprit, *id eft pro omni exercitatione , tum animi , tum corporis. Ludum litterarium , tum aliarum quarundam artium*, fuivant les interpretes d'Horace fur l'Ode 4. Laurent, *Valla elegant. lib.* 4. *cap.* 16. Pour ceux du corps dont a traité R. Choppin *Confuetud. Parif. lib.* 3. Tit. 3. *num.* 13. qui font la paulme , le mail, la chaffe, les courfes de bague & des teftes , les luttes , dancer , voltiger dans la falle d'armes fur le cheval de bois , joüer du drapeau, de la hallebarde , de la pique , du fleau , du bâton à deux bouts , de l'efpadon & autres exercices , qui ne font pas indignes en France, de l'occupation de la Nobleffe : tels font faire des armes & autres femblables qui fe montrent dans les Academies , & à travailler ûn cheval dans le manege , non feulement ils font permis , mais un gentilhomme les doit fçavoir.

Je ne prend pas non plus ce mot de jeu , pour celui que les Latins ont appellé un jeu de mots & de paroles , fuivant *Valla* à l'endroit que j'ay cité & *Joachimus Fortius* en fes elegances ; je me renferme à celui qui confifte en fait , & eft appellé *ludus aut potius lufus*, tels que font les cartes & les dez , le cochonnet & le toton, & autres de la maifon des jeux prohibez & défendus par les Ordonnances ou de ces autres jeux *in quibus fola fors verfatur* dont a parlé *Julius Clarus in §. ludus num.* 2. lefquels font pareillement défendus , auffi bien que ceux de hafard, où la fortune a plus de part que l'addreffe. Il eft parlé de jeux dans le Digefte *de alea lufu & aleator*, dans le Code *eodem* en divers endroits. *Textus in L. alear, ufus cod. de Relig. & fumptib. funere.* Exod. 34. Genefe 21. ꝟ. 9. Bugnion des Loix abrogées liv. 1. Satyr. 130. Le jeu des dez eft dit *alea*, lequel vient d'un Guerrier Troyen, nommé *Alea* Jafon. De Maine aimoit fi fort à joüer, qu'il joüa fon Code relié en parchemin.

Quand au mot *Berlans*, il derive d'un jeu particulier des cartes qu'on appelle de ce nom, mais ici il eft pris pour le genre, *aut pars pro toto.* Berlan fignifie non feulement toutes fortes de jeux , mais par exprès les lieux & maifons

où

ou Academies où l'on joüe ; comme aussi ce mot comprend les Maîtres & Locataires de ces Maisons ainsi que les Interpretes d'Horace l'ont très-bien remarqué; car suivant leur pensée, le jeu ne signifie pas seulement l'exercice de l'esprit, & ceux du corps, mais aussi le lieu où il s'exerce , & le maître du jeu, ce qui se prend en ce cas là en bonne part pour les jeux honnêtes ; mais ici dans la mauvaise pour ceux qui sont deffendus : toutefois ce mot *ludus* garde toujours sa signification, *in utramque partem.* Comme le mot berlan ne nous dénote rien autre chose que ces maisons & academies destinées pour y joüer, & les maîtres de ces maisons, qu'on peut appeller à bon droit corrupteurs de la jeunesse & des bonnes mœurs , *& ex hoc dicuntur barratarii.* Jean Papon livre 22. Titre 9. Arrest 13. & Mezeray sur l'année 1620. parle de la passion de ces jeux comme d'une ruine certaine.

Ce n'est pas sans raison que les Edits & Ordonnances Royaux & les Arrests ont prohibé & deffendu les jeux, puisqu'il seroit bien à souhaiter dans le tems que j'écris qu'elles fussent mieux observées, & qu'il en fut fait un exemple severe & sans quartier, comme on avoit commencé pour le jeu de Lanskanet , la Bassette, le Hoxa & le Pharaon , de faire payer par emprisonnement mil écus à ceux qui y ont joüé, puisque le jeu n'a rien de bon en lui-même, qu'une fureur qui va à la folie, qu'il est la cause d'une infinité de maisons ruinées par les femmes & les marys, & d'enfans de famille, qui mettent tout leur bien sur un valet de picque, & la source des maux, dont il y en a seize principaux que je remarquerai après avoir averty les Lecteurs de voir la Biblioteque des Arrests, au mot Jeux.

Primum est desiderium lucrandi quod ex cupiditate provenit, qua omnium malorum est radix venenosa D. Paul 1. Thimoth. cap. 6. ỳ. 10.

2. *Est voluntas spoliandi proximum , quod ex peccato rapina provenit.* Cato moralisatus in præcepto 34. partis prosaicæ aleas fuge.

3. *Est immisericordia sive crudelitas nimia valent enim lusores spoliare socios camisia si possent quod latrones in nemoribus non faciunt.*

4. *Est usura maxima, scilicet undecim pro duodecim in eadem die vel momento* , c'est prester à poste.

5. *Est blasphemia Dei vel Mariæ Virginis & Sanctorum quæ est afflictio Patris scilicet Dei , & Matris Mariæ Virginis & parentum spiritualium qui sunt Sancti infrà* Titre 30. Maxime 9.

6. *Est contemptus Matris Ecclesiæ , scilicet perjurium & infractio mandatorum ejus.*

7. *Est mendacium, & alia verba otiosa, injuriosa & contumeliosa, & improperiosa , quæ scandalisant proximum.*

8. *Est corruptio proximorum, qui ad ludum inspiciendum de consuetudine prava veniunt, & ad ludum provocantur.*

9. *Est furtum quia lusores inopia cogente discunt furari unde sequitur suspendium.*

10. *Est crimen falsi, quod committitur ex certa scientia, sive in taxillis, sive chartis, vel commutandis, vel locandis.*

11. *Est homicidium , nam de ludo veniunt ad verba, de verbis ad verbera,*

II. Part. K K K

& de verberibus ad vulnera, & inde ad homicidia.

12. *Eſt fraus & deceptio, nam qui melius novit ludere, melius ſcit deci-pere.*

13. *Eſt idololatria, quia luſor de taxillis & piɛtis foliis facit Deum ſuum & ad præceptum taxilli largitur de ſuo, quod non vult largire ad præceptum Dei.*

14. *Eſt fraɛtio ſolemnitatum, nam in præcipuis feſtis committunt luſores ludum ſuum.*

15. *Eſt peccatum iræ, nam inter ſemetipſos .iraſcuntur, ſi non audeant contra ſocios.*

16. *Eſt omiſſio bonorum, quæ illo tempore facere poſſent, ut audire Miſſam, ſtudere & hujuſmodi.*

Le Jeu eſt le prélude de la débauche au dire de B. Choppin ſur la Coûtume de Paris liv. 2. Tit. 8. *num.* 12. Voila une petite partie des maux & des pechez qui proviennent du Jeu & ſont cauſe des querelles domeſtiques entre le mary & la femme & leurs enfans. Il y en a une multitude d'autres qui en ſont inſeparables dans les maiſons des joüeurs, multipliant la colere entre les parens, & broüillant une famille, des paroles on en vient aux coups, ſouvent eſt cauſe de l'exheredation des enfans, *& proſtitutio filiarum & uxoris.* Le Jeu ſuit la coûtume des Medecins, qui eſt de faire une grande évacuation avec peu de choſe qu'ils font avaler.

De plus cette paſſion n'eſt pas d'un homme ſage, elle démontre la folie en celui qui s'en laiſſe obſceder, *& eſt infatuatio multiplex inde proveniens :* Caton cotte exprès dans un Joüeur, douze eſpeces ou manieres de folies qu'il commet en joüant, c'eſt en ſes morales à l'endroit que j'ay cité, où je renvoyé les Leɛteurs, il y donne de beaux exemples & remarque que Dieu ne laiſſe point impunis ces grands maux, & les pechez qui ſont iſſus du Jeu : par ce moyen quiconque ſoit le Leɛteur qui verra ceci, & quelque qualité qu'il porte, je lui conſeille de ſuivre le precepte de Caton. *Aleas fuge, nè mendaciorum & perjuriorum mater eſt alea in Polycratico lib.* 1. les jeunes gens le doivent fuïr, *quia peccant.* & de plus ils perdent le tems qu'ils pourroient beaucoup mieux employer à l'Etude, ou à des choſes utiles & honneſtes, les vieux *quia inſaniunt,* dautant que le Jeu eſt un badinage & folie indigne de leur âge, comme a dit un Poëte : pareillement les Juges, Magiſtrats & Officiers doivent d'autant plus avec raiſon éviter le jeu, qu'ils perdent par là tout le ſoin qu'ils doivent avoir du public; ou comme dit Themiſtocles, la Magiſtrature & le Jeu ſont incompatibles, un bon Juge ne peut joüer, & un joüeur ne peut être bon Juge, parce qu'il perd la gravité & l'eſtime & le reſpeɛt qu'on lui doit porter.

Les Eccleſiaſtiques & Religieux & Religieuſes ont plus ſujet de fuïr & abhorrer le Jeu, puiſqu'il leur eſt expreſſement défendu par les Loix, comme choſe mauvaiſe & indecente, indigne de leur miniſtere & de leur caraɛtere. *Authent. de ſacroſanɛt. Epiſcop. §. fin. & l. minimè Cod. de Epiſcop. Authent. in-terdicimus.*

A propos de ce que je viens de dire, je ferai une belle obſervation pour les perfonnes qui peuvent joüer : il me fouvient d'avoir lû dans l'Hiftoire de Guzman d'Alfarache une chofe tres-remarquable touchant les perfonnes qui peuvent joüer ou non : il dit que celui qui inventa les Jeux de cartes ne manqua pas au même tems de prévoir les inconveniens & les maux que le Jeu attireroit après lui.

> *Si luditur alea per nox,*
> *Ante Rupellanos : & fi Monp ſſula nummis,*
> *Caſtra carent.*

Les Turcs dans l'un des 124. Chapitres de leur Alcoran, tiennent qu'il n'eft pas permis de joüer aux Echets, aux Dames, aux Cartes & autres femblables rêveries, dont Sergius compofa ce livre. Ce *Farago* de Sergius fut publié fous le nom de Mahomet nay d'Arabie, comme s'il en avoit été l'Auteur.

Je fus furpris d'oüir Monfieur * * Chanoine Regulier de S. Victor, dans le Difcours qu'il fit en public le jour de Saint Matthias à deux heures : que Mahomet avoit été Diacre de l'Eglife de Conftantinople, car il étoit Arabe & n'eft point venu en Europe : ce Difcours fe fait tous les ans à pareil jour à la memoire de Monfieur Coufin, Prefident en la Cour des Monnoyes, qui a laiffé fa Biblioteque à cette Abbaye. Le jour de cette Action il y avoit nombre de Prelats, Cardinaux & Evêques & de perfonnes de Litterature ; parce qu'il fe fait en Latin. Mahomet qu'un Ecrivain a appellé le fleau de l'Univers & la * * de l'Enfer, parut publier en 622. une nouvelle Secte que fon Sergius Monothelite compofa, forgée du Paganifme, du Judaïfme & de l'Arianifme, pourquoi je l'appelle *Farago* qu'il eftablit pendant neuf ans par le menfonge & la force des impoftures. Le nombre des femmes qu'il avoit le firent mourir, laiffant quatre Emires pour tourmenter & faire la guerre aux Chreftiens. Mahomet étoit frappé du mal caduc, pauvre & ignorant, cependant d'un Bourg d'Arabie, il eft forti de cette homme un Peuple qui a perdu l'Afie & une partie de l'Europe, par la liberté qu'il a enfeignée de pécher : ainfi j'ay peine à croire le trait qu'il ait été Diacre de l'Eglife de Conftantinople.

Guzman, dit qu'il voulut dénoter par les figures qu'il y fit empraindre, les perfonnes qui pourroient joüer : ces figures font les Rois, les Reines & les Valets, & des As ; par là il vouloit marquer & fignifier que les Rois & les Grands-Seigneurs peuvent joüer, d'autant qu'ils ne courent aucun rifque de s'apauvrir par la perte, joint qu'ils ne prennent ce tems-là de la récréation que comme un relâche de l'efprit dans le travail de leurs hautes occupations. Pour les Dames elles ont auffi droit de joüer, plutôt que de demeurer oifives & a rien faire ; vû d'ailleurs qu'elles font plus épargnantes, avares & referrées que les hommes, pour ne hazarder le tout : d'ailleurs elles font dépendantes & ont un chef pour les retenir. Quand aux valets, laquais, & foldats, qu'ils joüent auffi à la bonne heure, puifqu'ils ne courent aucun rifque de rien, & que leur vie leur eft toujours affurée, joint qu'ils ne peuvent joüer que l'argent des bouts de flambeaux qu'ils attrapent à leurs maîtres, ou bien peu de chofe de leur fortune, cela peut les porter & exciter à voler ; s'ils le font leurs Epitaphes font dans l'hiftoire de Sorel.

Excepté ces trois fortes de perfonnes, tous les autres qui joüent, comme les Ecclefiaftiques, Religieux & Religieufes, Juges, Magiftrats, Officiers, Gentilshommes, Marchands, Bourgeois, Artifans & femblables, peuvent joüer moderement par récréation : c'eft pour cela que cet inventeur a mis les As immediatement après les trois fortes de figures. Ordonnance d'Orleans art. 101. de Moulins 59. Ordonnance de 1629. art. 137.

Il y auroit ici lieu de bien apoftropher le public maintenant & à l'occurrence de ce qui fe pafle dans le monde aujourd'hui, où nous voyons que tout le monde joüe, les meilleures maifons ruinées, & les enfans de famille abîmez & perdus par le jeu : la morale feroit d'une très-grande utilité pour déraciner des efprits la paffion du jeu qui va jufques à la fureur, fi tant eft qu'il y ait encore quelqu'un capable d'oüir, & ne foit pas noyé dans cette manie qui vient d'une mode qui furmonte & entraine la raifon : nos ancêtres ny avoient pas tant de penchant, ayant reconnu que c'étoit la perte de l'ame & des biens, le tems perdu ne pouvant point fe retrouver ; il ne peut refter qu'un regret extrême de n'avoir pas profité du tems paffé, & des occafions qui ne reviendront jamais. Il faut éviter le jeu comme un mal, qui fans doute eft le plus grand de la journée, & qui entraine avec lui les grands accidens de la vie humaine : il faut fuir comme un air contagieux les occafions & les compagnies de ceux qui y font adonnez, & fe fouvenir qu'on ne fçauroit rien faire de bon fous la domination de cette paffion ; que tous les bons principes, les bons deffeins, & les bonnes inclinations échoüent en cet endroit : c'eft l'abîme & le nauffrage de toutes les belles réfolutions qui peuvent apporter de l'eftime & procurer de l'honneur : mais au lieu de cela cette paffion accable & fait perir fous le poids des ennuis ceux qui en font poffedez, des pertes, des mépris, & des déplaifirs, l'efprit toujours tendu au gain, & mélancolique à la perte ; enfin l'inquietude fait qu'on fe neglige foi-même, qu'on perd le foin de conduire fa famille, qu'on abandonne fes propres affaires, & qu'on méprife les interêts du public ; mais le pis c'eft qu'elle étouffe les bonnes femences de la vertu qu'on peut avoir en foi-même, & abandonner le fervice de Dieu. Lifez Petrarque, *du jeu & de fes efpeces, du hazard & du gain,* & confiderez l'état miferable de Galet, qui mourut à l'Hôpital, après avoir perdu l'Hôtel de * * à Quinquenove au dez, plus gueux que Codrus.

I. Max Tous jeux & berlans font deffendus & prohibez à peine de punition corporelle, fans diffimulation & connivence de la part des Juges, fur peine de privation de leurs Offices, tant à l'égard de ceux qui joüent, que de ceux qui tiennent les Berlans publics, jeux de cartes & dez, & qui font des paris, dont les maifons feront confifquées. Homere parlant de ceux qui joüoient aux dez dans le Temple de Minerve, dit que c'étoit pour honorer les Dieux : Palamede inventa le jeu des Echets au fiege de Troye, tant pour entretenir les foldats, que pour les inftruire aux rufes de la guerre : l'ufage de ce jeu paffa au lieu de celui des dez, qui ne fut retenu que par les Goujats de l'armée ; celui des Echets fut le paffe tems ordinaire des perfonnes d'honneur, & s'entretenoit dans les Temples des Dieux, pour honorer par ces réjoüiffances publiques la célébration de leurs Fêtes, il eft fort en ufage en Efpagne. Recherches de la France au livre 4. chap. 31. & le Roman de la Roze. *Lege de Jure Civili nulla pœna eft impofita. Julius Clarus in §. ludus num.* 6. pour raifon dequoi les Ordonnances reglent

les peines à l'extraordinaire, à la difcretion du Juge, felon le fait & la quaÿté des
perfonnes. Code Henry livre 8. Titre 19. des Bord. & Berlans. Bouchel *in voce*
Berlans & jeux. Mofnier Titre des jeux de dez, Bugnion en fes Loix abregées
livre 1. Satyr. 230. *infrà* Maxime 12. Franc. de Billon fol. 171. dit que le jeu
d'Echets fut inventé par Xerxés le Philofophe, du tems d'Ezechias Roy de Juda,
pour le faire joüer à Merodach Roy de Babilone, afin de lui faire oublier fes
cruautez.

II. Max. Il eft deffendu aux Financiers & Treforiers, Receveurs & Commis
des Finances, de joüer les deniers Royaux en quelque forte & maniere que ce
foit, fur peine de perdition de leurs états, & leurs biens confifquez : depuis il y
a eu trois Déclarations que j'ay rapportées page 529. du nouveau Traité des
Criées, données à Verfailles les 5. May 1690. 14. Juillet 1699. & 3. Juin 1701.
Regiftrées en Parlement, contre ceux qui emporteront les deniers Royaux, portant qu'ils feront punis lorfque la banqueroute fera de 3000 liv. pour les Officiers & 1500 liv. pour les Commis, afin d'arrêter la déprédation qui fe faifoit
dans les Finances. Quant à ceux qui joüent contre ceux qui ont les deniers
Royaux, ils doivent être condamnez à rendre l'argent & le double d'icelui.
François I. à Châteaubriant en Juin 1532. Imbert livre 3. chap. 22. *num.* 24. 25.
26. 27. Ordonnance de Paris en 1629. art. 139. Voyez ici la premiere Maxime du
Titre fuivant du peculat, ce qui fe doit étendre aux Receveurs des deniers publics, fuivant le privilege établi *infrà* Tit. 33. Maxime 9. Arreft de la Cour des
Aydes du 6. Septembre 1686. contre un * *

III. Max. L'argent gagné au jeu par dol & fraude eft fujet à reftitution, *in
foropoli & etiam in forofori*. Mofnier *in Tit.* joüeur de dez. *Julius Clarus,
in §. ludus. num.* 14. Philbert Bugnion liv. 2. chap. 77. le Corps de Droit François liv. 3. Tit. 9. Il eft néanmoins remarquable que l'argent ainfi gagné par fraude, n'eft pour l'ordinaire reftitué ny à celui qui a perdu, ny à celui qui l'a gagné ;
mais il eft appliqué à l'Eglife ou à l'Hôtel Dieu, aux pauvres, ou autres œuvres
pies, & par exprès des jeux de blanques, fcomeffes & gageures fur l'évenement
des chofes contingentes, ainfi que j'expliqueray plus au long dans les Maximes
fuivantes. *infrà* Max. 11. R. Choppin fur la Coutume de Paris liv. 3. Tit. 3. *num.*
13. eft à voir.

IV. Max. L'ufage excufe les jeux de hazard, *forum aleatorium*, dit Své-
tone, pour dire une Académie, lieu public où l'on joüe aux dez & aux cartes,
& l'on n'eft point tenu à la reftitution de l'argent gagné, quand il n'y a eu aucune
fraude, & que celui qui a perdu a joüé fon argent & non celui d'autrui. On y
ajoûte auffi une autre circonftance notable, à fçavoir que le gagnant ait excité
fon compagnon à joüer : auquel cas s'il gagne étant agreffeur, il eft tenu de lui
rendre l'argent gagné : mais tout au contraire, fi celui qui a perdu avoit incité
l'autre, il ne peut recouvrer fa perte, & fe doit imputer à blâme d'en avoir été
l'auteur & moyenneur, *nam damna qui fua culpa fentit, fentire non videtur*. Bugnion livre premier Satyr. 230. Joachin du Chalard fur l'Ordonnance
d'Orleans art. 101. *num.* 8. Bouchel en fa Biblioteque au mot Berlans. *Gloffa in
l. fin. cod. de aleatoribus, &c.* R. Choppin en a bien parlé fur la Coutume de
Paris lib. 3. Tit. 3. *num.* 13. Ordonnance d'Orleans art. 101. Galet affignoit fes
créanciers fur 7. & 14. fuivant Regnier, Satire 14. •

Kkk iij

.V. Max. Celui qui joüe de l'argent sur sa parole & perd ensuite, n'est pas tenu s'il ne le veut de donner cet argent ; au contraire il peut repeter sur celui qui a gagné ce qu'il a reçû de comptant perdu, sous la restriction de la Maxime precedente : d'autant que le jeu est réprouvé & contre les bonnes mœurs ; *omnem autem aleatorem oportet esse mendacem perjurium* , suivant Bugnion liv. 2. sect. 75. c'est pour cette raison qu'on ne donne point d'action pour favoriser les joüeurs tout au contraire : Mosnier *quo supra num.* 10. Joüeur de dez, Didac Covvarruvias 2. part. *Electio.* §. 4. *num.* 8. J'ay connu des Officiers de * qui ont été ruinez au jeu. *infrà* lisez à la Maxime 11.

V I. Max. Toutes dettes, promesses, obligations & actes contractez pour le jeu sont nulles, suivant Jean Chenu centurie 2. quest. 41. 42. & les Ordonnances que j'ay rapportées page 83. du nouveau Traité des Criées, quelques déguisemens à prêter à poste ou autres termes dont on se soit servi, & contre icelles promesses. Le fait du jeu est reçû à prouver, nonobstant l'article 2. du Titre 20. de l'Ordonnance du mois d'Avril 1667, mais il faut prendre la voye extraordinaire, c'est-à-dire, la plainte & l'information, & les porteurs & demandeurs de telles promesses doivent non seulement être déboutez de leurs demandes, mais aussi étant prouvé que ces promesses viennent du jeu, les demandeurs seront condamnez envers les pauvres en pareille somme que celles contenuës en ces promesses demandées, *nam de mutuo facto inter ludentes, jus non reddat nec etiam ludentibus ad creditum.* Ordonnances d'Orleans art. 101. de Moulins art. 59. & les notes sur icelles. Ordonnance de Paris en l'an 1629. art. 138. 139. 140. *Annot. Julius Clarus* §. *ludus num. ultim.* Voyez la Max. 8. Bardet livre 2. chap. 2. lisez le livre de Simphorien Champier, du chemin de l'Hôpital ; celui de David Mævius à Lypsic, *Levamem inopiæ debitoris ;* celui de François Salgado à Lyon, *Labirinthus creditorum* utiles à sçavoir. Expilly Plaidoyer 4. curieux à voir, nouveau Traité des Criées fol. 251. A Lacedemone il étoit permis descamoter, mais si l'on étoit surpris le faisant, l'on étoit foüeté & condamné à jeûner, non pas pour le vol, mais pour l'avoir fait mal-adroitement. Le livre de Salgado est si util, qu'il y en eut une nouvelle édition en deux vol. à Anvers en 1653. *suprà* liv. 1. Tit. 17. Maxime 25.

VII. Max. Ceux qui prêtent de l'argent à celui qui joüe, soit par promesse ou à poste, lorsqu'il perd, sçachant & voyant la perte, doivent perdre leurs deniers, comme prêtez dans une mauvaise & méchante occurrence, & les obligations & promesses sont nulles. Mosnier, *quo suprà.* Duret en ses alliances, §. 172. *fol.* 377. *l. si cum dotem* 22. §. *si post solutum* ff. *solut. matrim.* Les jeux étoient de la Jurisdiction du Roy des Ribaux, suivant Jean Boutiller, & les Recherches de la France liv. 8. chap. 44. *pacta enim contra bonos mores non sunt obligatoria.* Nous ne voyons point de Loix qui approuvent les mandians valides qui peuvent gagner leurs vies ; mais nous en trouvons qui les punissent & châtient comme de veritables larrons, des vrais pauvres, nous l'avons veu à Paris. Ecclesiast. chap. 34. ⅴ. 22. celui qui offre la substance des pauvres en sacrifice, ressemble à celui qui sacrifie le fils en la presence du pere.

Pour punir les faineans se fit une Ordonnance portant défenses de donner l'aûmône aux mandians, à peine de cent sols d'amende, qui fût imprimée, affichée & publiée. Cette Ordonnance est prise de l'Ordonnance de Henry

II. du mois de Novembre 1554. art. 10. sur ce que sous prétexte de la liberté de glaner, plusieurs mal vivans, tant des Fauxbourgs, des Villes clauses, que du plat Païs, s'assembloient par troupes & compagnies & déroboient les gerbes des grains laissez sur les champs, pour les dixmes & champarts, ou qui n'a-voient pû être engrangées : le Roy ordonne à hommes & femmes oisives ca-pables & valides pour scier qu'ils ayent à leur employer durant le tems de l'Aoust & des metives à cüeillir & scier les bleds & les *grains*, moyennant salaires raisonnables, & défenses à eux de plus glaner, ce qui est permis seulement aux gens vieux, & aux petits enfans & autres personnes qui n'ont pouvoir, ni la force de scier : après toutefois que le Seigneur, le Curé ou le Laboureur auront pris & enlevé leurs gerbes, & ceux à qui appartiennent les dixmes ou autres droits auront pris & enlevé leur dixme ou champart, & non plûtôt : ni autrement & les contrevenans & désobéïssans seront punis comme larrons par les Officiers de Justice qui en doivent connoître & peuvent punir les dé-linquants : cela est encore tiré des antiquitez de Paris de Frere Jacques du Breul *folio* 938. où il est traité de la Police des Pauvres de Paris : ce qu'il explique fort au long en rapportant les Ordonnances portant défenses à toutes personnes de mandier dans la Ville & Fauxbourgs de Paris, sur peine * * qu'on peut voir en cet Auteur, ainsi cette Ordonnance n'est pas nouvelle, si l'on prend la peine de lire l'Ordonnance de Moulins art. 73.

J'ay oublié à dire dans l'explication du Titre parlant de Galet, ce redou-table Joüeur qui mourut à l'Hôpital, qu'il étoit si obstiné au jeu des dez, qu'il assignoit ses Créanciers sur 7. & 14. suivant Regnier satyre 14. ce qu'on ne peut assez repeter, je parlerai aussi d'une autre, Maxime 11. ils avoient ouy parler du livre de Ciceron *de la fin des biens* au lieu d'en chercher les prin-cipes. Lisez l'Epicurien, *Colloqui Erasmi.* Domat tome 2. liv. 1. Tit. 7. section 1. *num.* 6. rapporte les Loix qui ont pourvû à punir les mendians valides & à les forcer à des travaux pour le bien public.

VIII. Max. L'argent, deniers ou autres biens perdus au jeu par les mineurs, peuvent non seulement être par eux répetez, mais aussi par leurs pere, mere, & ayeuls, leurs tuteurs & curateurs, ou autres leurs proches parens, sur ceux qui les auront gagnez, lesquels seront condamnez à la restitution avec dé-pens, dommages & interêts & la preuve par témoins en sera reçüe encore que la somme excede celle de cent livres, ainsi que j'ay dit *suprà* Maxime sixiéme Ordonnances de Moulins art. 59. celle de 1629. art. 138 139. 140. *lib.* 1. ff. *de minoribus. Angelus.* Bugnion *suprà.* Antoine du Verdier en ses Leçons liv. 6. chap. 7. Lisez les Saturnales de Lucien.

IX. Max. L'Officier Magistrat d'une Ville n'est pas seulement obligé de s'abste-nir de joüer; mais il est responsable de la perte de ceux qu'il souffre joüer en le tolerant faire, il faut voir pour cela, *annot. Julius Clarus supr. §. ludus num.* 4. *& ibi multa autoritatis. Angelus, de malefic. in verbo meridere de mal. dand. & ibi Augustin. hoc pessimum vitium in Magistratibus detestabilius & horribilius censendum est.* Lisez la Max. 7. au Tit. 3. du liv. 1. *infrà* Max. 12.

X. Max. Les Ordonnances ne deffendent pas seulement le Jeu de Dez & de Cartes; mais encore les Jeux de Billards, Courte-Boulle, aux Quilles & autres Jeux, *in quibus sola sors versatur* : les Jeux de Blanque & tous Jeux de hafard font deffendus, *cum pecunia ita confertur à multis & Magiſtre ludi datur.* Il n'y a qu'à voir les Ordonnances d'Orleans art. 25. & 101. Du Chalard en fes Notes, les Ordonnances Royaux liv. 3. Tit. 10. & liv. 9. Tit, 7. Ordonnance de S. Louis en 1254. Philbert Bugnion aux Loix abrogées liv. 1. Satyre 230. Arreft celebre du mois de Janvier 1601. contre les Joüeurs de Blanque. Je ne crois pas les trois Jeux de cette Maxime être des Jeux de hafard, le Prefident de Perchambault fur l'article 624. de la Coûtume de Bretagne.

X I. Max. Les Scommeffès & Gageures font aufli deffendus, & par exprès l'on a prohibé celles qui fe font au fujet des femmes enceintes, qu'elles accoucheront d'une fille, ou d'un garçon, ce font les plus illicites & les plus defhonnêtes de toutes les Gageures, à caufe des fuppofitions & changemens d'enfans qui fe peuvent faire, dont j'ay parlé Max. 3. de ce Titre. De maniere qu'il eft fait deffenfes de faire Scommeffè & Gageures payables fous l'evenement & condition d'un accouchement d'un mâle ou d'une femelle, fous peine de pertes des chofes gagées : Bugnion *fupr.* appuyé d'Arrefts *l. fi gratuitam* §. *Final.* ff. *de praf. verb.* La prefcription n'eft moindre de trente années pour demander la reftitution & recouvrer les chofes ou fommes perduës au Jeu, lefquelles on peut demander & en intenter l'action pendant ce tems. Mofnier *quo fuprà num.* 10. *ex Cujaeio Tit. de prafcript. cap.* 31. Expiliy Plaidoyer 4. a parlé de diverfes Gageures permifes. J'ay connu un * * qui perdit neuf cens mille livres, & on lui pourveut fort inutilement d'un confeil, lorfqu'il n'avoit plus rien.

X I I. Max. La Coûtume de Bretagne art. 624. parle de ceux qui tiennent les maifons & lieux de Berlans & y attirent les jeunes gens pour joüer : il eft remarquable qu'outre qu'ils perdent les maifons, lefquelles font confifquées, comme j'ay dit Max. 1. de ce Titre, fi l'on les bat & maltraite, & qu'on leur faffe affront pendant la fceance du jeu *non datur illi actio injuriarum, nam talis injuria non eſt punienda.* De plus fi l'on dérobe quelque chofe dans ces fortes de lieux qui ne font pas deftinez pour un feul jeu, qui à l'exterieur paroît devoir être toleré, les Maîtres ou Locataires d'icelles n'ont aucunes action pour la peine du larcin : *fed nec ad rei perfecutionem quoniam retinens ludum cauſa eſt multorum peccatorum & delictorum. Angelus de malefic. verb. metidore de mali dand. & ibi Auguſtinus pag.* 106. *Textus in l. in princip.* ff. §. 1. *de aleatoribus l. non folum* ff. *de variis. l.* 1. *cod de falfis* §. *ait Prætor* ff. *de aleatoribrs.* Le Jeu eft une manie mal-feante à tous chacuns, les Academies des Jeux font de très-dangereufes Ecoles pour la jeuneffe & de funeftes écuëils pour les plus riches maifons du Royaume *fuprà* Max. 9.

X I I I. Max. Toutes les peines ci-deffus, ne font pas les feules impofées contre les joüeurs, car quelquefois ils font punis comme des filoux de la peine du larcin & de faux, bien fouvent de celle du ftellionnat, les Loix les traitent de prodigues, en les interdifant de l'adminiftration de leurs biens. Jean Imbert liv. 3. chap. 22. *num.* 13. 24. *Angelus & Auguſt. quo fuprà,* Balde *in Authent. qui locum Cod. de col. in fine legi, ubi adhuc Cod. de jure dotium; nam Lex præfumit ipfum ludentem delapidatorem bonorum fuorum, & ipfum male uti fubſtantia fua,* & par la même raifon on leur ofte l'adminiftration du bien des autres, comme par exemple, s'ils étoient Tuteurs, ou Curateurs de
Mineurs

Mineurs, Receveurs de deniers publics, Caissiers, Agens de Change & ayant de l'argent en dépôt.

XIV. Max. Par le Droit Civil, *L. succulari ff. de extraord. crim.* les Saltinbanques & joüeurs de passe-passe, bâteleurs & tours de gibeciere, étoient punis du foüet & exilez pour un tems : il y en a d'autres qui approchent de ces imposteurs, lesquels portent des couleuvres & serpens charmez dans une boëte, & s'en font piquer sans en recevoir aucun mal, lesquels sont punis à l'arbitrage du Juge *L. in circulatores eodem. Titul.* mais les Loix de France n'ont pas été si rigoureuses, comme les Lecteurs pourront voir dans Philbert Bugnion dans ses Loix abrogées liv. 3. Syntag. 29. Ordonnances d'Orleans art. 25. 101. *L. Mime a Cod. de Episcopi & Clerici.* Il est seulement défendu à tous joüeurs de farces, charlatans, bâteleurs, & vendeurs d'Orviétan & autres semblables, joüer sur leurs Theâtres les Dimanches & Fêtes pendant le service divin, ni de se revêtir d'habits convenables aux Ecclesiastiques, ny joüer des farces dissoluës & de mauvais exemple, à peine de prison &. de punition corporelle. Ordonnances d'Orleans, art. 24. Blois art. 38. Arrests du Parlement des 22. Fevrier 1707. & 21. Mars 1708. entre les Comediens François & les Pantomimes, bâteleurs de la Foire de saint Germain.

XV. Max. En Matiere Criminelle, un joüeur n'est pas reçû en témoignage suivant *Grammaticus Consil.* 12. *num.* 29. & tels témoins ne sont pas recevables. Voyez je vous prie la souscription du Conseil 35. où vous trouverez des choses curieuses contre les joüeurs, entre autres les maux que causent le jeu, *quia lusor ludendo dicitur agere turpem vitam, hinc est quod aleatores sunt exosi legibus, supra* Part. 1. Tit. 8. Max. 13. & Tit. 17. Max. 11.

XVI. Max. Les Allard, Dolet & autres Danseurs de cordes & Pantomimes, sont appellez *Schoënobates,* leurs devanciers succederent à Rome ancienne aux jeux *seculares* qui se faisoient tous les cent ans. Monsieur le President de Perchambault sur l'art. 151. de la Coûtume de Bretagne nomme plusieurs gens reprochables à être témoins, comme infames, les Garçailles, *mortis exactor,* Pendeurs de Larrons & des Truendailles, Ecorcheurs de chevaux, Crieurs de patez, les *Ventilatores,* Joüeurs de gobelets, Bâteleurs, Farceurs & Pantomimes, Vendeurs de fumée, qu'il dit qui menent une vie pleine de scandale & d'infamie.

XVII. Max. J'ay parlé Maxime 9. de l'exemple que doit un Juge à obéïr aux Loix que je tire du liv. 3. de Justinien parlant de Lycurgue, & de Monsieur de * * * dans l'Histoire du Roy * * * où il dit que jamais Sa Majesté ne donna de Loy contre le luxe, que lui-même le premier ne retranchât les choses superfluës qu'il croyoit être pour l'ornement de sa personne & le délices de sa table.

L'Exemple est la plus douce & la plus forte Loy.

Il sçavoit & connoissoit ce que dit Becan cap. 12. *de Legibus, Certum est Principem tam sacularem quam Ecclesiasticum, qui habet potestatem ferendi Leges aliquomodo obligatum esse ad servendas suas leges,* étant persuadé que le moyen le plus assuré pour établir les Loix est l'exemple du Legislateur, *digna vox est Majestate regnantis, legibus alligatum se profiteri lib.* 4. *C. de legibus.*

II. Part. L II

TITRE XXVIII.

Du Peculat.

EXPLICATION DU TITRE.

LE Peculat quoique le plus lâche de tous les crimes, a été le crime des anciens, suivant Jean Imbert liv. 3. chap. 22. *num.* 25. Miltiades & Themistocles en furent accusez chez les Grecs : le premier fut condamné & mourut en prison : l'autre ses biens furent confisquez. Il faut voir l'Histoire des Favoris de .M. Dupuis pour sçavoir ceux qui ont été accusez, poursuivis & condamnez en Justice. M. de la Mothe le Vayer, dans le Traité qu'il a fait pour l'instruction de Monseigneur le Dauphin, voyant la licence du dernier siecle, disoit qu'on pourroit douter si le larcin des deniers publics n'a point été permis en France, ainsi que le larcin particulier étoit autrefois permis en Egypte, à Sparte & parmy les anciens Allemans.

Le peculat est une des especes de larcin des plus énormes & détestables : il se commet des deniers publics & Royaux & le plus souvent par ceux à qui la garde en est confiée. Ce crime est si grand que *Bossius in l. peculatus & de residuis* le compare & l'appelle sacrilege : il est plein de perfidie, & par exprés en ceux qui en ont la charge & l'administration ; c'est pourquoi Tite-Live dit, *nisi fide stet resp. opibus non stabit :* le mot peculat est latin, *peculatus sic dicitur quasi pecunia ablatio l. fin. ff. ad l. Juliam peculatus, pecunia autem dicta est à pecore vel à pecu* suivant Alciat *de verbor. significat. in l. 178. quod in pecoribus, omnis veterum census esset.* Il est vrai que Pline l'a fait dériver d'une autre façon plus probable, *id est pecuniam pro nummis simpliciter accipit, eo quod pecudum nota antiquita inoveta signaretur :* de sorte que le mot *peculatus* est composé par apocope de celui *de pecu*, qui se prend ici *ut pars pro toto, vel per sincopem,* sçavoir, *pecu pro pecunia,* de même *de latus, quasi ablatus, per elisionem,* d'où ce forme le substantif de *peculatus.* Ce mot peut aussi venir de *peculium,* qui signifie Finance ; mais celui-là dérive de même de *pecu aut pecore.* Lisez les Recherches de la France liv. 2. chap. 7. lettre D. & les Origines de Menage sur le mot pecule.

Dans tous les tems le Parlement s'est montré zelé pour maintenir & conserver les Droits & Privileges & les Loix de la Couronne & du Royaume ; tous les Historiens en conviennent & les Arrests qui sont dans nos Livres en font la preuve. Sa Majesté étant tres-persuadé de ces veritez, a confié au Parlement le dépôt de ses dernieres volontez par le fameux Edit qui fut solemnellement enregistré par le Parlement assemblé avec les Princes & les Pairs de France, le Mercredy 29. Aoust 1714.

Le Peculat n'est autre chose qu'un vol fait des deniers publics ou Royaux par ceux qui en ont la gestion & le maniement & la direction, qui les ont entre les

tuains : c'eſt en quoi eſt la perfidie & l'abus, *tarda ſolet magnis rebus in-
eſſe fides. Ovid. Epiſtol.* 16. Il eſt parlé du Peculat dans le Digeſte liv. 48. Tit.
13. dans le Cod. liv. 9. Tit. 28. aux *Inſtituts lib.* 4. *Tit.* 18. §. 9. ſemblable au crime *de reſiduis* ff. *titul. de reſiduis.*

Le Peculat ſe commet en diverſes manieres, ſuivant Bouchel en ſa Biblioteque, *Peculat*, dérobant l'argent du Roy, s'appropriant les Titres de ſon Domaine, uſurpant les chemins Royaux, volant les choſes ſacrées ou qui ſont
au public, & en pluſieurs autres manieres, de quoi je traiterai en partie dans
les Maximes, après cela il faut conclure avec Caton, chez Aulugele liv. 11.
chap. 18. que le plus ſouvent ce crime eſt impuni par les temperamens & les
adouciſſemens que trouvent les coupables pour faciliter leur abſolution, ainſi
que j'ay fait voir clairement liv. 1. Tit. 17. Max. 25.

I. Max. La peine que les Loix établiſſent pour le Peculat, eſt bien differentes
ſuivant & de quoi j'ay parlé dans l'explication du Titre, où je renvoye les
Lecteurs pour ne rien repeter, & parce qu'elle ne ſont pas ſuivies. En France
la peine ordinaire eſt ſi l'Officier a retenu l'argent du Roy durant l'admi-
niſtration de ſon Office & ſi de même à l'égard de ceux qui lui ont preſté
confort, aide & recelé les deniers ; mais ſi ce ſont autres perſonnes qui ayent
dérobé les deniers, n'en ayant point la Charge, elles ſont bannies à perpetuité & confiſcation de leurs biens. Quant aux Tréſoriers prenant l'argent du
Roy pour en faire leur profit particulier, & n'en rendre jamais rien, de droit
on les faiſoit mourrir ou à tout le moins bannis à perpetuité & confiſcation
de biens ; mais par exprès la mort naturelle eſt inévitable quand il y a fauſſeté
jointe au larcin : on ſe contente quelquefois de condamner les délinquans à
faire amende-honorable, pillorié, bannis, confiſcation de biens, ſimple reſtitution du larcin ou le quatruple.

Au regard de ceux qui uſurpent les Domaines du Roy, ou les chemins
Royaux & publics, ils ſont condamnez de rendre les fruits qu'ils ont perçûs
depuis leur induë poſſeſſion & joüiſſance au dire d'Experts, avec une amende
pour le vol par eux commis.

Quant à ceux qui depoüillent les Egliſes & ſpolient les biens des Fabriques,
c'eſt auſſi un crime de Peculat ; mais j'en ferai un Titre à part ſur l'eſpece
& au mot ſacrilege. A l'égard de ceux qui prennent les deniers appartenans
à une Communauté, ils ſont tenus de reſtituer la ſomme dérobée, & tout le
profit qu'ils en ont pû faire avec une amende, & toutes ces condamnations & reſti-
tutions vont par corps, ſuivant les Auteurs que je vais rapporter, qui en ont
amplement parlé dans leurs œuvres conformes aux Loix. Laurent Bouchel en
ſa Biblioteque au mot Peculat. *Faber in* §. 9. *Item. Lex Julia Inſtitut. lib.*
4. *Tit.* 18. *de publicis judiciis. L. unic. cod. de crim. peculat.* La conference
desOrdonnances liv. 9. Tit. 15. Jean Papon liv. 22. Tit. 2. Barthelemy Chaſſeneux.
Titre des Juſtices en Bourgogne au mot droits *num.* 32. Ordonnance de Charles
I X. en Fevrier 1566. Maréchal en ſon Traité des Changes & Rechanges &
des moyens de pourvoir aux fraudes & banqueroutes, imprimé par Nicolas
Buon en 1625. eſt très-nceſſaire à voir chap. 8. & page 295. où il rapporte
ce qu'on ne trouve point ailleurs, l'Edit contre les Banqueroutiers verifié au
Parlement le 4. Juin 1609. & l'Arreſt des Requeſtes de l'Hoſtel, qui eſt une

piece curieufe , & le nouveau Traité des Criées , imprimé en 1704. page 519. qui eft à voir. R. Choppin *de Domanio lib. 3. Tit. 29. num. 26. fuprà* au Titre precedent Max. 2. & les fuivantes. Jean de Serres *in folio* tom. 2. fol. 290. Arreft notable du 14. Aouft 1711.

11. Max. Suivant l'Ordonnance de François I. donnée à S. Germain en Laye en Mars 1545. le crime de Peculat étoit puni par confifcation de corps & de biens , ce qui eft toujours *citra mortem :* fuivant les meilleurs Auteurs c'eft une confifcation & un banniffement perpetuel , & non la perte de la vie : fi le délinquant étoit noble , il feroit outre la peine privé de nobleffe , & lui & fes defcendans déclarez vilains & roturiers : & fi aucuns comptables fe cachent & retirent hors du Royaume fans avoir rendu compte & payé le reliqua par eux dû de de l'adminiftration de leurs receptes & maniemens , il fera procedé extraordinairement contr'eux par la Déclaration , & puni des mêmes peines que ceux qui ont commis le crime de Peculat. Depuis la peine a été établie par les Déclarations Regiftrées au Parlement , que j'ay rapportées en la deuxiéme Maxime du Titre precedent , renduës au fujet de gens venus de la lie du peuple , qui avoient édifié des maifons , celebrées par des fêtes qui ne font dans aucun Kalendrier des jours feriez & non feriez. Lifez Pline liv. 35. chap. 18. parlant de la maniere dont ufoient les Romains. Jean Baudouin au 15. difcours de fes Emblêmes , fatisfera les fages Lecteurs.

Tous les Edits de nos Rois touchant le luxe , n'ont jamais eu d'execution. Philippes le Bel en donna un en 1294. qui eft rapporté tout au long par Antoine du Verdier en fes diverfes leçons liv. 3. chap. 25. qui deffendoit aux grands Seigneurs & à leurs femmes , de porter des étoffes de plus de vingt-cinq fols l'aune : ce fut ce qui donna lieu aux articles 133. 134. de l'Edit du mois de Janvier 1629. & au livre du R. P. Jean François Senault , General de l'Oratoire , dont j'ay parlé au Titre 2. Max. 8. *fuprà.* Cet article 134. de l'Edit de Janvier regle le nombre des plats des feftins,des nôces & des fiançailles , dequoi i's feront compofez : combien chacun pourroit dépenfer par tête, à peine de confifcation. Ces loix n'ont point eu de lieu non plus que les autres dont je vais parler , par le luxe qui a toujours augmenté , joint à la bonne chere ennemie de la frugalité. Ragueau en fon indice des droits *in verbo* feftin. L'on rapporte un bon mot de Louis XII. que la plûpart de la Nobleffe avoit le fort de *Diomes* & *d'Acteon,* d'être mangée par leurs chiens & leurs chevaux. Charles V. avoit un Maître d'Hôtel , qui avoit une grande maifon & une petite cuifine : un jour le Roy lui demanda la raifon de cela , il répondit, Sire , ma petite cuifine eft ce qui a fait la grandeur & la beauté de ma maifon. *Vide* l'art. 145. de l'Ordonnance d'Orleans , l'Edit de frugalité de l'Empereur Claudius , & la Satyre 11. de Juvenal. Le Roy Louis XIII. donna un Edit en l'année 1613. & deux Déclarations , les 16. May 1617. & 8. Fevrier 1620. concernant les meubles & habillemens , l'ordre des tables dans les banquets , feftins , nôces , & repas ordinaires , dequoi ils feroient compofez. Le Roy en donna un à Verfailles au mois de Mars 1700. Regiftré au Parlement le 20. du même mois , contenant 30. articles , portant reglemens fur l'ufage des meub'es , vaiffelle , & étoffes d'or & d'argent , avec les noms & qualitez des perfonnes qui pourront en avoir dans leurs meubles & habillemens ; tout cela eft demeuré fans execution , quoique cette reforme fut très-utile & fort neceffaire aux maris pour arrêter le luxe. Juvenal en sa Satyre 11. a traité à qui il appartient de faire de grandes dépenses, & Erasme en son Colloque du Senat des femmes.

Themistocles pour lever de l'argent avoit recours à deux Déesses, la Force & la Persuasion : les Andriens lui opposoient deux autres Déesses, la Necessité & l'Impuissance.

III. Max. Sont déclarez dûëment atteints & convaincus de peculat, ceux qui font banqueroute & emportent les deniers du Roy, qui font debiteurs de sommes notables, sans pouvoir prouver aucune perte : ceux qui joüent les deniers Royaux, qui donnent lesdits deniers à rentes, achats ou interêts, qui changent & billonnentles especes qu'ils ont reçûës,& d'autresqui fabriquent de faux Roolles ou acquits :comm'aussi les rétentionnaires, ceux qui reçoivent ou font des gratifications pour n'être pas pressez ; ceux qui font de faux emplois, & obmissions de recettes, fausse reprise, composition & achat d'aquits. *Ibi neve faciat quo quis auferat. l. Jubemus cod. ad l. Juliam repetundarum. ff. ad legem Juliam pecul.* Jean Imbert liv. 3. chap. 22. *num.* 12.13. Ordonnance du Commerce du mois de Mars 1673. Titre 11. des faillites & banqueroutes. Ordonnance de Paris en 1629. articles 390. jusqu'au 400. *supr.* liv. 1. Titre 22. Max.5. & en ce second Livre, Titre 23. Max.8. de Serres, derniere édition fol. 290. Julien Peleus liv. 7. art. 9. Mezeray.

IV. Max. Il est deffendu sur peine de la vie par l'art. 130. de l'Ordonnance d'Orleans notée par Joachin du Chalard, à toutes personnes de quelque qualité que se soit, d'imposer & lever aucuns deniers sur les sujets du Royaume sans permission du Roy. Lisez le Titre *ae exactibus tributorum*, & le nouveau Traité des Criées page 540. parlant du crime de concussion. Dolive liv. 2. chap. 9. l'Ordonnance de Moulins art. 23. Blois articles 275. 280. La Capitation est un droit qui est en S. Luc 2. ℣. 2. se leve par ordre du Roy sans frais, dont M. Expilli à composé son vingt-uniéme Plaidoyer.

V. Max. La preuve du peculat sera reçuë par témoins, nonobstant qu'il soit question de plus de cent livres, à quelque somme que l'accusation puisse monter, & que trois témoins déposans de trois faits singuliers de la même nature, quoique differens pour le regard des personnes, vaudront autant qu'un témoin entier. Il y a huit sortes de crimes, dont j'ay parlé page 539. du Traité des Criées, dans lesquels les accusez font preuve les uns à l'encontre des autres : c'est où je renvoye les Lecteurs, & à l'Ordonnance de 1629. *supr.* Papon livre 22. Titre 2. du Peculat. Dans les Hierogliphiques, & le Phædon de Platon, le Milan est pris pour celui qui s'est gorgé & enrichi des biens mal acquis.

VI. Max. Les donations faites par les Officiers, Fermiers, Comptables, & Receveurs debiteurs du Roy, qui se trouveront atteints du Peculat pour avoir acheté des Offices, ou doté leurs enfans des deniers Royaux, ils seront repettez sur eux pour le payement des restitutions & condamnations adjugées au Roy : ce qui donna lieu à l'article 17. de l'Ordonnance, dite de Roussillon, faite à Paris par Charles IX au mois de Janvier 1563. dont j'ay parlé page 483. du nouveau Traité des Criées. Ordonnance 1629. à Paris, depuis l'article 390. jusqu'au 400. L'on a étendu cela contre les Receveurs des Consignations, les Commissaires aux saisies réelles & autres Receveurs des deniers publics qui ont épuisé leurs Caisses pour marier leurs enfans,attendu le privilege du public établi,*infra* Tit.33.Max 9.

V I I. Max. Le crime de Peculat se prescrit par cinq ans, selon aucuns Auteurs, & suivant Claude le Brun en son procès civil & criminel §. Peculat page 64. Il soûtient que le crime de Peculat ne se prescrit que par 20. ans, comme les autres crimes qui tombent sous la prescription, dont j'ay parlé page 440. du nouveau Traité des Criées, où je renvoye, après avoir vû Chenu Centurie 1. question 83. Centur. 2. question 38. & les Arrests de Bardet liv. 4. chap. 20. ils font des observations particulieres en ce crime, qu'il n'est point éteint par la mort, dautant que les heritiers sont poursuivis pour la restitution des deniers volez, ce que j'ay observé en divers endroits. Philbert Bugnion dit, *inter se Doctores uno ore conveniunt, omnes in eo quod crimen concuffionis, non extinguitur per decurfum decem, vel viginti annorum spatium, sed perpetua est persequutio.* Aurelius Caffiodorus dans ses diverfitez, dit de la prescription, *humano generi patrona præfcriptio est.* Je doute si cela trouvera son application à nôtre Maxime.

V I I I. Max. Il y a d'autres cas & especes de Peculat par les Loix Romaines : je ne sçay si cela auroit un sauf-conduit & passeport en France ; néanmoins pour ne rien oublier, afin de contenter les studieux Lecteurs, je leur diray où cela est marqué pour qu'ils forment leur opinion sur quel côté il leur plaira, après avoir vû *l. hac leg. ff. ad l. Juliam Peculat. Annot. Julius Clarus quæst.* 68. *num.* 79. *l. facrileg. ff. ad l. Juliam Peculat. Julius Clarus & dict. Annotat. in dicta quæst.* 68. *Joannes Gallus quæst.* 10. *an emenda regia sit solvenda ante creditores,* surquoi du Molin se recrie fort au sujet du jugement des Commissaires de la Tour Karrée, rendu contre la Chesnaye, gendre du General Bohier. Gouget pages 606. & 810.

Si crainte du supplice & sans horreur du crime
Tu t'abstiens du trefor à ta garde commis,
Ta vertu apparente ne merite d'estime,
Le larcin n'est pas fait, mais le crime est commis.

Un grand homme a dit un beau mot, que la verité vient à nôtre connoissance, ainsi que les finances vont aux coffres du Roy, c'est-à-dire avec une grande diminution & alteration : les eaux les plus claires se troublent lorsqu'elles passent par des canaux bourbeux & corrompus. L'on dit en proverbes à Paris contre les Banqueroutiers, il a broyé de l'Orpin, il est à la nôce monté sur le cheval blanc : à Roüen il a passé la côte. Test. Pol. chap. 4. sect. 4. Louis X I. disoit que la verité étoit la seule chose qui manquoit dans les Palais des Grands, qu'elle étoit trop retirée & n'entendoit pas affez la Cour pour s'y trouver, *veritatem Dei in injustitia destinent.* Rom. 1. v. 18.

TITRE XXIX.

Du crime de Plagiaire.

EXPLICATION DU TITRE.

IL n'y a qu'à lire la Loy rapportée au liv. 9. Titre 20. du Code *ad Legem Fla-*
viam de plagiariis , pour sçavoir que le crime de Plagiaire est une espece de
larcin des plus énormes & le plus étrange ; car c'est un vol des personnes , pourquoi Jacques Cœur de Bourges , Argentier de Charles V II. fut accusé de vendre & livrer des enfans aux Sarrasins : & c'est ce que les Corsaires d'Affrique ,
Alger , Tripoli , Fez & Maroc & autres Echelles du Levant font tous les jours sur
Mer. L'on appelle aussi Plagiaires ceux qui pillent les ouvrages d'autrui , pour en
faire des livres , parce que c'est voler les enfans de l'esprit , comme l'on a fait en
mon endroit ; ce qui a donné lieu à la plainte que j'en ay fait , par l'avis au Lecteur
sur la seconde partie du nouveau Traité des Criées page 257.

Un Plagiaire est donc proprement un voleur d'enfant , & pour le définir suivant les Docteurs & la Loy *Flavia* que j'ay citée , Flavius qui la fit , & dont elle
porte le nom , ne s'arrête pas seulement à dire que c'est un voleur d'enfant qui
le prend dans un lieu furtivement & le porte dans un autre ; mais il veut que
non seulement celui-là soit Plagiaire , *qui dolo servum à domino & filium à*
patre , sed & qui pecus à domino subtrahit , suivant *Pomponius Lęta, de legi-*
bus pag. 146. Ce mot de Plagiaire *latine plaga aut plagia , & inde plagiarius ,*
sic dicitur Bellovisu ; mais proprement le substantif *plage dicitur plagium.*

Par Arrest du Parlement de Mets du 16. Janvier 1670. Raphaël Levi, Juif à Mets,
fut condamné *après être convaincu* . d'être brûlé pour avoir volé l'enfant d'un
Chrêtien , & l'avoir fait mourir cruellement : l'execution de l'Arrest fut faite le
lendemain. Je suis obligé de remarquer qu'il y a de l'erreur dans l'impression de
la plûpart des livres des Docteurs qui traitent des Plagiaires , comme dans *Ja-*
cobus de Bellovisu in rubric. de furtis rum. 42. & aux Instituts de Theophile
lib. 4. *Tit.* 18. *de publicis judiciis* §. 10. en ce qu'on leur fait citer la Loy *Fabia*
pour *Flavia* ; car il y a une grande difference de l'un à l'autre : *Flavia* est celle
qui traite des Plagiaires que je viens d'expliquer : *Fabia* étoit celui qui ordonna la
peine aux jeunes gens qui commettoient du désordre dans les assemblées publiques. On peut observer cette difference dans ces mêmes Loix ; mais outre cela il
n'y a qu'à voir *Bellovisu* qui l'a faite & les a distinguées. *Instit. lib.* 4. *Tit.* 1. §. 9.
interdum. Vide liv. 1. Tit. 27. Max. 8.

Philbert Bugnion en ses Loix abrogées *lib.* 3. *Syntagm.* 39. veut que la Loy
Flavia n'ait point de lieu en France . non plus que les peines établies contre les
Plagiaires , daütant que nous naissons tous libres , & que la vente & achat des
personnes est hors d'usage en ce Royaume. L'on pourroit demeurer d'accord de
cela , si la Loy *Flavia* n'avoit point d'autres vûës , & si le crime de Plage ne se

commettoit point en d'autres cas qu'en la vente des perfonnes libres ; mais outre que ce même fait peut arriver en France, comme il y arriva du tems de Charles V I I. dont j'ay parlé, fous la rélation de François Eudes de Mezeray, lequel
dit que l'an 1452. on intenta accufation au Confeil du Roy, contre Cœur, &
on faifit tous fes biens, tant pour l'accufation de la mort d'Agnés * * que pour
crimes de concuffion & d'exaction, de tranfport d'argent hors du Royaume, de
billonnement de monnoye, de fabrication de faux fceaux, de vendition d'armes aux Sarrafins. Il comparut volontairement pour fe juftifier, on l'arrêta &
on le traduifit en diverfes prifons, & finallement le Roy l'ayant trouvé coupable,
fe dit l'Arreft du 19. May 1453. de tous ces crimes, & néanmoins lui remettant
la peine de mort pour les fervices qu'il lui avoit rendus, & par l'interceffion du
Pape, le condamna à faire amande honorable, & à payer cent mille écus, &
confifqua tous fes biens : à quelque tems de-là le Parlement le rétablit en fa ré-
nommée & en fes biens, après qu'il eut payé l'amende : & c'étoit pour lors Nicolas V. de Luques qui occupoit le Saint Siege à Rome.

Il eft vrai que les Juifs ont autrefois enlevé furtivement des enfans de Chrétiens, pour raifon dequoi ils ont été chaffez de France, fuivant le même Hiftorien, & que le Juif Raphaël Levi fit la même chofe à Mets en 1670. pourquoi il
fut condamné, ainfi que j'ay dit. D'ailleurs la Loy *Flavia* ne fe reftraint pas à
la vente des perfonnes libres, non plus que le crime de Plage, fuivant la définition que j'en ay faite, tirée du celebre Auteur des Matieres Criminelles. *Jacobus
de B llov:fu*, dont parle R. Choppin, traitant des Juifs, *de Sacra Politia lib.* 3.
Tit. 1. *num.* 30. à laquelle j'ajoûteray celle de Claude le Brun en fon procès
civil & criminel, au Titre du crime de Plage §. 7. qui approuve que le Plagiaire
eft celui qui retient en fa maifon de force, la femme, le fils, ou la fille, ferviteur
ou fervante d'autrui : ce qui eft conforme & tiré des mêmes Loix cottées en l'autre définition au commencement de ce Titre : & partant fuivant l'un & l'autre,
le crime de Plage peut arriver tous les jours en France : ce qui eft fi vray que
Meffire Pierre Ayrault, Lieutenant Criminel d'Angers, *de patrio iure
ad filium*, auroit été reçû par Arreft de la Cour du 20. May 1586. à faire
informer du crime de Plage pour fon fils. L'Arreft eft rapporté avec deux
autres dans les Plaidoyers de Monfieur l'Avocat General Servin, livre 1.
Plaidoyer 2. de l'impreffion qui en a été faite *in-fol.*o en 1640. La mort de ce
grand Magiftrat eft à regreter, il mourut aux pieds du Roy Louis X I I I. tenant
fon lit de Juftice au Parlement, comme j'ay marqué liv. 1. Tit. 26. *in fine.* Ce fut
lors de la vérification de l'Edit contre les duëls le 24. Mars 1626. Il fut fait
Avocat General lorfque le Parlement étoit à Tours, au lieu de Meffire Jacques
Faye Defpeiffes, qui fut fait Prefident, *mors fortitur infignes & imos.* Laürent
Bouchel dans fa Biblioteque, au mot Plagiaire & puiffance paternelle. Jean Papon
liv. 7. Tit. 1. Arreft 4.

De plus j'ay obfervé cy-deffus que fuivant la Loy *Flavia*, c'eft le crime de
Plage que de fouftraire le bœuf, l'âne, ou autre bétail d'un maître ; ainfi je concluray contre l'avis de Bugnion, que les peines des Plagiaires ne font point établies pour néant, ny abolies en France, & que tous les jours le cas peut arriver,
puifque le crime de Plage fe commet en tant de façons ; à moins qu'on ne vueille
dire que la Loy *Flavia* comme Loy Romaine, ne tient pas lieu de Loy, ce qui
eft

eſt vrai : mais elle eſt ſuivie comme équitable & conforme à la raiſon ; c'eſt pourquoi j'approfondiray encore un peu cette matiere.

Ce crime de Plage eſt non ſeulement prohibé par les Loix humaines, mais auſſi
par les divines : quand aux humaines, il faut voir celles que j'ay citées qui ſe
trouvent dans le Digeſte liv. 48. Tit. 11. dans le Code liv. 9. Tit. 20. aux Inſtituts
liv. 4. Tit. 18. §. *eſt & inter publica.*

Au regard des divines Loix, ce crime étoit puni capitalement auſſi bien que
par les civiles, en l'Exode *cap.* 21. au Deuteronome *cap.* 24. le Canon 1. *extra de*
furtis : c'eſt pourquoi je ſoutiens que ce crime eſt très grand avec *Petrus Mar-*
tyr. dum criminis gravitatem ad huc declarant pœnæ, à Deo propterea adhibi-
tæ. Liſez le livre troiſiéme des Rois chap. 3. ẏ. 16. la Geneſe eſt divine, ſur tout
chap. 37. parlant de Joſeph qui fut volé par ſes freres à leur pere. S. Paul 1. à
Timoth. 1. 10.

I. Max. La peine contre le Plagiaire eſt capitale ſuivant les Loix *l. quoniam &*
l. final. cod. ad l. Flaviam de Plagiariis ad dict. l. ff. codem. Inſtituts *lib.* 4. *Tit.*
18. §.10. mais il faut faire les diſtinctions ſuivant ces mêmes Loix & les Docteurs,
Bellouſu in rubric. de furt. num. 42. des nobles, des ſerfs, & des libres qui
ont des peines differentes ; mais comme il n'y a ny eſclaves ny libertins en France, il faut adapter cela aux perſonnes viles. De plus comme la peine d'être jetté
aux bêtes n'eſt point reçuë parmi nous, on fait ſuppléer la corde à la place : toutefois il y a encore une autre reſtriction à faire ; ſçavoir que pour la peine de
mort naturelle, le Plagiaire ne peut point y être condamné, à moins comme dit
le Brun, Titre du crime de Plage, que le crime ne fut aggravé d'autre crime,
comme le faux, l'adultere, la ſodomie, ou autre ſemblable : s'il étoit ſeul lors
que le Plagiaire l'a commis, ou aſſiſté de forces : & en ce cas-là, le rapt y auroit
part, qui eſt irrémiſſible par les Ordonnances, de même que le vol public. *Vide*
l'Exode *cap.* 21. ẏ. 17.

II. Max. Le grand crime de Plage, tel qu'on l'a vû arriver en France, c'eſt
lorſque ces gueux de lottiere, dont parle Buſcon & Sorel dans ſon Hiſtoire des
larrons mandians par la campagne, ſurprennent de jeunes enfans devant les
portes des logis & les enlevent furtivement, & après leurs tordent les bras &
les jambes, afin d'en faire des ſpectacles d'horreur & de commiſeration pour
s'attirer la charité & l'aumône des gens de bien, leur faiſant entendre que ces
pauvres innocens ont été ainſi mutilez par la fureur des gens de guerre, qui leur
ont fait abandonner leur païs : cela eſt arrivé à Paris ſur le Pont-Neuf, que deux
Boëmes furent ſurpris portant un pauvre enfant, auquel ils avoient rompu &
tors les bras & les jambes, lequel par miracle ou par inſtinct, ou un mouvement
de la nature, auroit reconnu ſon pere qui paſſoit ſur le Pont, & l'auroit appellé par le nom de *papa* : le pere à la voix d'un enfant le regarde, & l'ayant en-
viſagé, le reconnut pour ſon enfant, & cria au ſecours ; ſurquoi pluſieurs perſonnes ſeroient accouruës, & ayant appris le fait, ils auroient arrêté le brigand
qui portoit l'enfant, l'autre s'étant gliſſé & échappé dans la preſſe pendant le
bruit. Il arriva dans cet inſtant que Monſieur, Jean-Baptiſte Gaſton de France,
oncle du Roy, Duc d'Orleans, étant venu à paſſer, ſe ſeroit arrêté voyant le
tumulte, & s'étant informé du fait, parce que c'étoit un bon Prince, fort aimé
& populaire : il auroit dit que ce coquin meritoit d'être jetté dans la riviere ; il

II. Part.   M m m

ne croyoit pas être si-tôt obéï, la populace ayant entendu cela, la plûpart auroient saisi ce malheureux à demi mort & assommé de coups, & l'auroient jetté
par dessus le parapet du Pont dans la riviere de Seine, où il auroit péri. Ce n'é-
toit pourtant pas l'intention de son A. R. Monsieur, s'il l'avoit dit, ce n'étoit que
pour marquer la noirceur du crime ; mais aussi-tôt dit, aussi-tôt fait : c'est ce que
j'ay oüi reciter à des personnes dignes de foi du tems que cela arriva, qui ne
pouvoit être mieux placé que dans l'explication de ce Titre, ou dans une Maxime ; d'ou il faut conclure que la peine du Plage n'est pas suffisante pour le punir de mort, qu'il faut qu'il y ait joint le crime de mutilation de membres, ou
que l'enfant ait été vendu aux ennemis du nom Chrétien : & ce faisant, il doit
être puni de la roüe & du feu, tels que sont les grassateurs & voleurs de grands
chemins, suivant les Ordonnances rapportées par Imbert liv. 3. chap. 22. *num.*
16. & le Brun en son procès civil & criminel. Le Code Henry des crimes liv. 8.
Titre 11. de même ceux qui volent les enfans pour les châtrer, & s'en servir
comme des Ganymedes, ou pour des Eunuques à en peupler les Serrails de Tur-
quie en les vendant, ce qui est severement puni par la Loy *Cornelia de sicariis :*
c'est pour cela que l'Empereur Leon fit un Edit, par lequel il deffendit aux Eunuques de se marier. Le Pape Sixte V. fit une Bulle pour l'Espagne, où il dé-
claroit nuls tous les mariages de ces sortes de personnes, à cause des raisons
qui sont rapportées dans le Bulaire de *Laëtius Cherubinus.* Manzini à fait l'A-
pologie du mariage.

　　Savedra Faxardo dans la devise 66. de son Prince Chrétien & Politique, dit
qu'en bonne politique on doit perpetuer les individus, parce que cela fournit des
Soldats, des Marchands & des Laboureurs dans un Etat : c'est possible, pourquoi à Sparte il y avoit une Fête, où ceux qui n'étoient point mariez étoient
foüetez par des femmes, comme indignes de vivre dans la Republique, en ne
contribuant point à son progrez. A Rome, lisez l'Apologie du mariage dans les
harangues de Manzini, vous verrez qu'on couronnoit ceux qui avoient été
mariez plusieurs fois, témoin celui duquel parle S. Jerôme, qui fut couronné
de lauriers, & ayant une palme à la main, assista aux funerailles de sa femme
qui avoit été mariée vingt-deux fois : il en triompha, la mettant en terre, ayant
été marié vingt fois : ce qui marque la grandeur du crime, *de châtrer un enfant,*
toujours condamné au célibat : témoin ce que l'on improuva de l'ordination de
l'Eunuque Dorothée, qui étoit Evêque d'Antioche, d'Origene & Leontius : &
au contraire, l'histoire n'a pû cacher les faits de plusieurs enfans naturels dans
les sciences & dans les armes : il n'y a qu'à lire Mezeray en son abregé *in-quarto,*
édition premiere, pages 527. 684. 687. &c. & pour les impuissans touchant le
congrez, voyez l'Arrest du Parlement du 18. Fevrier 1677. qui l'a deffendu, &
Nicolas Venette partie 4. chap. 1. art. 2. traitant du congrez. Ap rès qu'on aura
lû le Dialogue de l'Eunuque, ou Pamphile composé par Lucien, ensuite Jean
Chenu partie 1. question 14. part. 2. quest. 11. & 44. de Cambolas liv. 4. chap. 37.
Le mot *Eunuque* est équivoque, suivant Daniel *cap.* 1. Chez les Rois Orientaux, c'étoit une dignité : Putiphar étoit Eunuque & General d'armée de Pharaon,
son Maître d'Hôtel, ou grand Pourvoyeur, auquel Joseph fut vendu, suivant
la Genese chap. 37. ℣. 27. ses freres l'ayant volé à leur pere, ils l'exposerent en
vente, & fut encheri par les Madianites & les Ismaëlites, qui l'acheterent vingt

pieces d'argent & l'emmenerent en Ægypte, où ils le vendirent à Putiphar. La
Glofe fur ce chapitre, dit qu'il avoit une fille qu'il donna en mariage à Joseph.
S. Jerôme remarque que Daniel, Azarias, Ananias, & Mifaël etoient quatre
Eunuques du Roy de Babilone. La Glofe eft de *Nicolaus de Lira*, Cordelier. Il y
a deux Villes de Lire, l'une en Normandie, l'autre proche Anvers.

J'ay rapporté fol. 43. du Traité des Criées, l'Edit verifié en faveur des mariages, du mois de Novembre 1666. S. Auguftin parlant du mariage, dit *nuptiæ
funt infirmitatis remedium & humanitatis folatium.* Le mariage étant la premiere & la plus noble focieté de toutes les domeftiques : je puis avancer qu'il
eft la bafe & le fondement de la focieté civile, il donne des Marchands & des
Laboureurs, des Citoyens, des Capitaines & des Soldats, des Magiftrats confervateurs des Loix, & des Miniftres pour maintenir la Religion : tous par une
heureufe fuite naturelle de générations legitimes, font renaître & fubfifter en
honneur & dignement le culte Divin, les Loix, les Familles, les Citez & les
Royaumes, fuivant Quintilien en fa déclamation 249. Le mariage en Latin *matrimonium*, du nom de mere. Martial loüant une Dame Romaine.

> *Tam ftricto conjungit fœdere amantes,*
> *Unius ut faciat corporis effe duos.*
> *O felix animo, felix nigrina marito !*
> 　*Atque inter latias gloria prima nurus,*
> *Te patrios mifcere juvat cum conjuge cenfus,*
> 　*Gaudentem focio participique viro.*

Dans les procès d'impuiffance *infpectio partium naturalium delibata pudi-
citiæ probanda caufa* ; car pour nos Eunuques ils ne font ny hommes ny femmes, & ne peuvent être ny pere ny mere, ainfi que marque affez leur nom,
generare non poffunt fpadones, & le jugement dans les procès d'impuiffance eft
d'ordinaire conforme à la Novelle 22. de Juftinian, *modo tamen per triennium
expectetur.* Julien Peleus liv. 4.actions 1. & 52. Lucien en fon Dialogue de l'Eunuque. Peleus liv. 6. action 14. Annæ Robert liv. 4. Plaidoyer 10. eft fingulier à lire.
P. Bardet tom. 2. liv. 9. chap. 3. eft encore auffi curieux à voir, & les lecteurs
feront bien payez de leur lecture. J'ay peine à me perfuader qu'en bonne juftice,
on eut pû accufer valablement d'impuiffance, celui dont parle Meffire Nicolas
Bohier, Préfident à Bordeaux en la 317. de fes Décifions, où il rapporte le jugement de la Reine d'Arragon, après avoir oüi les parties par leurs bouches.
Vide l'Arreft 21. du Recüeil des Arrefts *Arefta amorum.* C'eft une efpece du
crime de Plagiaire que les mariages clandeftins ; mais comme j'en ay fuffifamment parlé au Titre 16. Maxime 10. c'eft où je renvoye les lecteurs, & au Colloque d'Erafme *des mal affortis*, qui eft trés-curieux à voir, auffi-bien que le
Colloque *du mariage* entre Eulalie & Xantippe, femme de Socrates, qui eft fort
divertiffant.

III. Max. C'eft une autre efpece de Plagiaire condamné par le Code Henry
liv 7. Tit. 15. art. 3. de retenir aux Galeres ceux qui en font retirez par grace du
Prince, ou après le tems de leur condamnation expiré ; car bien que ferfs de la
peine, ils deviennent libres quant à cela, aprèsavoir fubi le tems de leur con-

damnation ; c'eſt pourquoi les Ordonnances ont deffendu aux Officiers des Galeres de les retenir plus long-tems , ſur peine de privation de leurs Etats. Ordonnance de Blois art. 200. *ſuprà* liv. 1. Tit. 18. Max. 19.

IV. Max. Le Docteur *Faſchinæus* dans ſes Controverſes du Droit liv. 1. chapitre 54. s'eſt fort mis en mouvement ſur un fait concernant ce Titre ; ſur la queſtion de ſçavoir ſi un voleur après avoir dérobé & enlevé un enfant expoſé ou autrement , lequel il auroit enſuite nourri & élevé juſques à l'adoleſcence , après quoi le pere l'ayant reconnu & découvert , voulant demander ſon enfant , ſçavoir ſi le voleur eſt recevable à demander le payement & la reſtitution des frais de la nourriture & alimens , logement , entretien & éducation de l'enfant. En France cette queſtion ſeront bientôt décidée , ſans avoir égard à ces belles raiſons & controverſes de *Faſchinæus* ; car outre que le voleur ne ſeroit pas écouté ny reçû en ſes demandes , & qu'en cas du vol prouvé , la déciſion de cet Auteur ſeroit ſuivie , fondée ſur la Loy *inficiando §. infans. ff. de furtis.* Guy Coquille en ſes queſtions , queſtion 8. ce voleur auroit aſſez d'affaires à ſe garentir luimême du gibet , & ne pourroit éviter d'être condamné à la peine des Plagiaires , parce qu'il y a vol , & pour avoir affligé & contriſté les parens de l'enfant pendant un ſi long-tems & avoir aggravé ſon délit par la longue retention de ſon vol. *Vide ſuprà* la Max. 5. du Tit. 22. du recellement de groſſeſſe & ſuppoſition de part.

TITRE XXX.

Du Sacrilege.

EXPLICATION DU TITRE.

SUivant Jean Papon liv. 24. Tit. 10. des peines , & Jean Imbert liv. 3. chap. 22 *num.* 5. Le Sacrilege , marque non ſeulement le crime , mais auſſi celui qui le commet. Les Latins en font la difference par les mots de *ſacrilegium* , qui marque le crime & de *ſacrilegus* , qui eſt celui qui le commet. *Laurentius Valla Elegant. lib. 6. cap. 40. in fine. Laurentius Valla* , Chanoine à S. Jean de Latran : l'hiſtoire médiſante , dit qu'il fut mis à l'Inquiſition à Naples , où il étoit pour enſeigner le Latin à Alphonſe V. Roy d'Arragon , duquel le credit ſervit à le tirer des priſons en moderant ſa peine à une fuſtigation ſous la Cuſtode. Ce crime eſt auſſi compris ſous celui de Peculat , ſuivant *Valla* , par la raiſon ſans doute que Jules Ceſar l'a compris dans ſa Loy *Julia de peculatu, l. ſacrilegi & l. divin. ff. ad Legem Juliam pecul.* Le Sacrilege n'eſt pas un cas Royal. Arreſt du 2. Decembre 1611. rapporté par Bouchel liv. 4. chap. 33.

Je n'ay pû trouver l'étimologie du Sacrilege , j'eſtime qu'il peut venir & dériver de l'une de ces quatre manieres , ſinon de toutes ou de la plûpart : *Nam ſacrilegium aut ideo dicitur , quaſi ſacrileges , aut ſacra leges , per tranſnominationem ſcilicet , continens pro contento , aut effectum pro efficiente , &c.* L'In-

terprete d'Horace *lib.* 1. *fermon. Satyr.* 3. fait cette étimologie aux Inftituts liv. 2·
Tit. 1. *de rerum divifione* , *&c.* Budæus Annot. *reliq. in pandect. in tractat·
de pæn.* Tous les Docteurs conviennent en cela que proprement *facrilegium eft
rerum facrarum* , *furtum & committitur, circa res, loca, ura & bona Ecclefia.* C'eft d'où le Sacrilege prend fon nom, ainfi que nous l'enfeigne Platon
dans fa Republique liv. 2. page 20. ligne 24. *Ufurpat, & clam, & vi, & facra, & fancta.* Le 14. Mars 1663. le nommé * * fut brûlé vif à la Gréve, par
Arreft, pour impietez.

Il faut néanmoins obferver que le Sacrilege fe commet en beaucoup d'autres
manieres que par le larcin ou contrectation des chofes facrées ; *quippe facrilegium* , *etiam eft vitium facra Virgini illatum.* De même difent les Interpretes
d'Horace Ode 12. liv. 2. *addit. Julius Clarus fup.* §. *facrilegium.* Le Sacrilege
fe commet par d'autres prophanations des lieux Saints, en tuant un homme dans
l'Eglife, en violant les fepulcres ou y commettant d'autres pollutions infames ;
en troublant le fervice Divin, en battant les Ecclefiaftiques lorfqu ils celebrent
l'Office Divin & en plufieurs autres manieres, *ratione, perfona, rei & loci que
facrilegia tanto funt graviora, quanto perfona, res vel locus funt fanctiora :
item quafi facrilegium eft ignorare vel negligere præcepta Legis divinæ* ; car
comme remarque Tertullien *lib. ad fcapulam, omnes autem qui templa defpo-
liant, &c.* C'eft pour ces raifons que je traiteray incidemment dans les Maximes
de la plûpart de ces efpeces de Sacrileges, quoique ce Titre fe renferme proprement au vol des chofes facrées, de frapper un Evêque ou un Prêtre. Sebaftien Frain
Plaidoyer 84. Leveft Arreft 201.

Quant au larcin des chofes facrées auquel ce Titre eft reftraint, le Droit
Civil n'en fait que d'une forte. *L. Divus. ff. ad l. Jul. pecul. Inftit. lib.* 4. *Tit.* 18.
mais le Droit Canon en fait de trois manieres. *Can. quifquis in fin.* 17. *quæft.* 4·
& ibi Gloff. l. 2. *Cod. de furtis. Boharius decif.* 256. *facrum de facro, vel
non facrum de facro, vel facrum de non facro.* J'ay recité plufieurs endroits
où il eft traité du Sacrilege, afin de ne les point rapporter tout au long, & contenter ceux qui fe plaignent que je fais trop de citations, quoique cela foit du
gout des ftudieux, & pour prouver que je n'avance rien de moi, ils verront le
Digefte livre 48. Titre 1. & le Code liv. 9. Tit. 29. après cela je concluray que
le Sacrilege eft un des plus deteftables larcins qui fe puiffe commettre, furquoi
Caffiodore dit des merveilles, *lib.* 12. *variarum cap.* 13. auffi ce crime en tous
ces chefs ne peut éviter la punition divine, fi l'humaine vient à la diffimuler ou
négliger. *Cornel. Tacit. lib.* 1. *l.* 2. *Cod. de reb. creditis.* Lactance *lib.* 2 *de
origin. error. cap.* 8. le remarque précifement en termes exprès fur ce crime. Je
finis cette explication avec la belle pensée de Caffiodore, que le Sacrilege eft une
impieté & un mépris de la Divinité : voilà la définition qu'il en donne ; mais lors
qu'il y a de la folie, cela fait une difference toute entiere, comme l'on verra dans
les actions Forenfes part. 3 action 15. de M. Dolive.

I. Max. La peine du Sacrilege eft toute differente des autres crimes ; c'eft
par cette raifon qu'elle ne fe peut pas bien fixer ni établir, *fed imponenda
pro qualitate perfonæ, rei conditione & temporis & ætatis aut fexus* ; car
pour la qualité de la perfonne, il faut confiderer fi elle eft dans le dol &
accoûtumée à commettre tel & femblable crime, en quel lieu il eft commis,

fuivant S. Thomas en fa Somme; *Julius Clarus* §. *Sacrileg. Bohærius* décif. 254. Bugnion Loix abrogées liv. 5. Centon. 44. Papon liv. 24. Tit. 10. Arreſt 3. *Bartol. jacob. de Bellovifu* le Digeſte & le Code. On peut adjoûter fuivant les raiſons de ces Docteurs, les mêmes moyens pour raiſon des qualitez des choſes volées, il faut auſſi obſerver encore la circonſtance des tems; ſi le délit a été commis un jour de Feſte ou en Carême, à cauſe de l'âge on punit plus rigoureuſement les jeunes gens que les vieux, & fur tout il faut conſiderer la malice dans quel âge que ce foit, fuivant la Loy *L. ſi quis coa. ad l. Cornel. de ſicariis.* Quant au ſexe, il eſt certain fuivant la Loy *quisquis* §. *ad filias Cod. ad L. Juliam Majeſtatis*, que la femme doit être moins punie; regulierement la peine du Sacrilege eſt de la corde ou du feu, fuivant les Loix, & par exprès. Papon, Imbert & Bohier aux-endroits marquez au commencement de l'explication de ce Titre : anciennement on puniſſoit ce crime par le feu, par l'expoſition aux beſtes, à être noyé, ou enterré vif, même de la peine des parricides, *ſcilicet culei.* Enfin il faut remarquer que quand la peine eſt arbitraire ou extraordinaire, elle doit toûjours être capitalle, fuivant les Loix, *ſuprà* Tit. 11. Max. 8. Un malheureux fut brûlé en Greve le 1. Septembre 1662. pour facrileges & impietez, cette affaire fit grand bruit à Paris à cauſe des circonſtances.

I I. Max. Par les Lettres du Cardinal Doſſat liv. 1. en l'année 1595. un Anglois Koâkers étant à Rome dans l'Egliſe S. Agathe où étoient les Prieres de Quarante-Heures, comme l'on ſortoit de l'Egliſe en proceſſion où étoit porté le Saint Sacrement, il donna un grand coup contre le faint Ciboire qu'il fit tomber à terre des mains du Prêtre qui le portoit, criant que c'étoit une Idole; il fut pris & jugé peu de jours après, il eut le poing coupé, la langue percée au lieu du délit, & brûlé vif au champ de Flore, outre que pendant le tems qu'on le menoit le long des ruës, on le brûloit avec des torches ardentes, ainſi qu'il eſt au long rapporté par ces Lettres, qui feront avoüer aux Lecteurs qu'il n'y a rien de ſi faint & facré que la malice ou la folie de l'homme ne puiſſe violer, tant eſt grande la foibleſſe humaine, les perſecutions de l'Egliſe lui font ce que fait la grêle à la Camomille qui l'a fait fleurir & rend plus forte.

I I I. Max. Je donnerai ici neuf exemples dans cette Maxime, & pour commencer, voici deux faits auſſi étranges que le précedent que j'ay veu arriver à Paris. Le premier fut le 3. Aouſt 1670. & l'execution du criminel fut le 5. du même mois. Le nommé Pierre * * âgé de 24. ans, petit de taille, qui avoit étudié. Etant arrivé de fon païs le matin du 3. Aouſt, il s'en alla dans l'Egliſe de Nôtre-Dame & entra en dedans le baluſtre de l'Autel de la Vierge, qui eſt dans la Nef de la croisée à coſté droit du Crucifix, comme s'il eut voulu répondre à la Meſſe, & au moment de l'élevation de la fainte Hoſtie, il mit ſon épée à la main, criant *tuë tuë*, & à même tems il auroit pouſſé un coup contre la fainte Hoſtie, mais il ne l'auroit pas atteinte & auroit pouſſé un autre coup au Prêtre celebrant dont il l'auroit traverſé, & retiré fon épée toute enfanglantée & redoublé ſes coups contre le Prêtre, lequel s'en feroit fui tout bleſſé vers la Sacriſtie : ce malheureux s'enfuit après avoir encore voulu frapper la fainte Hoſtie & renverſer le Ciboire & les faintes Hoſties qui étoient dedans fur l'Autel. Il fut arrêté au bruit par des Cochers qui étoient à leurs Caroſſes dans le Parvis, lui jettant leurs manteaux pour l'arrêter, car il étoit comme un furieux l'épée à la main toute enſanglantée. Il fut mené & conduit au Châtelet, où ſon procès lui fut fait en toute diligence. Sentence renduë, Appel, Arreſt du Parlement confirmatif, il fit en execution amende-honorable devant la grande Porte du milieu de l'Egliſe Nôtre-Dame avec une torche ardente, où il eut le poing coupé, enſuite brûlé vif en Grève le 5. du même mois. Il alla au ſupplice ſans pâlir ni paroître être étonné, il ſe diſoit de la Religion des Iſraëlites : depuis l'on fit une Proceſſion de tout le Clergé & des Compagnies Souveraines, où le ſaint Sacrement fut porté à l'entour du dedans de l'Egliſe pour réparation de ce Sacrilege.

Le ſecond fait eſt que le Mercredy 14. Decembre 1701. Monſieur Bochart de Sarron, Conſeiller Rapporteur, mit ſur le Bureau à la Tournelle, les deux Chambres aſſemblées, un appel du Châtelet, l'affaire ne pût être jugée que le lendemain Jeudi 15. la Sentence fut confirmée avec amende & dépens. Par la Sentence François * * qui ſe diſoit Prêtre du Diocéſe de ..... & qui avoit déſervi une Chappelle à ..... proche ..... fut condamné à faire amende-honorable devant l'Egliſe Nôtre-Dame, à avoir le poing coupé & enſuite brûlé en Grève, les nommez * * aſſiſter à l'execution, & enſuite menez aux Galeres à perpetuité, le nommé * * leur aſſocié, qui s'en étoit fui condamné comme eux par contumace.

Ces Fanatiques pour avoir de l'argent avoient fait un pacte avec le Diable, qui leur devoit donner trois millions & quinze mille livres de penſion par mois, (cela s'eſt trouvé au procès) après que * * auroit dit la Meſſe : pour conſommer cette folle & ridicule convention ou plûtôt impieté & ſacrilege, il fut dire la ſainte Meſſe dans la cave de S. Joſſe, ruë Aubry-Boucher, au coin de la ruë Quinquempoix, à huit heures du matin où ils furent découverts, ayant une nappe pour recevoir l'argent qui devoit être apporté par l'eſprit ; mais dans le moment avant la Conſecration, ils furent arreſtez par des Archers qui les épioient & elle ne fut pas faite. Il y a tant d'extravagances en tout cela, que voilà ce que l'on en dit dans le monde ; le reſte eſt de la connoiſſance particuliere des Juges. Ces foux furent environ deux mois en priſon tant au Châtelet qu'en la Conciergerie du Palais, le Vendredi 16. * * fut brûlé à la Grêve avec le procès & la nappe & le pact, après avoir fait amende-honorable devant Nôtre-Dame, aſſiſté de ſes deux complices, il y a des gens qui invoquent le Ciel & la Terre, & font ſocieté avec les Enfers. *Flectere ſi nequeo ſuperos, Acheronta movebo.*

IV. Max. Quand au vol des choſes ſaintes & ſacrées : certains voleurs de ſocieté, joints & de concert dans Paris, pillerent pendant long-tems pluſieurs Egliſes, juſques aux Vaiſſeaux ſacrez, par le moyen d'un jeune garçon qui entroit par des feneſtres, ou ſubrepticement le jour dans des Egliſes, & s'y tenoit caché juſques à la nuit dans un Confeſſionnal, ou dans quelque coin, ſous le retable de l'Autel & ailleurs, & la nuit il ouvroit les portes à ces voleurs ſacrileges. A la fin, la pluſpart furent pris comme par des miracles, condamnez & executez : Entr'autres ceux qui la nuit du dix au onze Juillet 1668. avoient pris & emporté de nuit dans l'Egliſe S. Martin au Cloître S. Marcel de Paris, le ſaint Ciboire avec les ſaintes Hoſties qui étoient dedans. L'un d'eux touché de je ne fçai quel remors, dit qu'il falloit les cacher quelque part, ils allerent porter ces faintes Hofties dans des terraffes & foffez qui étoient inhabitez, entre les murs du Val-de-Grace & l'Eglife des Capucins du Fauxbourgs S. Jacques, où il y a prefentement une Croix élevée de pierre d'Arcueïl : comme par miracle quelque jours après le vol fait, ils furent arreftez, & ayant découvert le lieu où ils avoient caché les faintes Hofties : on les leva avec grand refpect & folemnité & furent portées dans l'Eglife des Capucins du Fauxbourg faint Jacques qui eft tout proche : les Paroifles de Paris y furent en proceffion avec un concours de peuple, ainfi qu'on peut juger : où on planta la Croix au même endroit qu'elles étoient. A prefent il y a un beau cours d'arbres, Ormes plantez, qui fait une belle promenade. A l'égard des voleurs par Sentence du Châtelet confirmée par Arreft, après l'amende-honorable faite devant l'Eglife Nôtre-Dame, & celle de Saint Martin, où le vol facrilege avoit été commis : l'un d'eux eût le poing coupé, & tous deux conduits dans un tombereau à boüe à la Gréve, où ils furent brulez. Frere Jacques du Breul en fon Theâtre des antiquitez de Paris en rapporte quatre Hiftoires que j'abbrege que l'on peut lire aux pages 807. 812. 977. 1066. des facrileges commis, dont les coupables ont été punis.

V. Max. Un cinquiéme exemple fera ici rapporté pour montrer la diverfité des jugemens en matiere de Sacrilege, felon les lieux, les preuves, les tems, les perfonnes & les circonftances. Une nommée * * fille de la Ville de ..... au haut ..... d'une mechante naiffance & de mauvaife mœurs, étant reftée feule dans l'Eglife des Recollets de .... proche .... auroit été au Tabernacle, & pris le faint Ciboire d'un prix confiderable, où il y avoit quatre ou cinq faintes Hofties ; elle auroit enfuite porté le faint Vaiffeau chez fa mere en la Ville de ..... ayant ofté la Croix qui étoit au deffus du couvercle fermant. Peu de tems après, elles vendirent ce Ciboire aux Recollets, lefquels ne voulurent pas reveler les coupables ; le bruit en étant venu au Lieutenant Criminel de la Ville de ..... il en fit une information affez forte pour convaincre la fille du vol, finon qu'il n'y avoit point de témoins dépofant *de vifu*. Les preuves étoient qu'elle étoit reftée feule dans l'Eglife lors du vol ; qu'elle avoit long-tems rôdé & marché dans l'Eglife, qu'elle avoit été faifie du vol, ce qui fit ordonner un decret de prife de corps contre la mere & la fille : cette Fille dans fes interrogatoires reconnoiffoit une partie des faits ; mais déguifoit & dénioit le principal, qui étoit d'avoir fait le vol, s'en déchargeant fur un individu vague ; difant que le nommé Grisdefin Bohéme, lui avoit apporté ; Quant à la mere elle faifoit affez apparoit de fon innocence : le procès inftruit dans les formes, il fut porté au Préfidial de .... où la competance avoit été jugée, & le rapport fut fait après l'inftruction parachevée, les jeunes Confeillers furent d'avis de la queftion & l'emporterent par le nombre fur les Anciens qui opinoient à la mort : elle fut appliquée à la queftion. *C'eft là que bon bec fauve la vie.* Elle ne dit rien & en fut quitte pour boire, ceci eft pris des nouvelles écrites du païs où cette affaire fit grand éclat.

V I. Max. Jean Papon liv. 24. de fes Arrefts au Tit. 10. des peines, Arreft 3. dit que M. Nicolas Bohier, décifion de Bordeaux 254. *num.* 16. rapporte qu'un Sacrilegay ant volé un faint Ciboire dans lequel étoit une fainte Hoftie,

&

& l'ayant mis fous fes pieds pour le rompre avec fes fabots, en le caffant & brifant par morceaux, fut condamné à mort & executé par Arreft du 17. Mars 1527.

Le 23. Juin 1673. François * Prêtre de ..... Diocefe de .... fils d'un ..... Directeur de l'Abbaye de ..... par Arreft du Parlement rendu le matin, ayant abusé * * * qu'il confeffoit, fit amende-honorable devant Nôtre-Dame, enfuite fut puni & brûlé à la place Maubert, ayant commis facrilege par la confeffion.

V I I. Max. Suivant le même Bohier, les enfans même ne font point exemts de peines en ce crime, il en rapporte la preuve : que des enfans ayant volé un Calice avec la Patene le Jeudi Saint, dans lequel étoit Nôtre-Seigneur fur un Autel paré pour reprefenter lorfqu'il étoit au Tombeau, que deux enfans avoient pris allant à l'adoration, comme il eft de l'ordre & de l'ufage dans toute l'Eglife Catholique, on leur fit leur procès, & à caufe de leur jeune âge, ils furent condamnez d'être foüettez par deux matinées de Samedy, dans quatre Carrefours de la Paroiffe, & le Dimanche d'après, nûs en chemife, d'affifter à une haute Meffe qui feroit dite ayant la corde au col, & alors de l'élevation de la fainte Hoftie, crier à haute voix, *mifericorde Seigneur* & à la fraction du Calice, donner une piece d'argent, & bannis à perpetuité de la Senechauffée. Mofnier *in voce* Juges *num.* 71. Papon en fes Arrefts liv. 24. Tit. 10. En voici un autre exemple de fraiche date *fuprà* liv. 1. Tit. 27. Max. 29. R. Choppin des privileges ruftiques *lib.* 3. part. 3. chap. 11. Pierre * * jeune garçon de la Ville de ....âgé d'environ 17. ans, fimple d'efprit, étant allé dedans l'Eglife S. Pierre premiere Paroiffe de la Ville de ... fur les deux heures après midy il ouvrit le Tabernacle, prit le faint Ciboire & beaucoup de faintes Hofties qui étoient dedans, où il en mêla d'autres non confacrées, parce que * fon beaupere, & Marie de * * fa mere font la mercerie & vendent des pains à chanter, il emporte le tout dans une des Tours de la Ville, & depuis les reprend & les mets en la paillaffe de fon lit : cette affaire fit grand bruit, fon procès lui fut fait par le Prevôt Royal de .... à la Requefte du Procureur du Roy au Siege ; & par la Sentence du 6. Juin 1702. il fut declaré atteint & convaincu d'avoir fait le vol le Samedy 29. Avril précedent entre une & deux heures après midi, d'avoir pris des Calices & Corporaux, pour réparation condamné à faire amande honorable devant l'Eglife, ayant un écriteau, le poing coupé, pendu en la Place publique, enfuite brûlé, en des amandes, fes biens confifquez, à faire une fondation & autres chofes. Appel en la Cour, il eft amené dans la Conciergerie fur l'appel : on donna une Requête de la part de fon beau-pere, & de fa mere, auquel elle eft remariée, qu'il étoit fou & fimple d'efprit, & demandoient permiffion d'en faire informer : cette affaire étoit de confequence pour tous ces pauvres gens dans la derniere affliction : après avoir été oüis, Arreft intervint le 12. Juillet 1702. que j'ay eftimé devoir rapporter tout au long, pour établir la Maxime ; par lequel la Cour fans s'arrêter à la Requête de fes parens, de fes oncles, & coufins paternels & maternels, ayant aucunement égard à celle defdits Alexis * & Marie * fa femme, faifant droit fur les appellations interjettées, tant par ledit Pierre * que par lefdits Alexis * & Marie * a mis & met lefdites appellations & Sentence au néant, émendant pour les cas du procès ; ordonne que ledit Pierre *

II. Part.   N n n

fera mené & conduit dans la maifon de force de l'Hôpital General de cette Ville de Paris , pour y être enfermé le refte de fes jours , le condamne en cent cinquante livres d'amende vers l'Engagifte du Domaine de . . . à prendre furles biens à lui apartenans, provenans de la fucceffion de deffunt Pierre* fon pere, fur lefquels il fera pris pareille fomme de cent cinquante livres par chacun an , pour la nourriture & entretien dudit Pierre * , qui fera payée fa vie durant, de quartier en quartier, aux Adminiftrateurs dudit Hôpital General ; & en cas que lefdits biens ne foient fuffifans pour le payement de ladite penfion , ce qui s'en défaudra fera pris fubfidiairement fur les biens de ladite Marie * fa mere, & après ladite penfion payée , fera pareillement pris fur les biens dudit Pierre * la fomme de vingt-livres de rente annuelle & perpetuelle & non rachetable , au profit de l'Eglife & Paroiffe S. Pierre. . . . qui fera touchée par chacun an par les Marguilliers de ladite Paroiffe , pour être employée & appliquée dans ladite Eglife , ainfi qu'il fera avifé par l'Evêque Diocefain : condamne ledit * en cinquante livres d'aumône , applicable à la Fabrique de ladite Paroiffe , qui fera mife ès mains defdits Marguilliers , pour réparer les vafes facrez en queftion ; & le furplus employé en l'achapt d'une nappe , & de deux pavillons , au lieu & place de ceux qui ont été brûlez : renvoye ladite Marie * de l'accufation contr'elle intentée. Ordonne que les vafes qui font au Greffe de la Cour , feront remis ès mains du Curé , ou des Marguilliers de ladite Paroiffe , quoi faifant le Greffier en demeurera bien & valablement déchargé. Fait deffenfes audit Prévôt de . . . . . de plus condamner les accufez aux frais des procês , lorfqu'il n'y aura autre partie que le Subftitut du Procureur General. Fait en Parlement le 12. Juillet 1702. & prononcé aufdits Alexis * & Marie * étans au Greffe Criminel de la Cour ledit jour & an ; & auffi prononcé audit Pierre * pour ce atteint , entre les Guichets des prifons de la Conciergerie , le 14. defdits mois & an. Collationné , figné par la Chambre fur le parchemin , fcellé D O N G O I S.

En crimes de Sacrileges, les complices font plaine foi l'un contre l'autre, fuivant le Canon *imprimis* 12. *quæft. Canon qui autem* 17. *queft.* 4. Bouchel en fa Biblioteque des Arrefts *au mot* Sacrilege. Le nouveau Traité des Criées p. 540. eft précis , de Cambolas en fes actions Forenfes part. 3. action 15. Duluc lib. 12. Tit. 1. cap. 13.

V I I I. Max. Les Cimetieres en Greç font Koïmeteria des dortoirs, parceque les morts y repofent : c'eft une autre efpece de Sacrilege que de violer les fepulchres en dépoüillant ou fpoliant les cadavres des morts , ou tirant des fepulchres leurs corps ou offemens , ôtant les pierres des monumens pour les vendre , ou les employant à bâtir & élever des édifices prophanes. La peine de ce crime eft diverfe , fuivant la qualité des perfonnes. *Jacobus ae Bellovifu in rubric. de furtis num.* 36. *l.* ff. §. *fi quis de fepulchr. violato.* Sentence du Châtelet , contre le nommé * qui faifoit des découvertes , à ce qu'il difoit , dans la Phifique , & achetoit des corps d'enfant du Foffoyeur de * le nouveau Traité des Criées page 511. aujourd'hui ces peines font arbitraires , ne faifant pas reflexion que le principal de la vie confifte en Religion & en ceremonies : il faut offrir à Dieu un cœur pur , & ne point troubler les cendres des morts.

I X. Max. Jean Papon livre premier tout le Titre 2. des heretiques & blafphemateurs , Jean Imbert liv. 3 chap. 22. *num.* 1. 4. 5. Frere Jacques du Breul en fes antiquitez de Paris aux pages 807. 812. 848. 977. conviennent que c'eft un grand Sacrilege que de fraper un Evêque, suivant l'Arrest 201. de Barnabé Levest, fondé sur le chapitre *si quis suadente diabolo.* Ce Canon est du Pape Innocent I I. rapporté par le Moine Gratian part. 2. de son Decret, cause 17. quest. 4. C'est encore une autre espece de Sacrilege, d'heresie & de blasphême, que d'outrager & s'en prendre aux images de Dieu, de la Sainte Vierge & des Saints, en quelques lieux qu'ils soient posez, parce que l'Eglise les a en veneration, comme porte précisément le Concile de Trente : aussi les coupables de tels faits scandaleux contre l'honneur de Dieu, au mépris de la Religion, sont ordinairement punis de la mort naturelle, s'il n'y a quelques circonstances qui les excusent ; comme d'être pris de vin & autres excuses semblables, cela ne sert qu'à adoucir la peine ; car nonobstant tout ce qu'ils peuvent dire, ils doivent être punis de peine capitale. Nous en voyons tous les ans une belle représentation le 3. Juillet, ruë aux Ours, vis à-vis la ruë Sale au Comte, par le feu d'un phantôme de carte qu'on brûle, pour faire ressouvenir qu'un Soldat, pis qu'un enragé d'avoir perdu son argent au jeu, donna des coups de couteau à l'image de la Sainte Vierge, qui étoit au coin de cette ruë, que l'on nomme Nôtre Dame de la Carole, portée dans une belle Chapelle, au derriere du Chœur de l'Eglise du Prieuré Royal de S. Martin des Champs, suivant Frere Jacques du Breul, en son troisiéme livre du Théatre des antiquitez de Paris, où je renvoye les lecteurs curieux de sçavoir ; il rapporte page 1065. que cela arriva le 3. Juillet 1418. veille de S. Martin Bouillant. Frain Plaidoyer 84.

X. Max. Les sorciers & devins peuvent bien passer & être mis au rang des Sacrileges, étant condamnez par les Loix Divines & humaines, dont je rapporterai cinq Auteurs. Le Stile Latin du Parlement liv. 7. Arrest 72. Chenu Centurie 2. chap. 98. Jean Papon liv. 22. Tit. 3. Jean Imbert liv. 3. chap. 22. *num* 3. qui cite les Ordonnances d'Orleans & de Blois. Jean Bodin en sa Demonomanie liv. 4. traitant au chap. 5. de la peine que meritent les sorciers, rapporte que le * fut trouvé un papier pendu au col, & une Sainte Hostie consacrée, qu'il avoit en sa pochette, lorsque le Bourreau le * * à Montfaucon, tant l'extravagance & la superstition des hommes est grande, & tout ensemble la foiblesse de l'esprit humain est digne de compassion. Levitique 20. ⅴ. 6. & 27. Pline liv. 30.

XI. Max. C'est un Sacrilege que de fabriquer ou falsifier des Lettres de Soudiacre, Diacre & Prêtre, qui donne droit de sacrifier & entrer dans le *Sancta Sanctorum.* Chez les Romains, le Preteur exposoit son Edit en public pour être suivi l'année de sa Préture ; cet Edit étoit écrit en des lettres blanches, dans un tableau appellé *Album,* ceux qui le falsifioient *dolo malo,* étoient condamnez à cinquante écus d'or ou autres peines, selon la qualité du délit & des personnes. *l. 7. de Jurisdictione.* Le Preteur introduisit l'action pour les poursuivre, appellée *albicorrupti actio.* Instituts *lib. 4. Tit. 6. §. 12. Panales. Tit. 18. §. 5. item Lex Cornelia.* Tertulien *Apologet. cap. 22. suprà* liv. 1. Tit. 11. Max. 21.

XII. Max. M. Claude Expilli chap. 223. rapporte l'Histoire de Jacques * * marié à la place Maubert à Paris, & en même tems étoit Religieux au petit S. Antoine, sous le nom de François Mosnier, il dit comme il fut découvert, on lui fit son procès par Arrest de la Tournelle, du 6. Aoust 1622. fut condamné à faire amende honorable, banni à perpetuité du Royaume, pour avoir celebré la Sainte Messe long-tems marié, sans être Prêtre.

N nn ij

Par Arreſt de la Tournelle du Mercredy 3. Septembre 1710. les deux Chambre aſſemblées, la Sentence du Préſidial de Poitiers fut confirmée ſur l'appel de Laurent * âgé de 33. ans, Maître d'Ecole du Village de. . . . qui le condamnoit à l'amende honorable, le poing coupé, & brûlé, pour avoir dit la Sainte Meſſe pendant quatre ans, ſans être Prêtre, il dit que c'étoit pour vivre. En Poitou on paye ſix ſols, pour la rétribution d'une Meſſe.

Par Arreſt de la Tournelle du 9. Fevrier 1711. Frere * de l'Abbaïe de. . . . près . . . . fut condamné à faire amande honorable, & trois ans aux Galeres, aſſiſté d'un Maçon ſon complice, pour avoir volé & vendu le plomb cinquante écus, du tombeau du Cardinal de Crequi, Evêque d'Amiens, enterré en cette Abbaye.

Par Arreſt de la Tournelle du Mardy premier Aouſt 1713. Thomas * de l'Iſle de Beaulieu, Chanoine, natif de. . . . . Dioceſe Delna, transferé à. . . . . . dont M. de Flamanville eſt Evêque, fut condamné à la queſtion qu'il eut, à faire amande honorable, & à neuf ans de Galeres, pour avoir fait & fabriqué de faux Excats de ſon Evêque, & quoi qu'interdit, avoir dit la Sainte Meſſe étant excommunié : l'appel étoit d'une Sentence du Châtelet, qui l'avoit condamné à l'amende honorable, & à la mort.

Par Arreſt de la Tournelle du Vendredy 4. May 1714. Touſſaint * Prêtre, appellant du Châtelet, pour vols de Calices & de Ciboires, avoit été condamné à l'amende honorable, & enſuite brûlé ; la Sentence fut confirmée & executée le lendemain à la Greve : il avoit été Vicaire à. . . . & à . . . Dioceſe de Paris, âgé environ de quarente-cinq ans.

Par Arreſt de la Tournelle du Mardi 8. May 1714. Nicolas * fils d'un Chirurgien de. . . âgé environ de trente-cinq ans, Frere Profez de. . d'où il s'étoit enfui, appellant d'une Sentence du Bailliage de. . . . qui le condamnoit à l'amende honorable, & brûlé, pour pluſieurs vols faits de Calices, Ciboires, Patenes, Pavillon, cüillieres, fourchettes, & linges : la Sentence fut confirmée & renvoyée à. . . . pour être executée, ayant rompu les Tabernacles à Nemours, à Chelles, à Gien, à Houſſon ſur Loire, Boni, Coinci, Abbaye en Champagne, & ailleurs.

XIII. Max. Ces condamnations pour Sacrileges ſont, ſuivant ce que portent les SS.Cahiers, où nous liſons aux Nombres chap.16. que la terre s'ouvrit & engloutit Coré, d'Athan & Abiron, & leurs ſemblables, pour avoir fait la fonction de Levites en preſence de Moïſe & du Grand-Prêtre Aaron. Au livre 2.du Paralipomenon chap. 26. ℣.16. eſt écrit la punition d'Ozias, pour avoir fait l'Office des Prêtres, nonobſtant la remontrance que lui fit Azarias & les autres Prêtres, enfans d'Aaron, ſon orgüeil fut puni ſur le champ de la lepre : le même eſt encore marqué au liv. 4 chap. 15. des Rois, ſous le nom Azarias.

XIV. Max. Le crime de Sacrilege n'eſt point un cas Royal, les Juges de Seigneur en connoiſſent, jugé par Arreſt du 2. Decembre 1611. rapporté par Joly liv. 4. chap. 33. pour les Officiers de l'Iſle Bouchart en Touraine. *Vide* les diverſes leçons de L. Guyon tom. 3. liv. 10. chap. 27.

XV. Max. Les mauvais Chrêtiens ſont pires que les Payens, pour affliger l'Egliſe & la Religion. Tibere propoſa au Senat Romain de mettre Jesus-Christ au rang de leurs Dieux, ſur ce qui lui avoit été écrit des miracles qu'il faiſoit dans la Paleftine : il menaça de fa difgrace tous ceux qui accuferoient les Chrêtiens : ce qui prouve qu'on ne fçautoit punir trop feverement ceux qui offenfent l'Eglife. Alexandre fit la même chofe, fuivant l'Écrivain de la vie de S. Pontian, Pape. L'Empereur Commode fit un Decret, qui puniffoit de mort les accufateurs des Chrêtiens, & d'avoir les os brifez ; cela prouve que cette peine étoit en ufage dès le tems des Romains, ainfi que j'ay dit liv. 1. Tit. 26. Max 6. Domitien rappella les Chrêtiens qu'il avoit bannis ; & Marc-Aurele ordonna que leurs accufateurs feroient punis du dernier fupplice, en reconnoiffance de la faveur qu'il avoit reçûë du Ciel par leurs prieres, ainfi que dit Tertullien chap. 5. de fon Apologetique. *Proverb. 3. ♥. 34. ipfe deludet illufores.*

TITRE XXXI.

Du Stellionnat.

EXPLICATION DU TITRE.

JE croi avoir affez rapporté d'Auteurs qui ont traité du Stellionnat page 529. du nouveau Traité des Criées, & fans en rien reperer, je diray que le Stellionnat eft un crime du nombre des efpeces du larcin qui fe commet en diverfes manieres. Mafuer fur le Titre *de emptione & venditione* Titre 23. *num.* 59. dit, *fed proprie dum aliquid unam & eadem rem duobus & diverfis temporibus venerunt.* Georges Loüet, & Julien Brodeau lettre S. chap. 18. pages 766. 767. difent que lorfque par une fauffe énonciation, l'on vend & on déclare fon heritage franc & quite, *dolum committit & crimine ftellionatus, convenitur.* Philbert Bugnion Lyonnois, dans fes Loix abrogées en France liv. 1. Satyr. 227. page 14. parle de ce crime. Il y a diverfes façons de commettre le Stellionnat, qui font expliquées aux Digeftes fous cette note Stellionnat. Par Charles Dumolin dans fes Contrats Ufuraires queft. 7. *num.* 148. par Mafuer, Budée, Defpeilles & autres Docteurs que je pafferay, en remarquant ici à mes Lecteurs que ce crime n'eft jamais commis fans dol & fraude ; ainfi j'eftime qu'il peut paffer pour un des incidens de faux, dont parle l'Ordonnance d'Aouft 1670. Titre 9. car le mot impofture dénote celui de Stellionnat, ainfi qu'a très-bien expliqué Budée : c'eft pour cela qu'on peut dire que tout Stellionnataire eft un impofteur. La Coutume de Bretagne article 681. porte précifément, *étans larrons & fauffaires.* Salomon *Proverb. 3. ♥. 34. Ipfe deludet illufores.* Jovet *in verbo* Impofteur.

L'on trouve fur ce fujet, au dire *de Pollio in Galienis*, que l'Imperatrice ayant été trompée par un impofteur, qui lui avoit vendu de fauffes pierreries pour de véritables, l'Empereur fit punir cet affronteur de même monnoye, en le faifant jetter dans la foffe aux Lyons, pour y être dévoré ; ce coupable crut être mort, mais au lieu de faire entrer un Lyon par la petite porte de la loge, on y jetta un Chapon : ainfi cet impofteur n'en eut que la peur, & au même inftant l'Empereur fit crier tout haut, *impofturam hic fecit, & paffus eft.*

Nnn iij

Jean Duluc *lib. 12. Tit. 2. de dolo malo.* J'ay dit que le mot Stellionnat venoit d'un petit Lézard appellé *ſtellio*, décrit par Accurſe, après Pline & Ariſtote, que c'eſt un petit animal fin & rusé, qui a ſur le dos des façons d'étoilles : il eſt ſi malicieux & envieux du bien de l'homme, que connoiſſant que ſa peau qu'il quitte tous les ans, eſt un remede au mal d'épilepſie, ou mal caduc, auſſi-tôt qu'il s'en dépoüille il la mange. Pour vivre, ſon artifice eſt de faire une foſſe, où il ſe cache, & met ſur le bord de l'appaſt, pour y attirer des animaux, & lorſ-qu'ils y viennent, il ſe jette deſſus : liſez au Levitique chap. 11. ℣. 30. & aux Proverbes chap. 30. ℣. 28. ce qu'il eſt dit de cet animal : voyez aux Digeſtes liv. 47. Titre 20. au Code liv. 9. Tit. 34. où il eſt expreſſèment parlé du crime de Stellionnat. André Alciat à fait ſon Emblême 49. parlant de tels affronteurs publics *in fraudulentos*, & Savedra Faxardo deviſe 48. de ſon Prince Chrétien & Politique.

Dans le Droit, la peine du Stellionnat eſt à l'arbitrage du Juge, comme le foüet, le banniſſèment, l'amende, ou la priſon, ſelon les circonſtances aggra-vantes du délit ; car dans les Matieres criminelles, il faut obſerver toutes les particularitez pour y appliquer les peines ſuivant les Loix, à proportion des dé-lits. Papon liv 24. Tit. 10. Dans le crime de Stellionnat il faut conſiderer la malice, le dol & la mauvaiſe foi de celui qui a emprunté ou vendu ſous de fauſſes clauſes : c'eſt pour cela que l'Ordonnance du mois d'Avril 1667. Tit. 34. art. 4. a fait ſubſiſter la contrainte par corps contre les Stellionnataires & faux vendeurs convaincus ; comme une peine contre les femmes qui en ſont convain-cuës & les hommes ſeptuagenaires, qui d'ailleurs ſeroient exemts d'être empri-ſonnez. L'Ordonnance de Paris en Janvier 1629. art. 149. 156. condamne à rache-ter les rentes lorſqu'il y a un Stellionnat, tant ce crime eſt odieux : autrefois il y avoit des peines afflictives dans le Droit.

Lorſque par un contrat de conſtitution ou une obligation, celui qui a em-prunté déclare ſes biens francs & quittes, non chargez d'aucun hipoteque que ceux qu'il déclare : celui qui oblige & affecte ce qui ne lui appartient pas, il commet Stellionnat, il eſt condamné & contraint par corps à racheter & payer, à cauſe de ſon impoſture, du dol, de la fraude & de ſa fauſſe déclaration, les biens qu'il affecte, qu'il déclare être à lui, étant la ſûreté & le fondement du prêt à lui fait des deniers qu'il emprunte.

De même celui qui par un contrat de conſtitution ou dans une obligation, prend une fauſſe qualité de Seigneur d'une Terre, encore qu'il ne l'oblige pas ſpecialement, il commet Stellionnat par ſon impoſture & le menſonge, pour in-duire le créancier en erreur, en lui voulant perſuader qu'il a une Terre & Sei-gneurie qu'il n'a point : ce qui a été jugé par Arreſt rapporté ſur Loüet du 5. Fevrier 1616. Il en eſt de même de celui, *qui cum filiusfamilias eſſet ſe patrem-familias ſimulavit.* L'impoſteur qui dément ſon ſexe, la Loy dit, *Impoſtor qui mentitur ſexum & manus debilitationem committit ſtellionatum & ideo debet fuſtigari, & ejici ſub pœna triennium. Julius Clarus quæſt. 88. lib. 5. §. final. num. 3.* C'eſt pourquoi le Prêtre ſurpris en habit traveſti, maſqué & déguiſé, dont a parlé Imbert liv. 3. chap. 22. *num.* 11. perd ſon privilege, & n'eſt point renvoyé à l'Official, s'il eſt arrêté pour crimes. *ſuprà* Tit. 9. Max. 4.

Les Stellionnataires font deux réponſes pour leur excuſer. La premiere que le crime de Stellionnat se peut tollerer en deux façons. 1o. Si le premier acheteur n'a rien payé de la chose à lui venduë, & si le second acquereur en a payé le prix au vendeur, il n'y a point de Stellionnat pour pouvoir dire qu'on a vendu à deux personnes une même chose : ce qui est suivant le second livre Tit. 1. des Instituts, au paragraphe 41. *vendita*, qui veut qu'un acquereur n'a point la propriété des choses qui lui ont été venduës & livrées, jusques à ce qu'il en ait payé le prix au vendeur, ou autrement satisfait, soit en lui donnant des gages ou une caution. Je trouve au liv. 3 Tit. 24. une contradiction, *emptio & venditio contrahitur simulatque de pretio convenerit, quamvis nondum numeratum pretium sic, ac ne arrha quidem data fuerit.* Papon liv. 8. Tit. 6. Arrest 4. 2o. S'il y a ignorance de la part du vendeur, car il pourroit arriver qu'il auroit innocemment & par une absence de memoire, ou ayant pris de *l'Opium* d'Oville, qui a la vertu de l'oubli & d'attirer le sommeil, vendu un même bien à deux differentes personnes. Lisez Domat *in-folio* tome 1. page 141. tome 2. page 191.

La seconde réponse des Stellionnataires, lorsqu'un heritage a été vendu à deux personnes differentes : celui auquel la tradiction en a été faite, & qui en a le premier pris possession réelle & actuelle, doit être preferé à l'autre, quand même il seroit le dernier acquereur, sauf les dommages & interêts du premier acquereur contre son vendeur, faute de le faire joüir. Cette raison qui peut passer pour une Maxime certaine, est conforme aux Loix écrites aux Instituts, à l'endroit que j'ay cité au §. 40. *per traditionem.* Charondas lib 5. répont. 19 pag. 127. & à l'art. 216. de la Coutume de Senlis. Il faut faire un détail de ce que j'ay dit, & en composer des Maximes.

Le Stellionnat n'annulle pas seulement les conventions où il se rencontre, mais il est de plus puni & reprimé selon les circonstances. *Pœna stellionatus nulla legitima est, cum nec legitimum crimen sit, solent autem ex hoc extra ordinem plecti. l. 3. §. 2. ff. stellio.* La vraye définition est, *Stellionatus crimen doli mali crimen est :* l'honnêteté & le changement d'un nom qu'on voudroit lui donner pour le pallier n'en diminuëroit pas la punition. *Cum nec honestas nominis criminis malitiam palliabit.* Journal des Audiences liv. 2. chap. 53. *quia sine pretio nulla venditio intercedit.*

I. Max. La peine du Stellionnat est à l'arbitrage du Juge, comme sont le bolus, le bannissement, des amendes, ou la prison, selon la gravité du délit, & les circonstances du cas, le tems, l'âge, le sexe, & autres que je viens d'expliquer : car il faut observer les mêmes choses en ce crime qu'en tous les autres, & appliquer les peines à proportion du délit suivant les Loix, ainsi que dit Bugnion liv. 5. le Brun §. Stellionnat : cela dépend du dol & de la mauvaise foi. *l. 3. ff. de crimine stellionatus. l. qui duobus in solidum. ff. de fals.* Ces peines n'ont point de lieu en France, l'on condamne seulement le Stellionataire par corps à réparer ce qu'il a mal fait, & aux dommages, interêts & dépens.

II. Max. Quand un contrat de constitution de rente, ou par une obligation le debiteur a déclaré l'heritage qu'il oblige être franc & quitte de tous hypoteques ; ou lorsqu'il oblige un bien qui ne lui appartient plus, & quoique *pignus sit sufficiens omnibus,* & que les biens du debiteur sont plus que suffisans pour le payement de la rente ; ce neanmoins il peut être condamné & contraint par corps, comme Stellionnataire à racheter, à cause de son imposture du dol & de la fraude & de sa fausse & trompeuse asseveration : en quoi Julien Brodeau est opposé à M. Georges Loüet, qu'il a notté lettre S. *cap. 18.* Arrest du 5. Fevrier 1616. Ordonnance de Paris de 1629. art. 149. *l. 7. de tutela, cod. de integ. restitutione, secus ergo,* si le créancier avoit connoissance de l'hypoteque, ou de la vente precedente : de plus celui qui par un contrat de constitution de rente prend une fausse qualité de Seigneur d'une Terre qu'il n'a point, encore qu'il ne l'oblige point specialement, il commet Stellionnat jugé par l'Arrest que j'ay rapporté, à cause du mensonge qu'il fait & de son imposture. De même de celui qui se dit d'une famille dont il n'est pas, à cause de son nom qui est semblable, pour en induire l'erreur à son créancier, & lui faire croire qu'il est solvable pour assurer la dette.

I I I. Max. Par l'explication du Titre, j'ay touché ce que je ne repeterai point de l'excuse du Stellionnat en divin façons, dru réponsos, do l'héritage vendu à deux ; le premier en possession, quoique dernier acquereur, est preferé au premier acquereur suivant les Loix, l'imposteur qui cache son sexe, & la Coutume de Bretagne article 682. qui porte, *tous faux vendeurs, ou qui auroient vendu même chose à deux, seront punis comme larrons & faussaires.* C'est ou je renvoye les Lecteurs aux Proverb. 3. v. 34. *ipse deludet illusores.*

T I T R E   X X X I I.

Du terme ôté, ou transplantation des bornes d'un heritage.

E X P L I C A T I O N   D U   T I T R E.

POur sçavoir ce que c'est qu'un terme ôté, ou de bornes arrachées & transplantées, il est necessaire de connoître ces mots, *termes & bornes* : termes, bornes, limites, & confins, sont quatre mots François sinonimes, désignez en Latin per plusieurs autres noms tous univocques, suivant Ragueau en son Indice des droits Royaux, au mot Bornes, *Joachinus Fortius in sinonimis page 329. termen, termo, termini, cardines, limites, meta, fines agri,* tous lesquels mots les Juriconsultes renferment sous l'homonime *terminus* ; ainsi je n'ay qu'à l'expliquer par l'interprete d'Horace lib. 2. Ode 22. & Ragueau en son Indice, Virgile au liv. 12. de son Æneïde & autres. Les anciens du tems du Paganisme avoient forgé un Dieu Terme, auquel ils sacrifioient : je le trouve bien planté sur un cube carré, que les Poëtes ont placé sous le nom de Mercure, pour enseigner & montrer les chemins aux passans ; mais le terme n'est autre chose ici qu'une grosse pierre, ou borne, à l'effet de regler, séparer & regir les biens & possessions des personnes ; par consequent d'arracher & ôter ce terme, & le transporter de la place où il est pour voler l'heritage d'autrui, c'est violer cette paix & cette amitié, pour dérober partie de la possession de son voisin, c'est dequoi je fais ici un Titre. Comme cette action étant une des especes du larcin, il faut voir maintenant ce

que

que c'est qu'ôter & transplanter ce terme d'où il est, pour le mettre en un autre endroit. Il est assez ordinaire de voir que plusieurs arrachent les bornes à leur voisin ; mais il en est peu qui en veulent planter à leur ambition & leurs richesses.

Oter un terme, va plus avant que de le transplanter, transposer, ou transporter, car ôter, suivant *Fortius*, c'est qu'il n'y ait plus aucune marque ny vestige de la chose ôtée, & qu'il n'y paroisse aucune chose, comme s'il n'y avoit jamais rien eu : mais transplanter, c'est porter une chose d'un lieu en un autre lieu, suivant *Valla*, *Elegant. lib.* 3. *cap.* 35. toujours la chose paroît en un endroit. Il y a beaucoup de choses à considerer en cette espece de crime, c'est mettre la pierre, terme qui borne les heritages, dans un autre lieu, afin de connoître mal les limites ; ainsi c'est un vol qu'on fait de l'heritage de son voisin, en diminuant sa terre, pour augmenter celle de celui qui transporte le terme, ce qui est bien criminel, suivant les Loix du Digeste, & *Jacobus de Bellovisu in rubric. de furt. num.* 37.

Il est parlé en divers endroits de cette matiere, *in Lege Manilia, Roscia, Peducea, Alliena, Fabia, Sempronia, sed præsertim, in Julia Agraria, qua adversus eos, qui terminos otatulos extra suum gradum finesve moverint dolo malo, pecuniaria pœna constituta est* : mais vous verrez là-dessus le Digeste Titre 21. *de termino moto lib.* 47. le Code *lib.* 3. *Titre* 39. *finium regundorum & ff. eodem lib.* 10. *Tit.* 1. Il n'est donc pas permis de toucher à ces termes, qui sont reputez comme des choses saintes : c'est ainsi que Juvenal en sa Satyr. 16. les traite, *sacrum effodit medio de limite saxum.* Versic 38.

Moïse donnoit malediction à ceux qui ôtoient les bornes des champs de leurs lieux, il n'y a qu'à voir là-dessus au Deuter. 19. ℣. 14. chap. 17. ℣. 17. Salomon aux Prov. 22. ℣. 28. chap. 23. ℣. 10. ainsi les Loix Divines condamnant ce crime d'enlever & transporter des bornes, il ne faut pas douter un moment que c'est un crime devant les hommes, qui merite punition exemplaire, puisqu'il est reprouvé devant Dieu.

I. Max. La peine du termé ôté selon les Loix civiles est déterminée, eu égard à l'âge, la condition & volonté du délinquant, releguant les qualifiez selon leur âge, à plus ou moins de tems, punissant du foüet les autres, ou les condamnant à fouiller aux mines. *Jacob. de Bellovisu in rubric. de furt. num.* 38. *l.* 11. *penultim. & ante penultim. ff. de term. moto.* Les Praticiens François, sans leur arrêter ny attacher à toutes ces distinctions, disent que régulierement ceux qui par dol & fraude transportent les bornes des limites d'autrui, soit des arbres appellez *pié Cornié*, grosses pierres, ou autres choses servant de limites à la séparation des chemins, Jurisdictions ou Provinces, pour étendre ou élargir leurs fonds, sont le plus ordinairement punis du foüet & bannis pour quelque tems : comm'aussi si le proprietaire du fond a reçû quelques dommages & interêts à l'occasion de ce changement & transports, le délinquant est tenu à la restitution & soulde du dommage, suivant Bugnion en ses Loix abrogées liv. 2. section 146. Bouchel en sa Biblioteque au mot *Bornes*. Le Brun en son procès civil & criminel, au même mot. *l. fin. ff. idem.* L'on a vû aux Eaux & Forêts un grand procès, qui a couté trois fois la valeur de l'heritage, entre M. * & * dont les deux jardins de leurs maisons à ... étoient bornez par la petite riviere qui y passe, l'un soutenoit que l'autre en une

<table><tr><td>*II. Part.*</td><td style="text-align:right">O o o</td></tr></table>

nuit , à force de bras d'hommes à faire un lit à la riviere , avoit changé son cours,
ce qui causa des descentes & de grands frais aux deux parties, que leurs amis n'a-
voient pû accommoder. Coutume de Bretagne art.635. Coutume d'Amiens art.247.
Vide de Heu sur cet article.

I I. Max. Si les bornes & limites sont transportées & arrachées par un tiers ,
par le commandement d'autrui, l'arracheur doit être foüetté & envoyé aux Galeres pour trois ans, ou du moins banni pour pareil espace de tems , le Brun *idem.*
l. Divus. 2. ff. *Adrianus de termino moto.* Si les bornes qui limitent les chemins
Royaux ou les Jurisdictions Royalles sont transposées , il n'appartient pas aux
Juges des Seigneurs, en la Jurisdiction desquels elles sont , de les faire redresser
& mettre en leur veritable place : cela appartient aux Juges Royaux plus pro-
chains des Jurisdictions : que s'il y a deux Juges Royaux interessez en ces limites, ils doivent de concert ensemblement proceder à les faire remettre en
leur propre lieu , & cela en presence des Gens du Roy, dont ils font des procès verbaux. L'accusation de ce crime est publique & est permise à tout le monde de la dénoncer. *l. fin.* ff. *de termino moto* Le Brun *idem.* En arrivant a Roüen
du païs de Caux , il y a une borne qui en est à plus de deux lieuës : cependant on
dit la bonne lieuë, pour mettre plusieurs terres dans la Banlieuë de Roüen en
franchise. Lisez Domat *in-fol.* tom. 1. page 171. des Loix Civilles , section 2.
R. Choppin *de Domanio lib. 3. Tit. 22. num. 3. Vide* les notes du chap. 32. liv.5.
de M. Dolive du Mesnil , de ses questions notables de droit.

I I I. Max. Par les Notes de M. Dolive il parle de la Viguerie & du Gardiage
de la Ville de Toulouse , pour borner l'étenduë ; parce que les Capitoulx ont
droit de Jurisdiction , à l'exclusion de tous les autres Juges, dans l'étenduë du
Gardiage. *Gardia enim sive Vvardia significat custodiam.* Echevins, à Paris ,
c'est la Banlieuë ; à Roüen , la bonne lieue ; à Bourges , la septaine ; à Arras la
Gouvernance & les hommes de Fief ; la Quinte d'Angers ; la Vairie du Mans.

I V. Max. Il y a des gens si avides d'avoir du bien , qu'ils ne s'appliquent qu'à
trouver les moyens pour y parvenir , sans se soucier s'il y a du mal à le faire ;
c'est ce qui a fait dire au Poëte, *Flectere si nequeo superos Acheronta movebo.*
Un grand Politique du dernier siecle, dit qu'il n'y a point de Théologien au monde qui puisse disconvenir, sans aller contre les principes de la lumiere naturelle ,
que la necessité oblige celui auquel on veut ôter la vie, de se servir de quelque
secours que ce puisse être pour la conserver : ainsi ceux qui croyent bien fort
la communauté de biens, comme étoient les Anabaptistes qui la firent publier
à Munster en 1525. ne cherchent que les occasions d'y arriver par toutes sortes
de biais , *per fas & nefas.* avarice , usure, fraudes , vol , tromperies , tout
se met en usage pour rassasier la cupidité. Dans le cours de ces ambarras , il faut
mourir, ou va-t-on. *Virgil. auri sacra fames. suprà* Titre 26. Le feu n'a point
tant d'inclination de s'élever à sa sphere : la pierre jettée en l'air ne tombe pas si
vîte vers son centre pour trouver son repos. L'eau ne coule point dans une valée
avec tant de rapidité, que les avares se précipitent dans les actions les plus dan-
gereuses pour le charme des biens, pour les avoir de quelque maniere que ce
soit.

La flaterie du tems , ny la politique d'interêt ne me font point parler , c'est
la seule vuë de la verité : la naissance d'un enfant souhaité ne réjoüit point tant

un pere amoureux d'avoir des deſcendans. Un Gouverneur de place aſſiegée n'eſt point ſi joyeux de voir la levée du ſiege, ni un Pilote d'arriver au Port ſans naufrage après la tourmente, qu'eſt un avare de voir ſes coffres remplis d'argent; ſouvent mal acquis. *Avaro autem nihil eſt ſceleſtius.* Ecclef. 10. ⩊. 9. *hiante avaritia homo.* Après tous les Arreſts qui ont condamné l'abus de déplanter les bornes, les voyant continuer, c'eſt une preuve de la corruption des mœurs, *pudor eſt inſtaurare præceptum,* c'eſt une marque mauvaiſe qu'on peche avec licence, lorſqu'on renouvelle ſouvent une même Loy : Pour ſçavoir ſi c'eſt un vol qu'un tréſor trouvé, & à qui il appartient par les Loix, liſez Expilly Plaidoyer 30. & de Hev. ſur l'article 190. de la Coûtume d'Amiens *num.* 36.

TITRE XXXIII.

De l'Uſure.

EXPLICATION DU TITRE.

C'Eſt aujourd'hui que j'écris le plus fréquent & pratiqué de tous *les crimes*, que celui de l'uſure, quoique condamnée par toutes les Loix divines & humaines : ce qui la fait commettre, eſt l'indulgence que l'on a pour les uſuriers qui ſont la peſte de l'Etat & la ruine des familles. J'en ay aſſez parlé dans le nouveau Traité des Criées en divers endroits, comme l'on verra par la Table : c'eſt une eſpece de vol & de larcin toute particuliere, car bien qu'il ſemble qu'il n'y a point de contrectation dans l'uſure; contre le gré du Maître, toutefois ſon conſentement eſt forcé, parce que l'on ſçait, ce que ne fait pas une perſonne dans la neceſſité preſſante d'une Lettre de Change échûë qu'il faut payer, ou faire faillite; d'un homme de guerre d'aller à ſon Régiment ou être caſſé; d'un joüeur débauché, de contenter ſes paſſions dominantes : c'eſt dans toutes ſes extrémitez que les uſuriers prenant l'occaſion aux cheveux, prêtent à cent pour cent pour trois mois, & ſouvent plus, comme l'on a veu en divers procès à la Tournelle des obligations de douze mille liv. dont il n'avoit jamais été donné que deux mille livres en argent & quelques hardes & nippes que l'on eſtime ſix fois au deſſus de leur juſte valeur.

Horace a connu cela de ſon tems, lorſqu'il dit *magnum pauperies opprobrium jubet, quidvis facere & pati.* L'uſure eſt un vol; l'Ordonnance donnée à Paris par le Roy Charles IX. le 26. Janvier 1567. l'apelle *pillerie*, & le Canon *meretrices* 32. *quæſt.* 3. la qualifie de même : pour cette raiſon Charles du Moulin en ſon Traité 2. *de uſuris* appellé l'uſurier larron. Il faut donc expliquer l'uſure, par ſon étimologie, par ſa definition, par ſa diviſion & par ſes effets, c'eſt ce que l'on va voir.

Petrus de Grand-Saigne en ſon explication de l'Ordonnance des uſures de Charles IX. que je viens de coter , dans la Biblioteque de Bouchel. Moſnier au mot , *uſure* , Bugnion en ſes Loix abrogées au même mot *Jacob Bellouiſu : Didac. Couvarruvias , Julius Clarus. Baptiſta Lupo* , & toutes les Loix des Digeſtes , il eſt certain que *uſura ab uſu aut ab utendo dicta eſt.* Elle ſe commet lorſqu'on tire profit pour l'uſage ou le délai de rendre la choſe dûë , de preſt mutuel , lequel ſe leve ſucceſſivement à la raiſon & meſure du tems , comme dit Philbert Bugnion , dont la définition eſt la meilleure de toutes autres , qui ſont en grand nombre , ainſi que l'a remarqué l'Annotateur de *Julius Clarus* , il dit que ſuivant les Theologiens & les Juriſconſultes *uſura eſt lucrum ex mutuo , pacto debitum vel exactum.* Suivant les Loix l'uſure ſe définit par le Loyer du temps qu'on a gardé la choſe , que l'uſurier vend à ſon débiteur , comme s'il étoit le Maiſtre du tems pour le vendre : ce qui a fait dire à Manile *Dulcibus uſuris , aquo quoque tempora vendit.* Auſone dit *Trucidat.* L'uſure s'appelle autrement *fœnus ſed proprie & peculiariter dum ex mutuo ad quæſtum percipitur* , & de ce mot vient celui de *fœnerator* dont il eſt parlé au Digeſte *L. pecunia* ff. *de uſuris.* Il y a quatre eſpeces d'uſure , ou quatre eſpeces de prêt ou mutation d'argent , *ſcilicet , naturalis , campſoria , obolotaſtica , & Theocos ſeu uſura.* Caton dans ſes morales explique cela , où je renvoye , pour ne point perdre le tems , & auſſi crainte d'aprendre à faire l'uſure à ceux qui ne le ſçavent pas. L'uſure ſe commet encore en treize manieres ſuivant la compoſition de *Las aſſis* qui eſt la livre dont Ulpien fait particuliere mention *in Lege ſervum* §. *hereditas* ff. *de heredibus inſtituendis.* Dans la Table de la diviſion de *l'As* , il y a 12. onces. *l'As* eſt auſſi appellé *libra* & *pondo* ſuivant Moſnier au mot *uſure* , & Bugnion en ſes Loix abrogées liv. 1. Satyre 4. *untia* eſt l'once qui revient à un pour cent.

Sexcuns , eſt l'once & demie qui fait un & demie pour cent.
Sextans , ce ſont deux onces au denier 52. pour cent.
Quadrans , les trois onces au denier 33. ou bien à trois pour cent.
Triens , les quatre onces au denier 25. quatre pour cent.
Quincunx , les cinq onces au denier 20. c'eſt un ſol par livre.
Semix , les ſix onces ou demias , à ſix pour cent 15. deniers pour livre.
Septunx , les ſept onces c'eſt au denier 14 ſept pour cent.
Bes , les huit onces , à huit & un tiers pour cent 20. deniers la livre.
Dodrans , les neuf onces au denier onze , c'eſt neuf pour cent.
Dextans , dix onces à dix pour cent , c'eſt deux ſols pour livre.
Deunx , les onze onces au denier neuf , onze pour cent.
As , qui fait la livre eſt au denier 8. douze pour cent , c'eſt la grande uſure.

Pour donner plus d'étenduë à ma penſée & une notion , je dirai que par le droit Romain , *l'As* eſt le poids d'une livre Romaine de douze onces , monnoyes anciennes des Romains faite , d'abord de cuivre en maſſe peſant une livre. Elle a commencé d'être marquée ſeulement du tems de *Servius Tullus* , & a retenu toûjours ſon poids d'une livre , juſques à la ſeconde guerre punique , où l'on commença à battre *l'As* , de ſix à la livre peſant chacun deux onces ; enſuite on les fit ſeulement d'une once ; puis enfin de demi once : & parce que le poids de l'As a été ainfi different felon les tems, les Auteurs voulant marquer l'As, d'une livre, difoient *Æs grave*, qui n'eft pas le même que *rude, informe*, comme a crû Budé : car *rude* eft opposé à *fignatum*, monnoye ; au lieu que *grave* ne regarde que le poids, & peut très-bien convenir à l'autre, fuivant *Robertus Cenalis*, Evêque d'Avranches.

l'As felon le cours de nôtre monnoye d'àprefent peut revenir à quelques neuf deniers tournois & un quart de denier ; mais l'As fe prend aufli pour toutes les chofes entieres, & qui fe divife en douze parties, comme un heritage, une fucceflion, & les parties s'appellent onces ; je croi que ce fut à ce fujet que fe forma la di fpute entre les Jurifconfultes, qui donne lieu à ma remarque.

Voici la Table que j'ay faite de la divifion de l'As.

12. Onces faifoient l'As, appellé aufli & *libra* & *pondo*.
11. Onces le *Deunx*, ainfi nommé, parce qu'il manque une once.
10. *Decunx*, comme qui diroit *decem uncia*, ou *dextans*.
9. *Dodrans*, parce qu'il manque un quart.
8. *Bes* ou *Beffis.*, parce que *deeft triens*, felon Varron.
7. *Septunx*, comme qui diroit *feptem uncia*.
6. *Semiffis* pour *femiaffis*.
5. *Quincunx*, pour *quinque uncia*.
4. *Triens*, c'eft-à-dire, la troifiéme partie de l'As.
3. *Quadrans*, c'eft-à-dire, quatriéme partie.
2. *Sextans*, fixiéme partie.
1. demi *Secunx*, dit pour, *fefquiuncia*, une once & demie.
1. *Uncia*, ainfi nommée *quafi unica*, une once.
J'ay tiré ceci des Inftituts de Juftinien, *lib.* 2. Tit. 14. §. 5.

Lorfque Ciceron difoit *hæres ex Affe*, heritier univerfel, *hæres ex beffe*, heritier pour les deux tiers, *hæres ex femiff*, heritier pour la moitié, *hæres ex dodrante*, heritier pour les trois quarts ; & ainfi du refte.

C'eft pourquoi il faut entendre Horace, lorfqu'il dit *ad Affem omnia per-dere*, perdre tout jufques à une maille, *redigere ad affem*, être réduit à n'avoir pas le foû, être dans la derniere pauvreté & mifere.

> *Unciolam Perrinellus habet, fed Blondeau deuncem.*
> *Parteis quifque fuas, ad menfuram inguinis hæres.*

Guillaume Budé, au regne de François I. avoit fait un Traité de *Affe*, qui fut imprimé par Pierre Hermier in-octavo en 1538. & lon-grems auparavant *Volufius Metianus* en avoit fait un Traité particulier. Glarean a fait un Livre de *Affe*. Voyez le livre 2. chap. 10. de M. Dolive.

Il n'y a rien qui doive être moins variable & plus ftable que la monnoye, dans fon poids & fa valeur, puifqu'elle eft la mefure & la regle generalle & commune des chofes dans le commerce de la vie ; néanmoins le Lecteur conviendra qu'elle eft le modelle variable du changement & de l'inconftance dont J'ay parlé au liv. 1. Tit. 11. Max. 27. par la neceflité des tems. O o o iij

Une des plus belles antiquitez de Rome eft au Capitole dans la Salle des Confervateurs, c'eft une Louve de bronze fort ancienne qui fut faite des deniers provenans de la condamnation prononcée contre des ufuriers. Horace & Juvenal Satyre 14. *unde habeas quærit nemo fed oportet*, on ne s'informe point d'où viennent les richeffes, ayez-en, cela fuffit.

L'ufure fe divife encore en deux autres manieres, en ufure lucrative, & en ufure recompenfatoire, un homme qui prend un prefent plus fort que ne feroit le jufte interêt, par un motif de confcience : difant qu'il ne prend point d'interêt, *l. fi a marito* §. *ultim.* ff. *folut. matrimo.* Il n'y a point d'Auteur qui ait écrit de l'ufure, qui ne la divife & fubdivife à fa mode, c'eft pourquoi fi je rapportois l'opinion des Theologiens & Jurifconfultes là-deffus, fix volumes *infolio* ne feroient pas fuffifans ; il eft befoin feulement de remarquer pour les comprendre en partie, que l'objet de l'ufure confifte en deux points principaux. *Primò.* En l'ufage du fort principal. *Secundò.* Au délai de rendre ce fort principal, & non à la proprieté & alienation, *l. te.la* ff. *fi certum petatur.* Après cela les Lecteurs obferveront que l'ufure eft un crime & un délit, reputé illicite, parmy les nations, & par confequent, comme crime, il doit être puni : il y en a pourtant quelqu'unes de permifes, comme j'efpere de montrer dans les Maximes, en fuivant le taux des Ordonnances.

Il n'eft point de Loy qui ne défende l'ufure, la Loy de Moyfe, la Loy Evangelique, la Canonique, l'Autentique, la Philofophique, la Politique, & la Civile. Exode 22. Levitique 26. Deuteronome 23. Efdraf. 5. Efechiel 18. & 22. pfal. 14. ℣. 6. 54. ℣. 12. *Luca 6.* & 19. comme auffi par les Coûtumes & Arrefts des Cours Souveraines, que je renferme fous trois fortes qui les comprennent toutes, les Loix Divines, les Loix Humaines, & les Civiles, & Naturelles. Quant aux Loix Divines, je viens de cotter les endroits où elles font précifes & formelles & fans équivoques, ni un double fens : à quoi je joindrai S. Chryfoftome en fes Homelies fur S. Matthieu, dans tous lefquels endroits il eft marqué diverfement, mais par tout dans le même fens ; & dans tout le Droit Canon, où il eft parlé de l'ufure, il eft dit qu'il ne faut point prefter d'argent à ufure. *Sed mutuum date nihil inde fperantes,* ce font les mots du faint Evangile. *Luca 6.* ℣. 35.

Pour les Loix humaines lifez le Digefte *lib.* 22. Titres 1. 2. le Code liv. 4. Tit. 32. La Conference des Ordonnances liv. 4. Titre 6. le Code Henry liv. 8. des crimes Tit. 21. L'ufure eft prohibée par la Loy de nature, parce qu'un écû cent ans dans un coffre n'engendrera pas un liard, & ne fait nul profit de foi-même, c'eft ainfi que l'entend *Julius Clarus* §. *ufura num.* 2. Pour conclufion, il faut convenir que l'ufure eft un des plus grands maux de la vie civile; qu'un ufurier eft auffi dangereux dans une Ville que la contagion : le Lecteur ftudieux verra, s'il lui plaît, pour une plus grande explication de ce Titre que j'ay abregée, Pierre de Grand-Saigne dans fon Commentaire fur l'Edit des ufures, qui eft rapporté par Laurent Bouchel en fa Biblioteque au mot *Ufure,* il fera fatisfait ; & mon nouveau Traité des Criées en plufieurs endroits au mot *Ufure.*

Il n'y a point de démonftration fans repliques : la pratique commune en France touchant les Contrats de conftitution de Rente, foit appuyée fur une opinion probable , il n'y a pas plus de trois fiecles qu'on difputoit fort , fur la nature de ces fortes de Contrats, & auffi fortement que l'on fait aujour-d'hui dans l'Ecole, entre les Theologiens , fur la nature des trois contrats : plufieurs Sçavans Docteurs foûtenoient que les rentes étoient ufuraires, parce que la fomme fe trouvant avoir été rembourfée au bout de vingt ans , par les interêts qui en égalent le principal on continuoit d'exiger & recevoir fes mêmes interêts , & quand le rachat fe faifoit , on payoit de nouveau le principal ; de forte que pour vingt mille livres prêtez , on trouvoir avoir reçû quarante mille livres , & fouvent beaucoup plus , ce qui faifoit naître la difficulté.

Il eft encore certain que pour juftifier le contrat de rente , il faut une bonne direction d'intention , felon laquelle on prétend acheter , par l'aliénation du principal, non pas par une certaine fomme d'argent payable tous les ans ; car on n'achete point de l'argent par de l'argent ; mais le droit d'exiger tous les ans une certaine fomme de celui à qui on a donnné le principal. Tout cela paroiſſoit délicat (non fans raifon) à ces anciens Docteurs , & le peût fi fort aux Papes qui furent confultez là-deffus , que Martin V. & Calixte I I I. ne confentirent pas par leurs Conftitutions du 2. Juillet 1425. & 6. May 1455. rapportées au Bullaire de Scipio Cherubini , à permettre ce Contrat que fous diverfes conditions, dont il y en eut deux principales : la premiere fut que la rente feroit hypotêquée , & le droit de celui qui conftituë feroit etabli fur un fond déterminé, lequel feroit de nature à produire du revenu , comme feroit une Terre ou une Maifon : la feconde que ce fond venant à perir , la rente ne feroit plus payée. Le Pape Pie V. & le Concile de Bordeaux de l'an 1 83. declarerent que ces deux conditions étoient neceffaires , *in capite regimini de emptione & venditione in extravagantibus.*

Cependant en France cela ne s'obferve point. Les Rentes font fouvent conftituées fur la perfonne & fur tous les biens de celui qui emprunte & reçoit le principal ; quoique les biens fe perdent , la rente fe continuë toûjours . & la perfonne demeure obligée : ce qui prouve que ce Contrat eft contre l'opinion probable , étant contraire aux Bulles de trois Papes , & à la decifion d'un Concile de France, pour être deftitué des conditions qu'ils ont demandées pour le permettre : qu'il eft ufuraire , ainfi qu'il a paru par fa nature aux anciens Theologiens, qui n'avoient pas encore trouvé l'échapatoire de ce mot *de probabilité.* L'on demande s'il eft probable , ou non, qu'il foit contraire aux décifions du faint Siége & des Conciles : car c'eft un dogme de Morale, & non point de fes queftions où on feroit un conflit , pour mettre des bornes à l'autorité fpirituelle & à la puiffance temporelle , il eft uniquement queftion de fçavoir , fi un contrat de rente volante , qui eft conftituée, eft permis en confcience, ou non, cela n'eft pas de mon reffort , je m'en rapporte aux Theologiens.

Que dirai-je des Contrats qui fe font par les Tuteurs à l'occafion des deniers des mineurs , fur tout en Bretagne & ailleurs , qui font en ufage ? J'en parlerai dans les Maximes : il s'en fait d'autres dans le negoce, parmi les marchands & entre les gens d'affaires ; & pour des ventes d'effets mobiliers l'on crée des rentes. L'on en propofa quelques-unes à la derniere affemblée du Clergé, fur lefquelles elle ne voulut rien décider , ainfi crainte de tomber en contradiction , je n'ay garde d'en rien dire , je me contente de renvoyer à R. Choppin

de sacra politia lib. 2. Tit. 2. *num.* 16. & 17. *& de domanio lib.* 2. Tit. 7.
num. 20. & *lib.* 3. Tit. 23. *num.* 10. sur la Coût. de Paris *lib.* 3. Tit. 2.
num. 10. Il y a un Reglement contraire du 7. May 1714.

Petrus Belluga d'Arragon, dans son miroir des Princes, dit comme les
Docteurs Canonistes, que l'usure est un crime mixte; si un Seculier en est accusé, c'est le Juge seculier qui en connoît; si c'est un Ecclesiastique, c'est à
l'Official d'en connoître : en France nos Ordonnances sont au contraire, suivant
ce que rapporte Choppin à l'endroit que je viens de citer, où je renvoye, y ayant
du cas privilegié.

L'usure est permise aux Juifs en Piémont par Bulle & Récrit du Pape Sixte,
V. du 3. Octobre 1587. Tollerée par les Ducs de Savoye, suivant *Antonius
Thesaurus* President à Turin décision 57. rapporté par R. Choppin *in consuetud.
Paris. lib.* 3. *Tit.* 2. *num.* 15. L'usure blesse la Religion & est dangereuse dans
un Etat, c'est pourquoi la Police doit maintenir la Religion, les Provinces
en pouvant souffrir; les Princes Catholiques la défendent dans leurs Etats,
de même que les divisions sur le fait de la Religion : le Roy arreste les schismes,
& a aboli tout exercice d'autre Religion que de la Catholique par les peines
qui seront imposées selon les besoins contre un chacun, *cunctos populos quos
Clementiæ nostra regit imperium, in tali volumus Religione versari, quam
divum Petrum Apostolum tradidisse Romanis Religio usque ad huc ab ipso
insinuata declarat. l.* 1. *Cod. de summa Trinitate.*

J'ay encore deux observations sur l'usure, qui ne sont pas de moi, & qui ré-
joüiront les Lecteurs. La premiere est l'allusion que faisoit Caton sur le mot
fœnus, qui est l'usure, disant, *quasi funus seu homicidium*; étant enquis *qui d
esset, fœnerari*, il répondit *hominem occidere*, usurer & étrangler un homme,
est même chose suivant Ciceron au liv. 2. de ses Offices. La seconde obser-
vation est que l'usure est une question de Physique : Lucien dans son Dialogue
des Philosophes à l'encan, fait dire à Chrysippe qu'il n'appartient qu'au sage
de faire profiter son argent, parce qu'à lui seul est le droit de tirer des consequen-
ces, que l'interêt est une consequence du principal, & par même raison il peut
tirer interêt de l'interêt, comme d'une consequence, on en tire une autre : cela
se prouve par ce sillogisme hypothetique : si le premier lui appartient, aussi fait
le second : or le premier lui appartient, *ergo* le second est à lui : Zachée le
péager avoit été principal péager usurier suivant S. Luc 19. ꝟ. 2. dans les 5.
liv. des Decretalles, le Tit. *de usuris* est placé mysterieusement au liv. des
crimes, parce que c'en est un punissable.

Au Traité des Criées en 1704. page 515. j'ay rapporté nombre d'Arrests qui
ont permis aux Tuteurs de stipuler les interêts des deniers pupilaires dans une
obligation, qui est un usage au Châtelet de Paris, jugé nouvellement
par une Sentence renduë, de laquelle y ayant eu appel, la cause plaidée solemnellement par M. M. Croiset Avocat appellant, Huart pour l'Intimé, suivant
les Conclusions de Monsieur Chauvelin Avocat General, par Arrest du Lundy
7. May 1714. l'appellation & Sentence au néant, émendant, ordonne la Cour
que les interêts payez seront imputez sur le principal de l'obligation avec dépens, ayant égard aux Conclusions de Monsieur le Procureur General, que
l'Arrest sera lû & publié à l'Audience du Châtelet, & enregistré dans tous les
Sieges

Sieges du reffort de la Cour. Ainfi voilà un reglement nouveau qui change l'ancienne Jurifprudence, touchant les deniers pupilaires. *Vide* l'Ordonnance d'Orleans en 1560. art. 102.

Agioteur eft un mot à la mode, pour dire un ufurier ; je croi que l'étimologie de ce mot vient du mot *agina*, le fleau de la balance d'un trebuchet, qui en regle l'équilibre, les ufuriers ne s'en fervent qu'à leur ufage.

I. Max. La peine de l'ufure fuivant les Docteurs, les Ordonnances & les Arrefts rapportez par Maréchal en fon Traité du Change & Rechange. imprimé en 1625. eft arbitraire & extraordinaire, comme l'amende honorable, les Galeres, le banniffement, le pilori, de groffes amendes ; & pour la récidive, de confifcation de corps & de biens *citra mortem*, outre & pardeffus la reftitution des ufures, par où commence le Juge ; femblablement les Courtiers, proxenettes, mediateurs, & entremetteurs des ufures font punis de pareilles peines : toujours l'ufurier eft puni d'infamie, j'en ay rapporté de bonnes preuves par les Arrefts citez dans le nouveau Traité des Criées, *& ipfa infamia irrogatur ipfo jure, nullum enim aliud malum tetrius eft*, dit Ciceron au 2. de fes Offices. Exode 22. ỳ. 25. Expilly Arrefts chap. 149. Mezeray dit que les Juifs font les originaux de l'ufure ; l'Anatocifme Grec, de faire entrer le principal avec les arrerages, pour produire des interêts.

II. Max. Pour la preuve de l'ufure, *Joannes Andreas, Balde, Julius Clarus,* & fes Notes, André Tiraqueau & autres, difent que la renommée & réputation d'un homme accufé d'ufure fert en ce rencontre, fi beaucoup de perfonnes fe font plaintes de lui à ce fujet, fa maniere de vivre, s'il a fait fortune en peu de tems fans faire aucun commerce d'affaires, que trois témoins finguliers dépofant en leur fait propre fuffifent, & encore mieux s'ils dépofent en faveur d'autrui : mais cela n'eft pas fuivi par la Cour, à caufe de l'inconvenient dangereux de trois mauvais debiteurs de complot, qui accuferoient leur créancier d'ufure, quoique ce fût un homme de bien, & par ce moyen payeroient leurs dettes par une calomnie.

III. Max. L'ufure fe commet dans l'échange & dans la vente des bleds & grains, fuivant *Julius Clarus* §. *ufura num.* 2. Mofnier au mot ufure *num.* 6. par exemple lorfque l'on convertit le prêt de l'argent en obligation pour vente de grains, prêtant le bled pour un certain tems, & à caufe de cela le vendant beaucoup plus cher que fon prix, ou s'en refervant le retour & payement en efpeces de mêmes grains, dans un tems qu'il peut valoir davantage : de plus en achetant du bled en vert à vil prix, ce qui eft défendu par les Ordonnances que j'ay rapportées au nouveau Traité des Criées page 46. ou fe refervant de prendre les grains dans un tems plus éloigné que celui qu'on l'achette : de même tirant du profit du prêt de bled, comme feroit d'un feptier, un minot, ou demi minot, & en autres femblables ou approchans. Lifez *le Prêt gratuit* de Nicolas Catherinot, œuvre fceptique, douteux & incertain.

IV. Max Les contrats illicites & deffendus font expliquez aux Annotations de *Julius Clarus* en la lettre L. §. *fupri*, & fur les autres contrats illicites, parcillement fur les ventes illicites des fruits, meubles ou immeubles, cens, rentes, & plufieurs autres cas, dans des circonftances plus preffantes que celles que je pourrois rapporter ici à caufe de la prolixité, & que cet Auteur a

II. Part.   P p p

traitées tout d'une suite , beaucoup mieux que je ne pourrois faire : si par un contrat on y a mis des clauses insolites, tel acte est presumé usuraire;& autres circonstances rapportées par *Hippolitus de Marsiliis sup. titul. ff. de quæst. in l. de minore col. §. ura si abhorret num. 24. idem in l. maritus in fin. vers. facit etiam num. 45.* Louis de Montalte lettre 8. nottée par Vvendroxius Lessius *lib. 2. de Instit. cap. 21. dub. 16. num. 131.* Jean Papon liv. 12. Tit. 7.

V. Max. Il y a trois marques par lesquelles on connoît ou présume un contrat être usuraire, suivant Jean Papon liv.12.Tit.7.Arrests 3.4. La premiere, la coutume ordinaire de l'acheteur à usure ; la seconde , la modicité du prix ; la troisiéme , la faculté de rachapt ; mais il faut suivant Mosnier que ces trois choses concourent , à moins qu'il n'y ait quelque prêt d'argent ou de bled fait au precedent , ou quelqu'autres indices d'asurance certaine des deniers : car en ce cas en tel rencontre, encore qu'il n'y ait coutume usuraire , le contrat est déclaré pignoratif , suivant Balde *in l. fin. de l.dict. divi Adri. toll. l. 1. cod. de servu. sug.* Petrarque a parlé de l'usure en ses Discours Moraux 1. partie liv. 1. entretien 21. page 131. au siecle 15. Jean Cousin , Carme Portugais , fit quatre livres des contrats & des échanges , intitulez *de la Justice Commutative.*

V I. Max. Il est certain suivant Mosnier *quo suprà num. 7.* Peleus liv. 7. action 30 Ordonnances d'Orleans art. 60. d'Amhouders en sa Pratique civile chap. 106. page 208. qu'il est loisible en certains cas à un créancier de prendre interêt , sans que pour cela l'on puisse être usurier : comme à un Marchand *per modum intereffe* , pourvû que le gain soit certain ; à un mari pour la dot de sa femme non payée ; au vendeur de son bien, qui n'a reçû l'argent du prix ; & néanmoins l'acheteur en a perçû les fruits en rentes constituées, lorsque le fonds est aliené, & hors la puissance du créancier de le pouvoir exiger : quand il y a demande judiciaire avec assignation pour être condamné aux interêts aux taux de l'Ordonnance, comm'aussi les interêts sont dûs au fidejusseur & mandataire, quoiqu'il ait fait une nouvelle obligation, & qu'il n'ait fait demande d'iceux en jugement, & en plusieurs autres cas semblables que j'abrege ici. Dolive liv. 4. chap. 19. Expilly chap 85.

V I I. Max. L'obligation étant une fois usuraire , ce qui est volontairement payé pour les interêts en conséquence d'icelle , doit être imputé en déduction du principal , même contre des mineurs , nonobstant les offres , consentemens & privileges des deniers pupillaires. Toutefois en prêt mutuel , les interêts ne se précomptent point. Pour ne payer aucuns interêts, il faut à la premiere réquisition consigner le principal ; & s'il y a une demande faite & assignation donnée en Justice , il faut aussi consigner avec le principal les interêts au taux de l'Ordonnance , échus depuis le jour de l'assignation , jusqu'au jour de la consignation, la consignation n'étant point valable , si les deniers ne sont actuellement consignez en especes ; car un allegué par écrit ne sert de rien , c'est un discours inutile . il faut de la réalité & de l'effectif, suivant Julien Peleus en ses questions 12. 128. & liv. 5. des actions Forenses, actions 42. & 55. Jean Coras en sa Centurie chap. 57. page 197. Mosnier *quo suprà* Lisez Domat des Loix civiles *in-fol.* livre 1. du tome 1. Titres 5. 6. le livre de feu M. Bail, d'Abbeville, *de Triplici examine,* est à voir, depuis la page 414. jusques à 461. au sujet de l'usure : ce Docteur avoit été trente ans sous-Penitencier de l'Eglise de Paris , en grande réputation.

L'interest est le premier principe d'un avare, le sisteme de toutes ses méditations, le ressort de ses actions, le maître & la machine du siecle.

VIII. Max. Les interêts des interêts ne sont jamais dûs, suivant Expilly chap. 149. de ses Arrests, ils ne peuvent point être demandez, même pour arrerages de cens. Tels sont les sentimens de Mosnier, *quo suprà, & ibi multæ authoritates, Carol. Molin, de usuris* Cependant il est de l'usage parmi nous, qu'un Tuteur ayant gardé une somme assez considerable, provenant d'interêts, sans la placer au profit de son mineur ; s'il ne l'a pas fait, soit par négligence ou autrement, il est condamné à en payer les interêts aux mineurs, au taux de l'Ordonnance, comme si l'emploi en avoit été fait. Claude Saumaise en son Traité *de usuris* se devant imputer la faute & négligence, dont le mineur ne doit point souffrir de perte. Le Tuteur a trois mois pour chercher un emploi, & après cela il doit les interêts au taux de l'Ordonnance, faute de faire des diligences, ou avertir les parens pour le placer.

IX. Max. Les Abbez Réguliers, & Prieurs Clauftraux, & les Procureurs Conventuels, Celleriers & Hôteliers, qui font une mauvaise administration des revenus des Benefices, & maisons Conventuelles, contre la disposition des Ordonnances, lorsqu'ils sont divisez en trois parties ; une pour l'Abbé ou Prieur, l'autre pour les Religieux, & la troisiéme pour les charges, telles que sont les aumônes, les réparations & l'entretien du dedans des Eglises : ils sont privez de l'administration de ce tiers des charges, lequel est sequestré & mis entre les mains de notables Bourgeois, jusques à ce qu'elles soient acquitées, & si c'étoient des Commendataires qui en fussent chargez, ils doivent faire rétablir les lieux & les entretenir en bon & suffisant état, sinon & à faute de ce faire & de satisfaire aux aumônes & autres charges, leurs revenus sont saisis, & leurs heritiers après leur mort peuvent être poursuivis à la Requête du Procureur du Roy du Siege dans le ressort duquel sont situez les Benefices, à cause de l'hypoteque tacite qui y a lieu sur leurs biens, du jour de leur prise de possession : ce qui est tiré de la Glose de la Pragmatique Sanction, au paragraphe, *Nam Ecclesiarum, verbo depereunt, in præmio.* Ce qui a même lieu pour la réedification des maisons qui sont entierement abbatuës par leur faute notable, ayant négligé d'avoir fait les réparations dans le tems necessaire, suivant M. Georges Loüet, Conseiller, lettre D. num. 41. Charles Loiseau au Traité du Déguerpissement liv. 5. chap 6. Il y a 5. A. formidables aux Religieux, *aleam, ambitionem, amorem, avaritiam, abdicatio.*

Ils sont encore obligez, lorsqu'ils ont geré & administré les biens de leur Eglise, & sont demeurez reliquataires de quelque somme, d'en payer les interêts, quoiqu'il n'y en ait point eu de demande faite en Justice : l'Eglise ayant le même privilege que les mineurs, suivant les chapitres 1. 2. 3. *Extra de in integrum restitutione.* C'est aussi la disposition de la Loy 23. au Code *de Sacro-Sancta Ecclesia,* où l'Eglise a les mêmes droits que le public, dont le droit & les privileges sont toujours égaux à ceux des mineurs, comme l'on peut voir dans la Loy 4. au Code *ex quibus causs. maior.* & dans la Loy 3. *Cod. de jure reipublica* ; car bien que regulierement les interêts étant odieux & deffendus dans l'Ecriture Sainte, *non fænerabis fratri tuo.* Deuteron. 23. ℣. 19. Math. 5. ℣. 42. Luc. 6. ℣. 34. & quoiqu'ils ne soient pas dûs de plein droit parmi nous, sans une demande faite en Justice, suivant l'art. 60. de l'Ordonnance d'Orleans, ainsi que j'ay expliqué page 469 du nouveau Traité des Criées, *Nec ex conventione, nec ex mora, sed tantum officio Judicis :* néanmoins la faveur du public, de l'Eglise & des mineurs a prévalu, & a fait que les interêts commencent à courir, *ex mora irregulari,* ce qui est conforme à la Loy *cum quidam 7. de usuris.* §. *fiscus, ubi fiscus usuras accipit à foricariis :* c'étoient ceux qui prenoient à loyer des boutiques appartenant au fiscq. *Qui tardius solvunt dummodo pecuniam fisci retineant, post tempus à lege vel conventione constitutum ; & etiam ab iis qui vectigalia tardius solvunt.* Le paragraphe 7. de la même Loy est encore plus formel, duquel voici les termes : *Eos qui ex administratione rerum civitatum conveniuntur, usuris obnoxios esse satis notum est : idem observatur in operum locatoribus, si pecunia apud eos remansit.* Il sembleroit même que les interêts soient dûs de plein droit dans la plûpart des cas où l'hypoteque tacite a lieu : mais l'Ordonnance d'Orleans article 60. veut une demande & assignation en Justice. Suidas rapporte que Philippus & Heraclite, de Perinée, étoient des coureurs qui alloient plus vîte que le meilleur cheval : ce qui fit faire un proverbe de l'usure, *elle court plus vîte que Heraclite de Perinée.* Cela étoit bien contraire à la lenteur des deux personnages dont j'ay parlé au Tit. premier Maxime 6.

Bartole, le premier Jurisconsulte de son tems, qui fut annobli par l'Empereur Charles IV. ayant pour ses armoiries, d'or au Lyon à deux queuës, nous rapportée dans le dernier volume de ses œuvres page 612. le procès de la nature humaine contre le Diable ; *Tractatus 10. quæstionibus ventilata coram Domino nostro Jesu Christo, inter Virginem Mariam x una parte, & diabolum ex alia parte,* où il paroît qu'un des lacs dont il abuse l'homme, est celui de l'usure.

X. Max. Il faut lire l'Ordonnance de S. Louis contre les usuriers *Caoursins,* rapportée dans sa vie, donnée au public en 1688. par l'Abbé de Choisi tome 2. liv. 15. Dolive liv. 4. chap. 19. Gouget page 119. sous Charles IV. le procès ayant été fait à Gerard de la Guette, on fit ensuite une recherche generale des usuriers & exacteurs, qui étoient tous non pas des gens de Cahors en Quercy ; d'où vient le mot de Caoursins, c'étoient des Lombards & Italiens, on confisqua leurs biens, suivant Pierre de Grand-Saigne, dans son explication sur l'Ordonnance des usures, du Roy Charles IX. donnée à Paris le 26. Janvier 1567. rapportée par Bouchel, & on les renvoya en leur païs, aussi gueux qu'ils en étoient venus. Mezeray page 523. dit, c'est la plus grande punition qu'on puisse faire à ces coquins-là. Expilly Arrests chap. 149.

Il mourut il n'y a pas long-tems un vieux Garçon, si avare qu'il ne beuvoit du vin que lorsqu'il étoit aigre : il y avoit plus de cinquante ans que son unique occupation étoit de prêter à usure ; la moindre étoit à ses amis *à six deniers pour livre par semaine.* Le Curé le voyant à l'extrémité, on le disposa à mourir en bon Chrêtien : il lui mit entre les mains une petite Croix d'argent, pour l'exhorter à la mort, & demander pardon ; le mourant après l'avoir soulevée, autant que sa foiblesse le permettoit, il dit, *elle est bien legere, je ne puis prêter que quarante sols dessus :* la laissant tomber, il mourut à ce moment, tant il est vray qu'on meurt presque toujours comme on a vécu. S. Paul aux Ephesiens chap. 5, v. 5. dit que l'avarice est l'idolatrie. Exode 22. v. 26.

L'Empereur Auguste fit la Loy de la cession de biens, en haine de l'usure, afin

que les uſuriers n'euſſent pas l'occaſion d'exercer leurs cruautez ſur les hommes
de condition libre, en les retenant en captivité dans une priſon perpetuelle pour
être payez. M. Dolive liv. 1. chap. 31. nouveau Traité des Criées page 527. Duluc lib. 11. Tit. 18. Frain Plaidoyer 24. Papon liv. 10. Tit. 10. le S. C. Macedonien
fait par le Senat, *Inſtit. lib. 4. Tit. 7. §. 7. illud proprie*, ne prend pas ſon nom
du Conſul qui le publia, ce fut au ſujet d'un nommé *Macedo*, qui prêtoit de
l'argent aux enfans de famille, ce qui corrompoit leur jeuneſſe & les jettoit dans
la débauche, & les portoit dans un ſi grand déſordre, qu'il y en avoit qui tuoient
leurs peres, ſe voyant ruinez par le prêt de *Macedo* & des autres uſuriers.

XI. Max. La connoiſſance du crime d'uſure, & la punition des uſuriers appartient aux Juges Laïques, & non au Juge d'Egliſe, ſuivant Germain Forget, traitant des perſonnes Eccleſiaſtiques liv. 1. chap. 35. nonobſtant le ſentiment contraire des Docteurs Ultramontains, leſquels ont voulu flatter & favoriſer les Officiaux, ainſi que l'a remarqué Guy Coquille de Romenay, en ſa queſtion 123. Ils
ont témoigné être trop intereſſez, c'eſt pour cela qu'à bon droit leur doctrine n'a
trouvé aucune protection en France en ce rencontre ; car le fait de la Police publique bien ordonnée, comme elle eſt, appartient aux Juges Laïques & la punition
de ce crime. J'ay dit ailleurs que l'uſure ne ſe preſcrit point, ſuivant *Carol.*
Molinæus conſil. 41. *num.* 4. Julien Brodeau ſur Loüet lettre A. cap. 14. Loüet
lettre R. chap. 10. *Uſurarius numquam præſcribit, nec creditor poſſidens pignus*
mille annis : ratio eſt, quia oblatio debiti, vel illius eum fructibus compenſa-
tio, & pignoris repetitio eſt merce facultatis, cum numquam præſcribitur :
d'où il faut conclure que l'uſure ne ſe couvre point par tranſaction ny condamnation volontairement conſentie, *propter perpetuam prohibitionem*, portée par
toutes nos Ordonnances. Jean Imbert liv. 3. chap. 22. *num.* 27. Nouveau Traité
des Criées page 51. Domat *in-fol.* tom. 1. liv. 1. Titres 5. 6.

XII. Max. La ceſſion de biens dont je parle, accordée par l'Empereur par la
Loy *Julia*, ne fut d'abord que pour les Romains. Les Empereurs Antonin &
Severe l'étendirent dans les Provinces aux étrangers. *cod. lib.* 4. *qui bonis cedere*
poſſunt. Tacite *lib.* 5. *Annales*, dit que les privileges des Loix de l'Empire
étoient pour les ſeuls ſujets, & n'ont point communicables aux étrangers. Jules
Ceſar liv. 5. de ſes Commentaires, & Suetone dans ſon Hiſtoire, le diſent auſſi.
Parmi nous un étranger non naturaliſé n'eſt point reçû au benefice de la ceſſion
de biens, ſuivant l'Ordonnance de Mars 1673. Titre 10. article 2. Nous obſer-
vons que la ceſſion de biens n'eſt point reçûë pour le prix des marchandiſes venduës ſur les ports, foires & marchez, & étapes, pour maintenir la bonne foi
qui doit être dans le commerce : cela eſt de la Juriſprudence des Arreſts fondez
ſur la diſpoſition des Coutûmes, qui ſont les Loix municipales de chacun païs,
que je rapporteray pour la ſatisfaction des Lecteurs. Auvergne chap. 20. articles 2. 3. Auxerre 150. Bourbonnois 71. 72. 73. 132. Bretagne 681. Cambray Titre 23. art. 1. Châlons 269. Laon 280. Liſle 227. 228. 229. 230. 231. la Salle de
Liſle Titre 31 art. 2. 3. la Marche 64. 65. Melun 318. Montargis chap. 9. art. 6.
Orleans 428. 429. Ponthieu 153. Rheims 393. Tournay Titre 5. art. 1. Les Lecteurs verront, s'il leur plaît, les Commentateurs ſur ces Coutumes. Nous gardons
auſſi qu'un tuteur pour ſon reliquat de compte à ſon mineur, un fermier pour le
reſtant dû du prix de ſon bail, ne ſont point reçûs à faire ceſſion de biens, &

autres perfonnes aufquelles la faveur de ce benefice eft denié, qu'on trouve dans
Peleus, Bardet & autres Arretiftes dont j'ay donné la table au Traité des Criées, où
on peut avoir recours.

Domat en fes Loix Civiles part. 1 liv. 4. Tit. 5. de la ceffion de biens, a rapporté divers autres cas où la ceffion n'eft pas reçûë. René Choppin *confuetud.*
Paris. lib. 2. Tit. 7. *num.* 13. Nouveau Traité des Criées fol. 52. 528. Jovet en
fa Biblioteque des Arrefts *in verbo* Ceffion, a rapporté 45. cas, dans lefquels
la ceffion n'eft point reçûë, *Vide fuprà* liv. 1. Tit. 15. à l'explication, que la ceffion n'eft point reçûë contre un Geolier pour nourritures & alimens fournis.

Par Arreft d'Audiance à la Tournelle, plaidans MM. Chachignon & Goguet
le 30. Aouft 1713. jugé que la ceffion de biens n'avoit point de lieu pour un
interêt civil, dont la partie de Chachignon fut débouté, qui demandoit à
être reçû à faire ceffion de fix mille livres à quoi il avoit été condamné, fur
l'enterinement des lettres de rémiffion qu'il avoit obtenuës, pour avoir tué à fon
corps deffendant les fieurs de S. * * prés l'alaiffe, qui auroient caffé fa porte la
nuit pour l'affaffiner chez lui.

TITRE XXXIV.

De l'Herefie comme genre, & de l'Inquifition.

EXPLICATION DU TITRE.

JEan Papon liv. 1. Tit. 2. & Jeam Imbert liv. 3. chap. 22. *num.* 4. 5. deffinif-
fent ce que c'eft que l'herefie fuivant le Droit Canon, c'eft fuivant *Budæus*
un autre genre de crimes qui va contre la Religion & la Foy, auffi bien que les
autres efpeces dont je parleray cy-après : c'eft fe féparer de l'unité de l'Eglife &
de la croyance Catholique, pour faire fecte à part fur de faux dogmes, & des
fubtilitez inventées par de nouveaux venus dans l'explication des Saintes Ecri-
tures. C'eft en ce fens que nous prenons l'herefie, comme en effet, fon étimologie y eft tout-à-fait conforme, ainfi que les définitions & divifions. L'herefie
vient du mot Latin *Hereticus, qui præter veritatem aliquid opinatum habet.*
Or tant celui d'herétique que celui d'herefie, parmi les Auteurs prophanes,
n'emporte le plus fouvent que la fimple opinion & election, d'où vient qu'on
dit *in ea fum hærefi*, pour marquer qu'on eft dans cette opinion : mais dans
l'Ecole des Catholiques, l'herefie eft une marque de crime dans un homme qui
fait bande à part, contre la regle Ecclefiaftique de Clement Alexandrin liv. 7.
de Tertullien de la prefcription *adverf. hæretic. cap.* 6. de Richeome de l'Idole
Huguenote chap. 13. c'eft ainfi que je le prens ici, après l'Edit du mois d'Octobre 1685. qui eft canonifé, ainfi que marque la définition, fuivant le Droit
Canon & les Docteurs, qui demandent trois chofes pour rendre une perfonne
heretique. *Primo*, s'il eft baptifé, il n'eft ny Juif, ny Payen, ny Mahometan,
ceux-là font errans & non heretiques ; d'autant qu'ils errent en ce qu'ils n'ont

jamais voulu écouter ny entendre & fuivre l'Eglife, pourquoi dit S. Auguftin *errare potero, hereticus non ero. Secundo requiritur quod fcienter erret in Fide Catholica, approbando falfa pro veris, incerta pro certis, vel è converfo & hæc eft omnis omnium fententia :* cette erreur ici confifte fuivant Bouchel en fa Biblioteque au mot herefie, en l'intelligence & fauffe opinion qui eft le commencement de l'herefie : qui prend fa perfection & s'acheve dans la volonté, qui eft l'opiniâtreté obftinée, & la deffenfe pour les foûtenir ; ce qui fait la troifiéme chofe requife pour le crime de l'herefie, *nam fi non fit pertinax in fua opinione alias nunquam dicitur hereticus ;* dit *Julius Clarus.* C'eft en quoi tous les Docteurs demeurent unanimement d'accord : comme en effet, Jean Coras dit que l'herefie renferme une obftination & opiniâtreté de bouche & de cœur ; auffi les Empereurs Gratian, Valentinian & Theodofe, *L. 2. Cod. de fumma Trinitate,* définiffent l'herefie, *obftinacioris animi dementiam.* Coras Confeiller au Parlement & Profeffeur à Thoulonfe, en a parlé en fes réfolutions de Droit *cap. 26. ex l. fi §. de Ædil. Edicto & §. de appellationibus,* où il perit pour les opinions nouvelles.

Pour penetrer la matiere qui fait l'herefie plus avant, & connoître d'autant mieux ce que c'eft, il faut fçavoir ce que c'eft que la Foy, fon but & fa fin, fuivant Caton au premier precepte de fes Morales, Jacob Spranger en fon *malleo malefic. quæft. 14.* Manquer à la Foy c'eft être Heretique, Infidelle & Apoftat, *nam hærefis eft apoftafia à Fide.* Richeome de l'Idolatrie Huguenote chap. 7. 8. dit que l'herefie eft idolatrie, & le prouve fort bien, toutefois il y a de la difference du moins quant à ce titre : car ainfi que dit Spranger, l'herefie s'oppofe & eft contraire à la Foy en deux façons, celui qui renonce à la Foy, *nondum fufcepta, aut fufceptæ,* lifez M. M. l'Evêque de Meaux & Arnaud, & le Miniftre Claude, en leurs Traitez de la perpetuité de la Foy.

L'herefie eft un crime de Leze-Majefté Divine, & le plus grand de tous les maux, il eft parlé de l'herefie en plufieurs endroits, & par exprès au Code & au Digefte *de hæreticis, de fumma Trinitate,* & au Canon 1. *de fumma Trinitate & Fide Catholic. C. ad abolendum.* Dans tout le Titre de l'herefie & par tout elle eft qualifiée du crime de Leze-Majefté Divine, puifque directement l'herefie tend à la diminution de l'autorité & de la puiffance de Dieu : bref pour plus ample explication de ce Titre, il faut voir nos Docteurs que j'ay rapportez particulierement, Caton moralifé dans le precepte premier de la partie metricale, où cette matiere eft traitée profufement ; cependant nous conclurons avec S. Auguftin au Sermon 60. *de verbo Domini,* que l'herefie qui n'eft qu'une incredulité & infidelité, eft le plus grand des crimes *incredulitas peccatum peccatorum omnium,* & que cette infidelité rend la vie de l'homme perpetuellement coupable : *infidelium vita omnis, peccatum eft :* dit le même Pere au livre des fentences.

Après cette explication, je ne dois pas obmettre de faire mention des efpeces que je prétens mettre fous le genre d'herefie, j'en trouve de quatre fortes, le fortilege, la pronoftication, la fimonie, les blafphêmes : j'en ferai de chacune d'icelles un Titre particulier, fuivant l'ordre qu'elles font ici expofées, dautant qu'elles ont de la fuite & une liaifon, étant ainfi traitées ; & je les fait, pour ainfi dire, comme defcendre & émaner les unes des autres, ainfi que les Lecteurs verront plus à plein dans leur lieu. *Pefcennius Feftus in libris hiftoriarum.*

Tantum Religio potuit fuadere malorum,
  Quæ peperit fæpe fcelerofa: atque impia facta.

Platon dit que la Religion eft le boulevar des Loix, & le Bouclier de l'autorité, le lien de la focieté, la fontaine de la juftice & de la fidelité, ainfi fans Religion tout cela s'évanouyroit.

I. Max. Les peines de l'herefie fuivant les Canons font de quatre fortes; *fcilicet excommunicatio, depofitio, rerum ablatio, & corporalis mors imo & graviffimas incurrunt pœnas, credentes, receptores, fautores & defenfores, nam ipforum filii ufque ad fecundam generationem, nullum beneficium, vel officium Ecclefiafticum admittuntur.* Quant aux peines civiles, les Heretiques étoient ordinairement brûlez, s'ils n'étoient repentans par une abjuration, & ne vouloient faire penitence, & d'autres condamnez à une prifon perpetuelle; cette penitence ou ce repentir ne fert pourtant de rien en France, *quia pœnitere poft crimen non eft illud extinguere, quod adintereff? publicum, quod vult & exigit ne delicta remaneant impunita.* Au regard de la peine du feu on l'a veuë pratiquer en France dans la naiffance de l'herefie de Jean Calvin de Noyon, fous le regne de François I. Henry II. François II. & Charles IX. Il y eut depuis plufieurs Edits de pacification, & en 1598. fous Henry le Grand il y eut l'Edit de Nantes, qui donnoit liberté de confcience, ce qui a duré jufques au mois d'Octobre 1685. qu'eft intervenu le faint Edit, par lequel celui de Nantes a été révoqué, & la Religion de Calvin éteinte & fupprimée, & les Temples où elle s'exerçoit démolis & abbatus, enforte qu'il n'en refte pas le moindre veftige en France, ainfi prefentement il n'y a graces à Dieu, que la vraye Religion Catholique exercée & triomphante, par confequent il n'y a point de peines. Du Verdier en fes Leçons liv. 7. le Pere Bolduc *de Ecclefia ante Legem*, ditque les Geans de l'Ecriture ont été les premiers Fideles du monde.

II. Max. *Nicolaus Bohærius decif.* 277. *num.* 12. *idem in tractatu de feditiofis, cap.* 7. *num.* 19. il parle du tems que les biens étoient confifquez pour le crime d'herefie, & comme ce tems eft paffé, n'en étant plus de queftion, je me contente de renvoyer les Lecteurs ftudieux à voir cet Auteur.

III. Max. Quel Juge que ce foit, peut connoître de ce crime, fuivant que je le remarquai au livre 1. Titre 1. Maxime 33. cependant fi le Juge Ecclefiaftique en connoît, il ne peut condamner à aucunes peines afflictives, il pourroit feulement declarer l'accufé heretique, & le remettre au Juge Seculier pour être puni, parce que l'Eglife abhorre le fang. *Julius Clarus Boffius, intitul. de foro competent. poft num.* 61. ce crime ne s'éteignoit point par la mort, *hereticus mortuus punitur de hærefi, nec mors extinguit tale delictum fuprà Hyppollitus de Marfilliis Tit. ff. de quæftionib. in l. fin. ℣. item hereticus num.* 57. *fol.* 113. *colum.* 11. Tout le monde, même les infames étoient reçûs à dénoncer ce crime. *Spranger. in malleo malleficarum lib.* 2. *quæft.* 5. *tanta eft labes criminis hærefeos quod ad ejus actionem etiam fervi adverfus dominos fuos, & quilibet criminofus etiam infames adverfus quemlibet*
                                                        admittantur

admittantur. En ce crime finon en certain cas on ne pouvoit poftuler ni fol-
liciter, par le miniftere de l'Avocat, ny d'un Procureur quand il étoit certain
que l'accufé étoit heretique & y perfeveroit, il devoit répondre par fa bouche
fans confeil, fuivant *Julius Clarus*, finon lorfqu'il apparoiffoit que l'heretique accufé n'étoit pas convaincu par témoins, en ce cas l'Avocat pouvoit
écrire pour montrer qu'il étoit dans la Foy Catholique. La preuve requife pour
convaincre un accufé de ce crime, fuivant *Julius Clarus quo fupr. num.* 20.
*& ejus annot. ibidem in caufa hærefis fufficiunt minores probationes, quam
in aliis, & hoc non modo ad inquirendum, fed etiam ad faciendum plenam
probationem criminis.* M. Fleury, Abbé du Loc-Dieu, dans fon fçavant & curieux Traité qu'il a fait de l'Inquifition. Il eft à prefent Prieur d'Argenteüil.

IV. Max. Les relaps ont toujours été plus griévement punis que les autres;
car retomber dans l'herefie eft un plus grand crime que d'y être né, fuivant
Julius Clarus, Hypolitus de Marfilliis quo fupr. in l. 1. §. *quoniam
colon.* 3. *in fine & hereticus paratus corrigi non auditur fi geminata vice
cecidit in hærefi.* C'eft un crime irremiffible dans les Païs où l'Inquifition eft
établie que d'être relaps.

Le Pape Alexandre IV. condamna l'Evangile Eternel de l'Abbé Joachim,
& les Oeuvres de Guillaume S. Amour, Docteur de Sorbonne, contre lequel
écrivit S. Bonnaventure. S. Mathieu définit un Heretique, chap. 18. ꝟ. 17.
qui Ecclefiam non audierit fit tibi ficut Ethnicus & Publicanus. Lifez les
deux Livres imprimez à Paris en 1634. par Denis Houffaye : l'un eft intitulé
Guida Spirituale, l'autre eft, *Elcamino de los ʼuftos, in-octavo.*

Après avoir parlé de l'Herefie, ce feroit l'endroit de traiter du redoutable
Tribunal de l'inquifition, puifque Mezeray fur l'année 804. rapporte que l'Empereur Charlemagne établit une efpece d'Inquifition dans le Païs de Saxe,
contre les relaps idolatres pour les retenir : & ce qui le porta à le faire,
furent les recheutes frequentes dans lefquelles ils tomboient En France l'on
ne reconnoît point cette Inquifition. Meffieurs les Evêques font Juges de la
Foy, chacun dans leurs Diocefes; pour la correction & punition des crimes,
elle appartient aux Juges Royaux fans conteftation.

Louis Guyon en fes diverfes Leçons tome 2. liv. 3. chap. 10. & de * * *
Medecin, dans fa Relation de l'Inquifition de Goa, qu'il dédia à Mademoifelle
de Coaflin, depuis Madame la Ducheffe de Sully, qu'il fit imprimer en 1688.
en ont parlé, & ce dernier rapporte qu'il y fut condamné & affifta à un *Auto-
Daffé* avec le *San-Benito*, & banni, ny l'un ny l'autre n'en ont pas dit
l'origine. L'on imprima à Madrid en l'année 1498. un Livre qui avoit pour
Titre *Ludovico Aparamo, de origine & progreffu fancti Officii & Inquifi-
tionis, vol. in-folio* très-rare.

Jacobus Aymericu eft tenu pour Auteur du Livre *Directorium Inquifito-
rum*, il étoit Inquifiteur en Caftille au Regne de Ferdinand IV. fuivant
Mariana cap. 10. *lib.* 15. *Hiftor.* * * * fut par Arreft du 27. Novembre 1705.
rendu fur les Conclufions de Monfieur l'Avocat General Portail, la Cour fu-
prima un livret fait par un * * nommé * * * intitulé Correction Fraternelle,
où il introduifoit une Inquifition, enfeignant que les Domeftiques devoient
avertir le Curé ou le Magiftrat, lorfqu'ils verroient commettre des actions

II. Part.   Q q q qui ont l'air de débauche à leur maître ou maîtreſſe, ainſi auroient été cenſeurs de leur conduite ſelon leur caprice ou leur malice.

Famianus Strada Jeſuîte Romain, liv. 2. page 86. volume *in-octavo* de ſa guerre de Flandre, dit que le Pape Innocent III. envoya en Languedoc S. Dominique, Inſtituteur des Jacobins, pour y combattre l'Hereſie des Albigeois, & qu'il fut le premier Inquiſiteur de la Foy. *Hiſtoria de S. Domingo, y de Suorden, por Hernando de Caſtillo.*

François Eudes de Mezeray en parle ſur l'année 1108. & dit que le Pape n'ayant pû réduire les Heretiques de Languedoc qui avoient preſque gagné toute cette Province, s'en prit à Rémond, Comte de Thoulouſe, parce qu'il étoit leur principal fauteur, & qu'il avoit fait maſſacrer un de ſes Legats : c'étoit Pierre de Châteauneuf, Moine de Cîteaux, & le premier qui exerça l'Inquiſition. Il excommunia ce Comte, délia ſes Sujets du ſerment de fidelité & donna ſes Terres au premier occupant, ſans préjudice néanmoins du droit de la Souveraineté du Roy, il parle enſuite de l'apprehenſion & du châtiment ignominieux que reçût ce Comte à Valence, où il fut trouver Milon, Legat du Pape : où je renvoye les Lecteurs curieux de ſçavoir, & à ce que dit cet Ecrivain à l'entrée de l'Hiſtoire de S. Louis parlant du traitement fait à ce Comte : que vers la Feſte de la Pentecôte, le Roy lui donna l'Ordre de Chevalerie & le renvoya en ſon Païs : le Legat l'y accompagna & y établit l'Inquiſition, qui exerça d'extrêmes rigueurs, & fut cauſe encore de pluſieurs troubles & maſſacres. *Theatro de las Religiones del mondo por Valderrama. Miſſiones en la China y Japon por Luis de Guſman.*

Jean de Torquemada, Eſpagnol Dominicain, ayant été fait Cardinal pour avoir écrit ſur les Décretales, prit le nom de *Joannes de Turrecremata, Cardinalis*, qui eſt le nom en latin de ſa Ville natale au Dioceſe de Palence, dans le Roïaume de Leon, étant devenu Coïnfeſſeur de la Reine Iſabelle, fut le premier qui fut pourveu de la Charge de Grand-Inquiſiteur, après qu'elle eut été établie en Eſpagne, par une Bulle de Sixte IV. en 1483. & par un Privilege de Philippes III. Il accorda à l'Ordre des Dominicains, la place d'un des cinq Conſeillers, dont ce Tribunal eſt compoſé, qui ſeroit pris dans leur Ordre. Depuis François Ximenez dont Meſſire Eſprit Flechier, Evêque de Nîmes a fait la vie, fut tiré de l'Ordre des Cordeliers & fait Cardinal, & élevé à l'Employ de Premier Miniſtre d'Eſpagne, ayant tout crédit dans les Tribunaux.

Outre le Conſeil General qui réſide à Madrid, il y en a pluſieurs autres qui y reſſortiſſent par appel, ſçavoir un à Seville, à Tolede, à Grenade, à Cordoüe, à Cuença à Valladolid, à Murcie, à Salamanque, à De Rena, à Logronnon, à Compoſtelle, à Saragoce, à Valence, à Mayorque, à Barcelonne ; en Sardaigne, à Palerme, aux Canaries, au Mexique, à Carthagene, à Lyma, Ville capitale & Archiepiſcopale du Perou, en l'Amerique Meridionnalle, où il y a eu trois Conciles depuis 1560. *Concil. Limenſe.* elle a nom en Eſpagnol *Ciudad de los Reyes.* Du Long dans ſa Relation de l'Inquiſition de Goa aux pages 141. 158. & 189. a traité des Officiers de ce Tribunal, & la procedure que l'on y pratique. Goa eſt la Ville capitalle des Portugais dans les Indes-Orientales, ſituée dans une petite Iſle proche de la Terre ferme du Royaume de Decan ; c'eft un Archevêché confiderable que Paul I V. y érigea en l'an 1555. où il y a eu un Concile tenu fous Sixte V. en l'année 1585. *Concilium Goanum*, fuivant Jean Pierre Maffée, qui étoit fi délicat fur le Latin, qu'il difoit fon Breviaire en Grec, crainte de dire du Latin de Breviaire : il a fait en beau Latin feize livres de l'Hiftoire des Indes ; trois livres de la vie de S. Ignace de Loyola ; & quatres livres des Epîtres choifies , écrites des Indes, fuivant ce que dit le redoutable Grammairien *Scioppius*, qui l'avoit fréquenté & converfé ; & Gregorio Leti , dans la vie du Duc d'Offonne en trois volumes en 1700.

Le Pape Innocent I V. après la mort de l'Empereur Frederic I I. qui condamna les heretiques, établit pour toujours l'Inquifition en Italie , laquelle il attribua aux Dominiquains, & aux Mineurs de S. François, qu'on avoit été contraint par neceffité d'affocier , pour moderer l'exccz du zele paffionné des Dominiquains ; mais toujours que cela feroit exercé conjointement avec les Evêques & le Magiftrat, pour condamner les coupables d'herefies.

Cette forme d'Inquifition ne plût pas au Pape Paul I V. qui ne pût fouffrir que le Magiftrat des Villes fe mêlât de nommer des Affeffeurs pour juger de la Foy : ce qui lui donna occafion & lieu de créer à Rome la Congrégation du S. Office , dont il établit le Siége dans le Grand-Convent des Dominiquains , fur la Minerve : il y appella des Cardinaux & des Théologiens de divers Ordres. S. Pie V. reforma cette Congregation, & elle fut encore reduite en meilleur ordre par le Pape Sixte V. qui avoit été Cordelier , étoit General de fon Ordre, lorfqu'il fut fait Cardinal , étant de naiffance , felon les Auteurs qui écrivent le plus fouvent par paffion plutôt que pour dire la verité.

Il n'y a que quatre Tribunaux de l'Inquifition dans les Païs du Roy de Portugal , fçavoir trois dans le continent des Terres du Royaume de Portugal , qui eft à peu près de l'étenduë de la Province de Languedoc , ou de Bretagne, ou de Normandie , qui font à Lifbonne , Ville capitale & Archiepifcopale , belle, grande , & beaucoup peuplée, comme Londres ; c'eft-à-dire , les deux tiers de Paris , affife fur la riviere du Tage , tant chantée par leur Poëte Vafquez de Lobeïra. L'or du Tage , à Coïmbre , & à Evora , Villes Epifcopales des Algarves & d'Eftremadoure. A Goa , Ville Capitale des Indes dont j'ay parlé, ces Tribunaux font Souverains chacun dans fon Reffort , *del origine & Officio Inquifitione*. Dans l'Hiftoire du Concile de Bafle , je trouve que le Concile commit le Cardinal Jean de Torquemada , dont j'ay parlé, pour voir & examiner le livre des Revelations de Sainte Brigide de Suede, qu'il les approuva, comme rapporte l'Auteur de la vie de cette Sainte , dont l'Eglife fait la memoire le 23. Juillet.

Parlant de l'Inquifition du Mexique , j'ay oublié à dire que c'eft la Ville capitale d'un grand Empire , très-étendu , bâtie dans un Lac , fort grande , où l'on arrive par trois chauffées, qui ont deux lieuës chacune de long ; ainfi eft de difficile abord. Elle fut érigée en Archevêché en 1547. par le Pape Paul I I I. C'eft le Siege du Vice-Roy, qu'envoye le Roy d'Efpagne aux Indes Occidentales : il y a auffi une Univerfité , & l'on y a tenu trois Conciles en divers tems, ainfi que j'ai remarqué dans un Traité des Univerfitez du monde, *Concilium Mexicanum* : le Pere Magaillans , & Antoine de Solis en ont fait l'hiftoire de la conquête qu'ils attribuënt à Hernan Cortez , fur l'Empereur Motezuma en

1520. qui en fut le dernier Empereur : il s'y porta avec précipitation, ce qui donna lieu à un livre imprimé *in-quarto*, rempli de figures en taille douce, qui a pour titre, *Miroir des actions des Efpagnols aux Indes & aux Pai-bas. La conquefta de la China, por Juan de Palafox.* Mexique eft aujourd'hui la Ville Capitale de la nouvelle Efpagne, en l'Amerique Septentrionnale : autrefois elle étoit connuë fous le nom de Temiftitan.

Lima, Ville Capitale du Perou en l'Amerique Méridionale, dont j'ay auffi parlé, fut conquife pour les Efpagnols, par François Pizarre en 1525. toujours avec de grandes actions : c'eft où font les riches mines d'or de Potofi, & où coule le Fleuve du Pactole, qui roule parmi fes fablons l'or en paillettes, ainfi que le Tage, fuivant les Poëtes : *Honor del San Ignacio, y de los Apoftolos en Indias, por Juan Eufebio.*

Pendant le fejour que fit François I. à Madrid, plufieurs Ecclefiaftiques ayant des Juffions du Pape Clement VII. s'efforçoient de vouloir établir l'Inquifition en France : mais le Parlément depuis fa création, rapportée par R. Choppin *lib.* 2. *de Domanio*, Titre 15. qui a été attaché & toujours attentif à veiller à la confervation des biens de l'Etat & au repos des fujets & des droits de la Couronne, s'y oppofa, difant qu'il falloit avoir l'avis & l'ordre du Roy. Sa Majefté étant relevée d'une grande maladie, s'informa des Officiers de l'Inquifition de Madrid qui le vifitoient, ce que c'étoit que cela : ils lui dirent que c'étoit une Juftice du Pape, de laquelle les Rois n'étoient pas les maîtres dans leurs Etats ; ainfi qu'il paroît par les Bulles que j'ay rapportées *fupra* Tit. 26. liv. 1. Il n'en falut pas dire davantage : auffi-tôt ce Grand Roy écrivit au Parlement, qu'elle ne fut point admife dans fon Royaume, voulant être Souverain, & faire grace & juftice, ainfi qu'il feroit jufte, comme a remarqué Louis Guyon en fes Leçons diverfes tome 3. liv. 3. chap. 24. en parlant des marques & des droits Royaux qui font attachez à la Souveraineté, dont ont traité Meffire Pierre de Marxa, Archevêque de Paris, en fon Traité *de Concordia Sacerdotii & Imperii. Hugo Grotius, de Jure Belli & Pacis.* François Ragueau en fon Indice des Droits Royaux, & M. l'Avocat General le Bret, en fon Traité *de la Souveraineté des Rois. Las felicidades de Efpagna, y cafa de Bourbonia.*

Papon livre 19. Titre 2. *num.* 10. rapporte un Arreft du 8. Juin 1551. pris de Duluc, portant que l'Inquifiteur de la foy ne pouvoit transferer les accufez hors de leur Diocefe, & les faire conduire ailleurs où il feroit : par fois l'efperance du pardon a plus de force à calmer les efprits que la crainte du châtiment : on fe fert fouvent de la crainte qu'on fait marcher devant les Loix, afin de les faire refpecter. L'on appprivoife les Elephans par le fon des cloches, & les Sangliers par le fon des flutes : mais il arrive tout au contraire que les violences donnent de la force aux méchancetez ; cela paroît par l'Edit dont parle l'hiftoire de la Guerre de Flandre, qui fut donné l'an 15 0. touchant l'autorité des Inquifiteurs. *Lavida del Emperador Carolos V. y teftamento, por Juan de Sandoval.* Ce fut ce qui caufa & apporta dans les Païs Bas plus de crainte & de terreur que de refpect & de reverence, puifqu'enfin il caufa la revolte & forma une République, en fe fouftrayant de la puiffance de fon Souverain. Alors on reconnut un peu tard, qu'il eft beaucoup plus difficile de faire executer des ordres que de les donner : & que la Religion s'établit mieux par la douceur que par l'épée ; & prin-

cipalement parmi le peuple qui regarde ordinairement comme une confola-
tion de fa baffeffe & de fa fortune , la chute & la calamité des Grands , &
fur tout de ceux qu'il croit être participans dans le changement , & à qui en
cette qualité il impute les rigueurs & les feveritez , fe réjoüit publiquement de
fe voir enfin délivré des Cenfeurs fi ennuyeux & importuns. Voyez les noms des
Inquifiteurs, *fupra* fol. 404. & dans l'Explication du Titre 20. & du Tit. fuivant.

TITRE XXXV.

Du Sortilege.

EXPLICATION DU TITRE.

JEan Papon liv. 22. Titre 3. Le ftile Latin du Parlement liv. 7. Arreft 72. Jean
Imbert liv. 3. chap. 7. chap. 22. *num.* 3. Jean Chenu Centurie 2. chap. 98. ont
traité de ce crime , & c'eft avec raifon que je l'ay placé ici enfuite du Titre precedent , comme étant une efpece d'herefie : car fuivant la commune opinion des
Docteurs, entr'autres *Julius Clarus* §. *hærefis , num. ultim. fortilegium hære-
fim fapit , non folum large & ex juris præfumptione* , fuivant qu'ils conviennent
tous , *fed etiam intrinfece & ex natura rei* , au fentiment de plufieurs. En effet,
le fortilege eft un malefice commis par un mauvais Chrêtien , & mal fentant de
la foy , fuivant l'Inquifiteur Spranger partie 3. queft. 1. & autres endroits de fon
Mallæum Malleficarum , par où il démontre que le fortilege eft du moins une
efpece d'herefie ,. comme l'on verra par fon étymologie & fa définition expliquée
au Titre 20. *fupra* fol. 404. Ces mots en Latin fortilege ou forcier , c'eft *fortilegium & fortilegus , ideo dicitur quod fortem in accufativo, vel forti in dati-
vo , legat hoc eft ftudeat vel forte in illicitis utatur.* Jean Bodin en fa Demonomanie des forciers liv. 1. ch. 6. le Lexicon Grec, Latin. Bouchel en fa Biblioteque
au mot *fortilege* , & Caton en fes morales : j'ay dit *in illicitis.* parce qu'il y a des
forts permis , comme je diray incontinent. Cependant il faut remarquer qu'on
prend ici fortilege dans une plus grande étenduë que ne porte fon étimologie ; car
fuivant icelle ce ne feroit que divination par fort ou pronoftication , dont je parleray dans le Titre : mais le fortilege de la maniere qu'il eft entendu ici, comprend la magie & toute la malice dont il eft parlé dans le liv. 9. Tit. 18. du Code
de Maleficiis & Mathematicis & cæteris fimilibus , c'eft pour cela que je le
définiray fuivant ce fens. Pline livre 30. Mais avant que d'enfoncer cette matiere , je diray aux Lecteurs, que Jean Bodin liv. 1. chap. 1. de fa Demonomanie définit le forcier , celui qui par des moyens diabolique s'efforce fciemment de parvenir à quelque chofe , & la définition de S. Ifidore,Evêque de Seville, liv. 8. de
fes Etymologies chap. 9. va plus avant & lui convient mieux. S. Auguftin en fa
Cité de Dieu encherit par deffus , comme les ftudieux pourront voir. Prov. 3. ⍩. 34.
ipfe deludet il ufore.

On divife le fortilege en deux manieres , *in Malleo Malleficarum part.* 3.

quest. 1. Je ne parleray point ici de cette forte de divination dont les Anciens ufoient par l'ouverture des livres d'Homere & de Virgile, qu'ils appelloient pour cet effet *fors Homeriana, & Virgiliana,* parce qu'il n'y avoit point de mal en cela, furquoi il faudroit voir Bouchel en fa Biblioteque au mot fortilege, & Jean Coras en fes Réfolutions de Droit chap. 49. après quoi je ne prétend pas approfondir plus avant cette matiere pour une plus ample explication du Titre, & même j'en feray peu de Maximes, par la raifon que plufieurs Auteurs fe font reftraints & arrêtez à en faire des Traitez exprés d'icelle, & en ont dit tout ce qui pouvoit s'en dire, pour ne pas paffer les bornes, lefquels Auteurs on peut voir, comme le Livre intitulé *Malleum Malleficarum* des Inquifiteurs de la foy. Jacques Spranger, Henry, Nider, Martin del Rio, *de Lamiis præfigiis.* Jean Vvier, Medecin du Duc de Cleves, refuté par Jean Bodin; Charondas en fes réponfes chap. 43. & page 487. réponfe 64. Duloyer, la Demonomanie du même Jean Bodin; Michel de Lancre, Confeiller à Bordeaux, & le Préfident d'Efpagnet, au même Parlement, de l'inconftance des demons. *Farinacius variarum quæftionibus, quæftion.* 20. *num.* 73. *ufque ad* 112. Le procès fait par Jean Chenu à plufieurs forciers, qui eft rapporté en fa feconde Centurie chap. 98. lefquels Docteurs j'ay choifis parmi plufieurs autres, parce qu'ils ont traité plus au long du fortilege; après quoi je pourrois conclurre mon explication avec les beaux termes de l'Edit de l'Empereur Theodoric *de Magicis & veneficis,* dont parle Bouchel en fa Biblioteque au mot Magicien : mais je veux en parler de la maniere que nous l'entendons, afin que ce mot n'effarouche que les fots, les enfans, & les païfans. Il faut voir les quatres chapitres premiers du liv. 4. des Recherches de la France.

Sort, en François, eft un mot équivoque, qui fe prend en bonne & mauvaife part. R. Choppin Coutume d'Anjou liv. 3. Tit. 2. *num.* 10. Jonas 1. 7. En bonne part on dit, ils ont jetté au fort les lots de partage entre des copartageans : la Sainte Ecriture en parle ainfi en plufieurs endroits; les Apôtres s'en font fervis aux Actes chap. 1. ⅴ. 26. En mauvaife part, c'eft lorfqu'on dit parlant d'un méchant homme ; c'eft un dangereux homme, il a jetté un fort. Job Bouvot en fes Queftions Notables tome 2. au mot licitation ; Papon liv. 15. Tit. 7. Mezeray édition premiere *in-quarto* page 179. Eftienne Tabourot, fieur des Accords liv. 4. ch. 4. de fes Bigarures, écrivant des faux forciers & de leurs impoftures à Meffire Pontus de Tyard, fieur de Biffi, Evêque de Châlons fur Saone; Nicolas Venette, Doyen des Medecins de la Rochelle, en fon Tableau de l'amour part. 4. chap. 5. Il y avoit des affronteurs & charlatans qui fe difoient forciers, & fe vantoient de guerir les maladies par fort, ligatures, & pacts. La Loy 1. *de variis cognit.* §. *Medicos.* ff. deffend de nommer Medecins ceux *qui incantavit, qui imprecatus eft, qui ut vulgari verbo impoftorum utar, exorcifavit non funt ifta Medicinæ genera.* La Loy de Moïfe ne dit pas fimplement que c'eft une impofture, mais une impieté deteftable à punir par la lapidation. Levitique chap. 20. ⅴ. 27. Deuteron. cap. 18. ⅴ. 18. Reg. lib. 1. cap. 28. ⅴ. 9. Exode 22. ⅴ. 18. *Vide de confeffionibus maleficorum, Author. Binsfeldius.*

Joannes Vvierus, Medecin du Palatinat en fon Traité *de Præfigiis,* imprimé à Bafle en 1578. *lib.* 2. *cap.* 12. page 6. dit qu'on fut chercher un forcier en Allemagne, qui promettoit de tirer les Princes du Château de Madrid, & les

faire tranſporter par les airs, d'Eſpagne en France. Jean Bodin à réfuté ce Traité, & en a montré la fauſſeté, qui n'a été inventée par cet Allemand, que pour
faire valoir l'affronterie qu'ils font en ce païs-là aux ſimples peuples, lorſqu'ils
leurs vendent des billets & pacts; qui ont diſent-ils, la vertu de charmer les armes à feu, les empêchant de tirer, & les portant ſur ſoi de n'être point bleſſé,
ny noyé; de faire cinquante lieuës en un jour; d'être aimé, de trouver des tré-
ſors, & autres rêveries dont ils abuſent les peuples. M. Jean Bodin liv.4. chap.2.
à traité des preuves requiſes pour prouver le crime de ſorcellerie, & Mezeray
ſur l'année 1440. nous donne la preuve de la punition des ſorciers en France,
par la condamnation de ces vendeurs d'air & de fumée des ombres de la nuit
& des rayons du Soleil qui font la clarté du jour. Androgin, Marchand de ce
calibre, fut brûlé par Arreſt à la Gréve, le Samedi 21. Aouſt 1677. avec ſon
procès.

En effet, les écrivains qui ont traité des ſorciers leur attribuent tant de puiſſance, que je pardonne à ceux qui ont peine à en croire quelque choſe de vray :
l'on en conte des traits difficiles à perſuader à un homme de bon ſens; il n'y
a qu'à lire les Auteurs que j'ay nommez, avec Algazel, Paul Grillan, Pierre
Mainor en ſon Traité *ae Lamiis*, c'eſt-à-dire des demons femelles, ou déguiſez
en femmes, pour connoître que ce ne ſont que des folies & illuſions. Il n'y auroit qu'à voir ce que dit Jean Vvier liv. 4. chap. 19. qu'un Diable en plaidant
déguiſé, ſa partie ſe donnoit au Diable qu'il n'avoit pas reçû ce qu'on lui diſoit,
& comme il diſoit faux; auſſi-tôt ce Diable qui plaidoit ſortit du Barreau, & emporta ſa partie, & on ne vit plus ny l'un ny l'autre. Un autre écrit, qu'un Diable
ſe repoſant ſur une laituë, une fille l'avalla en mangeant la laituë dans de la ſala-
de. Pline en rapporte encore un autre plus ſurprenant liv. 36 chap. 27. parlant
d'un eſprit formé dans les cendres, qui fut le pere *de Servius Tullius*, Roy de
Rome.

Pluſieurs ont écrit ſur cette matiere en grande confuſion, & comme elle eſt
très-metaphyſique, chacun a diſcouru ſuivant ſon genie : les curieux Lecteurs
ne ſeront point fâchez d'en connoître les noms que j'ay tirez de leurs œuvres.

Le premier eſt Agrippa, *de Occulta Philoſophia*, qui eſt ſi obſcur qu'on pourroit croire qu'il a écrit par raillerie pour ſe divertir, puiſque les plus éclairez
ont peine d'y rien comprendre, du moins je n'y ay rien entendu.

Michel de Lancre, Conſeiller à Bordeaux, a fait un volume *in-quarto*, de
l'inconſtance des mauvais Anges & des demons, noté par M. le Préſident d'Eſ-
pagnet : il y a des figures hideuſes & affreuſes de ce qui ſe paſſe au ſabbat des
ſorciers, dont il a fait la deſcription fort étenduë & circonſtanciée, qu'il ſemble
qu'il faut l'avoir vû pour en parler ſi préciſément.

M. Naudé a fait l'Apologie des grands hommes qui ont été accuſez de magie,
tant ſeculiers que laïques.

Beker, a fait *le monde enchanté*, c'eſt un traité très-dangereux, auſſi a-t-il
été beaucoup critiqué.

Gaſpard Schot, a fait *Phyſica curioſa, & magia univerſalis*.

Jean Bodin de Laon, a fait la Demonomanie, réimprimée ſous le titre de Fleau
des ſorciers en 1616.

Danæus, *de ſortiariis*. Le Pere Creſpet a écrit, *de odio Satanæ*. Spranger,
Malleus Maleficarum.

Frommannus , *de fafcinatione.* Un Allemand a écrit fous le titre , *le Prothée infernal.*

Olæus Magnus , de la magie feptentrionale. Golman , *de magis & veneficis.*

Le Docteur Faufte , a écrit pour fe divertir , & ceux qui voudront prendre la peine de lire fon Hiftoire.

Paul Grilland , *de fortilegiis.* Jean Vvier , Medecin du Palatinat , *de præftigiis dæmonum.*

Sylvefter Prierias , *de ftrygimagarum dæmonumque mirandis.*

Adam Jean Ofiander , *de magia.* Pierre Maffé , *de l'impofture des Diables, des devins , &c.*

Leonard Vair , *des forciers.* Campanelle dit Clochette , *de fenfu rerum & magia.* Martin del Rio, qui a été Inquifiteur dans les Païs-Bas , a écrit *difquifitiones magica.*

Henricus Boguetus , qui a fait un Commentaire fur la Coutume de Bourgogne , a auffi écrit *des forciers.*

Jean-Baptifte Tiers , Curé de Champrond près Chartres , a fait un Traité *des fuperftitions.*

Didier de la Torre-Blanca , à écrit *de magia, in qua aperta vel occulta invocatio dæmonis intervenit.*

Michel de Lancre , de l'incredulité & mécréance du fortilege convaincuë abfolument.

Zoroafter , a écrit il y a quatre mille ans , des Oracles , *oracula magica.*

Mammes Laborie , a traduit du Latin Maldonat , le Traité des Anges & des demons.

Pererius , *de obfervatione fomniorum , de divinatione , &c.*

Remigii , *dæmonolatreia ,* Joann. Filefac , *de idololatria magica.* Pfellus , *de operatione dæmonum.*

Cycogne , *magia omnifaria feu de fpiritibus & incantationibus ,* traduit d'Italien en Latin , *Gafparum N.*

Perreaux , *Demonologie.* Hedelin, des fatyres , monftres , demons , brutes de leur nature & adoration.

Robert Triclz , des rufes , fineffes & impoftures des malins efprits.

René Benoît , Curé de S. Euftache , Profeffeur de Sorbonne , des caufes des malefices , fortileges & enchantemens.

Joann. Thiræus , *de locis infeftis , ob moleftantes dæmoniorum & defunctorum fpiritus , &c.*

Ifaac Binsfeldius , *de confeffionibus maleficorum & fagarum.*

Vincentius Pons , *de potentia & fcientia dæmonum.*

Martinus Arlenfis , *de fuperft.tionibus maleficiorum & fortilegiorum.*

Pierre Pitois , de la découverte des faux poffedez.

Traitez & difcours des Energumenes , & fur les poffeffions , de Marthe Broffier , de la fille de Troyes , des Religieufes de Louviers , de Lodun , d'Auxonne , &c.

Enchiridium Leonis Papæ. La clavicule Salomon , livre imaginaire , inventé à plaifir , que perfonne n'a jamais vû , ainfi qu'écrit Martin del Rio liv. 2. queft. 3. page 98.

Jean

Jean le Normant, a fait l'Histoire de trois Flamandes possedées , parlant de l'ordre & police du sabat , & des secrets de la synagogue des magiciens & magiciennes.

Le Pere Michel a donné l'Histoire de la possession & conversion de la Princesse des sorciers de Provence, suivie d'un discours si les esprits reviennent aux vivans. Peleus Question 150.

Dupin , a démontré la fausseté & les impostures de ce qu'on dit d'Apollonius de Thiane.

Apulée & Lucien , ont parlé de l'âne d'or , & du coq de Micylle , traduits en François.

Le Pere Jacques d'Authun , Capucin, a traité de l'incredulité sçavante , & de la credulité ignorante , à l'occasion des magiciens & des sorciers, vol. *in quarto.*

Les secrets d'Albert le Grand , Dominiquain, & le tresor solide du petit Albert. Les sçavans ne conviennent point que ce grand homme en soit l'Auteur.

Le Grimoire, qui n'est bon avec l'Enchiridion que chez les sots & les païsans.

Ciceron, de la divination, commenté par Peucer , à quoi on a ajouté discours des Cometes.

Carolin , du Paganisme moderne. Scheffer , de la Laponie des Suedois.

Petit, Medecin, & Antoine Vvandale , des Oracles , varietez & subtilitez de Cardan , & ses curiositez inoüies. Lavatier des spectres. Centuries d'Antoine Mysauld, né à Estaples.

Trinum Magicum , editum à Cæsare Longino Philosoph.

Thomas Erastus, *de Lamiis, idem.* Joannes Vvierus, Medicus Palatin.

Gaffarel , *Cribrum Cabalisticum* , Vvolfius , *des Augures & Visions.*

Neuhusius, *Fatidica sacra.* Joann. Fernel , *de abditis rerum causis.*

Raguseius , *de Divinatione.* Roberti Feudi opera , Amstellodami.

Supplément des jours caniculaires. Le Pere de Billi. *Tombeau de l'Astrologie judiciaire.*

Jean Indagine , *Introduction à la Chyromance , la physionomie & la main.*

Martinii , *Subtilitatum veriloquia, in quibus proprietates substantiæ , huc usque occultæ refulgent.* Trithemii , *Steganographia , cum clavi.*

Traisnierii , *Chyromantia , phisionomia , astrologia naturalis & judiciaria & ars divinatrix , coclitis, Chyromantiæ & physionomiæ , Anastasis.*

Steganographiæ Trithemii, declaratio à Joanne de Caramuel , cum Salomonis Clavicula.

Des spectres , par Duloyer ; des Oracles Sybillins & des jeux de la roüe de fortune.

Le Pere Jean François , *des influences celestes.* Prætorii , *Thesaurus Chyromantiæ.*

Taillepied, *de l'apparition des esprits.* Estienne Bugnot, *de l'apparition d'André Bugnot son frere.*

De l'Astrologie judiciaire. Preservatif contre l'Astromantie & les Genethliaques.

L'Astrologie & phisionomie en leur grandeur , par Taxillis.

Joseph de Tertiis , *de gradu horoscopante.* Ferrier , *des jugemens astronomi-*

<table>
<tr><td>II. Part.</td><td></td><td>R r r</td></tr>
</table>

ques sur les nativitez. Ranzovii, *Tractatus Astrologicus, de genethliacorum thematum judiciis.*

Apomazar, Grec, *des significations & evenemens des songes,* traduit.

Arthemidorus, *de somniorum interpretatione,* traduit.

Arcandam, *des naissances, &c. des prédictions d'Astrologie.*

Julian, *de l'art & jugement des songes & visions de nuit,* avec le Traité *des songes, ou le palais des curieux,* par M. Jean Belot, Curé de Millemont, Diocese de Paris.

Romphile, *de la Chyromance naturelle.*

Tricassé, *de la Chyromance.*

Michaëlis Scoti, *Phisiognomica.*

Boyvin, a traduit du Grec la phisionomie d'Adamantius & de Melampus.

Hieronimo Savonarola, Florentin, *adversus divinatricem astronomiam,* en Italien, traduit.

Camerarius, *de generibus divinationum ac Græcis,* traduit & a été mis en Latin.

Pline, Histoire naturelle livre 30. a traité *de l'origine des arts magiques.*

Les œuvres de Paracelse, Medecin; de Jean-Baptiste Porta, Néapolitain; du Prince Pic; de l'Amirande; de Polydore Virgile; de l'invention des choses de Michel Nostradamus; Tableaux de Philostrate du Comte Gabalis; Metamorphoses d'Ovide; Plutarque, de la superstition & de ce que les Oracles ne disent plus rien.

Somnium viridarium, le songe du verger, par * au Regne de Charles V I I.

La question 98. Centurie 2. de Jean Chenu, qui contient les procès faits à divers sorciers, qui divertira agréablement les lecteurs par les interrogatoires & les réponses risibles de ceux qui étoient accusez d'avoir dansé au sabat.

Les extravagances de M. Oufle, divertiront les curieux.

Ceux qui disent que les demons connoissent toutes choses, & sçavent les pensées des hommes & le futur, s'abusent. S. Thomas, & le Docteur subtil Scot, le nient, disant, *Dæmones non norunt cogitationes hominum, neque futura aut contingentia agnoscunt nisi ex conjectura.* Ils n'ont de puissance qu'autant qu'il plaît à Dieu de leur en donner, nous le voyons en S. Matthieu ch. 8. ɏ. 31. *Vide* la pensée & l'action 150. de Julien Peleus, qui est curieuse. En Espagne on appelle *saludadores,* certains sorciers, qui font métier de guerir des maladies par paroles.

Pour détruire tous ces trompeurs, je renvoye les lecteurs aux Proverb. 3. ɏ. 34. *ipse deludet illusores.* Voyez le sieur de la Martiniere, en son Traité de la Connétablie part. 3. chap. dernier, section 4. fol. 1016. du sortilege, idolatrie, charmes, illusions, malefices.

Je ne nie pas qu'il n'y ait eu des sorciers, puisque l'Eglise en reconnoît plusieurs, lesquels par leurs souffrances, leurs prieres, & leurs vies remplies d'actions de vrais penitens, sont au Catalogue des Saints: Saint Marcel & S. Apulée, Magiciens, Martyrs du premier siecle, au 7. Octobre, qui avoient été les compagnons de Simon le Magicien. S. Cyprien, depuis Martyr du troisiéme siecle au 26. Septembre. S. Anastase, Persan, Martyr dans le septiéme siecle au 22. Janvier. S. Audax, converti par S. Anatolie, depuis Martyr du troisiéme siecle au 9. Juillet. A présent cela est plus rare, & les Saltinbanques & bâteleurs par leurs tours

de main ; font croire aux idiots & gens de campagne qu'ils font forciers ; témoin
ce qui arriva à Brioché dans une Ville qui manqua d'être brûlé, fuivant le
rapport des memoires de Rochefort, pour avoir joüé fubtilement en public &
fait des tours de gibeciere croyant que les marionnettes & fon godenot étoient
des efprits familiers qu'il faifoit parler, *ventilatores*, Lucien dans fon Alexandre,
faux Prophêtes, & Pline en ont fait des railleries parlant des magiciens &
forciers.

I. Max. La peine du fortilege felon le Droit Canon eft fort diverfe à proportion de la faute & des circonftances qui l'aggrave ou la diminuë, car fi le
crime eft occulte, il y a la peine de quarante jours de jeûne, s'il étoit notoire la
privation de la fainte Table, fi c'étoit un Ecclefiaftique ou Clerc, renfermez dans
un Convent fi Laïques, excommuniez, fi Domeftiques, châtiez, & l'Evêque leur
impofoit des peines felon l'énormité : quant aux Loix Civiles elles puniffent
toûjours le fortilege de peines capitalles, avec la confifcation des biens.
En France, on pend & brûle en forme les forciers en certains Parlemens & les
cendres jettées au vent, il eft vrai que le mal & l'impieté d'un forcier pourroit être fi grand, qu'il obligeroit les Juges de le condamner à être brûlé vif:
au furplus pour bien appliquer cette peine, fuivant les diverfes circonftances
de ce crime, il faut voir le chap. 5. du liv. 4. de la Demonomanie de Jean
Bodin, où il a fort bien raifonné. Il faut pourtant obferver que ce crime, n'eft
pas puni aujourd'hui comme il étoit de fon tems, pour les raifons que j'ay
touchées par l'Explication du Titre 20. fol. 404. parlant des incubes &
fuccubes : car à prefent au Parlement de Paris on ne punit point le fortilege s'il n'y a du malefice, c'eft-à-dire le poifon, & s'il n'y a du méfait, fuivant
fon autre Etimologie : outre celle que j'ay marquée dans l'explication *nam ma-
lefici ficut à malo de fide fentiendo dicti funt, ita & à malefaciendo dicuntur
fratr. Joann. Niger, fornic. de malefic. decept. cap. 3. pag. 713. in lib. cujus
Tit. Mallæum Maleficarum.* Chacun eft reçû à dénoncer ce crime, *can. in
c. in favorem fidei lib. 6. de hæret. in dict. Mallæum pars. 1. quæft. 1.* Louis
de Montalte lettre 8. notée par Vvendroxius Sanchez, *fumma opera moralia
lib. 2. cap. 38. num. 94. 95. 96.* Exode 22. ℣. 18. François de Billon en fon
Fort inexpugnable *fol.* 154. & 155.

II. Max. Sur le dire ou rapport d'un magicien nul ne doit être tourmenté
ni même emprifonné, fuivant l'Ordonnance de l'Empereur Charles V. de l'année 1532. *quod nemo, quod amago,* &c. Laurent Bouchel en fa Biblioteque
tome 2. page 4. au mot magicien. Il eft vrai, qu'un forcier peut être témoin
contre un accusé de forcellerie au défaut d'autres preuves, & toûjours contre
& non jamais pour lui : la femme les enfans & fes amis oüys contre lui &
non pour lui, fuivant le *Mallæum Maleficarum de teftibus, part. 3. quæft. 3.* &
4. Mezeray dans l'Hiftoire de Louis X. dit Hutin eft à voir en parlant des Talif-
mans. *Devovet abfentes fimulacraque cerea fingit, &c.* le Samedy 21 Fevrier
1682. un tel ouvrier fut executé en Grève par Arreft, il avoit nom Circe.

III. Max. Par les Loix *l. nemo. l. culpa, l. nullus, l. multi, l. fi ex &
Cod. de Malefic.* il eft prohibé & défendu d'avoir fréquentation & participation avec les forciers, *in dicto Malleo quo fuprà.* Les mêmes Loix permettent
de s'oppofer au malefice, elles le commandent, *L. eorum Cod. de maleficiis &*

Mathematicis. La connoiſſance de ces crimes appartient au Juge Lay, à moins qu'il ne s'y trouvât des queſtions de la Foy, *aut cum de fide inquirendum eſt*, Jean Papon liv. 22. Tit. 3. des ſorciers, Stile latin du Parlement liv. 7. Arreſt 72. la Biblioteque des Arreſts au mot Official *num. 31. inſtit. lib. 4. Tit. 18. §. 5.*

   IV. Max. Mezeray dans l'Hiſtoire de Louis X. dit Hutin, rapporte que lorſqu'on faiſoit le procès d'Anguerrand le Portier ſieur de Marigny, on découvrit que ſa femme étant abuſée par des Enchanteurs cherchoit à envouter le Roy, c'eſt-à-dire pour le faire mourir par des images de cire, *Devovet abſentes ſimulachraque cœrea fingit*, ce qui augmenta les peines & les crimes de l'accuſé pour lui faire ſon procès, dont la ſuite fut très-injurieuſe, puiſque ſelon les grandes Chroniques de S. Denis, *il fut mis au plus haut du gibet, à Mont-faucon avec les autres larrons.*

Flectere ſi nequeo ſuperos, Acheronta movebo,

   R. Choppin *de Sacra politia lib. 2. Tit. 2. num. 11.* a parlé des ſorciers & des noüeurs d'éguillettes *aux nouveaux mariez* par art magique pour empêcher la conſommation du mariage, tiré des anciens Payens qui avoient conſacré le Chêne à Jupiter, le Laurier à Apollon, l'Olivier à Minerve, le Murier à Venus. le Peuplier à Hercules; Pline liv. 30. la Vigne à Junon, le Lierre à Bacchus, le Mirthe à Venus. Lucien en ſon Dialogue du Menteur.

TITRE XXXVI.

De la Pronoſtication.

EXPLICATION DU TITRE.

JE trouve que Jean Imbert liv. 3. chap. 22. *num. 3.* a parlé des devins & faiſeurs de pronoſtication & almanachs, & de ceux qui font des images de cire par ſortilege pour faire mourir. Nous avons des Academies à lunettes de longue veuë, *ſic itur ad aſtra, turris ſpeculatoria*, qui ſont d'un grand ſecours; & comme on y pourroit mêler des choſes qui paſſeroient l'Aſtrologie judiciaire; cela eſt très-expreſſément défendu par les Ordonnances d'Orleans art. 26. & de Blois art. 36. ſans l'approbation des Archevêques & Evêques, parce que la pronoſtication eſt non ſeulement une ſuite du ſortilege, mais elle eſt auſſi une de ſes principalles parties : & ſi l'on vouloit reſtraindre le ſortilege à ſon étimologie, ce ſeroit la ſeule pronoſtication qui le compoſeroit : par conſequent il s'enſuit que comme le ſortilege eſt une eſpece d'hereſie, la pronoſtication l'eſt auſſi, ainſi que je l'ay remarqué dans l'explication du Titre precedent à la diviſion du ſortilege, à quoi j'ajoûterai ici, que le premier genre de la ſuperſtition eſt l'idolatrie, ſuivant le *Malleum Maleficarum, part. 1. quæſt. 2. & 14.* & le ſecond genre eſt la divination, laquelle eſt proprement nôtre pronoſtication , c'eſt pourquoi elle eſt qualifiée d'apoſtaſie à la Foy. Nous allons voir cela fort clairement dans l'étimologie de ce mot pronoſtication, dans ſa définition & par ces diviſions. Dans le Lexicon Grec , Latin , la pronoſtication eſt *pronoſticatio* , & peut venir du verbe latin *prænoſco vel præcognoſco* , mais proprement elle dérive du verbe *præſcio , decerno, præſcientia, providentia, praſagium, præcognitio & inde etiam , id eſt futurorum præſcins vates, & inde etiam latine pronoſticum , id eſt rei futuræ ſignum.* Voilà je croi l'étimologie , il faut paſſer à la définition.

Pour ſuivre l'ordre que j'ay propoſé au Livre premier , Tit. 27. Max. 58. j'ay parlé de la Nécromancie dont uſa Saül pour ſçavoir l'iſſuë d'une bataille : je pourrois ici parler de l'apparition des eſprits & ſoûtenir que des morts ſont revenus à des vivans, je ne prétens pas parler de J. C. qui s'apparut aux SS. Apôtres deſquels pluſieurs ne l'avoient point veu depuis ſa ſainte Réſurrection, étant enfermez dans une chambre , diſoient que c'étoit un phantôme. N. S. leur dit *les eſprits n'ont ny chair ny os, voyez regardez-moi , &c.* Saül vît paroître l'ame de Samuël , par le moyen d'une Magicienne de la Ville d'Endor, pour ſçavoir le ſuccès d'une bataille : ce pourroit être un phantôme que cette apparition par la magie.

Onias & le Prophète Jeremie apparurent en forme humaine à Judas Machabée. Moyſe étoit mort il y avoit plus de 2000 ans, lorſque ſon ame apparut devant trois ſaints Apôtres à la ſainte Transfiguration ſur le Thabor & Elie, ſuivant S. Mathieu 17. il y avoit bien 1000 ans qu'il étoit mort , c'étoit l'effet du miracle & la volonté du Seigneur , ce qui ſert à détruire la viſion des Juifs Saduccéens qui nient la Réſurrection, ainſi que le rapporte S. Luc au chap. 23. des Actes des Apôtres : & qu'il n'y a ni Anges ni eſprits : les Juifs Phariſiens diſent le contraire.

Origene ne fut condamné que ſur des erreurs, après que Ruffin eûc traduit & publié à Rome le Livre *Perjarchin* ou des principes : cette traduction de Ruffin le mit en grande broüillerie avec S. Jerôme, auparavant ils étoient grands amis : Julien *Peleus* queſtion 150. a traité ſi l'on peut croire qu'il revient des eſprits, l'Ecriture parle de la Réſurrection, *venerunt in civitatem & apparuerunt multis.* Matth. 27. ℣. 53. Voyez le ſieur Pinſon de la Martiniere en ſon Traité de la Conneſtablie partie 3. chap. dernier ſection 4. *fol.* 1016. du ſortilege; idolatrie , charmes, illuſions, maléfices.

La pronoſtication, ſuivant Claude le Brun en ſon procès Civil & Criminel, eſt une recherche curieuſe ou perſcrutation des choſes futures , leſquelles ſont réſervées aux ſecrets de la ſeule providence de Dieu : c'eſt pourquoi S. Paul en ſon Epître aux Romains chap. 11. ℣. 33. s'écrie, *ô altitudo divitiarum, &c.* la deffenſe eſt expreſſe dans les Actes des Apôtres de s'enquerir des ſecrets de Dieu chap. 1. ℣. 7. *non eſt veſtrum noſce tempora* , le Sage avoit dit long-tems auparavant dans l'Eccleſiaſtique 3. ℣. 22. *Altiora te nequeſieris & fortiora* & c'eſt auſſi ce que les Loix deffendent dans tout le Titre du Code *de maleficiis & mathematicis* , & les Canons que j'ay raportez dans le Titre précedent.

La diviſion ſe tire de trois genres qui la compoſe qu'on trouve dans *le Malleum*

Malefic. part. 1. *quest.* 16. l'espece du premier genre se trouve dans le Docteur Angelique, *secunda secundæ quæst.* 95. parlant des prestiges de la divination des songes. Nygromantie, la divination Pythonique, la Geomancie, l'Idromantie, Leromantie, Piromantie, & autres cultes.

La seconde espece *sunt genethliaci*, aruspices, augures, les observations de la chyromancie, & les lignes de la main. La troisiéme est selon la Philosophie occulte d'Agrippa, *de vanitate scientiarum*, par la consideration des points, par le setu, les figures & le plomb, & pour la difference & explication de toutes ces especes. Voyez à ce sujet *Malleum Malleficarum part.* 1. *quæst.* 16. & Jean Bodin en sa Demonomanie aux chap. 4. 5 6. 7. & René Choppin *de Sacra Politia lib.* 3. *Tit.* 7. *num.* 9. parlant de l'apparition des esprits & des spectres, où il a amplement traité de toutes les sortes & differentes especes de divination, lesquelles je réduiray à dix especes, suivant *Ioachimus Fortius, Rhingembergius fol.* 561. *Malleum Maleficar.* Caton moralisé 24. *præcept.* 4. partie, *metrice.* Pline liv. 30. cap. 2. en rapporte plusieurs autres, qui font voir l'extravagance des hommes & leurs égaremens.

La premiere divination se fait par l'Astrologie, *Quæ est divinatio è syderum motu atque radiis* : celle-là bien que plaine de vanité n'est pas tout-à-fait réprouvée ; mais les neuf suivantes le sont toutes.

Secunda, per Hydromantiam ex aqua.

Tertia, per Catoptromantiam è speculo.

Quarta, per Lecanomantiam ex pelvibus.

Quinta, per Pyromantiam ex igne.

Sexta, per Geomantiam è terra.

Septima, per Aeroomantiam ex aëre.

Octava, per Capnomantiam ex fumo. Ren. Choppin in Consf. Paris. lib. 2. *Tit.* 6. *num.* 10.

Nona, per Chyromantiam, ex incisuris manuum.

Decima, per Necromantiam vel Neciomantiam qua umbrarum evocationes fiunt, & inferorum colloquia : partant l'on peut dire que cette derniere est plus damnable & abominable que toutes les autres.

Flectere si nequeo superos, Acheronta movebo.

Après ce que dessus je ne dois pas m'arrêter davantage sur cette matiere, puisque les Docteurs que j'ay rapportez l'ont si bien & si au long traitée ; je n'ay qu'à renvoyer les studieux Lecteurs, aux argumens forts & concluans tirez d'Aulugelle liv. 14. chap. 1. *ex favorino*, pour détourner les jeunes gens & toutes sortes de personnes de hanter, de frequenter & aborder ny consulter les devins ny les Astrologues toujours fautifs : comme sont les Propheties de Michel Nostradamus, Provençal.

La peine de la pronostication, suivant les Loix *l. nemo cod. de maleficiatis & mathematicis.* Le Code Henry des crimes Tit. 3. des pronostications liv. 8. Jean Baudouin Emblême 11. *per legem divinator debet ferre supplicium capitis ultore gladio.* Par nos Ordonnances la peine est un peu plus douce : toutesfois les devins & tous les faiseurs de pronostications, & ceux qui font tourner les As sur les ciseaux , & compoſeurs d'Almanachs , excedans les termes de l'Aſtrologie judiciaire , doivent être punis extraordinairement & corporellement , ſuivant les Ordonnances du Royaume : comm'auſſi tous les Libraires & Imprimeurs deſdits Almanachs , s'il n'y a Privilege ou Permiſſion obtenus ſur l'Approbation des Archevêques & des Evêques , ſuivant les Ordonnances d'Orleans art. 26. & de Blois art. 36.

S. Ambroiſe en ſon Exameron liv. 6. chap. 4. dit que le Bœuf tient de l'Aſtrologue : *Boves pendente pluvia ad preſepia ſe tenere noverunt.* Guillelmus Gratarolus , dans ſes Pronoſtics , dit que le Bœuf ſe léchant , marque la pluye , & lorſqu'il leve le nez en haut & qu'il reſpire l'air : s'il mugit fort , c'eſt une marque que la pluye durera : s'il remuë le pied de devant , c'eſt un ſigne de tempête , de même s'il ſe couche ſur le côté droit , c'eſt une marque du tems beau & ſerein s'il ſe couche ſur le côté gauche. Ciceron *lib. 1. de divinatione.* Les Chevres ont de grandes proprietez & de notables imperfections , ſuivant M. Claude Expilly dans ſon 13. Plaidoyer , qui eſt très-curieux à lire. Les Poëtes nous ont fait des legions de divinitez , tantôt égales , d'autrefois les font ſubalternes.

Il y a trente ans qu'il y eut nombre d'aſſertions propoſées au public par divers Philoſophes , touchant la vertu de la baguete de Jacques Aymard , qui vint à Paris , qui faiſoit retrouver les choſes perduës , en conduiſant aux endroits où le vol étoit caché , ce qui donna du divertiſſement au public ; c'étoit un Maréchal de Salondecraux en Provence , païs de Michel Noſtradamus : cela étoit de la Cathegorie de la Phyſique occulte de la Baguette de Vvan Helmont , & du livre *de occulta Philoſophia* , & de celui *de vanitate ſcientiarum* , & de Jean-Baptiſte Porta , Néapolitain , qui divertiſſent les ſtudieux ; ainſi qu'a fait Lucien en ſon Dialogue de la Necromancie.

Les Aſtrologues ſont ſi fautifs , que Arnauld de Villeneuve , Aſtrologue , qui fit naufrage ſur la côte de Gennes en 1310. avoit aſſuré dans ſes prédictions , que la fin du monde arriveroit en 1335. 1345. ou 1376. ſur ce que le Pape Gregoire XIII. reforma le Calendrier en 1582. Cyprien Leonice, Mathematicien Allemand habile , s'abuſa , ayant dit dans ſes Ephemerides que la fin du monde & la Religion arriveroient en 1583. *Procul dubio alterum adventum Filii Hominis in ſede Majeſtatis ſuæ prenuntiat.* Regiomontani , écrivit dans le quinziéme ſiecle , qu'en 1588. ce ſeroit l'année climaterique du monde ; ce fut l'année que Philippes I I. envoya contre Eliſabeth en Angleterre cette Flotte formidable de deux cens cinquante voiles, qui perirent par les tempêtes de la Mer, près l'Iſle de Vvigth.

Le Miniſtre de Sedan, Pierre du Moulin , & Jurieu, Miniſtre, à Marché noir en Blaizois , avoient fait la même prédiction, que la Religion finiroit en 1690. ils auroient dit vray s'ils avoient prédit que l'abolition de leur nouvelle Religion arriveroit en France l'an 1685. *Hæreſis extincta edict.* Octobre 1685. Il y a longtems que les diſeurs d'aventures ſe trompent : les Aſtres ſont trop éloignez de la terre , pour y lire ſans lunettes : témoin l'Aſtrologue du liv. 5. chap. 41. des Recherches de la France , qui voulut raiſonner ſur le principe des vents inconnu aux hommes, Pſalm. 134. ces ſortes de gens ſont des perſonnes dont il y en a d'exceptez par leur merite & leur érudition , les autres ſe ſont les ſucceſſeurs des anciens Philoſophes , dont ils imitent les maximes en toutes leurs actions.

Pour montrer le peu de certitude qu'il y a dans les Aſtrologues & les rêveries de leurs imaginations. Je ne veux qu'expoſer aux yeux des plus ſimples ce qui ſert de principe & de fondement à leurs prédictions, dont Lucien fait des railleries, parlant de la Necromantie en ſon Dialogue Icaromenipe. Pour effacer toutes les conſequences qu'ils en tirent, & leur demander où ils ont pris les belles préſuppoſitions qu'ils font, qui tombent d'elles même, pour peu qu'on ait de ſens commun, il n'y a qu'à voir leur raiſonnement que voici.

Le huitiéme Ciel avec tous les Aſtres fait ſon tour en 24 heures, ce tour à plus de 133 millions de lieuës, à 2000 pas la lieuë au pas Geometrique : car quoi qu'Archimede & Ptolomée n'ayent démontré ſeulement que la diſtance de la Terre juſques au Soleil, qui a douze cens neuf diametres & demi de la Terre, lequel demi diametre à 1860 lieuës à 2000 pas la lieuë, & le tour de la terre ſix fois autant avec un ſeptiéme davantage, ainſi que Ptolomée a démontré après avoir recüeilli les obſervations d'Hypparcus, qui font en tout depuis le centre de la terre juſques au Soleil 449364 lieuës à deux mil pas la lieuë : néanmoins les Arabes, Affragan, Albategni, Teblt, Campan ont paſſé plus outre, en laiſſant par écrit que la diſtance de la terre juſques au huitiéme Ciel a plus de vingt-mil quatre-vingt & un demi diametre de la terre, & vingt-huit minutes davantage ; le tout fait 36 millions 146800 lieuës. Le Rabin Moiſe Rambam, en ſon livre 3. en met davantage. Les demonſtrations Aſtronomiques ſe font au ſens ; mais en prenant le moins, il eſt certain & démontré par Ptolomée, que la raiſon du demi diametre à l'arc eſt comme de 52 à 60 par la démonſtration d'Euclide au troiſiéme livre. Les ſix demi diametre du cercle font tout juſte l'exagone : enſorte que le demi diametre depuis le centre de la terre juſques au huitiéme Ciel ſe trouvera juſte, ſix fois au huitiéme Ciel, qui font ſix fois 36 millions 146800 lieuës, & le ſurplus du cercle qui font 48 degrez prenant huit degrez en chacun arc de l'exagone du cercle, outre les ſix demi diametre, reviennent à 28916690 lieuës & plus ; car je laiſſe 28 minutes, qui font 800 lieuës, qui eſt pour tout le circuit du Ciel huitiéme, deux cens quarente cinq millions ſept cens quatre-vingt onze mil quatre cens quarante lieuës, qui ſe font en vingt-quatre heures. Le neuf & dixiéme du Ciel font encore beaucoup plus grands ; car Ptolomée a très-bien démontré en ſon Almageſte, que toute la Terre qui a 11160 lieuës de tour, n'eſt qu'un poinct enſemble, eu égard au cercle du Soleil qui eſt beaucoup moindre que le huitiéme, ſi donc en vingt-quatre heures le huitiéme Ciel fait ſon tour en une minute d'heure, à ſoixante par heure, le huitiéme Ciel à 1706550 lieuës à faire par le mouvement de l'Ange à qui Dieu a donné cette puiſſance que les Hebreux nomment le Cherubin liv. 2. faiſant la roüe du glaive flamboyant des lumieres celeſtes.

Tous ces termes & calculs ne font que pour embroüiller, de même que le pact fait entre Corax & Tyreſias, dont la réponſe eſt Sophitiſque : Corax avoit promis par acte de faire Tyreſias bon Orateur, ſinon ne lui payeroit rien : les deux ans de la convention expirez, Corax veut être payé & fait aſſigner Tyreſias qui refuſe le payement : Tyreſias dit ſi je puis perſuader que je ne dois rien, je ſerai quite ; ſi je ne puis le perſuader aux Juges, je ne ſerai pas condamné, car Corax s'eſt obligé de me faire bon Orateur, qui eſt l'art de perſuader, je ne le ſuis pas ne pouvant perſuader ; à quoi Corax répond ſi tu peux perſuader a qux Jugesne je ne dois rien, je ſerai payé : car c'eſt prouver que tu

feras

feras Orateur, ſi faute de perſuader tu ſuccomberas & ſeras condamné & ainſi de façon ou d'une autre je ſerai payé. Les Juges ayant réflechy ſur la conteſtation & les ſillogiſmes des parties, rendirent leur Sentence, portant que d'un méchant Corbeau il n'en pouvoit ſortir qu'un mauvais œuf : ce qui s'applique facilement à ces Aſtrologues dont j'ai parlé. Galilée ce grand Aſtronome, diſoit que la terre tourne : le fait examiné & éclairci à Rome fut trouvé faux & ſon opinion y fut condamnée. *Pſal.* 75. *ẏ.* 9. le Roy Prophete parle du Tonnerre.

La ſubtilité de Tyreſias me fait reſſouvenir de celle du Berger Aignelet avec l'Avocat Patelin, décrite naturellement par M. Paſquier au liv. 8. chap. 59. de ſes curieuſes Recherches de la France, *mali corvi & malum ovum*, & du Problême tiré des Elemens d'Euclide que voici. Janus eſt condamné par trois Arbitres, par le premier à 15 liv. par le ſecond à 10 liv. par le troiſiéme à 5. liv. l'on demande lequel il faut ſuivre pour être le plus judicieux ; car 5 eſt compris dans 10 & 10 compris dans 15 le premier Arbitre ayant condamné à 15 liv. il a conſenti à 10 & à 5 : le ſecond qui a condamné à 10 a auſſi conſenti à 5 enſorte qu'il ſe trouvera que les trois Arbitres ont conſenti à 5, *plus enim continet minus*, ſuivant les Philoſophes, *minimum maxᵢmi majus eſt, maximo minimi.* Toutes ces choſes marquent bien l'incertitude qu'il y a dans la ſcience de la pronoſtication, qui le plus ſouvent n'eſt qu'équivoque & à doubles ſens pour tromper. *Proverb.* 3. *ẏ.* 34. *ipſe deludet illuſores.* Jean Calvin voyant que Philippes Melanĉton, compagnon de Martin Luther à Vvirtemberg, s'arrêtoit par tous moyens aux Aſtrologues, il fit un Traité contre l'Aſtrologie pour abbaiſſer les Aſtrologues & en faire voir l'abus & la foibleſſe.

TITRE XXXVII.

De la Simonie.

EXPLICATION DU TITRE.

JEan Papon liv. 3. Tit. 12. liv. 8. Titre 9. Arreſt 8. liv. 24. Tit. 8. Arreſt 5. Jean Imbert liv. 3. chap. 22. *num.* 2. & les Ordonnances de Blois art. 21. ont parlé de la Simonie, ainſi que les Annotations de *Julius Clarus, ſupr à §. Simoniæ num.* 19. *& ibi Doĉtores per ipſum allegati. Can. quoties, de Simonia.* Coras en ſes réſolutions de Droit chap. 91. *Mallæum Malleſicarum. part.* 3. *quæſt.* 1. C'eſt pour quoi j'ay mis ici la Simonie parmi les eſpeces d'hereſie, avec d'autant plus de raiſon, que non ſeulement elle eſt comparée à l'hereſie par les Doĉteurs que je rapporte ; mais elle eſt encore appellée hereſie par le Canon que j'ay cité : néanmoins ce n'eſt que par ſimilitude avec ce crime, y ayant grand rapport, & que les Doĉteurs la nomment ou la comparent à l'hereſie : je ne pouvois pas la mieux placer. Pour en traitter dans la bonne & ſaine doĉtrine, voyons ce que c'eſt que la Simonie.

La Simonie dans fa définition, fuivant les Annotations de *JuliusClarus*, c’eft un deffein premedité d’acheter le fpirituel avec le temporel, comme voulut faire Simon, d’où vient *Simonie*, qui offroit de l’argent aux Apôtres pour faire des miracles comme eux, aux Aétes chap. 8. ℣. 18. Cette définition reftraint la Simonie à l’achapt ou vente des chofes fpirituelles : toutefois la Simonie va plus avant, comme l’a remarqué très-bien le fçavant Doéteur, Confeiller, & Profeffeur à Touloufe Jean Coras, ainfi que j’ay dit. Ce crime fe commet encore en plufieurs autres manieres qu’il faut voir dans ce même Doéteur, *quo fupr.*, & dans Pierre Lombard, Maître des Sentences *lib.* 4. *diftinétion.* 25. lefquels en ont traité le mieux & avec le plus d’étenduë & de folidité, d’autres n’en ayant écrit que pour la pallier & trouver des expediens ; ainfi qu’à fait voir * * * écrivant contre divers Auteurs. Il n’y a qu’à voir là-deffus Mezeray page mil quatre cent foixante dix-fept de fon abregé, pour demeurer en Létargie. Je laiffe aux fages leéteurs à décider, fi le fait qu’il rapporte eft une Simonie, s’ils ofent le faire.

Judas ce traître infâme qui vendit *fon divin Maître*, & fon fucceffeur en malice Simon le Magicien qui a donné le nom à la *Simonie*, peuvent être comparez l’un à l’autre, & l’on peut mettre au même rang ces deux perfonnages, lorfque le premier difoit aux Juifs, que voulez-vous me donner & je le livrerai ? c’eft là-deffus que les Auteurs fe font fi fort écriez, & l’ont comparé à Simon le Magicien, comme l’on pourra voir dans la Biblioteque de Laurent Bouchel au mot Simonie, où je renvoye à caufe de l’argent qu’il offroit aux Apôtres pour faire des miracles comme eux, aux Aétes 8. ℣. 9. 20.

I. Max. Par le Code Henry liv. 8. des crimes Tit. 2. de la Simonie, il eft enjoint aux Archevêques & Evêques de proceder foigneufement & feverement fans diffimulation, ny exception de perfonne, contre les perfonnes Ecclefiaftiques qui auront commis le crime de Simonie, par les peines indites & portées par les Saints Decrets & les Canons : comme auffi il eft enjoint aux Baillifs & Sénéchaux proceder au femblable contre les Laïques rebelles & coupables de la Simonie, & pour en avoir révelation, ils pourront faire publier Monitoire où bon leur femblera : il faut remarquer que l’Ordonnance regle les Juges qui connoîtront de ce crime, laiffant les Ecclefiaftiques coupables au Juge d’Eglife, & les Laïques aux Juges Seculiers. Quant à la peine, fuivant les Doéteurs, l’Ordonnance n’en parle point, les coupables d’ordinaire font fufpens de leurs Offices : les Clercs font privez des Benefices & autres peines portées par le Droit Canon : à l’égard des Juges Laïques l’Ordonnance leur laiffe la peine arbitraire d’amendes & autres à fa volonté, puifqu’elle ne la détermine pas : l’éleétion faite à un Benefice par la voie de la Simonie eft nulle de droit, *mero jure nulla eft*, l’Ordonnance de Blois art. 21. & celle de Janvier 1629. art. 18. font précifes. Jamais on ne verra Simonies femblables à celles rapportées par Mezeray page 1477. de fon abregé.

II. Max. Toutes Tranfaétions & Concordats faits en Matieres Beneficialles, fuivant Loüet & Brodeau lettre C. chap. 40. la glofe fur le chapitre *cum pridem extra de paétis*, font fufpeéts par les claufes infolites qu’on y met : c’eft pourquoi pour purger la Simonie qui fe couvre par des retentions de penfion qu’on éteint par des meubles qu’on abandonne, & des frais de procès qu'on rembourfe & autres manéges, il eft neceffaire que tous Concordats foient homologuez en Cour de Rome, même ceux qui portent création de penfion; car c'eft une Maxime des Docteurs Ultramontains, qui tiennent que *in Curia Romana Simonia committi non poteft*; mais quelque homologation qu'il y ait, s'il y en a une effective elle ne fera jamais purgée, *vide* article 51. du Traité des Benefices.

I I I. Max. Toutes les preuves requifes dans les autres crimes : ne le font pas dans celui de la fimonie, fuivant Jean Coras en fes réfolutions de droit du crime de fimonie *cap.* 91. page *369. ex multis authoritatibus*, de grandes & fortes conjectures prefque concluantes; d'ailleurs les complices & participans & entremetteurs & proxenetes qui ne font pas des témoins valables en d'autres crimes, font reçûs en celui-ci, & peuvent valablement dépofer fans courre rifque d'ignominie pour la révelation de leur faute & turpitude d'avoir vaqué en ce crime de fimonie.

Somme comptée, nombrée & délivrée par pacte fimoniaque ne fe reftituë point, mais celui qui donne & celui qui reçoit, font en crimes de méfait & peuvent être condamnez en des amendes & aumônes. Papon liv. 3. Tit. 12. Arreft 2. Frain Plaidoyer 76. a traité fi la feule accufation fait vaquer un Benefice, *ipfo jure.*

Le fait de fimonie concernant le réfignant qui n'en a été convaincu, ne nuit ny ne préjudicie point à fon réfignataire, & n'eft facilement reçû en Régalle. Charondas liv. 1. pag. 3. réponfe 9. Biblioteque des Arrefts au mot fimonie, & dévolut. Il eft loifible, fuivant Julien Peleus, en fes actions liv. 2. action 26. rédimer la vexation pour Benefice par promeffe d'argent, & néanmoins celui à qui elle eft faite ne s'en fçauroit aider, il parle du Prieuré de faint Pourçain en Bourbonnois. La promeffe de garder les Benefices eft fimoniaque & néanmoins le Gardien eft condamné envers le Réfignant pour fa perfidie, & telle confidence peut tomber fous un dévolut. Carondas liv. 7. réponfe 190. Peleus liv. 1. action 50. Choppin en fon Monafticon livre 1. Tit. 3. *num.* 25. Mezeray en fon Abregé *fol.* mil quatre cent foixante dix-huit. Horry pag. 323.

Un Simoniaque ne peut point s'aider du decret *de pacificis poffefforibus*, parce que tout Titre vicieux dans fon principe ne peut être bon. Carondas en fes Réponfes liv. 1. Réponfes 47. 48. Jean Coras *cap.* 91. de fes Réfolutions de Droit.

Le crime de fimonie fe prefcrit par dix ans, fuivant de l'Hommeau liv. 3. des droits des parties Tit. 6. pag. 285. enforte qu'après le cours des dix années pafsées, le fait de fimonie n'eft plus recevable. Lifez le nouveau Traité des Criées imprimé in-quarto en 1704. *fol.* 540. Je doute que cela foit reçû devant Dieu après la punition de Giefi marquée au liv. 4. des Rois chap. 5. ℣. 27. l'on ne prefcrit point en matiere de péchez. Les curieux Lecteurs font priez de voir Mezeray en fon Abregé in-quarto édition 1. pages 179. & 1477. & Peleus queft. 127. ils feront payez de leur lecture, *gratia qua non gratis datur non eft gratia.* Tournet & Jovet *in verbo* confidence.

I V. Max. J'ay parlé liv. 1. Tit. 27. Max. 38. de Julien l'Apoftat. Le Cardinal *Baronius* fur l'année 362. dit, que par fimonie pour s'attirer les biens du peuple, il avoit fait bâtir dans Conſtantinople un Temple à la Fortune & qu'un jour qu'il y ſacrifioit, *Marés*, Evêque de Calcedoine, vint le trouver & le reprit devant tout le monde, comme un impie & un apoſtat de la Foy. Julien ne lui dit autre choſe, ſinon qu'il étoit un aveugle : il répondit je rends graces à Dieu de ce que je ſuis aveugle, par cette faveur je ſuis exemt de voir celui qui a tourné le dos à la Religion & aux trois vertus, *fides*, *ſpes & charitas*, ſur tout à cette derniere que le ſaint Apôtre met au deſſus des deux autres *major autem horum eſt*, *Cor. cap.* 13. Les ordres ſecrets & impenetrable de la Sageſſe divine, font ce qu'il lui plaît de tous les hommes, pour nous faire voir que toutes les grandeurs & les puiſſances ſur la terre viennent de Dieu : les Empereurs ſe ſervirent dans leurs Etendars de celui de Conſtantin *in hoc ſigno vinces*, juſques à l'Apoſtaſie de Julien. Euſebe *lib.* 9. *Hiſtor.* c. 9. S. Ambroiſe Epître 29. Recherches de la France *lib.* 3. chap. 12. Julien Peleus queſtion 127. M. Godeau Evêque de Vence, dans ſes Eloges Hiſtoriques des Empereurs Rois, Imperatrices & Reines, Princes & Princeſſes qui ont excellé en vertus & pieté. *Ut ſit mutua & reciproca charitas inter eos.*

L'ancien Traducteur de l'Hiſtoire Eccleſiaſtique de Sozomene, dit que cet Empereur Julien voulant reconnoître les Soldats Chrêtiens qui étoient dans ſon armée, il leur donnoit des montres deux fois l'année, le premier jour de Janvier & le jour de ſa naiſſance : il vouloit que chacun qui recevoit ſon preſent lui offrit alors de l'encens. *Incenſum ei offerent, erat enim ante eum poſitum Thus & Ara, ſecundum antiquam Romanorum ſolemnitatem* : alors ceux qui étoient Chrêtiens ne vouloient point l'encenſer, ce culte étant réſervé à Dieu & aux Saints ; ç'auroit été une idolatrie : il inferoit juſtement par ce refus qu'ils étoient Chrêtiens.

V. Max. Pour finir ce Titre je pourrois rapporter l'Ordonnance de Saint Louis, dont j'ay parlé en diſant qu'il ſeroit à ſouhaiter que la belle & grande Ordonnance qu'il fit à ſon retour de la Terre-Sainte, fût auſſi bien en pratique qu'elle eſt encore dans nos Livres, où il taxe de ſimonie la vente des Offices de Judicature, de quoi a parlé M. Paſquier en ſes Recherches de la France liv. 4. chap. 17. & liv. 6. chap. 34. mais l'état des affaires, les guerres & les charges publiques de l'Etat, ont forcé par neceſſité le changement des choſes. Voyez les Articles de l'Ordonnance d'Orleans 40. 55. Moulins art. 14. & les art. 100. 101. de celles de Blois qui ſont ſurciſes par l'urgente neceſſité des affaires preſſantes.

Dans la troiſiéme Partie du Stil Latin, nous avons le Tit. 46. *de exceſſibus officiariorum* ff. 9. tiré de la Novelle 8. de Juſtinian, *ut judices ſine quo quomodo faciant*, défendant la venalité des Offices. S. Louis fit l'Ordonnance dont j'ay parlé *de ſimonia Officiorum ut ne quid pro Officiis exigatur.* Ce Saint Roy reconnoiſſoit bien la conformité des Offices de Judicature avec les Benefices : elle n'eut lieu que quelque tems, la neceſſité des affaires publiques força d'introduire la venalité des Charges de Finance ſeulement ; dans la ſuite la même neceſſité l'a fait étendre aux Offices de Judicature aux reſtrictions portées par les Edits. *Vide* le Pſalm. 35. ℣. 6. & l'Epître aux Romains chap. 11. ℣. 33.

TITRE XXXVIII.

Des Blaſphêmes.

EXPLICATION DU TITRE.

JEan Papon liv. 1. Tit. 2. Jean Imbert liv. 3. chap. 7. & 22. *num.* 1. *Malleum Maleficarum part.* 3. *quæſt.* 1. Richeome de l'Idolatrie Huguenote livre 1. chap. 10. liv. 2. chap. 3. addition *de Julius Clarus §. Blaſphemia num.* 1. nous diſent que le baſphême eſt une eſpece d'hereſie, puiſqu'une des principalles parties de l'hereſie, c'eſt l'erreur au regard des choſes de la Foy, ou qui appartiennent à la Foy & qui concernent la Religion, les bonnes mœurs & le ſalut éternel. Or il n'y a rien qui choque plus la bonne foy, les mœurs, la Religion & le ſalut que le blaſphême; & par conſequent le blaſphême eſt une hereſie, ou au moins elle eſt une des principalles marques & eſpeces d'icelles : en effet dit Richeome, l'infidelité la plus pernicicieuſe & abominable de toutes & qui eſſaye à ravir le plus injurieuſement l'honneur à Dieu, eſt le blaſphême, lequel autant qu'il peut oſte à Dieu ſon eſſence, ſon cœur & ſa vie, non par une pure ignorance & mégarde, mais comme un guet-à-pend & par malice affectée, par impoſture & menſonge contre lui, la Sainte Vierge, les Saints; l'Egliſe & le ſalut des Hommes.

Le blaſphême ne fait autre choſe que de vouloir faire croire que les choſes illicites ſont permiſes, & conſequemment celui qui a cette croyance, *eſt ex parte hæreticus, & præſertim contrahitur hæreſis per blaſphemiam, blaſphemando Deum & Sanctos & monitus eſt incorrigibilis;* mais afin de débroüiller mieux ceci & connoître quand le blaſphême eſt une hereſie ou non, il faut ſçavoir qu'il y a deux eſpeces de blaſphêmes, *una dicitur mera & hæc cadit ſub titulo de blaſphemiis : altera dicitur vero hæreticalis :* ainſi j'ay mis avec raiſon ici le blaſphême, puiſqu'il ſent l'hereſie en tant de manieres : il me reſte à faire voir d'où il vient, ce qu'il eſt & ce qui lui convient. René Choppin *de ſacra Politia lib.* 2. *Tit.* 2. *num.* 11.

Ce mot *blaſphemie, latinè blaſphemia,* vient du Grec, ſuivant le *Lexicon Greco, Latinum* ſelon ſon étimologie & le ſentiment de Bartole *in §. ait Frator num.* 4. ff. *de injuriis, & Boſſius in titul. de inquiſitione poſt num.* 131. Le blaſphême ne s'entend que du convice, de l'injure, & execration contre Dieu, la Sainte Vierge & les Saints, & c'eſt en ce dernier ſens, que je le prend ſeulement ici, comme il ſe va voir par ſa définition ſommaire. Par Arreſt du Parlement du 25. Septembre 1683. *** fit amende honorable, la langue percée, & neuf ans de galeres pour blaſphêmes.

Le blaſphême ſe définit ſelon *Julius Clarus, §. blaſphemia num.* 10. *ex multis authoritatibus, & ibi additio omne convitium, contumelia, vel maledictum in Deum, Beatam Mariam, vel in Sanctos prolatum,* ſelon S.

Ambroise, quand on attribuë à Dieu ce qui ne lui convient point. Bouchel en sa Biblioteque au mot blasphême, c'est quand par affirmative on impropere ce qui se rapporte contre la volonté & la puissance de Dieu : pareillement suivant le Président de la Rocheflavin lettre F. Tit. 2. art. 7. 8. C'est un blasphême que d'attribuer à la créature ce qui n'appartient qu'à Dieu seul Créateur , ou lorsqu'on s'approprie à soi-même ce qui est dû à la Majesté Divine , l'on peut balsphêmer en plusieurs autres manieres , suivant que l'a remarqué *Lucas de Penna, in l. omnes Judices, coll. 2. Cod. de delator lib. 10.* toutefois l'Homme a la bouche & le cœur avec quoi il blasphême.

Il y en a d'assez malheureux qui se font honneur à tenir les discours des libertins , dont accusoit S. Augustin. Machoud au Procès Criminel , adjoûte le blasphême par écrit , ce dernier est toûjours du cœur & très-severement puni , parce qu'il se perpetuë & soûtient tant que l'écrit subsiste , c'est pour cela que les Livres & Ecrits qui le contiennent sont brûlez comme impies , & libelles diffamatoires , de quoi parle Imbert liv. 3. chap. 22. *num.* 22. 23. & *suprà* Tit. 2. Actes des Apôtres chap. 19. ꝟ. 19. S. Paul en fit brûler à Corinthe pour dix-neuf mil livres à compter à present.

Il faut voir sur ce crime la Novelle 77. tous les termes de jurer qui sont défendus & raportez par Laurent Bouchel en sa Biblioteque au mot blasphême tirez du Levitique 24. Deuteronome 13. Code Henry liv. 8. des crimes Titre des basphêmes. Le Canon , *si quis per capillum* 22. *quæst.* 1. *Canon statuimus extra de maledic. Ecclesiast. cap.* 23. le Sage aux Proverb. 7. Duret en ses Alliances chapitre blasphêmateurs. Il n'y a aucun endroit où il n'y ait des invectives & des peines établies contre les blasphêmateurs : c'est pour cela que le Sage nous avertit de ne point jurer : & dans un autre endroit il assure que cela attire toutes les malédictions de Dieu sur la teste & dans les familles : en effet de tous les crimes il n'y en a point de plus lâche. Le Chancelier d'Angleterre. Bacon dans ses Morales, dit excellemment que c'est faire le brave envers Dieu , & le poltron envers les Hommes que de jurer, dans ce crime de blasphêmer, il n'y a ni utilité ni plaisir dans les autres, il semble que l'un ou l'autre s'y trouve; dans le beau sexe on rencontre cette volupté illicite & passagere, dans le vol on profite, dans la vengeance on trouve du plaisir à vaincre son ennemy , ainsi des autres qui satisfont les passions ; mais dans le blasphême , il n'y a rien de tout cela , partant suivant S. Chrysostôme en son Homelie 9. sur S. Mathieu , on ne peut avoir assez d'aversion ni trop de rigueur contre les blasphêmateurs. Lisez René Choppin *de sacra Politia lib.* 2. *Tit.* 2. *num.* 11. & au Traité *de Domanio lib.* 2. *Tit.* 7. *num.* 20. Julien Peleus *quæst.* 148. Arrest notable.

Il y a un autre blasphême assez singulier qui se trouve en renversant le Sylogisme ; c'est touchant ceux dont a parlé le Prophête Royal , Psalm. 13. & 52. qu'on nomme des Athées , qui bien loing de jurer contre Dieu , nient son existence , & n'en croient point , s'il y a de ces gens assez foux & malheureux. Il faut distinguer dans le Paganisme qu'il y avoit les Idolâtres & des Athées, les premiers adoroient Jupiter , Mars , Junon & autres dans les Pagodes : les seconds ne reconnoissoient rien au dessus de la nature , comme ont été parmy les Payens, Diagoras & un Theodore qui pour cette raison fut appellé Athée , beaucoup de personnes en ont soupçonné Epicure , qui n'admettoit dans sa Phi-

loſophie des Dieux en forme humaine , ne ſe mêlant de rien , & ne faiſant rien ,
qu'afin de ne pas paſſer pour être ſans Religion : *invidia deteſtandæ gratiâ*
Epicurus retollit , oratione relinquit Deos , Cicero. Lucian pourroit bien être
dans cette cathegorie, il y a eu des Origeniſtes & des Molinos & nombre de
Sociniens qui ne ſont pas à Sienne.

Michel Molinos , Prêtre du Dioceſe de Saragoce en Arragon , fit amende honorable pour le Quiétiſte à Rome , le 3. Septembre 1687. à l'Inquiſition. Il
n'étoit pas l Auteur des viſions des Quiétiſtes, il ne faiſoit que les renouveller ,
je trouve qu'il n'avoit fait que copier en faiſant ſoixante-huit articles de dix-neuf
qui ſont en latin compoſez par * * qui ſont rapportéz tout au long par * *
Docteur de Louvain , qui a fait un Commentaire ſur les Epîtres de S. Paul à
la fin de ſon Ouvrage, qui a eté imprimé trois fois , l'impreſſion où ſont rapportées les dix-neuf Propoſitions latines , eſt un *in-folio* imprimé à Paris en 1670.
* * où elles ſont à la fin dans un cahier ſéparé du Livre que l'on relie enſemble , c'eſt où je les ay veuës & confrontées avec celles de Molinos qui furent
envoyées de Rome au tems qu'il fut arrêté , qui donna lieu à un Livret Italien
imprimé à Veniſe en 1684. qui a pour Titre *Atti di virtu eſſercitati al modo*
*d'Orationi Giaculatorie , di Monſignor * * Pietro Mateo * * veſcovo * * in*
Venitia 1684. preſſo il curticon licenſa de ſuperiori, Camina il cielo. Guida
*Spirituale , el camino de los juſtos * * fut puni à Thoulouſe en 1622. diſant que
le Monde étoit *cymbalum* & un * * dont je parlerai nommé * * qui faiſoit
l'eſprit fort, dont l'on publia les Ouvrages ſous le Titre * * tout cela en dé-
bitant des lambeaux pris de la Métaphyſique d'Ariſtote condamnée au Concile
de Paris , en 1210. par un eſprit attrabilaire , il parloit mal du ſéjour des Saints
& des peines de l'Eternité en faiſant une comedie de la Religion. L'endur-
ciſſement au peché attire toùjours une mort funeſte & le mépris des faveurs
du Ciel ouvre le chemin à ſes foudres. Voyez le Sieur de la Martiniere en ſon Traité
de la Conneſtablie , Partie 3. chap. dernier Section 1. *fol.* 976. des blaſphêmes ,
juremens, execrations, impietez. * * ſe ſauva en Angleterre , afin d'éviter la
punition de ſes rêveries , où il mourut à Nevvgate accablé de miſere , âgé de
92. ans , il ſuccomba ſous le fardeau de ſes diverſitez diſtribuées dans 3. volumes
in-douze imprimez à Londres , chez un Libraire à Grays Jun-Gate en 1710 il
mourut le 20. Septembre 1703. & fut enterré dans l Abbaye de Vveſminſter.

Maxime.

Par les Loix Divines Levitique 24. Deuteronome 13. la peine du Blaſphêma-
teur , c'eſt la mort dont le genre étoit étrange , ſçavoir la lapidation , c'étoit
d'être aſſommé à coups de pierre. Par les Loix humaines , c'eſt la mort naturelle , l'Ordonnance de Juſtinian le porte en termes exprès , *quæ blaſphemiam*
ultimo ſupplicio vindicari jubet. Par le Droit Canon la peine eſt plus douce.
Auth. uni non luxur. homines contra naturam ff. *præterea* , *in cap.* 2. *de ma-*
ledict. Nos Ordonnnances Royaux établiſſent diverſement les peines du blaſphême : car la plûpart ſe référent à l'Ordonnance du Roy S. Louis de l'année
1254. ſuivant la Note de *Joachinus* du Chalart , ſur l'article 23. de l'Ordonnance d'Orleans , de l'année 1560.

Pour les Athées & Idolâtres s'il y en a , je n'ay point d'autres peines à propoſer

que celles que Moyse exerça contre les Auteurs du Veau-d'Or rapportées chap.
32. de l'Exode. La condamnation d'un amende pecuniaire est pour la premiere
fois, s'ils y retomboient on leur marquoit & signoit les lèvres d'un fer chaux
enforte qu'on vit les dents : les peines sont arbitraires, car elles ne peuvent
s'impofer que fuivant l'énormité du jurement & blafphême plus ou moins execrables, & à proportion de leur gravité & des circonstances qui les aggravent ou diminuent : ordinairement on punit les coupables par des aumônes,
des amendes pecuniaires, au carcan, au pilory, à écheler, amende honorable
à l'Audience, avoir la langue coupée ou percée, avoir la lèvre inferieure
fenduë qu'on voye les dents, au botru, aux galeres, au banniffement,
à mort, au feu lorfque le blafphême eft horrible, ainfi qu'il eft expliqué au
Code Henry liv. 8. Tit. 1. des blafphêmes. Monfieur le Prefident de la Rocheflavin au mot *Blafphême*. Jean Papon liv. 1. Tit. 2. Laurent Bouchel en fa
Biblioteque au mot *Blafphême*. Julien Peleus, queftion 148. j'en rapporterai
cinq exemples que j'ay vû arriver à Paris, qui font hiftoriques & bons à fçavoir pour leurs fingularitez & l'exemple.

Le premier exemple arriva le 27. Aouft 1667. deux gueux demandant, ayant
été arrêtez par les Archers de l'Hôpital General, ils furent menez à Bicêtre
maifon de l'Hôpital, où étant refferrez, ils fe mirent à jurer avec des blafphêmes
horribles ; les Directeurs & Gouverneurs ne purent fe difpenfer de les déferer
en Juftice : on les transfera au Châtelet où leur procès leur fut fait en diligence par Sentence confirmée fur l'appel au Parlement : par Arreft ils furent
condamnez d'être conduits au marché de la Place Maubert, où ils feroient menez dans un tombreau à bouë, ayant chacun un écriteau devant & derriere eux
portant ces mots, *Blafphémateurs du Saint Nom de Dieu*, ce qui fut executé
& brûlez avec leur procès.

Le Roy par fes Ordonnances a renouvellé les peines anciennes contre les
blafphémateurs, qu'il veut être imposées fans rémiffion, ni exception des perfonnes des coupables. Sa pieté a paru en ce rencontre, il n'y a pas longtemps
par l'ordre verbal qu'il donna à Monfieur le Grand Prevôt de l'Hôtel, qui condamna *Vagabondi*, qui vendoit de l'eau-de-vie dans les Atteliers, convaincu de
juremens & de blafphêmes, d'avoir la langue percée d'un fer chaux, & banni.

Second exemple le Samedy 25. Septembre 1683. * * par Arreft, fit amende-
honorable, il eut la langue percée, & neuf ans de galeres.

Le troifiéme exemple eft du 19. Juillet 1686. du nommé * * connu fous le
nom de * * revenu de puis peu de forçat des galeres : c'étoit une figure de
Beauce près Toury, boîteux, de petite taille, les cheveux noirs, fort alegre, faifant bien des armes & de profeffion bohême, après avoir été plufieurs fois repris
& condamné pour juremens & blafphêmes : fa mefure étant plus que comble,
il fut ruë S. Antoine, chez une Lingere pour marchander deux chemifes, ils
ne purent convenir de prix, il étoit fort connu pour les efcamoter s'il pouvoit,
& les avoir pour rien : il eft renvoyé par la Lingere voyant & connoiffant
fon deffein par fes foupleffes : il fe mit à jurer & à blafphêmer dans des ex-
preffions horribles faifant trembler ceux qui l'entendoient, & qu'il faut être
forti de l'enfer pour les proferer, il fut arrêté fur le champ, conduit au Châtelet, fon procès fut facile à faire, étant des récidives, & les témoins affurant

la chofe

la chose par Sentence renduë Préfidialement le 17. Juillet 1686. il fit amende honorable devant l'Eglife de Paris, nud en chemife, la corde au col tenant une torche ardente, eut la langue coupée, & enfuite mené dans un tombreau à bouë à la place de Grêve, où il fut le Vendredy 19. Juillet 1686. & fon procès brûlé avec lui, les cendres jettées au vent.

Le quatriéme exemple * * étant à Verfailles au mois de May 1681. s'emporta dans des blafphêmes inimaginables contre Dieu : le Roy en ayant eu avis, donna ordre à Monfieur le Grand Prevôt de l'Hôtel de faire le procès au coupable, *qui étoit arresté* dans toute la rigueur des Ordonnances. Par Sentence du 29. May 1681. Monfieur le Grand Prevôt affifté de Meffieurs les Maîtres des Requeftes, & de Confeillers au Grand Confeil, de l'Ordre de Sa Majefté, fuivant les preuves, condamna le coupable à faire amende honorable devant l'Eglife de la Paroiffe, nud en chemife, la corde au col, tenant une torche ardente à la main, où il eut la langue coupée, ayant un écriteau devant & derriere lui contenant ces mots *Blafphemateur execrable*, enfuite banni hors du Royaume, ce qui fut executé deux jours après la Sentence renduë.

Les juremens étoient autrefois frequens, fur tout dans les Armées; mais à prefent foit à l'Armée, dans les Jeux & par tout ailleurs, ils ne font plus à la mode, c'eft être faux brave que de jurer, & fi un homme veut perdre tous fes fervices, & être chaffé de toutes les compagnies, il n'a qu'à être convaincu d'avoir l'habitude de jurer, il en fera bientôt banni.

Le cinquiéme exemple eft du nommé * le Samedy 28. May 1695. par Arreft du Parlement pour mauvaifes actions, juremens, & blafphêmes commis dans les prifons où il étoit retenu, fit amende honorable nû en chemife, la corde au col, & und torche ardente à la main devant l'Eglife de Paris; au pied du May, Cour du Palais, & au devant des deux Portes des Châtelets, ayant été trois ans prifonnier, reculant toûjours fçachant le titre de fon accufation, condamné en des aumônes & amendes & banni à perpetuité du Royaume, enjoint à lui de garder fon ban à peine de la vie.

Il y a des hommes qui ont beaucoup d'efprit; tels ont été Lucien & Erafme; s'ils avoient pû regler leurs lumieres, & ne point noyer dans les vices qu'attire l'erreur, les graces dont Dieu les avoit pourvû & vifitez : ce premier avoit veu S. Paul dont il parle, en raillant de toutes les Religions; il tomba dans le libertinage affectant par une oftentation chimerique, de s'acquerir de la réputation & paffer pour un homme fçavant, tel qu'il étoit, s'il eut prit le bon chemin qu'il quitta pour fe perdre, ainfi que font nos efprits forts, lifant les œuvres d'un * * mort en Angleterre, accablé du poids de fa . . . . . où il s'étoit fauvé de fon Païs.

Pour conclufion les Juges ne fçauroient être trop fevere pour la punition du crime de blafphême, qui fait injure directement à Dieu. *Levit.* 24. *Eccclefiaft.* 10. *Ecclef.* 23. Novelle 77. Juftinien *in Lege finali, Codice de Relig. & aleator.* Que s'ils negligent à pourfuivre les coupables par des confiderations humaines, *& inde injuriæ nafcantur, unde jura nafci deberent,* comme le difoient les Empereurs, *L. meminerint, Cod. unde vi,* qu'ils fçachent qu'ils n'éviteront pas eux-mêmes la colere de Dieu non plus que les coupables. Exode 20. ♥. 5. c'eft un Dieu jaloux, qui nous dit qu'il ne laiffera rien impuni contre fon honneur.

qu'il vifitera l'iniquité des peres fur les enfans jufques à la quatriéme genera-
tion. Nous en voyons tous les jours des exemples qui ne peuvent être ignorez
de perfonne, ce que l'Ecriture appelle la colere de Dieu, c'eft fa Sageffe qui
ne peut laiffer impunis les pechez.

Je rend graces à Dieu de tout mon cœur, de ce que je fuis arrivé à finir
ce Livre qui eft clos par un Titre important pour fa gloire & fon honneur. Tout
mon but n'étend qu'à la punition des crimes, fur tout à réprimer ou fuprimer
& éteindre le blafphême fur la tête des coupables, qui attaquent & ofent s'en
prendre à fa Divine Majefté, & qui par conféquent attirent fur eux & leurs
enfans, fa colere & fa juftice : c'eft ce crime horrible qui forme l'abandon-
nement & fait tomber dans tous les vices, qui font trébucher dans les abîmes
du feu & les gouffres de malheurs, dont j'ay parlé en plufieurs endroits *Ecclefiaft.*
23. ℣. 9. *jurationi non affuefcat os tuum.* S. Chryfoftôme *non enim jurare*, Homelie 14. fur les Actes *fecurus portus eft.* C'eft ce port de falut qui nous fournit les
Graces & Benedictions du Ciel, qui nous rendent forts & comme des murs
inexpugnables contre l'attaque des vices. *Gratia namque Dei murus inexpugna-
bilis. Chryfoftom. fup. Genef. 1. Homel. 4. & invictos efficit.* Nous ne pouvons
meriter ces Graces que par les Vertus & les Actes contraires au Blafphême :
je veux dire par des Loüanges, des Hymnes & des Oraifons à Dieu : que
toute la Terre le revere les hommes le beniffent éternellement de bouche &
de cœur. Ainfi foit-il.

*Soli Deo laus, honor, virtus & gloria, in fæcula fæculorum, Virginique
Matri, hyperdulia necnon dulia, Sanctis etiam. Amen.*

Hic labor extremus, longarum hæc meta viarum.

*Et non intres in judicium cum fervo tuo, quia non juftificabitur in confpectu
tuo omnis vivens. Pfal. 142.*

Finis totius hujus operis, & recogniti infinitis mendis denuo repurgati &
aucti, ftudio & induftria ANTONII BRUNEAU, Caprofini. J. U. L. &
in fupremo Parifienfium Senatu Caufarum Patroni.

F I N.

TABLE
DES MATIERES
Par ordre Alphabetique.

A

Ttt ij

D

DES MATIERES.

Fumée

Zzz

Q

parlan t

REGNANTE LUDOVICO MAGNO XIV.

Galliarum Rege, Christianissimo, Magnanimo & Invictissimo Francorum Imperatore, Hæresis extirpatore, &c.

DOMINIS.

QANIELI FRANCISCO VOISIN, Galliæ Cancellario,
Præfecto Antistitio Regii Oraculi, secundo à Rege.

*Ad Supremum Galliarum Senatum Magistratus Christianus,
ad Integerrimos Judices, Parisiensis Senatus.*

JOANNE ANTONIO DE MESMES, Senatus Parisiensis Principe.
Andreæ Potier, Joanne Jacobo Charron, Claudio de Longuëil, Stephano
d'Aligre, Christiano de la Moignon, Antonio Portail, Michaele Carolo Amelot,
Ludovico le Peletier, & Nicolao de Bailleul, Magnis in eodem Senatu Præsidibus.

Henrico Francisco d'Aguesseau, Procuratore Catholico, Guillelmo-Francisco
Joly, Guillelmo de la Moignon, Ludovico Chauvelin, Advocatis Catholicis,
Quod fœlix sit & faustum.

Humillimus & hoc obsequentissimus, BRUNEAU.

Vernaculis nominibus ut saltem varietate delectent.

POur n'être point Plagiaire, j'avertis les Lecteurs studieux que Jean le Feron
fit imprimer en 1598. par Federic Morel, l'Histoire de N. N. les Chanceliers
& Gardes des Sceaux de France, qui a été continuée par André du Chesne : que
René Choppin d'Angers mourut le 2. Fevrier 1606. est enterré à S. Benoît, que
dans son sçavant Commentaire sur la Coutume nouvelle de Paris, il parle à la fin
de l'autorité suprême du Parlement, & donne la liste de M. M. les Premiers
Presidens, Avocats, & Procureurs Generaux. Dans les Recherches de la France livre 2. chapitre 5. 6. M. Pasquier fait mention de ceux de la Chambre des
Comptes de Paris, où il étoit Avocat General & du Grand Conseil. M. Jean
Montagne, Miraumont, & Frere Jacque du Brëul ont parlé des Cours Souveraines & de leurs créations.
Le même René Choppin a traité des privileges des Officiers du Parlement,
de l'origine des Mercuriales, a rapporté des Rôles curieux de tous les Officiers depuis le Roy Charles VI. en son *Monasticon* liv. 1. tit. 2. *num.* 13. liv. 3,
tit. 2. *num.* 26. 27. sur la Coutume de Paris, au même Traité *liv. 2. tit. 6. num.*
11. il a mis la liste de tous les Greffiers des présentations de la Cour, des Greffiers tant du Civil que du Criminel, avec leurs noms, leurs receptions, & le tems
qu'ils ont exercé, au liv. 2. tit. 15. *de Demanio Franciæ.* il dit que le Parlement
est seul competant de connoître du Domaine de la Couronne. L'on trouve dans
les Recherches de la France à l'endroit que j'ay cité, des particularitez qui concernent le Parlement, la Chambre des Comptes & le Grand Conseil, qui ne se
trouvent point ailleurs, ce qui est curieux à sçavoir.
Dans l'édition du nouveau Traité des Criées de 1704. j'ay donné page 383. une
Table des Aretistes modernes, ne croyant pas qu'on désirât les anciens, à cause
de la varieté & du changement de la Jurisprudence : mais des studieux s'en
étant plaints, afin de les contenter, je ferai ici un supplément où je rapporte-

tai les noms des anciens Collecteurs d'Arrests, à quoi je joindrai ceux des Tribunaux de l'Europe, tant pour concilier mes Maximes que pour marquer la maniere & l'usage dans lesquelles questions y sont décidées, & la punition des crimes diversement exercées, suivant les Loix de chacun Païs.

Guillaume du Breül, ou du Bois, ou Brouillon, écrivit sous le Regne de Philipes VI. de Valois, vers l'année 1330. le Stile ancien du Parlement que nous avons en Latin, avec les Notes de M. Charles du Molin, & M. Estienne Aufrere, imprimé par Galyot Dupré en 1558. J'ay parlé page 77. d'un plus ancien de M. Pierre de Fontaine, Maître des Requêtes de S. Louis, qu'il dédia il y a bien cinq cent ans, de la Pratique Judiciaire à la Reine Blanche de Castille, mere de ce Saint Roy. Jean le Coq, Avocat General sous Charles VI. vers l'an 1380. donna les Arrests sur diverses questions jugées au nombre de trois-cent quatre-vingt treize, qui composent la cinquiéme partie du Stile Latin. M. Jean Boutelier de Tournay, Conseiller au Parlement, donna sa *Somme Rurale* vers 1460. Jean Duluc ses Arrests en Latin en 1550. M. Gilles le Maître, Premier President, les cinq Traitez environ vers l'année 1555. M. Nicolas Duval, Conseiller, fit present au Public de ses Doutes en 1566. Jean Masuer, Jean Papon, Jean Chenu, François Ragueau, Jean Imbert, Berthelemy Chasseneux, Bernard Automne suivirent ces exemples : tous ces grands personnages étoient des Chefs du Parlement & des premiers du Bareau, les Registres publics en font la preuve.

A Toulouse, Estienne Aufrere, President aux Enquêtes, fit des Compilations d'Arrests, dits *la Chapelle Tolosane*, & des Notes sur le Stile Latin de Dubreüil, & dont parle Charles du Molin. Guillaume Benoît, Conseiller à Toulouse, donna ses œuvres ; à Grenoble, Guy Pape & François Marc, Conseillers ; à Rennes, Guillaume Lesrat, President, Noël du Fail, Conseiller, & Bertrand d'Argentré, Sénéchal ; à Roüen, Claude Terrien, Avocat ; à Bourdeaux, Nicolas Bohier, President ; à Dijon, Barthelemi Chasseneux, Avocat, *Sed paucula qua Legum etiam vim obtinere mordicus asserit* : à Aix, *de Invettigalium Curiæ* : la Cour des Aydes, *Definita Sententiis edidit , Franciscus Claperius , eo in Foro Consiliarius Provinciæ Massiliensis , peregrina ad hæc , supremorum Tribunalium , judicia ac exempla promere est opera pretium : quæ non dubiæ æquitatis ratione fulciantur* : à Naples , *Quippe eruditissimi compilarunt Matthæus Afflictus & Antonius Capicyus , Senatores Parthenopæy , Vulgate post hæc , Thomæ Grammaticis , decisiones aliæ Neapolitanæ anno* 1600 *Vincentius Franchis , & Franciscus Vivian d'Aquila , Alphonso de Acevedo , Commentaria in Hispanicas Constitutiones.* Nous avons le *Fuero Juzgo*, qui sont les Statuts & Ordonnances des anciens Roys de Castille, dont ont parlé le Cardinal Jean Mariana, & Didacus Taraffa, Chanoine de Barcelonne, dans leur Histoire d'Espagne, parlant du Roy Recesvvind, *Aragonia Martini Monteri à Cueva.* A Pize Italiæ, *Alexandri Raudensis.* Camille Læpide, F. Merlini, Valere Valeria & Horace Rouat , ont aussi publié des décisions de la Rote de Luques : en Allemagne, *ex Imperiali Pratorio, Andræa Gailly anno* 1601. André Knichen, Chancelier du Duc Ernest de Saxe ; Guillaume Rhodingue & Nicolas Rheusner , Conseillers d'Etat des Princes Souverains de l'Empire : *Germanica itidem Augustæ nemetum , exscripsit , Kmynsingerus , qui in Cæsarea Spirensum , Spire , Judicum Decuria Assessuram gerebat , anno Domini* 1564. *Nec ita dudum , Belgica*

Mechliniæ Maline S.C. *Quædam recensuit, Petrus Peckius vir Senatorii ordinis anno* 1582. *Sub Alpina petraque Taurinorum Decreta congessit Octavianus Cacheranus in eo Senatu Præses,* decisiones Senatus Pedemontani : *Allobrogica necnon,* Chamberi *Camerinæ Curia, placita extam. in lib. publicarum Sabaudiæ constitutionum typis impresso anno* 1567. *Item,* les décisions du Parlement de Turin d'*Antonius Thesaurus* qui y étoit Conseiller, en 1590. celles du Senat de Mantouë, publiées par Jean Pierre le Sourd, qui y étoit Senateur : celle de Portugal, par Alvare Valasque & Antoine Gamma Conseillers, *Antiqua Mediolani Ducum decreta : Romanæ demum aulæ Sacerdotii judicata, in litteras redegere seriatim, Apostolici Palatii Auditores tres, Vuilhelmus Horboch Germanus : Ægidius Bellamera Hispalensis Archiepiscopus.* Seville, il florissoit à Avignon, en la Cour de Gregoire XI. vers l'an 1374. lorsqu'il fit ces décisions, il fut fait Auditeur du Palais Apostolique, Cardinal Evêque de Sabine, le Saint Siege étant de retour à Rome, *& Vuilhelmus Cassadorus Episcopus Algarensis in Lusitaniam,* Evêque des Algarves en Portugal : *in suis aureis decisionibus, Nicolaus Everardus,* Conseiller au Conseil de Malines : *Augustinus Barbosa, de locis communibus, de verborum significatione & de clausulis.* M. le Cirier en son Traité du droit d'ainesse, la compilation des Ordonnances d'Angleterre, *sub titul. Kinges prerogative collected out of the great abridgement of justice, &c. Statuto Regni Poloniæ, Herb. de fulstin, Dantzisci anno Domini* 1620. Il y a les trois tomes du Droit de Hongrie recüeillis par *Stephanus Vverbevvezius,* & *Hieronymus* le Begue, Gaspard Contaren *de Magistratibus & Republiqua Venetorum, Isernias Constit. Instit. Neapoli.* Les Statuts anciens de la Ville de Rome, reformez le 10. May 1580. par le Pape Gregoire XIII. Il y a la Loy Gombette de Gondebault Roy de Bourgogne, qui est très-simple : en Allemagne & en Italie, il y a de differentes Loix, à cause du nombre des Princes Souverains, des Republiques & des privileges des Villes Anséatiques : chacun en a fait de particulieres, qui ont été compilées en Latin par differens Auteurs en quarante petits volumes imprimez en Hollande, très-curieux & utiles à sçavoir aux studieux.

L'innocence de mes intentions ne doit pas exciter la malice pour corrompre la simplicité de mes pensées & la naïveté de mon style : si j'ay mêlé dans les discours quelque érudition, ce n'est pas pour faire un étalage de mes lectures ; ç'a été pour des-ennuyer l'esprit & rendre mes Observations moins désagréables : j'ay tâché de m'élever sans affectation, & de rendre mes Maximes supportables & succintes sans obscurité : ce qui paroissoit difficile à Horace en son Art Poëtique, *Dum brevis esse laboro obscurus fio.* Je m'y suis hazardé sçachant que dans ce qui s'écrit aux Juges il ne doit y avoir aucune pensée oisive, ny de parole superfluë : le tems leur est précieux, qui fait le contraire fait un vol au public ; ainsi le petit nom que j'ay acquis dans les Lettres, & le peu de rang que me donne ma condition dans les biens de la fortune *in nullo numero esse,* comme j'ay dit dans la Preface, ne doivent point exposer mon esprit & mon honneur sans deffense de la part des studieux & vertueux amis, qui prendront la peine de lire ce que j'ay écrit, en suppléant à ce qu'ils croiront y manquer.

La beauté d'un discours ne dépend le plus souvent que du geste, du mouvement & des manieres avec lesquelles les paroles sont prononcées, plutôt que de la substance des matieres ; c'est ce qu'il est impossible d'exprimer sur le papier, puisque cela dépend de l'action & de la déclamation de l'Orateur. Ceux qui ont fait l'épreuve de parler & d'écrire, sçavent bien ce que c'est que de parler en public, ils connoissent la peine, les soins & le travail qui y est attaché ; puisqu'il faut l'animer du geste, de la tête, d'un certain air, de l'armonie & de la fléxion de la voix.

Messieurs les Auteurs, dont je puis sans vanité être du nombre de leurs Confreres, disent qu'il est beaucoup plus difficile de composer un Ouvrage pour l'exposer à son jugement : parce qu'il y a une impossibilité de pouvoir contenter tout le monde, lorsqu'on a un livre dans les mains l'on a tout le tems de l'examiner & en repasser & mesurer les periodes, l'on ne pardonne rien : il n'en est pas de même d'un discours dont les paroles passent aussi-tôt qu'elles sont prononcées : elles s'oublient après quelque tems, l'on doute de sa memoire ; mais d'un Livre il n'en est pas de même, il reste toujours à la censure : ils soutiennent que l'éloquence quoique forte & abondante n'est que la fonction de la memoire : que l'abondance est nuisible, si elle n'est retenuë par la prudence & la sagesse. J'ay oüi dire à un homme qui avoit beaucoup d'experience, que la trop grande plenitude de memoire n'étoit pas moins dangereuse à la réputation, que la répletion du cerveau étoit périlleuse à la vie : que quelquefois les esprits accablez sous le fais d'une infinité de notions perdoient à la fin tout ce qu'ils avoient de vigueur naturelle, si elle ne se ménageoit : c'est pour cela qu'il tenoit que le repos étoit necessaire à prendre de fois à d'autre par un peu de relâchement de toutes les affaires, c'est le conseil qu'il donnoit à ses amis.

Faciendi plures Libros,
Nullus est finis.　　　　　Eccles. 12. ℣. 12.

L'ame des Rois est toujours le temple de la verité, & leur bouche en est l'oracle, après la lecture de Juvenal en ses 3. & 13. Satyres contenant le voyage d'Umbricius en la Ville de Cumes, & Calvinus, ayant consideré l'origine, le progrez, l'étenduë & la puissance de l'Empire Romain, que Jules Cesar établit, Auguste l'augmenta, Tibere l'assura, Trajan, Adrian, les Antonins, Severe & Diocletian le mirent au dernier periode de la gloire, & Constantin embrassa le Christianisme. J'ay admiré que dans le premier âge du monde, la simplicité étoit le genie des habitans de la terre : je réflechi sur le Prophete Zacharie 3. ℣. 10. que l'homme vivoit paisiblement avec son ami sous son figuier, à l'ombre de sa vigne. Heureux ces tems de l'état d'innocence, où l'homme avoit societé avec Dieu, auquel il étoit attaché par la connoissance de son entendement & par le pur amour de sa volonté : l'homme enfin étoit *Æqualitas*, il n'y avoit point encore de fraudes ny de tromperies, la bonne foy regnoit en tous lieux, l'on ignoroit tous les titres de la Jurisprudence : c'est pourquoi il n'y avoit point encore de Tabellions ny de Notaires, de Senatus-Consultes, & de prudentes réponses des Jurisconsultes : l'on ne sçavoit pas feindre ny éluder la Loy de nature par des *Fideicommis*, des Testamens ou Codiciles, chacun joüissoit de son bien sans procès : les rentes foncieres ou volantes étoient inconnuës, aussi-bien que les condamnations d'interêts : l'on ignoroit les cautionnemens, les fidejusseurs & certificateurs, de même que les indemnitez, les déclarations & contre-lettres, les demandes principales & incidentes, interlocutoires & appellations, les aubeines, des-herances, épaves, bâtardises, legitimations, naturalitez & étrangers, adoptions, affiliations, rénonciations, prescriptions, substitutions, heritiers simples ou par benefices d'inventaires, renoncer ou accepter suc-

ceſſions, donations & legs: l'on ne parloit point des cartes de Falcidie & Trebellia-
nique : toutes ſortes de ſtipulations, d'autoriſer, de l'égaliſer des emphyteotes,
acceptations, émancipations, Tuteurs ſubrogez, Curateurs, proclamations, ſub-
haſtations, criées, ventes par licitation, adjudications par decrets. Les retraits
étoient inconnus, ne connoiſſant point le benefice de droit & de diſcuſſion : les
ventes des fonds finiſſoient aux années jubilaire de 50. en 50. ans, chacun ren-
troit alors dans ce qu'il avoit engagé a remeré, ſans rien rendre : l'on ignoroit les
ceſſions & ſéparations de biens, le divorce & la répudiation, les ceſſions d'actions,
avec ou ſans garantie, reſcindant & reſciſoire : tout étoit en Franc-aleu, les fonds
libres & ſans être chargez des redevances de terrages, champars ny corvées :
l'on ne ſçavoit ce que c'étoit que des titres, qui ont été depuis inventez : l'on ne
parloit point des appointemens au Conſeil en droit, à mettre, & de contrarieté, des
déſaveux, publications d'enquêtes, ny des adjoints, monitions, plaintes, informations, decrets, interrogatoires, recolemens, confrontations de reproches de témoins, de récuſations, déclinatoires, retentions, priſe à partie, délais pour dé-
liberer & accepter, incompetences, oppoſitions, intimations, des anticipations,
déſertions, préſentations, deſſauts, congez, *vidimus*, *committimus*, *pareatis*,
renvois, compulſoires, *ſubrogatur*, appel *omiſſo medio*, griefs, conclud : cau-
ſes d'appel & réponſes, interdits, concluſions civiles, moyen de nullité, appoin-
tement à oüir droit, & attenuation : appellations verbales, & procès par écrit,
productions, contredits, ſalvations & additions, propoſitions d'erreur, obrep-
tions, ſubreptions, Requêtes civiles avec les ampliations, réviſions, caſſations,
repriſes, confortemain, appellations ſimples, & comme d'abus, le délit commun,
& le cas privilegié, appel de *illico*, *iterato*. J'en obmets deux fois plus que je ne
dis, crainte d'être obligé de me ſervir des inſtructions que S. Auguſtin a laiſſées,
lorſqu'il parloit il y a plus de treize cent ans, au peuple d'Hyponne, & qu'il leur
diſoit, ſi les veritez que nous vous propoſons vous paroiſſent fortes, il faut que la
neceſſité de vous les dire excuſe au moins la liberté avec laquelle je vous repre-
ſente naïvement mes ſentimens. Si l'interprétation que vous en ferez vous ſur-
prend, elle peut étonner ; mais Dieu qui fait tout ſur la terre nous menace : on
doit trembler en liſant tant de veritez. J'admire comme j'ay dit page 155. les regles
que ſa divine providence à établies, nous donnant des Rois ſi neceſſaires pour gouverner tous les peuples du monde qu'il a créez. Nous voyons l'ordre & l'économie
qu'il a miſes des ſaiſons dans l'Univers : connoiſſant que la foy que je lui demande
eſt un don du Ciel. J'ADORE dans un profond ſilence très-reſpectueux en toute
humilité, ſa miſericorde & ſa bonté divine, en me ſoumetant humblement en eſprit, tel que la foibleſſe humaine me le permet, à faire ſa ſainte volonté, lui demandant ſa benediction pour faire mon ſalut. *Porro unum eſt neceſſarium. Luc.*
10. v. 42. *Fiat voluntas tua, ſicut in cœlo & in terra. Matth. 6. v. 10.*

*Laus Deo & Domino noſtro Jeſu Chriſto, & Virgini ſacratiſſimæ Mariæ
ejus Matre glorioſiſſimæ.* Amen.

Rara temporum ſælicitate, ubi ſentire quæ velis & quæ ſentias dicere licet.
Tacit. 1. Hiſtor.

TABLE CHRONOLOGIQUE
de la Rédaction ou de la Réformation
DE TOUTES LES COUTUMES
DE FRANCE.

A Messieurs les Avocats au Parlement.

LA Jurifprudence a eu fes maximes dans chaque fiecle, auffi·bien que chaque païs, ainfi que j'ai dit en divers endroits de mon nouveau Traité des Criées, parlant de l'origine des Coutumes : fouvent même la vie d'un homme eft affez longue pour en voir le changement diverfes fois. Sur ce principe, s'il eft quelquefois néceffaire de confulter les Coutumes voifines pour fe déterminer comment on prendra de certaines difpofitions de quelques-unes d'entre elles, il n'eft pas auffi toujours inutile de voir comment s'expliquent, fur le point qui fait naître la difficulté dans une Coutume, celles qui font rédigées à peu prês en même tems ; & c'eft la principale vuë que je me fuis propofée pour donner cette Chronologie au Public fous l'aveu de M. D. G. qui en eft Auteur.

Comme ce n'eft pas fimplement pour conferer les Coutumes, qu'on peut avoir befoin de favoir quand elles ont elles ont été rédigées ou réformées ; qu'on peut auffi en avoir afaire pour conoître fi elles font antérieures ou poftérieures aux Ordonnances qui font au deffus, qui ont des difpofitions conformes ou contraires aux leurs ; & qu'il y a plufieurs rencontres où l'on fera bien·aife de le trouver commodément, afin de ménager le tems, & fans être obligé de feuilleter un Textuaire, ou le Coutumier Général, que l'on peut auffi n'avoir pas : j'ai fait des Tables Alphabetiques. Le nom de chaque Coutume eft fuivi de la date de l'année de fa rédaction, ou de fa réformation, avec les noms des Commentateurs & des Arreftographes. Les dates ainfi marquées ferviront de renvoi à leur chronologie, pour y faire trouver facilement la Coutume qu'on voudra conferer avec d'autres, fans être obligé de lire les Procês verbaux en leur entier, y en ayant même qu'on ne trouve point, comme celui de la Coutume de Nivernois.

Quoique la plûpart des Coutumes ayent été redigées ou réformées plufieurs fois, je ne les prens qu'à l'année en laquelle chacune fut mife par l'autorité publique au dernier état qu'elles font prefentement ; & pour être exact à donner leur ordre chronologique, j'ai eu égard au jour, lorfqu'il s'en eft trouvé plus d'une en un même mois, ayant confervé celles qui font d'un même jour, dans l'ordre qu'elles ont entre elles au Coutumier Général, qui a été imprimé cinq fois, de bonnes éditions en 1568. 1581. 1604. 1615. 1635. J'ai pris l'année au jour que les Etats s'affemblerent pour la derniere fois, & qu'ils firent la clôture des ré-

A

dactions ou des réformations, que je marque, parce que ce fut veritablement la derniere chose qui fut faite sur chacune. Il n'y a que celles de Provence & de Bretagne, où j'ai été necessité de changer cet ordre.

Dans celle de Provence, ce n'est à proprement parler qu'un Recueil de diverses Ordonnances faites en differens tems, & à diverses occasions, à la requisition des Etats, par les Comtes de Provence, auparavant que cette Province fût réünie à la Couronne, & par nos Rois depuis qu'elle a fait partie de leur Royaume. Je me suis arrêté à l'Ordonnance de l'an 1366. parce qu'elle fait le commencement de cette premiere Table; quoiqu'il y en ait de plus anciennes & de plus nouvelles, puisqu'il s'en trouve une de l'an 1216. & une de l'année 1547.

Quant à celle de Bretagne, je me suis déterminé par le jour qu'elle fut homologuée au Parlement; parce que le Procês verbal de la réformation commença en l'année 1575. & ne finit qu'en 1581. Par l'Arrêt d'homologation le Parlement changea des articles, & décida plusieurs choses, desquelles les Etats n'avoient pu convenir.

J'ai compris dans cette Table quelques Coutumes qui ne sont pas au Coutumier Général, où j'ai été surpris de voir que M. Gabriel Michel de Rochemaillet, qui travailla à le mettre dans l'ordre où il est, y ait mis l'ancienne Coutume de Chauni de l'an 1510. plutôt que la nouvelle Coutume réformée en l'année 1609. & qui a été commentée par M. Vrevin.

Nous avons les Oeuvres de ce savant Canoniste & Jurisconsulte de Montpelier M. Pierre Rebuffe sur les Ordonnances, où il y a un Traité intitulé, *De Consuetudine, Usu, & Stylo*. M. Jean Coras Conseiller à Thoulouze, a écrit, *De Jure Civili in artem redigendo, secund. parte, cap. 18.* Et le celebre Avocat en ce Parlement, né en la ville d'Orleans, *Annæus Robert, Rerum judicatarum lib. 2. cap. 1.* a traité depuis quel tems une nouvelle Coutume commence à être autorisée, pour avoir effet & force de Loi; & raporte l'Arrêt qui intervint sur cette question le 7. Mai 1581.

Vous savez, Messieurs, que les Coutumes sont les Lois Municipales d'un païs, & ce que dit S. Cyprien, parlant de l'utilité des Lois; que la Justice & les Lois sont deux arcs-boutans, qui font la tranquillité du public, la conservation de la patrie, l'entretien des communautés, & la joie générale des hommes.

Il est si necessaire qu'il y ait des Lois dans les Etats policés pour seconder la Justice, comme étant deux choses absolument requises pour en faire le fondement & la durée, que l'Empereur Justinien assure, qu'elles sont le repos des familles, & le bonheur des peuples, étant l'unique fondement & la defense du gouvernement politique, soit en tems de paix ou de guerre. Sans Lois & sans Justice il est impossible qu'un Etat puisse subsister, comme a remarqué Louis Guyon dans sa savante Dissertation, au tome 2. livre 4. chap. 23. de ses diverses Leçons, après Antoine du Verdier au livre 6. chap. 4. de ses diverses Leçons; ce qui a fait dire si admirablement bien à Dom Diego Savedra Faxardo dans la 21. Devise de son Prince Chrêtien & Politique, où il donnoit des regles à son Prince pour regner.

Quid faciant Leges, ubi sola pecunia regnat,
Aut ubi paupertas vincere nulla potest.

Eccl.7. 10.19 Pecunia obediunt omnia, dit Horace liv. 2. Satyr. 3.

Lucien raporte que Demonax Philofophe Grec difoit, que les Lois étoient inutiles, parce que les gens de bien n'en avoient que faire, & que les mechans n'en devenoient point plus gens de bien. Je dis au contraire, qu'elles font tres-neceffaires, parce que la crainte du châtiment établi par la feverité des Lois pour la punition des crimes, en retient plufieurs de mal faire; c'eft une verité, dont perfone ne peut difconvenir, ce qui en fait voir la neceffité.

Il eft vrai que les crimes font plus anciens que les Lois, & ce font eux qui les ont fait faire pour arrêter l'infidelité des hommes; autrement elles auroient été faites en vain, & deviendroient inutiles, fi elles n'étoient pas executées: elles ne feroient tout au plus que de belles idées de l'équité & de la prudence humaine. J'ai dit que les Lois faifant le foutien de la Juftice entre les hommes, & la Juftice celui de la focieté civile, que fi elles étoient fans force, fe feroit la ruine des Etats, & la deftruction des Republiques. Philbert Bugnion Lionnois, Claude Guenois & Jâque Corbin ont fait des Recueils des Lois abrogées en France; Simon Agroënewegen a fait *Tractatus de Legibus abrogatis & inufitatis in Hollandia.* Tous quatre ont oublié les trois que l'Empereur Juftinien a données au titre 1. de fes Inftituts §. 3. *Honeftè vivere, Alterum non ladere, Suum cuique tribuere.* Barclay page 5. de fon Euphormion dit qu'on ne les connoît plus, étant entierement inufitées & abrogées par le non ufage; ce qui les a fait oublier à ces Compilateurs des Lois abrogées, quoique les plus effentieles à renouveller.

Demofthêne dit que dans la Republique de la ville de Locres en Grece près la Bœotie il y avoit un Edit, portant que celui qui propoferoit une nouvelle Loi, fe prefenteroit au peuple ayant une corde au cou, afin d'être étranglé, fi la Loi qu'il propofoit n'étoit pas trouvée jufte & utile. Cela marque la grande difference qu'il y a entre la Monarchie, l'Ariftocratie, & la Democratie, dont parle Herodote en fon livre 3. & Plutarque dans le Fragment d'une Declamation qui fe trouve dans fes œuvres, où il traite de ces trois fortes de gouvernement, Principauté qui eft la Monarchie, Seigneurie qui eft l'Oligarchie ou l'Ariftocratie, & l'Etat populaire qui eft la Democratie.

Dans les premieres, les Rois ne font rien qu'avec le confeil des gens de bien & éclairés, qu'ils choififfent dans leurs Etats. Dans la feconde, les Grands ufurpent & s'emparent du gouvernement. Et dans la troifiême, c'eft ordinairement une confufion procedant de ce que chacun veut commander, croyant avoir une égalité de puiffance, ainfi on ne trouve perfone qui veuille obeïr. C'eft pourquoi Antoine du Verdier a fort bien dit au liv. 3. ch. 33. de fes diverfes Leçons, qu'il s'en faut tenir à ces quatre unités, un Dieu, une Foi, un Roi, une Loi; puifque la multitude des Lois eft marque de foibleffe.

Platon au Traité *de Legibus,* veut qu'elles foient changées & accommodées par néceffité aux tems, aux circonftances & aux perfones. Sextus Cœlius dans Aulu-Gelle, liv. 20. ch. 1. dit que les Lois changent *pro temporum moribus, & pro rerum publicarum generibus, ac utilitatum prafentium rationibus.* C'eft pour cela que Dieu même, tout immuable qu'il eft, a changé quelque chofe de l'ancien Teftament dans le nouveau: *Deus ex iis qua in veteri Teftamento ftatuerat, mutavit in novo.* Les Lois ont été établies pour la conservation des Etats, & pour la regle des mœurs : que si elles étoient immuables, se seroit plutôt une servitude qu'une honnête liberté. Elles sont bonnes dans un tems &'dans un païs, elles seroient dures en d'autres : elles conviennent aux mœurs & au climat d'une province, elles seroient la ruine d'une autre. C'est ce que Tertulien a remarqué au ch. 4. de son Apologetique, que les Lois humaines ne sont pas infaillibles, & que ce fut la raison qui porta les Lacedemoniens à adoucir la severité des Lois de Lycurgue, pour les accommoder à l'usage de la societé civile : dequoi ce grand Legiflateur eut tant de déplaisir, qu'ayant volontairement quitté son païs, il se condamna lui-même à mourir, & pour avancer la fin de ses jours, il se priva des alimens necessaires à la vie.

Je puis dire, Messieurs, que c'est sur ces fondemens incontestables que sont établies, & d'où proviennent les differentes dispositions de nos Coutumes, les personnes qui les ont rédigées, les ayant faites & accommodées par raport à leur païs, à leurs mœurs, & au negoce & commerce qui s'y pouvoit faire. Car, comme a écrit M. de la Mothe le Vayer dans ses petits Traités, lettre 126. l'esprit de l'homme tient beaucoup de la diversité des lieux où il sejourne. Pour l'ordinaire ceux d'une region l'ont plus pesant ou plus subtil qu'il ne paroît aux personnes d'une autre contrée : c'est pourquoi Moyse donna des Lois convenables aux inclinations & au sejour des Hebreux. Horace en sa premiere Satyre du livre 2. voulant figurer un esprit tardif & lourd, dit : Vous croiriez qu'il seroit né dans le climat grossier de la Bœotie,

> *Bœotium in crasso putares aëre natum.*

Philippe III. dit le Hardi, par son Ordonnance publiée au Parlement le lendemain des Rois de l'an 1277. & Philippe IV. surnommé le Bel, par son Ordonnance de l'an 1304. defendent d'alleguer en Jugement les Constitutions des Empereurs, principalement lorsqu'elles se trouvoient contraires aux Ordonnances Royaux, ou bien aux Coutumes locales de chaque Province. L'Ordonnance de Blois art. 69. & celle de l'année 1629. art. 44. defendent de lire ou graduer en Droit Civil en l'Université de Paris.

Charles VI. surnommé le Bien-aimé, l'an 1415. fit rédiger par écrit en un tome le grand Coutumier de France, suivant Rouillard qui le raporte page 2. chap. 29. num. 41. de celui imprimé in 4°. avec les Notes de Charondas, par Jean Houzé à Paris l'an 1598.

Charles VII. dit le Victorieux, fit publier son Ordonnance l'an 1453. par laquelle il vouloit & entendoit, ainsi qu'il declare, que toutes les Coutumes de chaque Province, Bailliage & Senechaussée fussent mises & redigées par écrit, & que defenses soient faites d'alleguer & produire à l'avenir aucune Coutume qui ne fût mise par écrit, desquelles même il fit dès lors dresser des formules.

Philippe V. dit le Long, avoit resolu avec son Conseil d'établir même poids, même mesure & même monnoie. Et Mezeray assure en son Histoire in 4°. premiere edition, que Louis XI. avoit entrepris de reduire tous les poids & toutes les mesures à une, & de faire dresser une Coutume générale pour toutes les Provinces de son Royaume ; possible que les grandes affaires qu'il eut, ou que les difficultés des Etats firent avorter tous ces grands projets.

TABLE CHRONOLOGIQUE.

1185. Thoulouze.
1366. Provence & Forcalquier.
1368. Bergerac ou Bragerac.
1430. Bresse.
1459. { Bourgogne, Duché.
        Bourgogne, Comté.
1495. Ponthieu Abbeville.
1508. { Anjou, les Comtés du Maine
        & de Dreux, & Chartres.
1509. { Meaux.
        Vitry le François en Partois.
        Chaumont en Bassigny.
        Troyes.
1510. Auvergne.
1514. { Acqs.
        Saint Sever.
        La Bourt.
        Bayonne.
        La Rochelle.
        Angoumois.
1518. Loudunois.
1520. { Xaintonge.
        Bourbonnois.
        Sole.
1521. { La Marche.
        Bordeaux.
1523. Blois.
1531. Lorris, ou Montargis.
1533. Lille.
1534. { Hainault.
        Nivernois.
1539. { Senlis.
        Clermont en Beauvoisis.
        Vallois.
1540. { Valenciennes.
        Berry.
1543. Artois.

1550. Boullenois.
1551. Bearn.
1552. Châteauneuf en Thimerais.
1553. Tournay.
1555. Sens.
      { Etampes.
        Montfort l'Amaury.
        Mante & Meullant.
1556. {   { Laon.
                           Châlons.
                           Reims.
        Vermandois.   { Noyon.
                           Saint Quentin.
                           Ribemont.
                           Coucy.
        Dourdan.
1558. Grand Perche.
1559. { Touraine.
        Poitou.
1560. Melun.
1561. Auxerre.
1564. Namur.
1567. { Peronne, Montdidier, Roye.
        Amiens.
        La Salle de Lille.
1568. Sedan.
1569. Mets & païs Messin.
1574. Cambray.
1579. Bar-le-Duc.
1580. Paris.
1581. Bretagne.
1582. Liege.
1583. { Orleans.
        Calais.
        Normandie.
1594. Nancy, Vosges, & Alemagne.
1609. Chaulny ou Channy.

TABLE ALPHABETIQUE.

Abbeville, 1495.
Acqs, 1514.
Alemagne, 1594.
Amiens, 1567.
Angoumois, 1514.
Anjou, 1508.
Artois, 1543.
Auvergne, 1510.
Auxerre, 1561.

Bar-le-Duc, 1579.
Bayonne, 1514.
Bearn, 1551.
Bergerac, 1368.
Berry, 1540.
Blois, 1523.
Bordeaux, 1521.
Boullenois, 1550.
Bourbonnois, 1520.
Bourgogne Duché, } 1459.
Bourgogne Comté, }
La Bourt, 1514.
Bresse, 1430.
Bretagne, 1581.

Calais, 1583.
Cambray, 1574.
Châlons, 1556.
Chartres, 1508.
Châteauneuf en Thimerais, 1552.
Chaulny, 1609.
Chaumont en Bassigny, 1509.
Clermont en Beauvoisis, 1539.
Coucy, 1556.

Dourdan, 1556.
Dreux, 1508.

Erampes, 1556.

Forcalquier, 1366.

Grand Perche, 1558.

Hainault, 1534.

La Bourt, 1514.
La Marche, 1521.
Laon, 1556.
La Rochelle, 1514.
La Salle de Lille, 1567.
Liege, 1582.
Lille, 1533.
Lorris ou Montargis, 1531.
Loudunois, 1518.

Maine, 1508.
Mante & Comté de Meullant, 1556.
La Marche, 1521.
Meaux, 1509.
Melun, 1560.
Mets, 1569.
Meullant, 1556.
Montargis, 1531.
Montdidier, 1567.
Montfort l'Amaury, 1556.

Namur, 1564.
Nancy, 1594.
Nivernois, 1534.
Normandie, 1583, & 1600.
Noyon, 1556.

Orleans, 1583.

Paris, 1580.
Grand Perche, 1558.
Peronne, Montdidier & Roye, 1567.
Poitou, 1559.
Ponthieu, 1495.

Provence, 1366.

Saint Quentin, 1556.

Reims, 1556.
Ribemont, 1556.
La Rochelle, 1514.
Roye, 1567.

Saint Quentin, 1556.
Saint Sever, 1514.
Salle de Lille, 1567.
Sedan, 1568.
Senlis, 1539.
Sens, 1555.
Sole, 1520.

Thoulouze, 1285.
Touraine, 1559.
Tournay, 1553.
Troyes, 1509.

Valenciennes, 1540.
Vallois, 1539.
Vermandois, 1556.
Vitry en Partois, dit le François, 1509.
Vosges, 1594.

Xaintonge, 1520.

CATALOGUE

Par ordre alphabetique

DES NOMS DES COMMENTATEURS
des Coutumes de France commentées,

Augmenté depuis mon dernier.

A.

ABBEVILLE, *vide* Ponthieu.
AMIENS, par de Hev, *in fol.*
Dufrefne, *in fol.*
Ricard, *in 12.*
ANGOUMOIS, par Vigier, *in fol.*
Gandillaud, *in 8°. in 4°.*
ANJOU, par du Pineau, 1698. *in fol.*
René Chopin, Latin & François, *fol.*
François Mingon, Gothique, *in fol.*
De Lhomeau en trois livres, *in 4°.*
Tourailles, *in 8°.*
La Rochemaillet, *in 12.*
ARRAS, *Nicolaus Goffonus, in* 4°.
ASSISES de Jerufalem 1250. *in fol.*
AUVERGNE, *Aimonius, in fol.*
Johann. Beffianus 1548. *in 8°.*
Aimon & Beffian traduits, avec les
Notes de Durand, *in 4°.*
Bafmaifon avec les Notes de Con_
ful, *in 4°.*
Rigault *de Præfcriptionibus Arver-*
norum, in 4°.
Claude Ignace Prohet, *in 4°.*
AUXERRE, par Edme Billon, & un
Traité des Baux à chetel, *in 4°.*

B.

BARCELONNE, Ufages du vieux
Comte Raimond Beranger en 1060.
in 4°.
BAR-LE-DUC, par Jean le Paige en
1698. *in 12.*
BEARN, Anciens Fors confirmés par
le Vicomte Gafton IV. en 1088. *in 4°.*
BEAUVAIS, par Louvet & Simon, 4°.
Locale de Senlis à Gerbroy le Vidame.
BLOIS, *Dion. Pontanus* en 1677. *in fol.*
BORDEAUX, *Arnold. Ferronius, in fol.*
Automne & Boé, *in 4°.*
BOULENOIS, par Feramus raporté
dans les Origines de Ménage *in verbo*
Ahan, & Flegard, & par Bardet,
Arrêts tom. 2. liv. 2. chap. 5.
BOURGES & BERRY, *Nicolaus*
Boërius, en 1579. *in fol. in* 4°.
Francifcus Raguellus, in fol.
Gabriel Labbé, *in* 4°.
Thomas la Thomaziere, *in 4°.*
Mauduict, *in 8°.*
Obfervations fur les Coutumes de
Berry en 1672. auteur anonyme, *in 12.*
Induction ou Sommaire fur la Coutu-
me de Berry par du Four, *in 12.*
BOURBONNOIS, par Jean Papon,
en 1550. *in fol.*
Johann. Duret en 1600. *in* 4°.
Potier, *in 4°.*
BOURGOGNE Comté, par Petre-
mont, *in fol.*
BOURGOGNE Duché, par *Bartho-*
lom Chaffeneus, in fol.
Bouvot, *in* 4°.
Begat & Defpringles, *in 4°.*
Rubis, *in 4°.*
Henricus Boguetus, in 4°.

Auteur anonyme en 1665. *in* 8o.

Inſtituts au Droit Coutumier du Duché de Bourgogne en 1697. *in* 12.

Taiſand, en 1697. *in fol.*

BRESSE & BEUGEY, par Revel,
in 4o.

Philbert Collet, en 1698. *in fol.*

BRETAGNE, Bertrand d'Argentré,
Latin, *in fol.*

Belordeau, *in* 4o.

Frain, *in* 4o.

L'Auteur anonyme, *in* 4o.

René de la Bigotiere de Perchambault
ſous le nom de Pierre Abel, à Laval 1690. *in* 12.

Coutumes, Ordonnances & Arrêts
de Bretagne, imprimés à Nantes
en 1513. *in* 4o.

Coutumes, Etabliſſemens & Ordonnances du païs & Duché de Bretagne, avec pluſieurs Allegations de
Droit, vus & corrigés par divers
Praticiens diſcrets, & venerables
Juriſtes dudit païs & Duché, imprimés en 1538. en lettres Gothi-
ques *in* 8o.

Cornoaille, Coutume locale de Bretagne, *in* 4o.

L'Uſement du Domaine congeable
de Cornoaille, commenté par Me
Julien Furie Avocat à Rennes, imprimé à Paris en 1644. *in* 4o.

C.

CAMBRAY, par Pinault Desjau-
naux, à Douay en 1691. *in* 4o.

CHALONS, par Billecart en 1676. *in* 4o.

Godet, *in* 12.

CHARTRES, par Dulaurent, *in* 4o.

Ægidius Tullus anno 1560. *in* 4o.

Tulloue & Frerot en François, *in* 4o.

Couart, *in* 8o.

CHATEAUNEUF en Thimerais, par
Dulaurent, *in* 4o.

CHAUMONT en Baſſigny, par Gouſ-
ſet, allodiale, *in* 4o.

CHAUNY, par Vrevin, *in* 4o.

CLERMONT en Beauvoiſis, par Philippe de Biaumanoir en 1283. & re-
vuës par la Thomaziere en 1685. *fol.*

Bouchel, voyez ſur Senlis, *in* 4o.

D.

DOURDAN, par Leſcornay en 1660.
in 8o.

E.

EMPHYTEOZI, *Jani à Coſta in
fol.* & autres Auteurs *infrà.*

F.

FLANDRE, *Burgundus in* 8o. *in* 12.

Fors de Bearn confirmés en l'an
1088. par le Vicomte Gaſton IV. *in* 4o.

FRANC-ALLEU, par Galland Caſſe-
neuve & de Cambolas, de Borde-
nave, Marc Antoine Dominici *de
Prerogativa Allodiorum*, & autres Auteurs raportés par Menage
en ſes Origines *in verbo* Alleu, &
par Paſquier en ſes Recherches de
la France liv. 2. chap. 15. *in fol.*

Edit pour la recherche du Franc-Alleu 1692.

Statuts en Latin de Forcalquier *in fol.*

H.

HAINAULT, par le Fort, *in fol.*

HIERUSALEM, Aſſiſes tenuës
par S. Louis en 1250. qui ſont les origines de nos Coutumes données au
public en l'an 1685. par la Thomaziere
Avocat à Bourges, *in fol.*

L.

LA ROCHELLE *valde per Jerna-
cum oppreſſa anno 1536. ſed 1549.
priori honori reſtituta, rurſus oppreſſa
1565. Vide And. Tiraquell. in tract.
de Retractat. proximit. §. 10. ubi ait
vocem Hebraicam: ſed Dom. Qua-
drigarius anno 1542. dixit mihi nullo
modo eſſe potuiſſe vocem Hebraam.
Hac Conſuetudo ſuppleri ſolet per
Conſuet. Pictav. & per Xantonenſem,
qua eſt alterius Parlamenti.* C.M.

LIEGI

LIEGE, par Mean, *in 4°. in fol.*
LILLE, par Jean le Bouk, *in 4°,*
Le Douk ; *in 8°.*
LORRAINE, par Fabert, *in fol.*
Pierre Canon, à Espinal *in 4°.*
LORRIS & MONTARGIS, par
L'hoste, *in 4°.*
La Thomaziere, à Bourges, *in fol.*
LOUDUNOIS, par le Proust, *in 4°.*
Avis. Cette Coutume n'a point été
mise ni enregistrée au Parlement, ain-
si elle n'est pas fort suivie. *Vide* la Pre-
face des Arrêts de Bardet. De même
que celle de Ponthieu, Peleus qu. 106.

M.

LE MAINE, par Mathurin Louis
Sieur de Malicot, *in fol.*
Bodreau, *in fol.* & *in 12. 2. vol.*
Guill. Rouille d'Alençon, en Gothi-
que, *in fol.*
La Rochemaillet, *in 12.*
MALINES, *Christinæus,* in 4°.
LA MARCHE, *Nicolaus Callæus,* en
1573. *in 4°.*
Jabely, en 1695. *in 12.*
MARSEILLE, Statuts & Coutumes
par François Daix, *in fol.*
MEAUX, par Sevoyé, *in 12.*
Champy. *in 12.*
Bobé, en 1683. *in 4°.*
MELUN, par Sebastien Rouillard, *in 4°*
Champy, *in 12.*
De Thou, chez Jean Richer en l'an
1584. *in 4°.*
COUTUME DE LA MER, par Clei-
rac, *in 4°.* Le même a fait un Traité
des anciens Poids & Monnoies de
Guienne.
MESSINE, *Giurba, in fol.*
METS, par Faber, à Mets 1613. *in 4°.*
MONTARGIS, *vide suprà* Lorris.
MONTDIDIER, par le Caron, *in 8.*
MONTFORT L'AMAURY, par Clau-
de Tourette, donnée au public par
son fils en 1693. *in 8.*

MONTREÜIL, *Burceus, in 4.*

N.

NIVERNOIS, Allodiale, Guy
Coquille, *in 4. & in fol. 2. vol.*
NORMANDIE, par Jean André, à
Caën en 1510. *in fol.*
*Tavigio Sorini I essao de Normano-
rum quiritatione, quam* Haro, Ca-
domi anno 1567. c'est sur le Haro.
in 4.
L'Auteur anonyme, qui étoit Messire
Claude Groullard Premier Presi-
dent à Rouen, d'autres disent d'A-
viron, *in 4.*
Rouille en Gothique, *in fol.*
Terrien, *in fol.*
Godefroy, *in fol.*
Berault, *in fol.*
Recueil de ces trois derniers Com-
mentateurs, imprimé à Rouen par
Laur. Maurry en 1692. *in fol. 2. vol.*
Banage, *in fol. 2. vol.*
L'Esprit de la Coutume de Norman-
die, imprimé à Rouen en 1691. sans
nom d'Auteur, *in 4.*

O.

ORLEANS, par *Pyrrhus Angle-
bermæus,* Ecossois, *in 4. & in fol.*
Duret, *in 4.*
Baret, *in 4.*
Tripault, *in 8.*
De Lalande, *in fol.*

P.

PARIS, vingt Commentateurs &
Conciliateurs, dont voici les noms.
Carolus Molinæus sur celle redigée
en 1510. *in fol.*
Renatus Chopin sur celle reformée
en 1580. *in fol.*
Guerinus, idem. in fol.
Charondas, *in 4. & in fol.*
Tronçon, *in fol.*
Brodeau, *in fol. 2. vol.*
Fortin & Ricard, Conference avec
les autres Coutumes, *in fol.*

B

Recueil où compilation abregée des Commentateurs sur la Coutume de Paris, par Claude Ferriere, 3. vol. *in fol.*

Tournet Labbé & Joly, *in* 8. & des petites Notes de Beroyer.

A. le Grand, mis par ordre alphabetique, *in* 8.

Préparation à la Coutume, de Nicolas Lemée, *in* 8.

Ferriere, *in* 12. 2. vol.

Eusebe de Lauriere, des Notes, *in* 12.

Conciliation de la Coutume de Paris, *in* 24.

Traitez de Maîstres Auzanet, Duplessis & Garanger, *in fol.*

GRAND PERCHE, Bry Sieur de la Clergerie, *in* 4. *in* 8.

PERONNE & MONTDIDIER, par le Caron & S. Fussien, *in* 8.

POITOU. Il y a douze Commentateurs, dont voicy les noms.

Petrus Rat, *in fol.* sur l'ancienne.

Idem, *in* 4. sur la nouvelle, *an.* 1547.

Bossellius & Constantius, *in fol.*

Andreas Tiraquellus, *in fol.*

Nicolaus Thevenellus, *in* 4.

Barrault, *in* 4.

L'Auteur Anonyme, *in* 4.

Lelet imprimé à Poitiers en 1683. avec des Notes de Filleau, Theveneau, Riffaud, écrites par Beraud, *in* 4.

Pierreliege, en 1696. *in* 4.

Poids anciens & Monnoyes de Guyenne, donnez au public, par Cleirac, *in* 4.

Poids & Mesures. Traité singulier de *Robertus Canalis, Episcopus Abrincensis*, *in* 4.

PONTHIEU, le Siege principal est à Abbeville; c'est la premiere Coutume redigée par écrit au Regne de Charles VIII. l'an 1494. il y a 205. ans ; Elle n'a point été apportée ny regiftrée au Parlement, non plus que

celle de Loudun, suivant *Pelens* en sa question 106.

PROVENCE, par de Morgues pere & fils, *in* 4. Margaillet, *in* 12.

Statuts & Coutumes de Provence, par Loüis Masse, *in* 4.

R.

REIMS, par Buridan, *in fol.*

ROYE & MONTDIDIER, par le Caron, *in* 8.

S.

SALIQUE, Loy fondamentale de l'Etat, par Mezeray dans la Vie de Pharamond, premier Roy

Traité de *Natale solum Legis Salicæ*, par *Gottefridus Vandelinus*, Official de Tournai, *in* 4.

Assertor Gallicus, sive de Lege Salicâ, *in* 4. Impression du Louvre.

Oblatio Salis, sive Gallica Lege Salis condita, imprimé par Jean Promé en 1641. *in* 8.

Traité de la Loy Salique, François Ragueau en son Indice des Droits Royaux *in verbo* Salique Loy *in* 4.

Recherches de la France, par Pasquier, livre 2. chap. 17.

Origines de la Langue Franç. de Menage *in verbo* Salique.

Les Vers dediez au Roy Henry II. qui sont en un Tableau sous la Figure Equestre du Roy Philippe VI. de Valois, dans la Nef de l'Eglise Nostre Dame de Paris.

SAINT-JEAN D'ANGELI, par Becher, *in* 4.

De Vineis, des Vignes, *in* 4.

Maichin, *in* 4.

SENLIS, CLERMONT, VALOIS, par Bouchel, *in* 4.

Ricard sur Senlis seul, *in* 4.

SERVITUDES prædiales, par Davezan à Orleans, *in* 4.

STATUTS & Coutumes de Provence, par Loüis Masse, *in* 4.

T

TOULOUSE, *de Casa veteri in Consue-*
tudines Tolosa, anno 1544. *in* 4.
Caseneuve, *in fol.*
François François, *in* 4.
TOURS, *Johannes Sainsonius,* Présï-
dent à Grenoble , suivant Mon-
sieur Expilli plaidoyer 28. *in fol.*
& *in* 4.
Johann. Bracheus, en 1553. *in* 8.
De Thou, chez Jean Dallier, en 1561.
in 4.
Pallu, *in* 4.
Baret, *in* 4.
Boullay, *in* 8.
Linron Gothique en Latin , *in* 4.
TROYES Allodiale , par le Grand,
in fol. Petrus Pithaus, en 1600. *in* 4.
Rochette, *in* 8.

V.

VALOIS, par Bouchel , *in* 4.
VERMANDOIS, par Buridan ,
in fol.
La Fond, *in* 12.
VITRY Allodiale , par Duchat , *in* 4.
Saligny, en 1677. *in* 4.
Buridan MSS. qui est entre les mains
de son fils, que j'ay vû. A. B.
USAGES de la mer, *infra. in* 4.

X.

XAINTONGE, par Come Bechet, *in* 4.
Usages de Xaintonge entre mer
& Charente, par le même Bechet,
in 4.
Grand Coutumier de France , sous
Charles VI. noté par Charondas,
in 4. en 1598.
Les Apostilles de Maistre Charles
Dumolin sur toutes les Coutumes
de France, qui est le Chef-d'œuvre
de ses Ouvrages , avec les Notes
sur le Styl Latin du Parlement.
Conferances des Coutumes de France , par Claude Guenois d'Issou-
dun en Berry. 3. vol. *in fol.*

Concordances des mêmes Coutumes
de France , par Laurent Bouchel,
3. vol. *in fol.*
Emphytheose par *Jani à Costa,* & la
Bibliotheque des Arrêts, *in fol.*
*De Jure Emphyteutico Antonii Da-
dini* d'Auteserre, imprimé à Toulouse chez Colomiés , *in* 4.
*Bachilleo Francisco Thomara de las
Costombres de todas les Gentes del
Mundo , y de las Indias. Antuer-
pia,* anno 1556. *in* 8.
*Giovanni Boëmo Aubano I. Costumi
le Leggi à l'uzanze di tutte le Gen-
ti. Venetia,* ann. 1566. *in* 8.
Loix Civiles en leur ordre naturel ,
en François , par Domat. 3. vol.
in 4.

TABLE DES ARRETS
donnez au Public, augmentée.

MONSIEUR Gilles le Maistre, Premier Président au Parlement ,
in 4.
Georges Loüet Conseiller , continué
par Julien Brodeau Avocat. 2. vol.
in fol.

DE PARIS.

Leprestre Conseiller , *in fol.*
Bouguier Conseiller , *in* 4.
Du Vair Chancelier , divers Traitez
in 4.
De Longueil , *in* 4. Avocat celebre. Le
Cardinal Polus a fait sa vie.
Marion,
Lebret , } Avocats Generaux. } 3. vol.
Servin , } Plaidoyers. } *in fol.*
La Dicearchie , contenant 500. Arrests
de Jean Spifame Sieur de Passi, Avo-
cat, qui eut de son mariage avec Jac-
quette Ruzé d'Effiat, Jacques Spifa-
me, Evêque de Nevers, après avoir
esté Président aux Enquestes , &

Maiſtre des Requeſtes , mort à Genéve le 25. Mars 1565.

Ragueau , Indice des Droits Royaux , *in 4.*

Nouveau Traité des Criées , *in 4.*

Nicolas Gouget, des Criées , *in 8.* Forget, idem. Thoulouſe.

Maynart. 2. vol. *in fol.* Deſcorbiat.

Cujas. *in fol.* 10. volumes.

Coras Conſeiller.

Conan Conſeiller.

Le Préſident Faure de S. Jory.

Durand Premier Préſident, Deciſions en 1625.

Cambolas Préſident. *in fol.*

D'Olive Avocat General. *in 4.*

Jean Albert Avocat. *in 4.*

DE BRETAGNE.

Bertrand d'Argentré. *in fol.*

Lefrat. *in 4.*

Fail. *in 4.*

Frain & Hevin. *in 4.*

Bellordeau Controverſes. *in 4.*

DE PARIS.

Anne Robert mort le 24. Aouſt 1572. *in 4.*

Bergeron. *in 4.*

Tillier. *in 4.*

Duval *de rebus dubiis. in 4.*

Deciſiones Gratiopolitana Guid. Papæ. in fol.

Deciſiones Parlamenti Delphinalis , Franciſci Marci. Lugduni 1586. in fol. 2. vol.

Expilli Plaid. & Arreſts. *in 4.*

Jean Guy Baſſet Arreſts de Grenoble. 3. vol. *in fol.*

Deciſiones Dolani. Johann. Grivel. in f.

Deciſiones Rotæ Romanæ , pluſieurs vol. *in fol.* Cela compoſe pluſieurs volumes ſous le même Titre, comme ſont les Déciſions dorées de Caſſadore , Portugais, Evêque des Algaruës, qui avoit été Auditeur à la Rote de Rome.

Raoul Bouteroue , ou Botherays Arrêts

en Latin , du Grand Conſeil ; avec ſon Siege de Paris en Vers Latins , *in fol. & in 8.*

Octavio Cacherano , Deciſiones , Pedemontani. in fol.

Boërius Burdegalenſes Deciſiones. in f.

Deciſiones utriuſque ſupremi Tribunalii . Regni Arragoniæ , illuſtratæ D. D. Johannis Chryſoſtomi de Vargas Machuca. in fol.

Coſme Guimier & François Pinſſon ſur la Pragmatique Sanction. *in fol.*

Tournet ſur les Matieres Eccleſiaſtiques & Beneficiales. 2. vol. *in fol.*

Févret de Dijon , Traité de l'Abus. 2. v. *in fol.*

Arreſt du Parlement de Dole , imprimé chez Pierre des Hayes en 1574. *in 8.* rendu contre Gilles Garnier , pour avoir en forme de loup garou devoré pluſieurs enfans , & commis d'autres crimes.

Deciſions Catholiques , par Filleau à Poitiers , *in fol.*

Bouchel Somme Beneficiale. *in fol.*

Deſmaiſons & Perard Caſtel. Ce ſont des Définitions du Droit Canon. *in fol.*

Caſtel ſur les Regles de Chancellerie de Rome , *in fol.*

Simon , Introduction au Droit Eccleſiaſtique , en 2. vol. *in 12.*

Aufrere , Deciſions de la Chapelle Toloſane *in fol.*

Marêchal , des Droits honorifiques. 2. vol. *in 12.*

De Roye, *le Jure Patronatûs in 4.*

Simon, du Droit de Patronage. *in 12.*

Cæſar Lambertinus , Evêque de Liſola , de Jure Patronatûs. in 4.

Rochus de Curte , de Jure Patronatûs. in 4.

Ferriere, du Droit de Patronage, qui eſt une compilation des 4. cy-deſſus. *in 4.*

Le Coreur, Traité des Billets de change, à Mons, 1684. *in* 12.

Thomaffin de l'Oratoire, Traité de l'Ufure & du Change. *in* 4.

Boutiller, Somme rurale. *in* 4.

Grand Coutumier de France. *in* 4.

Bouchel, Bibliotheque du Droit François. 3. vol. *in fol.*

Galland, *in* 4.

Rouffeau, des Eaux & Forefts. *in* 4.

Saint-Yon, des Forefts. *in fol.*

Gamare, fur le fait des Chaffes. 2. vol. *in* 12.

Mongeot. *in* 4.

Guiénet, de la Reprefentation & du double Lien. *in* 12.

De la Recompenfe des Dots, par Leclerc du Flecheray à Laval. *in* 4.

Tronçon. *in* 4.

Dumolin, Oeuvres. 5. vol. *in fol.*

Chenu & Filleau. 2. Centuries *in fol.*

Tiraqueau, Oeuvres. 6. vol. *in fol.*

Chenu, Oeuvres. 3. vol. *in* 4.

Chopin, Oeuvres. 3. vol. *in fol.*

Mornac, Oeuvres. 3. vol. *in fol.*

Defpeiffes, Oeuvres. 3. vol. *in fol.*

Ricard, Oeuvres. 3. vol. *in fol.*

Coquille, Oeuvres. 2. vol. *in fol.*

Peleus, Oeuvres. 2. vol. *in fol.*

Henrys, Oeuvres. 2. vol. *in fol.*

Charondas, Oeuvres. 2. vol. *in fol.*

Baquet, Oeuvres. 2. vol. *in fol.*

Loifeau, Oeuvres. 2. vol. *in fol.*

La Roche-Flavin, des Parlemens de France, pris d'Expilli, dont il fe plaint. *in fol.*

Grimauder, Divers Traitez. *in* 4.

Du Tiller Protonotaire, Arrefts. *in* 4.

Lemaiftre, 39. Plaidoyers. *in fol.* le Grec y eft, & dans ceux *in* 4. il n'y a que le Latin. Donnez au public par Maître Iffaly.

Gaultier, Plaidoyers. 2. vol. *in* 4.

Patru, Plaidoyers. *in* 4. & *in* 8. plus amples.

Du Fresne & Jamet de la Gueffiere, Journaux des Audiences. 4. vol. *in fol.*

Journaux du Palais, par Blondeau & Gueret. 12. vol. *in* 4.

Bardet, 2. vol. *in fol.* netez par Beroyer.

De Boniface, Arrefts de Provence, en 5. vol. *in fol.*

Loifel, Opufcules *in* 4.

Inftituts Coutumiers du même, avec des Paratitles, *in* 8.

Arrefts & Reglemens rendus aux grands Jours d'Auvergne à Clermont, en 1665. *in* 4.

Recueil d'Arrefts du Parlement de Roüen, imprimez en 1691. à Roüen, fans nom d'Auteur. *in* 4.

Memoires & Arrefts concernant les affaires du Clergé. 6. vol. *in fol.*

Libertez de l'Eglife Gallicane, par Pithou. *in fol.* & *in* 4. 2. vol.

Arrêtés, qu'on appelle les Regiftres du Parlement, manufcrits, en 16. vol. *in fol.*

Procês Verbaux des Ordonnances Civiles & Criminelles, de 1667. & 1670. contenant les opinions de Meffieurs les Commiffaires qui ont efté à la rédaction. *in* 4.

Des Jugemens Canoniques des Evêques, par David. *in* 4.

Les Oeuvres de Simon Vigor, *in* 4.

Edit du Roy du mois de Decembre 1666. regiftré au Parlement le 31. Mars 1667. contenant les formalitez neceffaires pour l'établiffement des Maifons Religieufes & autres Communautez.

Reglement du Parlement du 4. Avril 1667. qui défend de prendre des Dots pour entrer en Religion. Depuis il y a eu une Declaration regiftrée en la Cour, qui y a dérogé pour de certaines Religieufes.

De l'Autorité du Roy touchant l'âge neceffaire à la Profeffion folemnelle des Religieux, par M. le Vayer de

Boutigny, en 1669. *in* 12.

Gerbais, de la Puissance des Souverains sur la validité des Mariages de leurs Sujets dans leurs Etats, *in* 4.

Des Mariages des Mineurs, Enfans de Famille. Des Solemnitez gardées en France, par P. le Merre. *in* 12.

Reglement homologué au Parlement en 1693. pour les Honoraires des Curez & Ecclesiastiques de la Ville de Paris, *in* 4.

Arrests & Reglemens concernant les Fonctions des Procureurs, Tiers Referendaires du Parlement de Paris, imprimez *in* 4. en 1694.

Traité des Amortissemens des Gens de main-morte, par Eusebe de Lauriere, *in* 12.

Il y a plus de 400. Volumes *in folio* de Conseils, de differens Jurisconsultes François, Allemans & Ultramontains; comme *Carolus Molinæus, Decius Alexander, Antonius Thesaurus, Stephanus Bertrandus, Marcus Fachinettus, Farinacius, &c.* Le nombre en est si prodigieux, qu'on en pourroit composer de grandes Bibliotheques.

M. Expilli à la fin de son 50 plaidoyer, a raporté les noms de 80. Auteurs qui ont écrit sur la seule matiere des Duels.

Pour l'Autorité des Arrêts, elle est grande, mais plusieurs ont douté si les Arrêts ont force de Loy, comme avoient les *Senatusconsultes*, & s'ils peuvent s'étendre à d'autres cas que ceux qui y sont decidez: Car l'on fait une difference entre les Ordonnances de la Cour, & les Arrests. Les Ordonnances sont des Reglemens sur l'ordre de la Justice, qui ont force de Loy dans le Ressort, jusques à ce que le Roy les ait changez; & les Arrests ne sont que sur des contestations qui arrivent entre des particuliers.

Theophile parlant des Arrests, dit qu'ils n'ont de force que pour la chose jugée. La distinction de la Loy, *Nam Imperator de Legibus*, est que s'il n'y a qu'un Arrest en une matiere, cela ne fait aucun préjugé: Tout de même que l'autorité & la foy d'un seul homme ne tient pas lieu d'une verité infaillible, ny ne la rend pas même probable; mais s'il y a plusieurs Arrests sur une pareille espece, c'est le cas dans lequel les Arrests ont autant de force que la Loy, parce qu'alors les Arrests sont considerez comme Loix: C'est l'avis de Monsieur Cujas sur la Loy *Nonnumquam ad Senat. Trebellian.* Maistre Charles Loyseau dit au contraire, dans le Chapitre des Droits des Seigneuries souveraines, que les Arrests ne sont pas des Loix, mais les executions de la Loy.

Parisiis Kalend. Mart. Anno Salutis 1699. *A. B. Caprosinus, in Supremo Senatu Patronus.*

Privilege signé par le Roy d'Alence'. Et scellé.

De l'Imptimerie d'André Cramoisy, ruë de la Harpe, au Sacrifice d'Abraham. 1699.

NON SVM SICVT CÆTERI HOMINVM
SEMPER IDEM

www.ingramcontent.com/pod-product-compliance
Ingram Content Group UK Ltd.
Pitfield, Milton Keynes, MK11 3LW, UK
UKHW021647170726
13836UKWH00005B/2448